# 大正・昭和戦前期
# 政治　実業　文化
# 演説・講演集

## SP盤レコード文字化資料

金澤裕之・相澤正夫　編

日外アソシエーツ

装 丁：クリエイティブ・コンセプト

# まえがき

本書は、ＳＰ盤レコードに遺された、大正から昭和戦前期の政治家・軍人・実業家・文化人の演説を、言語研究の専門家が可能な限り忠実に文字に起こし、演説者ごとに収録した文字化資料集である。大正から昭和戦前期を含む二十世紀前半の時代、音声の記録媒体の主役はＳＰ盤レコードであった。音楽・芸能など娯楽性の高いものから時の指導者による演説・講演に至るまで、その収録範囲は多様なジャンルに及び、現代から見れば、当時の言語・社会・文化状況を生々しく伝える貴重な歴史的資料となっている。

元の音源から文字化資料を作成する契機となったのは、芸能史研究家・岡田則夫氏の提供・編集・監修により、二〇一〇年五月に『ＳＰ盤貴重音源 岡田コレクション』（日外アソシエーツ）がデジタル音源集として販売され、学術研究に広く利用可能となったことである。録音時間の総計が一八時間余りに及ぶ大量のＳＰ盤レコード音源は、今回のデジタル化によって一気に二十一世紀の現代に蘇ったと言ってよい。日本語研究の立場からすれば、資料的価値の指摘はあったものの容易に近づけなかった資料群が、活用可能な新規資料として発掘しなおされたのである。

実際の資料作成は、国立国語研究所の基幹型共同研究プロジェクト「多角的アプローチによる現代日本語の動態の解明」（リーダー：相澤正夫、二〇〇九年度〜二〇一五年度）の一環として行なった。

漢字仮名交じりによる文字化は、プロジェクト・メンバーの金澤裕之が一貫して担当したが、正確を期するための聴き直し作業には、相澤正夫ほか、メンバーの尾崎喜光、金愛蘭、田中牧郎、新野直哉、松田謙次郎の各氏が分担して協力した。骨の折れる作業に対し、この場を借りて改めて感謝の意を表したい。

本書に収録した文字化資料は、『ＳＰ盤貴重音源　岡田コレクション』の抜粋版である。音源の収録時期と対象ジャンルから見て、「二十世紀前半の公的な硬い言い回しの口語資料」として、まずは日本語研究への活用が期待される。一読すれば分かるように、話者の考え方や思想ばかりでなく、言葉遣いや話し方の特徴まで読み取ることができるからである。さらに、本書についての専門的な立場からの解説として、「文字化資料としての性格」（金澤裕之）、「歴史的資料としての価値」（岡田則夫）の二編を収録し、また、演説者ごとに簡単なプロフィールを付した。本書が、言語研究の枠を超えて、近現代の歴史研究等にも幅広く活用されることを願うものである。

二〇一五年二月

編　者

# 目次

●軍人・官僚



●実業家

# 解説（一）――文字化資料としての性格

金澤裕之

## 1 SP盤レコードに遺された日本語

一八七七年のT・A・エディソンによる錫箔円筒式蓄音機の発明以来、音声を音声として記録し再生することが可能となった。そうした録音には、その時その時の人々の口頭語も対象に含まれ、言語研究の資料となっている。ここではまず、そうした録音のうち、SP（平円盤）レコードに遺されて現在も聴取可能な日本語の記録について、主なトピックに限定しつつ歴史的な概略を記してみよう。

倉田（一九七九）によれば、SP（平円盤）に先立つ円筒形の蠟管式蓄音機の時代にも、日本人による講演などの録音がいくつか行われた模様だが、残念ながらそれらの音声は（現在のところ）遺されていない。現在、我々が耳にすることが可能な最も古い（と考えられる）日本語の録音は、一九〇〇（明治三三）年八月末にパリ万博を訪れた川上音二郎一行が、当地のレコード会社スタジオで吹き込んだ合計一時間程度（SPレコード二十八枚分）の音声で、その内容は、有名な「オッペケペー」を初めとする二十八の歌謡や語り物と、それらに関する簡単な説明である。この音声については、稿末に掲げた【音盤a】に復刻されており、また、この資料を利用しての研究やその可能性については、井上（一九九八）に詳しく述べられている。

そして、これに続く三年後の一九〇三年二月、日本国内で最初の、大々的な各種の音声資料の録音が行われた。英国・グラモフォン社の技師ガイスバーグをはじめとする一行による、蓄音機普及のための東洋への録音旅行の一環で、東京・築地のホテルを会場として約一ヶ月にわたり各種芸能が二百七十三枚分録音されたのである。この出張録音において中心的な対象となったのは、雅楽・謡曲・狂言・義太夫・常磐津・清元・長唄等々といった、いわゆる日本伝統の諸芸能であったが、録音の協力者として、オーストラリア生まれの英国人落語家である快楽亭ブラック（ヘンリー・J・ブラック）が関わったことから、当のブラックをも含めた八名ほどの東京の落語家たちが、東京落語の音声を遺しているのである。ただし、当時のレコードの録音時間は一面二〜三分程度のものなので、噺のほとんどはその時間内のちょっとした小咄のようなものである。また、この英国グラモフォン社とほとんど時を同じくして日本での出張録音を行ったのが米国・コロムビア社で、こちらの場合は、東京落語に加えて、五名ほどの大阪の落語家が、大阪落語を吹き込んでいる。そしてそれに続いて明治末期には、独逸ベガ・仏蘭西パテー・米国ビクターなどの各社が、相次いで日本での出張録音を行っている。（これらの内容については、【音盤b】及び、都家（一九八七）や清水（一九八一・一九八二）などに詳しく述べられている。）

一方、本書の文字化対象である演説・講演レコードの場合は、落語のそれに後れること十年余りの一九一五（大正四）年に、政治家の選挙運動用や時局演説を中心として始まっている。最初に吹込みを行ったのは当時の大隈内閣の司法大臣であった尾崎行雄で、三月末の第十二回総選挙に向けて各地を遊説中に京都の蓄音機会社で、自派の候補の応援のために演説を録音し、それが各地で応援演説として再生されたことが記録されている。また、この情報を聞いた時の首相である大隈重信も、最初は「妙なものが流行るのう」と言って笑っていたというが、すぐにそれを追って、東京・早稲田の私邸で吹込みを行うことになる。この時の収録風景は当時の新聞に写真付きで伝えられていて、正装をして喇叭に向かう姿が活写されており（倉田一九七九を参照）、レコードは数日で製品化され、後援会から全国各地に送られた模様である。

このように、一九一五年の尾崎および大隈の演説レコードは、自身の選挙区民向けの選挙運動用であると同時に、全国各地において自派の候補者への応援演説用として、全国各地で聴かれることを初めから意識して作られ、実際にそのように聴かれたものであったことが分かる。そしてこれに続き、選挙時はもちろんとして、平時の演説や一般の文化的講演などにも対象が広げられて、多数のレコードが録音・販売されることになる。ちなみに、明治期の終り頃（四二年＝一九〇九）にひょんなきっかけから録音されたもののとして、日露戦争勝利の功労者として有名な乃木希典（大将）の吹き込んだことばが遺されているが、後に復刻された湯地敬吾によるレコードによると、再生可能で残ったのは「わたくしは乃木希典であります」という冒頭部分だけである。

## 2　演説・講演レコードの資料的性格

以上に述べてきた通り、各種演芸や音曲の類は別として、SP（平円盤）レコードに遺された日本語の中の主要なものとしては、明治末期以降の東京・大阪の落語と、大正初期以降の演説・講演類を挙げることができる。言うまでもなくこの両者は、その目的や内容が全く異なるものであり、そこで語られることばも、広く「日本語」の範疇に含まれるものであることは間違いないが、その実態には大きな隔絶が存在する。この点について、当該分野の研究の開拓者とも言える清水康行氏は、研究を始めた一九八〇年代の当初より両者の言語資料的性格について詳しく言及しているので、両者の対照がコンパクトな形で纏められている、第五十九回近代語研究会での「演説レコード資料の可能性」と題する発表（一九八八年五月）のレジュメの中から、該当部分を紹介してみよう。〔なお、落語については東京分に限定されている。〕

| | 「演説レコード」 | cf.「東京落語レコード」 |
|---|---|---|
| @表現の場面 | ：公的演説（一方的、堅い表現） | 大衆芸能（くだけた会話形式） |
| @想定聴取者 | ：不特定多数 or 支持選挙民 | 不特定多数 or 贔屓客 |
| @演説者の階層 | ：社会的指導者層（主に政治家） | 寄席芸人 |
| @　〃　の出身地 | ：さまざま（東京以外が多い） | ほぼ江戸・東京 |
| @録音時期（SP） | ：一九一五年より、主に二〇年代以降 | 一九〇〇年代初頭より |
| @　　〃　　の特定 | ：有利←演説者の動向が新聞等に記録 | 主に発売時から推定 |
| @文字言語の介在 | ：原稿用意・持込みの可能性 | 定型の原稿・脚本なし |

また、清水氏は清水（一九八八）の中で、演説レコード資料におけることば（日本語）について、次のように表現している。

一九三〇年以前に録音されたと思われる演説レコードで、私が試聴できたものを〔表2〕にまとめた（表2は省略――引用者注）。この表から気付かれる通り、江戸・東京出身者に偏する東京落語レコードと異なり、演説レコードの吹込者の出身地は様々で、出身方言もまちまちと考えられる。その点で、これらを当時の東京方言としての東京語資料として扱うことはできまい。各出身地の方言資料的価値に注目することもできる。しかし、彼らの多くは東京在住者で東京を活動の拠点としている。また、これらの録音の多くは、全国各地で聴かれることを想定して話されていると思われる。そうして考えると、音韻面はともかく、少なくとも語彙・語法面においては、これらの録音資料を当時の全国共通語的性格（その共通語なるものの実態、およびそれと各演説レコードの言語の実態との異同はしばらく置くとしても）を意識した東京語資料として評価することができるかと考える。

こうした見方は、二十年余りを経た今日でも、充分に妥当な見方であると考えられ、個々の演説の特徴や性格に関する詳細については今後に俟つにしても、基本的な立場は動かないものと考えられる。なお近年、「日本語スタンダード」ということばをキーワードとして、近代以降の日本語の歴史の重要な一側面を捉えようとする野村剛史氏の考え方の中にも、こうした清水氏の見解と共通する部分があるように感じられる（野村二〇一三を参照）。

## 3 演説・講演レコードの文字化について

演説・講演レコードの文字化において興味深い一つの事実は、文としての切れ目がほとんどの場合で明確なことである。一般に話しことばや談話資料の場合、それが自然なものであればあるほど、言いさしや倒置、また過剰な連続や省略などがあり、文としての切れ目や文末部分が明確にならない場合が多い。ところがこれらの演説や講演資料の場合には、堅く整った表現を志向するためであろうか、文としての切れ目がおおむねはっきりしている。

この点は聴き取りや文字化作業における有利な点であるが、その裏返しとして、演説や講演の実践における草稿や原稿の存在を意識させる。資料の中には、完全な朗読調のものも少なくないし、中には、演説中に紙をめくる音がはっきり聞こえて、原稿を読んでいることが明らかな場合もある。そのように考えると、演説・講演レコード資料の場合は、音声が残され、その音声が伝達の媒介物になっているという点で口頭語であることは間違いないが、その内容の点から見ると、文章語的な性格が非常に強いことが明らかであり、日常的な口頭語の使用されることが多い落語などの場合とは、異質なものとして考える必要がある。

演説・講演レコードにおける音声の聴き取りは、例えば落語の場合などと比較すると、一般的には比較的容易と考えられるが、その理由と考えられるのは次のような諸点である。

・時代的に（十年以上）遅くなっているために、技術的な面などでの音の明断性が高い。

・（今も述べたように、）文章語的な要素がかなり含まれていると考えられるため、文や節などの部分の認定が、比較的容易である。

・発言の主語に当たるものが、そのほとんどが話者自身であり、それがたまたま、話者以外のある想定された人物などであっても、発言の中で主語（話者）が交替するような例はほとんどなく、その部分での混乱が少ない。

ただし他方、内容が演説や講演であるが故に聴き取りが難しくなる要素もあり、それは次のような諸点である。

・語彙的な面で、漢語系の割合が高くなっているため、そうした漢語の語の識別（同音異義語の存在）の問題が頻繁に出てくる。

・堅苦しい内容や持って廻ったような表現が比較的多いため、重々しく古い表現や用語が多くなって語の認定が難しくなる。

・特に軍人関係の演説の場合、（前記のような）古い表現や特殊な語彙の使用が多いのに加えて、その発音の仕方に特別な傾向が見られ、この点でも語の認定が難しくなりやすい。（例えばアクセントに関して、東條英機の場合などに顕著だが、現在では平板型で発音されるのが一般的な「光栄」「成立」「障害」など

の漢語が、頭高型で発音されることが少なくない。〕

## 4　文字化資料から見る演説・講演のことば

最後に、具体的な文字化資料の中から窺い知ることが可能な、SPレコードによる演説・講演のことば遣いの特色などを考えてみる。なお、基本的に漢字かな交じり文による文字化資料であるということから、音声や音韻の面に関する具体的かつ詳細な分析は、当初から不可能なものとなる。

まず、前節でも述べてきた通り、今回の文字化資料の特性として「文」の認定が基本的に容易であるため、文末を中心として文体（=文のスタイル）に関する分析が重要な要素となる。例えば、ともに最初期の重要な資料であり、録音を聴取した印象からは多分に対照的な尾崎行雄と大隈重信の文体については、次のような諸点が特徴として観察される。

《尾崎行雄》

・演説のオーソドックスなスタイルで、基本的に「〜（の）である」「〜（の）であります」を用いる。
・この両者の使い分けについては必ずしも明確ではないようである。
・「〜ておる（おります）」「〜ではない（か）」の多用、「〜せなければならん」の使用、などが特徴的である。

《大隈重信》

・かなり個性的な文末表現を使用しており、当時から「〜デアルンデアル」という〝大隈ぶし〟として有名であったらしい。
・大部分の文末が「〜（の、ん、もの）である」形式をとっている。
・「〜であるんである」に加えて、「〜でありますもんである」「〜でありますもんであります」などの長々しい文末形式も見られる。

その他、多くの演説・講演のスタイルを見てみると、当時は「〜である」「〜であります」の形式が主流であるが、口演者や状況などによって「～でございます」などのより丁寧な形式もあり、また「～です／ます」などの簡易な形式を使用する者も徐々に現れてくるといった状況である。

次に語法に関しては、基本的に文語的な表現と口語的な表現の混在期であると捉えることができ、演説や講演などの行われる状況や口演者の違いなどによって、次に挙げるような諸点において多様な表現のバリエーションが観察される。

・動詞や助動詞などの活用における「二段型活用」と「一段型活用」
・動詞やアスペクト形式としての「～（て）おる」と「～（て）いる」
・漢語動詞連体形の「〇〇せる」と「〇〇しておる／いる」
・助動詞の終止・連体形の「～まする」と「～ます」
・形容動詞の連体形語尾の「～なる」と「～な」と「～の」
・条件表現におけるさまざまなバリエーション
・使役の助動詞の「～さす」と「～させる」
・準体助詞などにおける「～が」と「～の」
・方向や場所を表す助詞の「～へ」と「～に」

また、語彙的な面に関しては、次のような諸点が特徴であると言える。

・使用頻度の高い語では、自称は「私（わたくし）」、国名は「日本（にほん）」を使用する者が主流
・現代にもつながる、副詞「全然」の多様な表現（肯定文でも否定文でも使用）
・漢文訓読的な言い回し――「苟（いやしく）も」、「況（ま）して」、「畢竟（ひっきょう）」、「～能（あた）わず」など
・旧い議会用語など――「議官（ぎかん）」、「政綱（せいこう）」、「時艱（じかん）」、「匡救（きょうきゅう）」など

・神道・皇室関係の用語――「御稜威（みいづ／つ）」、「皇謨（こうぼ）」、「髄神（かんながら）」、「肇国（ちょうこく）」など

・軍隊関係の用語――「統（す）ぶ／べる」、「熱誠（ねっせい）」、「危殆（きたい）」、「枚（ばい）を銜（ふくむ）」など

なお、特に語彙的な面においては、文字化を担当した筆者にとっても、完全には聴き取りや同定が出来ていない語も少なくなく、また、誤った解釈をして文字（＝語）を当て嵌めている可能性も充分にあり得るので、この点についてはご留意をいただければ幸いである。

【参考文献】


井上史雄（一九九八）「近代の言語変化―音声資料の活用―」（『日本語学』一七-六）

倉田喜弘（一九七九）『日本レコード文化史』東京書籍　→　岩波現代文庫版（二〇〇六）

清水康行（一九八一）「快楽亭ブラックと平円盤初吹込」（『国文鶴見』一六）

清水康行（一九八二）「今世紀初頭東京語資料としての落語最初のレコード」（『言語生活』三七二）

清水康行（一九八八）「東京語の録音資料―落語・演説レコードを中心として―」（『国語と国文学』六五-一一

野村剛史（二〇一三）『日本語スタンダードの歴史―ミヤコ言葉から言文一致まで―』岩波書店

芳賀　綏（一九八五）『言論一〇〇年　日本人はこう話した』三省堂選書　→　『言論と日本人』講談社学術文庫（一九九九）

都家歌六（一九八七）『落語レコード八十年史（上・下）』国書刊行会


【参考音盤（ＣＤ）】


ａ）『甦るオッペケペー―１９００年パリ万博の川上一座―』（一九九七）東芝ＥＭＩ　ＴＯＣＧ-５４３２

ｂ）『全集　日本吹込み事始』（二〇〇一）東芝ＥＭＩ　ＴＯＣＦ-５９０６１〜７１

# 解説(二)——歴史的資料としての価値

岡田則夫(大衆芸能研究家・SPレコード研究家)

演説や講演のSPレコードは、何枚くらい発行されているのだろうか。私が調べた範囲では吹込み者約三〇〇名、約七五〇枚のレコードがリストアップされている。吹込み者は、政治家、軍人、経済人、教育者、思想家、宗教家、医家、文学者、ジャーナリストなど広範囲に及ぶ。

演説や講演のレコードは、流行歌や浪花節や端唄小唄など、万人向けの娯楽ソフトとは異なり、レコード会社が営利を目的として制作したものは少ない。委託制作盤が多いのが特徴である。委託盤は、書籍でいえば自費出版のようなもので、店頭では販売されず、制作費用は依頼者が負担する。委託盤の全貌は、会社にも記録が残っていないので、実物を発見するまではどんなものが出ているのか見当がつかないのである。また、プレス枚数が少ない盤が多く入手難である。演説盤にはこのような未知の委託盤や、調査モレもかなりあると思われるので、全体を把握するのは困難であるが、総数は一〇〇〇枚を超えるのではないかと思われる。

## ◎演説レコードの始まり

日本の平円盤レコードは、明治三十六年二月の英国グラモフォンによる出張録音に始まる。「出張録音」とは、日本にレコード会社がなかった頃にレコード先進国のヨーロッパやアメリカのレコード会社が、録音機材、録音技師を日本に送り、録音する方法である。録音した原盤は本国に持ち帰り、レコードの製品にしてそれを日本に輸出した。このようなやり方を「出張録音」、できたレコードを「出張録音盤」と呼ぶ。明治四十年日本で最初のレコード会社日米蓄音器商会が設立され、国内でも製造が開始されるようになり、出張録音は大正五年を最後に行われなくなった。

出張録音時代に渡日したレコード会社は英国グラモフォンを皮切りに、米国コロムビア、米国ビクター、ドイツ・ベカ、ドイツ・ライロフォン、フランス・パテの各社である。

各社が収録した内容は、雅楽、能楽、長唄・常磐津、義太夫などの三味線音楽、端唄小唄などの俗曲類、落語・講談・浪花節などの寄席演芸など日本のあらゆる芸能に及んでいる。九割九分まで娯楽ものが占めるのだが、わずかではあるが、演説・講演も吹き込まれている。

明治四十三年に天賞堂が米国コロムビアの演説レコードを発売した記録がある（明治四十三年二月十七日・国民新聞広告）。

この広告によると、雨宮敬二郎、池田謙三、伊東祐亨、酒匂常明、渋沢栄一、島田三郎、末松謙澄、園田孝吉、高木兼寛、細川弥次郎、土方久元、林友幸、東久世通禧、三浦安、横井時敬の十五人約三十枚を発売していることが分かる。政治家、軍人、実業家、農学者、医学者と各界の錚々たる名士を揃えている。これが本邦初の演説レコードではないだろうか。これらの演説レコードの正確な録音時期は、はっきりしないが、林友幸は明治四十年（一九〇七年）十一月八日に没しているので、このシリーズの録音は、遅くとも明治四十年以前から始まっていたと考えられる。天賞堂は販売対象を学校など教育機関にしぼっていたようである。私はこれらの米コロムビアの演説音盤のうち何枚かはレーベル写真を見たことはあるが、残念ながら実物を手にしたことはない。渋沢栄一、島田三郎はその後の吹込みがあるが、他は米コロムビアが唯一のレコードとなっており、大変貴重である。

なお、出張盤時代の演説は米コロムビア以外にはないようである。

### ◎大正時代の演説レコード

大正期に入ると、日蓄に加えて、富士山印の東京蓄音器、ラクダ印オリエントの東洋蓄音器、ツバメ印ニットーの日東蓄音器などの会社が続々と設立され、日本のレコード産業は発展期を迎える。

国産の演説レコード最初は大正四年、京都のオリエントの「司法大臣尾崎行雄君演説」（五枚組）である。続いて同年、有名な大隈重信の「憲政ニ於ケル輿論ノ勢力」（ニッポノホン三枚組）が発売された。

演説会の代わりに自分の政治信条や理念を吹き込んで支持者に配布したと伝わっている。ラジオやテレビのなかった時代には、演説を速記した活字本の演説集も多数発行されているが、レコードは肉声で訴えるのだから、活字よりもはるかに効果的で、しかも山間僻地まで津々浦々に伝達することができる強みがあった。また、この当時はまだ偉人崇拝の気風があり、功成り名を遂げた大政治家の謦咳に接したいという青雲の志を持つ若人なども購入者であった。

尾崎行雄のオリエント盤はさほどではなかったが、大隈伯のレコードはかなり売れたようで、大正期の演説盤の中では最も多く見かける。大正期にはこのほか、政治家では雄弁家として有名な永井柳太郎、憲政会総裁加藤高明、阪谷芳郎、神学者の海老名弾正、賀川豊彦、経済界では不動貯金銀行頭取の牧野元次郎、武藤山治、統一哲医学会会長の中村天風らが貴重な録音を残している。女性は少なく、教育者の嘉悦孝子が吹き込んでいるくらいである。

また大正十三年、社団法人帝国発明協会が大正時代の各界名士の音声をレコードに残すことを企画し、ニッポノホンに制作依頼した「名士レコード」（特殊レーベル・非売品）を発行している。渋沢栄一「道徳経済合一論」、杉浦重剛の「雲井龍雄ノ詩」のほか古市公威工学博士の「謡曲」など、十枚位あるようだ。名士の肉声を「保存」することを目的にしたレコードの最初のシリーズものであろう。

### ◎昭和の演説レコード

大正十四年加藤高明内閣によって普通選挙法が成立、日本国籍を持ち、かつ内地に居住する満二十五歳以上の全ての成年男子に選挙権が与えられることが規定された。これにより有権者数は急増し、選挙活動は激烈となった。印刷物と共にレコードも政治活動の新たな運動媒体として着目され、有効に用いられた。

昭和に入ると、大正期の大レーベルニッポノホンはコロムビアと合併し、さらにビクター、ポリドール、テイチク、キングなどの新会社も設立された。また、蓄音器も安価なポータブルが普及して、レコードが庶民層にも浸透していった。レコードの品質も格段に進歩し、マイクロフォンを使用する電気録音が開始され、明瞭な音質で大音量のレコードが製造できるようになった。

演説・講演レコードも政治家・軍人だけでなく、経済界や学者の講演や文学者の朗読など幅広い分野にわたって録音されるようになった。しかし、なんといっても多いのは政治家の政見レコードである。

レコードには、いったん吹き込んでおけば、いつ、どこでも、しかも繰り返し聴くことができるという特性がある。候補者は自分の政治信条、公約などの所信表明をレコードに録音し、支持者に配った。演説会を開くことのできないところにも肉声を届けることが可能となったのである。それは、堅苦しい文章の印刷物よりはるかに身近で歓迎されたことだろう。地方の議員も吹き込んでいる。

政治家・軍人として安達謙造、安部磯雄、荒木貞夫、犬養毅、井上準之助、板垣征四郎、内田信也、小笠原長生、岡田啓介、賀屋興宣、近衛文麿、桜井忠温、高橋是清、頼母木桂吉、多門二郎、土肥原賢二、東郷平八郎、東條英機、永井柳太郎、中野正剛、鳩山一郎、浜口雄幸、林銑十郎、平沼騏一郎、町田忠治、松岡洋右、山本悌二郎、米内光政、若槻礼次郎らが吹き込んでいる。経済界は不動銀行の牧野元次郎、森永製菓の松崎半三郎、久保田鉄工の久保田権四郎、宗教界は山室軍平、田中智学、御木徳近、酒井日慎、菟田茂丸ら多数が録音している。教育関係者では広地千九郎、高田早苗、下田歌子、今村明恒、柚木卯馬、山本一清、水野満寿子ら。文学者やジャーナリストの吹込みは自作朗読が多く、上田広、火野葦平、菊池寛、尾上柴舟、釋迢空、西條八十、佐藤春夫、杉村楚人冠、高浜虚子、坪内逍遙、豊田正子、土岐善麿、丹羽文雄、野口米次郎、長谷川伸、堀口大学、室生犀星、村岡花子、柳原燁子、与謝野晶子らが吹き込んでいる。

珍しいものでは、鰐淵重松という方が「出征に際して」と題して、出征の挨拶を録音したものがあるが、このように一般人が吹き込んだレコードは極めて稀である。

最も多くの演説・講演盤を発行しているのはコロムビア（ニッチク）で、次いでビクター、ポリドール、テイチクの順になる。プレス数は不明であるが、レコード会社の米櫃を潤したようなヒット盤となったものはないと思われる。比較的売れたものとして東郷平八郎の国葬が執り行われた二か月後の昭和九年八月に発売となった追悼記念盤「連合艦隊解散式訓示」「海と空博覧会祝辞・三笠艦保存記念式祝辞」（コロムビア）の二枚がある。記念として求める人が多かったようだ。

一般発売でない委託盤は、数枚から数十枚程度のプレスが多く、どれも希少盤である。

委託盤は制作依頼者が費用を負担するので、レコード会社にとってリスクがなく確実に利益が見込めるので、各社力を入れた。選挙用の演説を始め、ご当地ソング、校歌、団体歌、記念歌など、さまざまな分野の録音をしている。委託盤の見分け方はレコード番号が手掛かりとなる。コロムビアの戦前は番号の頭に「A」、戦後は「PR」が付き、ビクターも「PR」、テイチクは「特」、キングは「N」、タイヘイは「M」、ポリドールは「L」「PA」「SR」「Z」などの記号が付く。しかし、レコード会社によっては委託盤も一般発売の番号を使用している場合もある。

委託盤専門のレーベルとして「音研」（目黒音響研究所）や「ほうがく」（邦楽同好会）などがあり、これらのレーベルにも演説レコードが残されている。

また、放送局が記録保存のために、放送を録音してレコード化することもあり、数多くの放送が記録された。テープ録音機が普及するまでは、放送に出演した人の要請によって、放送をエアチェックして簡易録音盤を作成してくれる会社があり、時折これらの盤も見かける。複数プレスした普通のレコードと違い、これも大変貴重である。

# 凡　例

一．概要

本書は、ＳＰ盤レコードに遺された演説を、言語研究の専門家が可能な限り忠実に文字に起こした資料集である。

大正から昭和戦前期の政治家・軍人・実業家・文化人など八十九名による百三十五編の演説を収録した。

二．排列

ＳＰ盤レコードに収録された時代を「大正～昭和初期」「昭和十年頃以降」に大別し、次に「政治家」「軍人・官僚」「実業家」「文化人・宗教家・ジャーナリストなど」に分類、その中は演説者の五十音順とした。同じ演説者による演説はひとつにまとめ、概ねレコードの収録年月順とした。詳しくは目次を参照されたい。

三．本文における記号

演説の文字化にあたり、次のような規則を決め、記号を使用した。

㈠　意味や内容を判断した上での、漢字仮名交じりの表記とする。漢字表記をどの程度使うかということに関して絶対的な基準はないが、読むだけで内容が理解できるという点を優先させ、また、可能な限り前後で矛盾が起きないように注意する。

㈡　一文ごとに改行する。（ただし、引用部分などでは連続させる。）読点は、意味上の切れ目や、ポーズ（音声の短い休止）の見られたところなどに適宜付ける。

㈢　聴き取りや判断の曖昧な部分には文字の左側に傍線をほどこす。
㈣　そうも聴き取れる、という可能性のある表現については、その語の後ろに［　］で示す。
㈤　ルビは二種類を使い分け、ひらがなのルビの場合は、難しい読み方をしている場合や複数の読み方の中で選択されたものを示す。（ただし、「私」及び「日本」については、頻繁に登場する「わたくし」「にほん」という読みの場合にはルビを付けず、それ以外の読みの場合のみ、「わたし」「にっぽん」のルビを付ける。）カタカナのルビの場合は、音としてはそのように聴き取れるが、文脈なども考慮すると判断が出来ない（或いは、難しい）場合を示す。
㈥　音の存在やその拍数はほぼ想定できるが、聴き取りが不可能な場合は、「□□」で示す。聴き取れない部分が続く場合は、「………」を使用する箇所もある。
㈦　補記は（　）で示す。その他のコメントなどは《　》で示す。

四．ＳＰレコードデータ
演説ごとに、収録されているＳＰ盤レコードの情報を付記した。

五．演説者データ
演説者の人物情報については、主にデータベース「ＷＨＯ」（日外アソシエーツ）を参考に、日外アソシエーツにて作成した。

# ＳＰ盤レコード文字化資料

# 強力内閣の必要

犬養　毅①

目下、支那に対する臨時事変［異変］のために、私は一日《いちじつ》も帝都を離るることはできない。

これがために、親《した》じく諸君にお目にかかって所見を述べることのできないということは、最も遺憾に存じます。

要するにこの内閣の使命としては、政治上全ての点において、大改革を行うという時期が来ておる。

即ち政治上の全てと言えば、財政・行政・官僚の組織、一切のものに大改革を加えなければ、最早新しい時勢に応ずることはできない。

また他《ほか》に対しては、長い間懸案であった隣国との関係を、この際に十分根底的に整理せなければならんという時期に到達しておるんである。

この二つが、この内閣の使命である。

それで、これがためには、多年研究の結果、どうすれば適当の処置ができられるかということについては、十分の自信を持っておるのである。

しかしながら、この自信を行うというがためには、第一に議会における基礎を固めなければ…、即ち政府の基礎を固めなければならん。

で、この基礎を固めるということは、独り政府を安定せしむるという意味ではない。

国民全体が長い間、既に前内閣の失政からして、経済界は叩き潰されておると。

産業は潰されておると。

この有様であるから、新たに恵んで新たに産業計画

SPレコードデータ
昭和6年収録
コロムビア戦前特殊　音盤番号A58A
収録時間4分9秒

をなすという者が、いつまでも不安状態においては新たな計画に着手するということは出来ないのである。

それ故に、この間《あいだ》に決戦して、而《しこう》して議院［議員］に多数を占めてこの内閣の基礎を定め、従って全ての産業の上に、これならばしばらく続いていくという目処がついて、初めて新たな運命が開かれるんである。

この意味をもって、この選挙に臨むんであるから、この選挙は実に大切なものである。

で、言い換えるならば、この選挙に負けたならば、元の通りの全ての経済政策・外交政策、一切のものが元へ返ってくると。

こういう有様であれば、新たに気運を開こうということは、全てが画餅［話柄］に属してくるという大切な場合《ばやい》である。

それ故に諸君は、この程候補者が上《のぼ》るところの大体は、我々の主張を敷衍していくのであるから、これを十分諸君においては聞かれて、而していずれが当今の国情に適当であるか否やということの公平なる、諸君は判断を下されることを望むのである。

ただ、私の言わんとするところはこれだけである。

そこで、この間《あいだ》には種々な悪宣伝、非常なものがあろうが、これは一切耳を貸せず、いかにしたならば日本の産業は更に回復できるか。

日本の景気はどうしたら回復できるか。

海外貿易は、殊に隣国の貿易は閉ざされておるが、これが根本的に整理されたならばいかな状態になるかという、大《だい》局の上から目を注がれ、従来の政党の行きがかり・感情、一切のものを捨てて、この時には、第二の維新の大事業を諸君とともにするという決心をもって、臨みたいと存じます。

どうか諸君におかれても、この意味を十分、ご了察を願いたいのであります。

犬養 毅②

# 新内閣の責務

我々が、この度の選挙に臨んで自分の主張を述べ、これに対するところの反対の党派の主張と、この間《あいだ》に全国民において公平なる審判《しんぱん》を下されることを求めるのである。

我々の主張を大別、ごく簡単にこれを引っくるめて言えば、応急の問題と根本の問題との二つに分かれる。

応急の問題は何であるかと言えば、他《ほか》に対しては、満州の事変をいかに解決するかと、こういうことが一つ。

それからまた、内にあっては、現在の不景気を、いかにしてこれを景気を回復するかと、活気を与えるかと、これが応急の問題である。

それから根本の問題としては、他《ほか》においては隣国・支那に対して、全体の国際関係をいかに改善するかと、この根本が定まらなければ、わずかに満州の問題が治まったと言って、隣国の関係は治まるんではない。

それ故に、この根本をどうするかということについては、我々は多年の研究と工夫《こうふ》を持っておるのである。

これを行いたい。

それから内に向かっては、現在の不景気をどう挽回するかという応急問題だけでは仕方がない。

根本から言えば、産業政策の元にわたって、いかにして日本の産業を振興し得《う》るかと。

SPレコードデータ
昭和7年収録
コロムビア　音盤番号26781AB
収録時間5分53秒

また、いかにして日本の産業を統制して、も少《すこう》し、これを合理的に発達させることができるかと、これが根本の問題である。

それから、独りそれのみではない。

長い間《あい》、維新六十年間の間《あいだ》に、ほとんど不規律・不統制に発達した全てのもの、全てのものと言えば何であるかと言やぁ、政治組織、これも改めなければ…。

執務の取り方、も少《すこう》し簡易に出来るんである。

全てこの、引っくるめて言えば、行政・財政の根本的建て直しを行わねばならん。

これが政府の側《がわ》である。

独り政府の側ばかりではない、民間全体の、全てのものに向かって大革新・大覚醒を行わなければならんという時期が最早到達《とうだつ》しておるんである。

それを、これまでのごとく姑息にただ打ち下げては、いつまで経ってもこの形勢は直らんのである。

それ故に、我々は今度の解散ということは決して好まない。

解散の一番必要の生ずるというのは、全てのものを安定させる。

政府もむろん、これにおいて基礎を安定せなきゃあ…。

独り、政府ではない。

エー、内にあっては全ての事業に着手する者が、このままこの政府の方針の通りに行くんであるか、また元へ返って、前内閣のようになるんであるか、ということの気掛かりの間《あいだ》は、思い切って着手はできないのである。

それ故に、ぜひともここで安定させるということが必要。

独り、それのみではない。

エー、隣国の関係を根本的に定めようと言えば、従来のごとき方針ではとても相手んなるわけのもんじゃない。

それ故に、現在の内閣がいつまで続くんであるか、この方針なら自分も考え様があるということは、確かにこの隣国も考えておるのであるから、どうしてもこれに向かっても基礎を定めるということが必要である。

で、いかなる仕事においても、決して半年や一年で完成するもんではない。

どんなに少なく、急速力でやっても四年間、もしくは五年間かからなければ、一つの政治が完成するということは出来ないのである。

況《いわん》や、六十年間続いて惰力に惰力で重なったという、この弊害を叩き破って新たな仕事を始めるというのは、少なくとも四・五年はどうしてもかかるわけである。

それ故に我々は全国民に訴えて、この日本の体制［大勢］、すべてのものの衰えておるというこの老朽した日本に活気を与えるというがためには、諸君は大奮発をして、我々に援助をせられることを求める。でこれは、極めて明瞭である。

前内閣が行っておった通りにしたならば、日本の産業はどうなる。

日本の外交はどうなるんである。

これを考えて、我々が現在主張するところのものに対照したならば、いずれが是《ぜ》であるか、いずれが非であるかということは、最も分明《ぶんみょう》に、これは判断できられるものであるから、私は進んで全国民に向かって、この公平なる審判を下されるということを、私は求めるんであります。

諸君は国のために、非常な大努力をせられんことを希望致します。

## 犬養 毅（いぬかい つよし）

政治家、首相、政友会総裁、漢詩人　号＝犬養木堂（いぬかいぼくどう）　安政二年（一八五五年）四月二十日生　昭和七年（一九三二年）五月十五日没　出生地＝備中国都窪郡庭瀬（岡山県岡山市）　学歴＝慶應義塾〔明治十三年〕中退　叙勲・受賞＝勲一等旭日桐花大綬章〔昭和七年〕

父は備中庭瀬藩士。明治八年上京、慶應義塾に学ぶ。十五年立憲改進党創立に参加。「郵便報知新聞」「朝野新聞」で活躍。西南戦争の際にはまだ慶應義塾の学生であったが熊本県御用掛となって従軍。実見に基づく「戦地直報」と題する通信を送った。犬養の実戦記は戦況を生々しく伝えた記事として各社の西南戦争報道の中で最も評判が高かった。犬養らの西南戦争報道は新聞の価値が社会的に認められるきっかけとなった。十三年「東洋経済新報」を創刊。十四年「郵便報知新聞」に再入社。十六年請われて「秋田日報」の主筆に就任。十八年「朝野新聞」入社。二十三年第一回総選挙より十八期連続して代議士に当選。二十四年「民報」創刊。三十一年舌禍で辞任した尾崎行雄の後任として第一次大隈内閣の文相として初入閣したが、内閣総辞職のため二週間で退任。憲政党、憲政本党、国民党を経て、大正十一年革新倶楽部を結成。十二年第二次山本内閣の逓信相兼文相。高橋是清率いる政友会、加藤高明率いる憲政会と結んで護憲三派として第二次護憲運動を起こし、超然内閣として成立した清浦内閣を打倒。十三年加藤高明内閣が成立すると逓信相。十四年革新倶楽部を政友会に合同させ政界を引退するが、間もなく復帰。昭和四年政友会総裁、六年首相となるが、七年五・一五事件で暗殺された。尾崎行雄と並んで〝憲政の神様〟と称された。漢詩を好み、著書に「木堂先生韻語」がある。

井上　準之助①

# 危ない哉！国民経済

SPレコードデータ
昭和7年収録
コロムビア　音盤番号26780AB
収録時間6分31秒

諸君、犬養《いぬがい》内閣は組閣直後、金輸出再禁止を断行しました。

浜口内閣成立以来二年有半、国民とともに非常な忍耐と努力によって、ようやくに建設致しました金本位制度を、一朝にして破壊し去ったのであります。

日本の財界の根本には、何ら金の再禁止を決行しなくてはならない欠陥がなかったのであります。

貿易の関係において、財政の関係において、通貨の関係において、さらにその懸念がなかったのであります。

なおまた、九月二十一日《んち》に英国が金本位停止を致しますと、一部の資本家・少数の銀行者《しゃ》は、日本もイギリスとともに金の再禁止をするであろう、それならば、その以前に資金を外国に移しておいて、これによって利益を得ようという思惑をする人が生じたのであります。

これが即ち、いわゆるドル買《か》いであります。

これに対する資金を調達《ちょうだつ》するために、比較的巨額《きょかく》の金貨を海外に送りましたのは事実であります。

しかしながら、この思惑の取引は十月の末《すえ》には全然止《や》まってしまっておったのでありますから、犬養内閣が十二月の十四日に金輸出再禁止を決行したことはその時期を誤っており、その必要はさらになかったのであります。

しかしながら、犬養内閣はこれらの事情を知らず、乱暴にも金の輸出禁止を決行したのであります。

その結果は、一方には一部の思惑者に莫大な利益を与え、他方には金本位制を破壊し、財界を不安ならしめ、国民の利益を犠牲に供したのであります。

これは全く犬養内閣政治の結果であります。

諸君、政治の結果がかくのごとく不公平な、不合理な事実を国民の前に表わしておいて、しかして国民思想の善導を唱える資格がありましょうか。

私はこれは政治道徳に反すること大《だい》なるものと考えます。

常に政治の公正を唱える我が党におきましては、決して認容することの出来《でけ》ない事柄《ことがら》であります。

また犬養内閣は、金輸出再禁止は不景気を景気に転回せしむる唯一の名案と唱えております。

諸君、ご承知のごとく今日は世界不景気によりまして、世界各国とも不景気のために悩み抜いでおるのでありますが、犬養内閣の言うごとく、一片［一編］の法律の力により、一夜のうちに果してこの不景気を景気に換え得《う》るような名案があると思い［お思い］になられるでありましょうか。

私は断じて信用致さんのであります。

勿論、金輸出再禁止によりまして、ご承知のごとく、為替相場は二割三割と下落したのであります。

為替相場が下落致しましたために、輸入品はそれだけ価格が騰貴したのであります。

例えば、綿《わた》・糸・木綿のごときは二割以上も騰貴したのであります。

これらの品物を所有しておる人は、莫大の利益を得たのでありますが、これを買わなくてはならん多数の国民は、果して高い物を買うだけの収入が増えましたでありましょうか。

私はさようなことを信用せんのであります。

元来、経済界のことは、国民多数の収入が増え、物を買う力が増え、これによって物の値段が上がりますならば、これは本筋であります。

これによりますれば、初めて不景気が景気に換わるのであります。

諸君のご記憶の新たなる大正三年にヨーロッパの戦争が始まりました頃に、外国が日本の品物をたくさん買う、高く買う、そのために日本国民の購買力が増えまして、物価騰貴、景気がよくなったのであります。

これならば本筋であります。

しかしながら今度のことは、金《かね》の値段を下げておいて、そうして物の値段が高くなったように見せつけておりますが、法律の力によって一夜のうちには、国民多数の購買力・物を買う力は増える気遣いないのであります。

かような不合理［不功利］なことが長く続いて、今日のような浮いた景気が続こうと考えません。

諸君、民政党は元来、真面目に建設的に努力してきたものであります。

政友会は反対に、不真面目に破壊を主としておるものでありますから、私は諸君の公平なる、両者に対する批判を希望する次第であります。

## 井上準之助②

# 地方政戦に直面して

SPレコードデータ
昭和7年収録
太陽　音盤番号ナシ
収録時間7分2秒

諸君、昨年の世界不景気から我が国におきましても、政府の歳入は極度に減ります。

国民全体の収入も急激に減りまして、今は官民ともに非常に苦しんでおるのであります。

ある一部の人は、これは民政党内閣の財政経済政策の結果だと言って宣伝しておりますが、世の中にこんな間違った説はないのであります。

なるほど、我が党内閣は一昨年から、金の解禁を断行し、以て国民経済の根本的建て直しをするために、財政を緊縮し、国民を緊張せしむる政策を取ったのであります。

これが、我が財界に相当の影響を与えておるということを認めます。

しかしながら、もしこの準備なしに、世界の不景気に遭遇したならば、日本はいかなる立場に立っておるでありましょうか。

物価は下がらず、生産費は下がらず、従って輸出は今日より、より以上に減ります。

輸入は減りません。

国債貸借の改善は行われずに、日本の経済界は極度の不安に襲われまして、今頃は国を挙げて大騒動《おお》をしておる頃だと考えるのであります。

今、我が経済状態を、英国・米国・独逸国、いうものに比較致しましてみると、日本が一番安定しております。

これは何故《なにゆえ》かと言えば、一昨年から財政を緊縮し、国民が緊張せしめて、これがこの不景気に対する準備となっておるからであります。

ご承知のごとく、イギリスは最近、巨額《きょかく》の歳入欠陥を生じ、国の不信［不振］を来《きた》して、イギリスは一大危機に瀕しておりますが、これは我が国のごとく、不景気以前に財政の緊縮が十分に出来ていなかった結果であります。

ある一部の人士は、政府が借金をして積極政策を行えば、この不景気が救われるということを申しますが、世の中にかような名案がありますならば、お互いこうして、この不景気に苦しむ必要はありません。

何れ《いず》の国の…、といえども、この不景気に苦しむ必要はないのであります。

しかしながら、事実はかように簡単に参りません。

なるほど、政府の歳入が減る、これに応じて歳出を減《へ》しますれば仕事が減る。

仕事を減《へ》すことが嫌《いや》さに、政府が借金をしてその仕事をするか、または、補助奨励費を増して、売れなくっても、消費が出来《でけ》なくっても、仕事を進めていくというようなことがありましたならば、これくらい姑息な放漫政策はありません。

その結果が、物価が下がらず、生産費が下がらず、輸出が減り、輸入が減らずに、国債貸借の改善が出来《でけ》ません。

その結果が、資本が日本から海外に逃避致します。

丁度今日のドイツの苦しんでおるような苦しみを、

繰り返さなくてはならんのでありまして、日本の経済界は混乱の極《きょく》に達するのであります。

かような弊害は、過去において舐め尽くしておるのでありまして、再びかような愚策を繰り返すようなことがあってはなりません。

今日は、国民は極度に苦しんでおりますが、この際政府独り、安きを求めることは出来《でけ》んのであります。

故に、政費を節約して一文《いちもん》の無駄のないように努めなきゃあならんのであります。

政府の事務の管掌［簡捷］を図って、国利民福を進めなきゃあならんのであります。

最近、官吏の減俸を断行し、恩給法の改正をしたことも、全くこの趣意［主意］に他ならんのでありまして、これが即ち、行政財政整理の一斑であります。

私は、かくのごとくすることが今日の難局に対する官民の覚悟でなきゃあならんということを、確信しておるものであります。

日本の経済界は世界の経済界と過去一年半の間《あいだ》、幾多の変遷を経まして、不景気も最早その底をついております。

世界各国の経済界も、やや安定の位置に進みつつあるのでありますから、従来の政策を継続していきましたならば、遠からざるうちに必ず、諸君が今日を謳歌するような時代が来るのであります。

しかるに、これに反して姑息な放漫政策を取るようなことがありましたならば、折角世界各国に優れて安定しておるこの日本の経済界も根本から覆されて、二カ年間官民ともに努力緊張致しましたことを無駄になりますから、私は諸君が、実行も出来《でけ》ない、ただ単に気休めにすぎないような宣伝に誤られないようにせられんことを、謹んで勧告致す次第であります。

**井上 準之助**（いのうえ じゅんのすけ）

財政家、政治家、日本銀行総裁、蔵相、貴院議員（勅選）明治二年（一八六九年）三月二十五日生　昭和七年（一九三二年）二月九日没　出生地＝豊後国日田郡大鶴村（大分県日田市）　学歴＝帝国大学法科大学英法科〔昭和二十九年〕卒

明治二十九年日本銀行に入り、三十年英国、ベルギーに留学。帰国後、大阪支店長、本店営業局長、ニューヨーク代理店監督など歴任。四十四年横浜正金銀行に入り、大正二年頭取、八年日銀総裁に就任する。十二年第二次山本内閣の蔵相となり、関東大震災後の救済・復興に従事。十三年勅選貴院議員。金融恐慌時の昭和二年再び日銀総裁。四年浜口内閣の蔵相となり、金解禁とデフレ政策を実行。七年一月民政党総務となるが、同年二月血盟団員・小沼正に暗殺された。著書に「戦後に於ける我国の経済及金融」「井上準之助論叢」（全四巻）がある。

# 伸び行く朝鮮

宇垣一成

伸び行く朝鮮について

皆さん、我が朝鮮は施政以来今や二十五年、即ち四半世紀を経過し、上《かみ》皇室の有難き御《おん》恵みと歴代当局の宜しき統治《とうじ》と、半島民衆の努力とにより、思想に、文化に、産業に、教育等《とう》に、あらゆる方面が明朗に相《あい》成り、駸々《しんしん》と発達致しまして、今や文字通りに、伸びゆく朝鮮の溌剌たる姿を見るに到りましたることは、誠に欣快至極であり、深くお上の御稜威《みいず》に感激し、また民衆の努力に感謝致して、更に大いにこの更生せる朝鮮の将来に対し、多大なる期待を掛くる次第であります。

私は就任以来、十数回に亘りて前線を巡視し、最近は南鮮六道を巡閲し、その間《あいだ》自力《じりょく》更生の総督府の指導精神は最前線までよく徹底され、官民の努力と意気と感謝の生活は誠に涙ぐましく、またほほえましい様子を親しく認め得たのであります。

かくて地方振興、自力更生、北鮮開拓、満州移民、産金事業、各種興業［工業］、南面北洋、農事改良、繊維及び化学工業、水産業等《とう》、或いは着々その緒《ちょ》につき、或いは驚くべき飛躍をなしております。

はたまた、資源の豊富と労銀の低廉と動力の廉価等《とう》は、漸次内地の資本を呼び、内鮮《ないせん》一体の事業は起こされ、多面、交通及び通信網の発達、民力の充実は商業に刺激と躍動を与え、都鄙《とひ》を通じて最近著しく好景気を呈するに到りました。

一方、教育を実際課《か》する神聖なる作業は、漸次効果

SPレコードデータ
昭和9年8月臨時発売収録
コロムビア　音盤番号28571
収録時間3分11秒

を上げ、また一面一校計画の完成は目睫《もくしょう》の間《あいだ》にあり、簡易学校の増設と相俟って文盲退治にも大いに歩を進め、他方中堅青年の養成、新田開発等《とう》の社会強化その他《た》の物心両方面の精進は、全てこれ仰ぎ見る尊《とうと》き御旗のもとに営まれ、我が国の大陸《だいりく》への桟橋であり、日《にち》・満《まん》・韓《かん》のかすがいである。

若き朝鮮は今や着々と前進の一路を辿り、彼此《ひし》として建設されおる次第で、実に半島の前途は光明《こうめい》に輝き、希望に満ちております。

皆さんお互いに足並み揃えてしっかりやりましょう。

## 宇垣 一成（うがき かずしげ）

陸軍大将、政治家、陸相、外相、参院議員（緑風会） 幼名＝杢次 慶応四年（一八六八年）六月二十一日生 昭和三十一年（一九五六年）四月三十日没 出生地＝備前国赤磐郡潟背村（岡山県岡山市） 学歴＝陸軍士官学校（第一期）〔明治二十三年〕卒、陸軍大学校〔明治三十三年〕卒

明治三十五〜三十七年ドイツに留学。四十四年陸軍省に入り、軍事課長。参謀本部総務部長、陸軍次官などを経て、大正十三年から清浦圭吾、加藤高明、若槻礼次郎各内閣の陸相。この間、四個師団の削減を実行して〝宇垣軍縮〟といわれた。十四年大将。昭和四年には浜口雄幸内閣の陸相となり、陸軍内に〝宇垣閥〟を形成。六年の三月事件に関わり、国家改造運動に論拠を与えたことで知られる。同年予備役後は朝鮮総督となって軍需産業の育成につとめた。十二年組閣の大命を受けたが軍内派閥抗争により組閣を断念。十三年近衛改造内閣の外相兼拓務相となるが、再び陸軍と対立、五ケ月で退任。その後も度々首相候補に挙げられた。戦後、二十八年の追放解除後は、参院全国区で最高点で当選。著書に「宇垣一成日記」（全三巻）など。

# 日本の天職

内田　良平

SPレコードデータ
昭和7年3月・月報収録
ポリドール　音盤番号1123AB
収録時間6分36秒

私は内田良平であります。

日本《にっぽん》の天職についてお話を致します。

万邦無比なる日本《にっぽん》の天皇は、現在における我が領土ばかりを統治《とうぢ》なさせらるるものではなく、世界万国をしろしめすべきご天職があるのであります。

故に我々国民は、天皇のご天職を遵奉・実現せしむることが、天職であらねばならんことになっておる。天皇が世界万国をしろしめすべきご天職のあることは、建国の初めから国の名称によって、明らかに示されておるのであります。

日本《にっぽん》という名称は、天地ということである。

日本《にっぽん》の日《ひ》の字は、天のことであり、本《もと》という字は土地、即《すなは》ち地球を指したものであります。

その天と地を総合したる名称が宇宙ということである。

天皇は地球上《しょう》ばかりを統治なさるのではなく、宇宙の全てをも主宰なさせらるべく、先天的に定まっておるのであります。

かように、ご天職が国の名称に示されておる以上、いかに無学の者でも、日本《にっぽん》という国名さえ知っておれば、天皇のご天職を容易に認識することが出来るようになっておるのである。

これのみならず、天皇という尊称は、すめらぎと読むのであります。

すめらぎは、天地を統《す》べさせらるる意義なのであります。

だから、天皇のご天職は、国の名称の上からばかりでなく、尊称の上から見ましても、世界万国をしろしめす者であることが明らかに知らるるのであります。

　地球の上には万国と称するほど、たくさんの国々がありますけれども、日本《にっぽん》に似通うた名称は、決して他《た》にはないのであります。

　ないのは当然であって、米国や英国・露国など、いかに大国《たいこく》でも、偉《えら》がっても、世界を統治する使命を与えられていないから、彼らには彼ら分相応の国名しか持っていないのである。

　我が日本《にっぽん》は、国名がすでに天地ということである。

天皇という尊称は、天地を統べさせらるることであり、天皇の字義は、天の君ということでありますから、日本《にっぽん》の日《ひ》の字に当たるのであります。

　日は太陽、太陽は公明正大なるものである。

　公明正大は御稜威《みいつ》の輝かせらるることであります。

　国民は地に象《かたど》ったものです。日本《にっぽん》の本《もと》の字に当たり、地は天を戴いて万物を生成化育するものである。

　この理によって、国民たる者は天皇の御稜威をもって、世界の経綸を行い、平らけく安らけき、永久平和の天国を建設することが天職であり、使命であらなければならぬわけであります。

　かくのごとく、重大なる使命を遂行するために、日本《にっぽん》の国土に生《ん》まれ、家たるところの我々国民は無上の名誉であり、幸福であるのである。

　その名誉幸福を全うせんとするには、一日《いちじつ》も早く、天皇のご天職を成就することに奮励努力しなければならん。

　これが国民の天職であり、日本《にっぽん》の天職であるのであります。

　しかるに、我が国民にして日本《にっぽん》を知らず、日本《にっぽん》を知らざるために自国を卑しみ、外国を尊《たっと》んで欧米先進国などと唱え、無闇に有難がっていた結果、欧州大戦後に及びまして、露国の革命に倣わんとする馬鹿者どもが続々として現われ、ソビエット連邦たらんことを計画し、ロシアを目《もく》するに祖国と呼ぶ売国奴が出て来たに至っては驚くの他なく、悲しむべき国情となったのであります。

　ロシアに共産主義を標榜せる独裁政治の出現しましたのは、ロシャー人が全く無知であり、野蛮なるがゆえに出来たのであります。

日本《にっぽん》と国柄が違《ちご》うのであります。

その国柄の異なっておる点などは少しも考えず、知らない者が、日本《にっぽん》の学者と称せらるる人々に多く、それらの学者が日本《にっぽん》の国体も天職も知らない物知りであることは、誠に不都合なことであるのである。

この学者たちは国に国際的と唱え、合理的と唱えておりますが、彼らの国際的なるものは、日本《にっぽん》が外国の下風《かふう》に立つことを国際的であると心得、合理というのも、すこぶる不合理的のものであります。

米国の侵略は平和人道のためであると賛美し、露国の侵略は共産主義のためなりと□□《カッコー》し、自国の生存権主張は帝国主義・侵略主義なりと否認する類《たぐい》、ほとんど枚挙に遑《いとま》のなきほどあるのであります。

なんと、驚くべき不合理ではありませんか。

この誤れる思想を打破することが、日本《にっぽん》の天職を遂行する先決問題であると信ずるのであります。

**内田　良平**（うちだ　りょうへい）

国家主義者、大日本生産党総裁、黒龍会主幹　明治七年（一八七四年）二月十一日生　昭和十二年（一九三七年）七月二十六日没　出生地＝福岡県福岡市　学歴＝東洋語学校卒

玄洋社に学ぶ。明治三十四年黒龍会を結成、主幹。同年「露西亜亡国論」を刊行。三十六年対露同志会に参加。三十八年孫文らの中国革命同盟会の結成に寄与。大正十四年加藤高明首相暗殺未遂事件で入獄。昭和六年ファッショ的大衆組織・大日本生産党を組織して総裁、満蒙独立運動、日本のシベリア進出を推進した。

# 憲政ニ於ケル輿論ノ勢力

大隈　重信

〔諸君、ただ今より大隈伯のご演説があります。そのご演題は「憲政に於ける輿論の勢力」というのであります。パチパチパチパチパチ……（拍手）〕

□□でございます。

帝国議会は解散されました（ね）。

今まさに、旬日の後《のち》に選挙が行なわれて、今全国は選挙の競争が盛んに起こっておる時でありますんであります。

この時にあたって「憲政に於ける輿論の勢力」を論ずるのは、最も必要なりと□□□ますのであります。

憲政そのものはすこぶる複雑の政治にして、人文《じんぶん》の発達によって起こったことは、諸君のご承知のことであります。

人文の発達に伴えば、自ずから輿論がここへ成り立つんである。

この輿論そのものが盛んにならなければ、憲政そのものが充分に運用されぬと信じますんである。

既にこの選挙において、帝国議会開《ひら》けて以来二十有五年、選挙を繰り返《かや》すこと十回以上に経験を積んだに関わらず、未《いま》だ選挙の状態が、遺憾ながら不完全なりということを思いまして、甚だ憂慮に堪えぬ次第であります。

かくのごとき国家の重大なる選挙において、盛んに輿論の起こることを望むに関わらず、未だ公正なる輿論が、凡《すべ》て選挙を動かすごとき勢力が、未だ現れんのを遺憾と致すんであります。

SPレコードデータ
大正5年収録
ニッポノホン　音盤番号510、1
収録時間17分13秒

凡《およ》そ物の善悪邪正、順逆は実質的《じしつ》に道徳的に発達するものである。

国民が善政を望まんとすればだ、これに対する自ずから輿論が起こらなくてはならんと思いますのである。

オイ…、輿論の勢力を歴史的に、いささかここへ述ぶる必要を感じますんで…。

独裁［国際］政治の時代においても、輿論の勢力は大《だい》なるものである。

王政維新は何《なに》によって起こったか。

四百年の武断政治を廃する、全く輿論の勢力である。

四《し》百年の封建政治を廃して郡県制を起こし、四民に平等《へいとう》の状態に変化したのは、これまた大なる輿論の勢力である。

そうして［而《しこう》して］法律の編纂、地方の自治《じじ》、ついに憲法が発布さるるに至ったのも、これまた輿論の勢力に過ぎんわけでありますもんである。

かくのごとき輿論の政治は…、勢力は大なるものであってだ、殊に憲政のもとに、全くこの憲政の運用発達は輿論に支配さるるものであるということは、信じて疑わんである。

輿論は、凡て知識ある階級によって導かるるものである。

ここにおいて政治家は、国民の指導者となって国民を導く、輿論を導く、ある場合には輿論を制するという力がなくてはならんである。

しかるに憲政のもとに、政党の人は、輿論を指導するてき［べき］の働きが起こったか［ら］、近来未《いま》だかくのごとき政治家を見ないんである。

しかるにこの度の解散によって初めて、憲法実施以来、解散の事由［自由］を明らかにして、反対党の論ずるところと政府の論ずるところを対照して、聡明なる国民の前に訴えたということは、この度が初めてである。

ここにおいて翕然《きゅうぜん》として、輿論は今起こりつつあると信じますのである。

これは憲政の発達のために、甚だ悦ぶべきことであると思いますので…。

憲法によって与えられたところの国民の権利と義務は、重大なるものである。

憲法そのものは、国家を組み立つるところの根本《こんぽん》組織。

その根本組織によって、国民に与えられたところの臣民権、言い換えれば国民の義務は、頗《すこぶ》る重大なものである。

そうして［而して］その最も大切なるものは選挙である。

全体国民が、今は税が高い、或いは、政府は余程悪政を行なう、いう怨嗟《えんさ》の声を放つのは、卑屈なる専制時代の国民の声であります。

憲法の下《もと》にはだ、税を取るのも、或いは金を使うのも、国民の権利義務を規制するところの全ての法律も、帝国議会の協賛なくして行なわるるものではないんである。

しからば税も国民が承知したものである。

法律も協賛を与えたものである。

そうして行政そのものは、帝国議会は充分に監督権を持っておるんである。

若《も》し法律そのものが不完全であればだ、帝国議会は発議の権を以て、法律を改正することも、或いは廃することも、或いは新たに法律を拵《こしら》ゆることも随時［随意］に出来《でく》るんである。

かくのごとき大なる権利を国民に授けられたものであるんである。

しからばこれを平易に説き明かせば、陛下はだ、明治大帝《だいてい》は国民に大切なる鍵をお渡しになったと言って宜しいんである。

そうして［而して］貴重《きじゅう》なる国家を左右する、法律を左右する鍵をだ、卑劣なる野卑なる陰険なる輩《ともがら》に渡して、そうして［而して］禍《わざわい》を受けて、そうして［而して］禍に苦しんで、種々の不平を唱ゆるとは何事ぞ。

恰《あだか》もこれは自ら過《あやま》てるその報いであるんである。

畢竟これ卑屈なる精神［前進］である。

何故《なにゆえ》にこの権利を重んぜん。

国家の目的は、常に国運の隆盛、多数国民の福利を捗《はかど》らすことに努めておるんである。

国家の意志は国民の意志である。

国民の意志を集合したものが国家の意志であるんである。

国民の是《ぜ》なりと認《したた》むることが国是である。

これが多数政治の原則である。

しかれば国民の国家に対し、憲法に対する責任の大なることは、恰も貴重なる陛下の賜わったところの鍵を大切に、これを保つということが必要である。

ここにおいて、投票の一票も自由の精神がこれに宿らなくてはならんである。

個人の独立、個人の自由というものが集合して、ついに自治となる。

帝国憲法は国家の自治である。

国民が集合して、而して［そうして］国民的勢力が議会に集中さるるんである。

国民的勢力は何《なに》によって導かるるかというと、即ち輿論である。

この輿論の勢力が議会へ集中されて、初めて帝国議会の威厳、帝国議会の信用がここに成り立つんである。

かくのごとき憲政は輿論によって導かるるものである。

而して輿論そのものは、知識ある階級によって支配さるるんである。

しかるに往々、世の俗人は過ってだ、政治は俗［非俗］、俗なるものである。

自己は学者である。

自己は実業家である。

自己は宗教家である。

一は何が職業を持っておるんであるというごとく、国民の中等階級、知識ある階級が政治から退けば、到頭［相当］劣悪なる一種の政治的競売［商売］が起こるんである。

近来の党派は、往々その弊に、今陥りつつあるのを遺憾とするんである。

この度の解散によって、この度の改選によって国民は、やや自覚を始めたことを喜ぶんである。

社会学上より観察致しまするとだ、社会の統制力の最も大なるものは法制禁令。

法制禁令は世界［社会］の表面に現れた行為を支配するものである。

その精神界に働くところの統制力は、宗教において、或いは学者の理論［議論］において、殊に著しく統制力の盛んなるものは新聞において現るんである。

かくのごとき統制力がだ、政治上にも社会上にも風俗の上にも、大《おお》いなる力を持つと信じますんである。

精神がマヒするとだ、悪を悪とせず、ついに廉恥の風が段々衰えるということを恐るるんである。

ここにおいて官吏も過ちが多いんである。

議会も過ちが多いんである。

社会もまた過つんである。

これは社会の統制力の薄弱なる証拠である。

吾輩の内閣組織以来、昨年の五月に発表したところの政綱の一つに、まず人を修［治］めんとする者は自ら修［治］めなくてはならん。

ここにおいて、官吏の厳粛なる規律を論じたんである。

これに私は廉恥の風という文字を表わしたんで、廉恥の風が社会を統制するに、非常な大なる威厳を持ったのである。

この威厳がなくなれば、この道徳の制裁［生彩］がなくなるんである。

法律はだ、三百代言的に行けばだ、どうかすると法律は免《まぬか》るることも出来《でく》るとしれん。

しかしながら社会の制裁はこれを許さんである。

社会の制裁がこれを許せば、民免れて恥なしという有様に陥ってな、社会は堕落する。

社会が堕落すれば政治も、凡て国家の進運がここへ止《と》まるんである。

甚だ恐るべき危機に臨んでおるんである。

しかるにこの忠良なる啓発なる国民はだ、議会の大権に遭遇する［して］国民が愛国心が勃興し、而して静かに顧みて現在の政治の状態を満足しないという状態は起こったんである。

その時にその選挙が現われ…。

今、世界の強大なるドイツと、英国・フランス・ロシアと連合をして、今まさに戦いつつあるんである。

帝国の地位は世界に大なる今、変化をなしつつあるんである。

帝国の地位は疑いなく、世界の最も進んだ文明国と共同の地位に達せんとしつつあるんである。

かくのごとき時において、些々《ささ》たる国内の外交、財政、或いは国防、その他《た》の政治上において、党派的鑑札［観察］をもって争うとは何事ぞ。

かくのごとき者に向かっては、自《おの》ずから輿論の大なる勢力は、これを破るという必要に迫っておるんである。

また、凡て今日までの党派の弊はだ、いかに強弁せんとしても覆うべからざる弊は、至る所に存在しておるんである。

これがこの選挙に臨んで、国民の覚醒を促す所以《ゆえん》である。

ここにおいて輿論の大なる勢力は、ここへ現るることを望むんである。

国民が自覚して自己の貴重なる国家に対する義務を充分に自覚すれば、この選挙の功［効］は実に大なりと信じますのである。

かくのごとき日本は過渡期《かどき》に立っておるんである。日本帝国の地位は、この一歩を誤れば、国の運命、国の安危栄辱のかかる大切なる時期であるということはだ、国民も大《おお》いに自覚□□□□□□□、信ずるんである。

ここにおいてだ、いよいよこの輿論の勢力の大なることを、私は認《したた》むるんであります。

この輿論の勢力がだ、帝国の将来の運命を支配すると信じますのである。

## 大隈 重信（おおくま しげのぶ）

政治家、教育家、首相、憲政党党首、早稲田大学創立者、侯爵　初名＝八太郎　天保九年（一八三八年）二月十六日生　大正十一年（一九二二年）一月十日没　出生地＝肥前国佐賀城下（佐賀県佐賀市）

生家は肥前佐賀藩の砲術師範の家柄。藩の教育方針である葉隠主義になじまず蘭学を学ぶようになり、慶応元年（一八六五年）長崎五島町に英学塾・致遠館を開設。三年脱藩を企てるが送還され、一ケ月の謹慎を命ぜられた。復帰後は前佐賀藩主・鍋島直正に重用され、明治元年外国事務局判事として横浜に在勤。キリスト教問題で英国公使パークスと会見して互角に議論した手腕を買われ、同年外国官副知事に昇進。その後、民部大輔、大蔵大輔となり、鉄道や電信の敷設、工部省の開設に尽くした。明治三年参議、六年大蔵卿、七年台湾征討・十年西南戦争の各事務局長官、十一年地租改正事務局総裁。この間、大久保利通の下で財政問題を担当、秩禄処分や地租改正を断行し、殖産興業政策を推進して近代産業の発展に貢献した。十四年国会即時開設を主張し、さらに開拓使官有物払下げに反対して薩長派と対立したため免官され下野（明治十四年の政変）。十五年小野梓、矢野龍渓らと立憲改進党を結成。二十年伯爵。二十一年第一次伊藤内閣の外相として政界に復帰。続く黒田内閣でも留任し、条約改正交渉を進めたが、外国人判事の任用に非難が集中し、国粋主義者・来島恒喜に爆弾を投じられて片脚を失い辞職した。二十九年改進党を立憲進歩党に改組。同年松方内閣の外相。三十一年自由党の板垣退助と連携して憲政党を結成し、最初の政党内閣である第一次大隈内閣（隈板内閣）を組織したが四ケ月で瓦解。大正期に入り第一次護憲運動の高揚によって三度政界に戻り、大正三年第二次大隈内閣を組閣。第一次大戦参戦、対華二十一か条の要求、軍備増強などを行い、五年に総辞職。十六年侯爵となった。この間、一貫して教育について関心を持ち、明治十五年東京専門学校を創立。三十五年大学組織に改めて校名を早稲田大学とし、四十年政界を退くと同大総長に就任して教育活動に専念した。著書に「大隈伯昔日譚」「開国五十年史」（全二巻・編著）「大隈侯論集」「東西文明の調和」などがある。

岡田 啓介①

# 総選挙に際して

SPレコードデータ
昭和11年収録
ポリドール　音盤番号AT-5AB
収録時間7分36秒

私は内閣総理大臣・岡田啓介であります。

去る一月二十一日、衆議院が解散を命ぜられましたので、帝国憲法の定むるところに従い、来たる二月二十日《はつか》、衆議院議員総選挙が行われることとなりました。

政府が、衆議院の解散を奏請するに到りました理由は、当時直ちに声明致した通りであります。

私は今日の重大なる時局に善処し、いよいよ国運を伸長し、以て聖明［誓盟］に応え奉る所以《ゆえん》の道は、一《いつ》に挙国一致の協力によるの他なきを信じ、この方針のもとに組閣以来、閣僚相《あい》率いて、最善の努力を尽くし来《きた》ったのであります。

現内閣は一党一派に偏せず、真摯なる全国民の支援を得て、政策の実行に努めんとするものであります。

私は国家内外の現状に鑑み、各政党政派は、各々小異を捨てて大同に就き、虚心坦懐、是を是とし非を非とし、ただ一意君国のため臣民翼賛の任を尽くさるることを信じて疑わないものであります。

政府は、既に前後二回の帝国議会において、この所信［初心］を披瀝致したのでありますが、衆議院における審議の経過を見まするに、遺憾ながら些か国民の期待に添わざるやの感なきを得なかったのであります。

而《しこう》して更に、その後《ご》における政情に際しまするに、衆議院の実状はそのまま議会を継続致しまするも、到底円滑《えんこつ》なる国政の運用を期し難きものありと考えられたのであります。

　よって政府は、衆議院の解散を奏請し、直ちに厳粛公正なる選挙を行い、民意を正しく議会に反映し、政界の情勢を明朗ならしめ、この明朗なる政情のもとに、いよいよ奉公の志を堅くして、所信［初心］の実現に邁進せんことを期した次第であります。

　而《しこう》して衆議院に提出せられました内閣不信任決議案は、政府の信念に照らし、また現に政府の実行しつつあるところに鑑み、毫もこれを首肯《しゅこう》するに足る理由なしと信ずるものであります。

　現内閣は夙《つと》に声明致しました通り、畏《かしこ》くも明治天皇の欽定し給える帝国憲法の本義に副《そ》うべき政治を確立し、よってもって、内《うち》国力を充実し、外《そと》国運を伸長することをもって、最も重要なる使命と考えておるのであります。

　最近数年《すねん》来の我が国《くに》内外の難局は、上《かみ》ご一人《いちにん》の大御《おおみ》稜威《いず》のもとに、国民一致の努力によりまして、よくこれを克服《こっぷく》してきたのでありますが、過般海軍軍縮会議において、我が公正妥当なる主張が容れられず、ついに会議を脱退致しましたことでもあり、私は今日《こんにち》以後《いご》においてこそ、いっそ国を挙げ力を合わせて、いよいよ諸政を審査し、国民生活を安定し、ますます大義を顕揚して、世界における帝国の使命を遂行しなければならん最も大切な時であると信じます。

　而してこの事態に処するの道は、畏くも先に国際連盟脱退に際して下し賜ったご詔書において、明らかに示し賜っておるのでありまして、私ども臣民はこの聖旨［誓詞］を奉戴して、各々その本分を尽くさなければならないのであります。

　今回の総選挙において、私は帝国現下の重大使命を自覚し、一意君国に報ぜんとする至誠有為《ゆうい》の人材《じんさい》が、国民の輿望を担って選出せられ、よってもって、政界が浄化せられんことを衷心より祈願するものであります。

　ここに総選挙にあたり、私は国民諸君に対し、諸君がよく国家内外の情勢を考え、正しき選挙を行い、選挙をして真《しん》にその本来の使命を発揮せしめられんことを、切望する次第であります。

岡田　啓介②

# 愛国の熱誠に愬ふ

SPレコードデータ
昭和13-14年収録
テイチク　音盤番号50072
収録時間3分21秒

帝国憲法が発布せられ、また地方自治制度が施行《しこう》せられまして、選挙が我が国《くに》政治運用の要件となりまして以来、既に五十年に垂《なんな》んとしております。

選挙は実に臣民翼賛の道であります。

私どもは自己の一票を投ずることによって、国家に対する奉公の誠を尽くすことが出来るのでありまして、正しき政治の行われるためには、正しき選挙が行われることが、その要件であります。

しかるに、今日の選挙会の実状を見まするに、幾度《いくたび》か選挙制度並びにその運用について改善が企てられたにも関わらず、各種の弊習が年とともに積もって参りまして、純正公明なる民意の暢達《ちょうだつ》も、これがために妨げられることとなり、幾多の政治上の弊害が発生致しておる有様でありまして、選挙がその本質を十分に発揮しておるとは申し難い状態であります。

誠に国家のため、深憂に堪えんところでありまして、現下の時局に処し、国家永遠の隆昌を確保するためには、今日においてこれが是正を成し遂げなければならんと信ずるのであります。

選挙に伴《ともの》う弊害は、或いは人情陥り易き弱点であるかもしれませんが、これが粛正が目下の要務なりと致しますれば、どうしてもこれを成し遂げなければならないのであります。

私は故に敢えて、全国民諸君の愛国の熱誠に訴えんとするものであります。

選挙が臣民翼賛の責務を尽くすの道なることを深

く自ら自覚し、よく法令を遵守して官民一致、愛国の至情に立って、不退転の決意をもって、選挙粛正の達成に邁進せんことを切に希望致す次第であります。

## 岡田　啓介（おかだ　けいすけ）

海軍大将、政治家、連合艦隊長官、海相、首相　慶応四年（一八六八年）一月二十一日生　昭和二十七年（一九五二年）十月十七日没　出生地＝越前国（福井県）　学歴＝海軍兵学校（第十五期）〔明治二十二年〕卒、海軍大学校〔明治三十四年〕卒

日露戦争に「春日」副艦長として日本海海戦に参戦。その後、海軍大学校教官、水雷学校長、「春日」「鹿島」各艦長などを経て、大正四年海軍省人事局長、六年佐世保工廠長、九年艦政本部長、十二年海軍次官などを歴任。十三年六月海軍大将、軍事参議官、同年十二月連合艦隊長官、十五年横須賀鎮守府長官。昭和二年田中義一内閣の海相となるが、四年張作霖爆殺の〝満州某重大事件〟で辞職し、軍事参事官。五年のロンドン海軍軍縮会議では省内のまとめ役をつとめ、条約調印にこぎつける。七年再び斎藤実内閣の海相をつとめ、九年首相に就任。十一年二・二六事件で青年将校に襲われ、危うく助かり、内閣総辞職。のち重臣として対米開戦に反対、東条内閣打倒に努力した。自伝に「岡田啓介回顧録」がある。

# 司法大臣尾崎行雄君演説

尾崎　行雄①

SPレコードデータ
大正4年2月14日吹き込み収録
オリエント　音盤番号924、5
収録時間28分9秒

諸君、ここにお集まりの諸君に向かって、お尋ね致したいことがある。

あなたの、皆お持ちになっておるところの、命と財産は誰のものであるかということを、お尋ねしてみたいのであります。

誰でもが、皆自分のものであるとお考えになると［か］もしれんが、それがなかなか難しい問題であって、もし命と財産が、諸君のものであるならば、それに関係する法律規則を作るにあたっては、政府はいちいち、その持ち主に相談をせなければ、何事も作ることはできないはずである。

しかるに、従来政府は、人民には一切相談をせないで、命と財産に関係する法律規則を、勝手に作りきたったではないか。

人を牢に入れる、あるいは、死刑に行なう、ただしはまた、財産中から租税あるいは御用金を取り立てる、というがごとき法律規則を作るにあたって、昔は一切人民には相談せないで、政府が勝手に取り決めたではないか。

もし、命と財産が諸君のものであるならば、政府は諸君に相談なしに、かくのごとき法律規則を作ることはできないはずである。

しかるに実際においては、この通りダシダタ。

しからば、命と財産はあなた方のものであると考えておらるるかもしれんが、実際においてはそうではない。

政府が勝手に、これを取り扱うではない（か）。

もし真《しん》に、あなた方のものであるならば、一文《もん》の租税を取り立てるにあたっても、まず、持ち主の承諾を得なければ取ることのできないのみならず、これを使うことができないはずである。

断りなしにこれを取れば、政府が取ろうが誰が取ろうが、その所業は強盗の働きと同一の通りになる。

さすれば、この生命・財産の問題は、極めて単純なように見えるけれども、なかなか難しい問題であって、すなわち、政体の根本は、その持ち主は誰であるかという問題によって定まるのである。

一つのやり方においては、生命・財産は人民のものではない、お上《かみ》のものであると根本を決めて、これを取り扱う。

すなわち、これが専制政体であります。

専制政体のもとにおいては、生殺与奪の全権は政府にあり、人民は一切これにくちばしを入れること相《あい》ならんと、根本を決めて政治を致す。

このやり方は、でも良い政治もできることもあります。

必ず（し）も専制政体が悪いこと、政体とのみには決まっておらない［ん］。

極めて大切に取り扱われることもある。

他《た》の、犬猫《いぬねこ》、牛馬《ぎゅうば》のごときものであっても、やはり、諸君のご承知のごとく生きておる。

また、財産のごときものも持っておる。

しかし、その命と財産は誰のものであるかと言えば、むろん彼らのものではなくして、飼い主のものである。

禽獣は飼い主の情けによって生きておるのであって、自分の権利として生きておるのではない。

故に、飼い主の都合次第、牛を殺してその肉を売ろうとも、或いは牛乳が溜まった時にそれを絞り取ろうとも、それは飼い主の勝手次第、牛は一切それに向かって、抗議を申し入るるの権利を持たない。

専制国の人民は、丁度それと同しことであって、生きておるには違いない。

時としては大そう幸福に暮らしておることもある。

しかしながら、政府のお情けによって生きておるのであるからして、その命を、人民に断りなしに、いつ何時《なんどき》取らるるかもしれん。

その財産といえども同しことであって、今日《こんにち》たくさん持っておっても、明日《みょうにち》それを召し上げらるるかもしれん。

即ち、生殺与奪の全権は政府にあって、人民はこれに与《あずか》らずというのが、原則であります。

従って、封建時代においては、斬り捨て御免ということも現に行なわれておった。

お手討勝手次第ということも、しばしば実際に現れた。

もし命が人民のものであるならば、いかに侍といえども、勝手に百姓町人を斬り捨て宜しいという道理の出て来《き》ようはずがなく、また、ご主人であれ…あるからといって、自分の家来を手討にして差し支えないということのあろうわけがないが、丁度我々が、犬や鶏を勝手に殺して差し支えがないがごとく、昔は、侍は百姓町人を斬り捨ててよく、くに…殿様は家来を手討にして差し支えないということが、現に五十年前《ぜん》までは行なわれておった。

即ち、生命・財産は人民のものでなく、お上のお情けによって人民はこれを持っておること、恰《あたか》も牛馬鶏《けい》犬《けん》に異ならないということの、事実はここに現れておる。

しかしながら、それがために人民が必ず不幸に陥るとのみは定まっておらん。

手討に勝手次第と言《ゆ》ったところが、全ての人が手討になるわけではない。

斬り捨て御免と言ったところが、百姓町人全て斬り捨てらるるわけのものではない。

その有様は恰も、犬猫が命の持ち主ではない、いつ何時殺されるかもしれないけれども、全ての犬猫が[に]殺されないと同じことである。

のみならず中には、絹の布団の上に据えられ、大そう贅沢な食物を与えられて喜んでおる犬猫もある。

それと同じく、専制国の人民といえども、非常に有難く世話を受けることもありまするけれども、しかしながら、権利としてその命を持っておるのでないがために、いつ何時殺されるかもしれず、また、財産を取り上げらるるかもしれないということになる。

而《しこう》して人間の知識が犬猫同様に低い間《あいだ》は、自分さえ安楽に暮らしておれば、他人《ひと》が謂《いわ》れなく殺されても平気でおり…おられるけれども、少し人間が利口になりますると、たとえ千人万人のうちにただ一人、謂れなく殺される人があっても、残りの人がみな、不安心になって、これではたまらんということを考える。

また、百万人について一人、財産を謂《く》れなく取り上げらるる者があっても、残りの十九万有余の人がみな不安心を感ずるようになるのが、これが人間と禽獣と異なるところである。

不安心を感ずる程度に至りまするると、これではつ[た]まらん、ただ幸福に生きておるというだけでは宜しくない、生きておると同時に、お上の命《いのち》ではなく、自分の命として生きておらなければ、人間は安心ができない。

財産もその通りで、何時取り上げらるるかもしれないという状態のもとにあっては、一切取り上げられなくとも、少しも安心することはできない。

ここにおいて、人智が進めば、生命財産の権利を要求するようになる。

即ち、生命財産はお上のものにあらずして自分のものなり、という原則のもとに政治をしてもらいたくなるのである。

その度合いが進みまするならば、専制政体は倒れて、世の中はついに立憲政体となる。

立憲政体のもとにおいては、生命財産は政府のものにあらずして人民のものである。

故に、これに関係するところの掟は、全て法律を以て作らなければならず、その法律を作るにあたっては、命と財産の持ち主たる人民にいちいち相談をしてその承諾を受けなければ、何人《なんぴと》も作ることができず、たとえ作った後《のち》といえども、一字一句もそれを改むることができないというわけになるのであります。

一文《もん》の、(エンエン)ここで言う取り立てるのにも、まず財産の持ち主たる人民の承諾を得なければ取ることができない。

のみならず、取った金といえども、立憲国においては、人民の承諾を得なければそれを使うことができないということに、憲法で定めてあります。

我が国においても、明治二十三年以来はその通りになっておって、全国人民は生命財産の持ち主となり、持ち主であるが故に、これに関係する法律は全て人民の承諾を得なければ、政府は作ることはできないことになっておる。

しかし全国人民にことごとく相談をすることはできないがために、止むを得ず、十四・五万人について一人《ひとり》の総代人を選んでもらう。

その総代人を命と生命の管理人とし、世話役として政府はこれを相手にして相談をかけます。

租税を取る時でも、命に関係する法律を作る時でも、また取った租税を使う時でも、毎年《ねん》一度ずつその人民総代に相談会を開いて、その承諾を得て政治をすることになっております。（エヘン）

この総代人を衆議院議員と名付くるのであって、今回選挙しようという候補者は、即ち、その生命財産の管理者となるべき人であって、これを選ぶのが即ち、衆議院議員選挙という意味であります。

果たしてしからば、世の中で衆議院議員の選挙ほど、立憲国人民にとって大切なる役目はないというのは、この意味から起こるのであって、即ち、他人のことではない諸君の生命財産を預けて、これを管理せしむるがために、この総代人を選む［ぶ］という意味なのであります。

故に、立憲国の立憲政体の根本は議員の選挙にある。

議員の選挙が一度《ひとたび》腐敗し、もしくはその他《た》の原因によってその道を誤れば、立憲政体の根底はそこに破壊するのであります。

即ち、専制政体と立憲政体との区別は、専制政体のもとにおいては、人民は生きてはおるけれども、犬猫と同じように権利なくして生きておるのである。

財産は持っておるけれども、やはり禽獣と同じく、この権利なくして、ただこれを預かっておるのでありまする故に、何時これを取り上げらるるかもしれないという境遇に立っております。

しかるに、ご同様は明治二十三年来、先帝陛下のおかげによって、初めて生命財産の完全なる持ち主となって、即ち、禽獣とは全く違う完全なる人類の仲間入りをしたのであります。

この大切なる選挙を行《おこの》うにあたって、世間ややもすればその道を誤り、自分の生命財産の管理者を選ぶのであるということは知らずして、候補者が、向こうから頼んで来なければこちらは選んでやらん、と言《ゆ》って威張っておる人も世の中には多い［おる］。

甚だしきに至っては、お辞儀のしようが足らない、現日当のやり方が少《すけ》ないと言《ゆ》って、自分の命と財産の管理者を選ばないと言《ゆ》って威張っておるほどの心得違いの者もあります。

どうして、この…、かくまでにものが分からんかと思いまするど、実に驚くばかりであるけれども、我が同朋賢兄［先生］は、全てのことにおいて決してかくのごとく、無知□□《ヒソク》なのではない。

ただ、ぐう…二千年間、生命財産の持ち主でなかった者が、たまたまその権利を得たがために、まだその思想が起こらんのである。

主人となってもまだ主人心《ごころ》がせんがために、かくのごとき過ちに陥るのであります。

されば、他［か］の点についてはなかなか知恵もある、分別もあり特技もある。

例えば、同じ生命財産に関係する問題であっても、小さき場合《ばやい》においては、なかなかよく思慮分別を使います。

例えば、誤って刑法の被告人となって［り］、何年か牢に入《い》らなければならん、或いは懲役に行かなければならんという問題が起こった場合においては、弁護士を頼む。

六十・七《しち》十まで生きる人間にとって、二・三年牢に入《はい》るということは、生命の一《いち》小部分の問題に過ぎないけれども、その時に弁護士を頼む場合においては、決して向こうからお辞儀をして来なければ頼んでやらんという人は一人《いちにん》もない。

のみならず、こちらから充分にその人を選び、かつお礼までを致して、お頼みをする。

即ち、生命に関する小さい問題の時には、こちらからその通りの手続きを致す。

また財産でも、わずか千円か万円のやりとりについて、民事訴訟を起こし、弁護士を頼む場合においても、やはり適当なる人を頼もうとして苦心をする。

決して情実縁故のためにしかるべからざる人を頼むことはない。

少しばかし賄賂を持ってきたからと言《ゆ》って、訴訟に負けそうな弁護士を頼む人は一人《いちにん》もありません。

わずか数千円ないし数万円の金のやりとり、即ち、財産の一部分のやりとりについては、右のごとく大層知恵も分別も使う。

しかるに、衆議院議員が取り扱うところの金高《かねだか》は、平年において五億以上六億万円、これを任期四年の間に精算を致しますれば、少《すけ》な…少なくとも二十幾億万円という金を、衆議院議員は諸君に替わって、平年でも取り扱うのであります。

もし一朝、戦《いくさ》で申そうならば、現に日露戦争の時のごときは、わずか一週間位の間に、十七《しち》億の借金を致すことに取り決めた。

即ち、諸君に替わって借金を致したのであって、この借金は諸君が払うより他に誰も払い手はないのであります。

その後《ご》も段々借金を重ねて、今日においては内外債、併せておよそ二十五億万円ほどの借金を、にほ…ご同様は持っておる。

これもまた衆議院議員が諸君の財産管理者として、諸君に替わって相談に与《あずか》って、借金をすることに致したのでありまする故に、取りも直さず、あなた方が自ら相談に与って取り決めたと同しことである。

即ち、この借金を払う責任は、諸君より他はないのである。

これを、五千万人の頭に割り当てましても、一人前およそ五十円の借金。

どれだけ富める人も、どれだけ貧しい人も、日本臣［人］民たる以上は、今日においては五十円の借金を致しておるということになる。

これは皆、諸君が選み出したる生命財産の総代人、すなわち衆議院議員が取り決めたことであって、その重大なることは、決してわずか千円や万円の民事訴訟を取り扱う弁護士の比類ではない。

しかるに、わずかの金を生命の一小分［一生分］を取り扱わせるところの弁護士に対しては、よく人を選び、かつお礼を致す。

生命財産の全、全部を取り扱わせるところの総代人を頼むにあたっては、人を選ばないのみならず、向こうから来てお辞儀をせなければ頼んでやらないというのは、いかにも辻褄の合わないやり方である。

どうして、同し人間でありながら、小さい時には思慮分別を使い、大きい問題については一切それを使わないというがごとき、不思議なやり方をするのであるか分かりませんが、これは畢竟、立憲政体に慣れない、また生命財産の持ち主となっても、その心掛けがまだ起こらんと言うにすぎないのであって、根底において思慮分別の足らないわけではない。

ただそのことに慣れんというに他ならん。

その結果として、全国各地に行なわるる衆議院議員の総選挙は、腐敗の極《きょく》に陥り、二十三年の選挙だけは、よほど清潔に行なわれたが、その後《のち》の選挙は、一□《パイ》は一□《カイ》より腐敗して、ついに一切［回］の選挙に候補者各々《おのおの》一万円以上の金を使わなければならんというほどに腐敗しきたったり。

イギリスのごとき富の高い国、日本に六倍・七《しち》倍するところの国においても、衆議院議員の選挙には、イギリスの、での金で、二千円以上、一万円位《くらい》より使えません。

すなわち、物価から割り出せば日本において、四・五百円位使う…、のっから始まるので、少《すけ》ないのは、そのくらいでイギリスではできるのであります。

しかるに日本においては、税金一万円以上なければ候補者にはなれん、というほどに腐敗しておる。

即ち、衆議院議員の総選挙は、その実状から申すれば、さながら犯罪の大演習でも致しておるがごとき状態であって、全国各地、罪人《ざいにん》は実に選挙の時には充満しておるという状態になります。

かくのごとき有様であっては、せっかく先帝陛下が憲法を制定し給《たも》うて、人民に生命財産の権利をお与えになっても、人民はその権利を使用せ…、することを知らず、この権利を売り物に出して、わずか数円の日当に替えるというがごとき、あわれはかなき状態に陥っておる。

この根底を□□《シオガ》［凌が］なければ、唯《ただ》に立憲政治が正式に行なわれないのみならず、日本全国の多数の人民は、恰も明治天皇陛下の罪人のごとき状態に陥っております。

故に我々は、従来はとにかく、今回の選挙よりして、できるだけこの過ちを、教えて糺《ただ》さず教えてなおしかず罪を犯す者があるならば、容赦なくこれを罰しようという決心を定めたのであります。

どうぞ、諸君においては、普《あまね》く諸君の部下の人々によくこの趣［主］意を教えて、衆議院議員の選挙ということは、何でもない、自分たちの十有余万人の生命財産を管理せしむるがために、各々一人《いちにん》ずつの議員を選ぶのであるという趣意を、飲み込ませることを希望する。

これさえ飲み込むことができたならば、いかに大切なる職務であるかということが分かり、従って今日行なわるるがごとき犯罪、及び腐敗行為は、そのあとをとくに至るべきはずである。

また、解散後の総選挙は、その他《ほか》になお重大なる一つの責任が□□□□《オキツカウ》のであります。

即ち、政府と議会との衝突問題となった大事件を、裁判をせなければならんという任務を、諸君は持つのであります。

今回、政府と議会との間の衝突となった問題の、主《おも》なるものがおよそ三つあります。

一つは、財政問題。

二《に》は、国防問題。

三は、行政組織の問題。

この三つの問題について、政府と議会とは意見を異《こと》にしました。

議会の多数党は政府の意見に反対を致した。

しかるに政府は、多数党はまさしく国論を代表しておるものではないと考えたのであります。

もし、国民多数をしてその意見を述べしむるならば、決して議会の…、における多数と同し意見を持っておらん。

むしろ政府に賛成する者が多いということを確信致しました。

かくのごとき場合においては、一切の過ちを正すがために、解散をせなければならんことになる。

これが憲法の大義である。

即ち、今の政府はその大義に基づいて議会を解散して、この三大問題を国民に訴えたのであります。

第一の財政問題は、日露戦争以後、年々借金に借金を重ねて今日《こんにち》まで至りましたけれども、この上更に借金を致す時には、日本の財政実施状態を危うくする。

借りる間は宜しいけれども、返す場合になれば非常に困難に陥るのみならず、やがて貸し手もなくなるという事態が、時代が来る。

今日はすでに、その時代に到着したのであります。

故に従来の政府は当たり前の外債を募ることができずして、段々高い利息を払い、或いは、二・三年のうちに返すという短期の借金まで致して、その返済期限は、すでに本年も迫っております。

しかるに、容易にこれを返すことができない。

止むを得ず、借り換えをせなければならんというほどの困難に陥っておるのであります。

かくのごとき場合において、なお借金生活を継続していきまするならば、国家の財政経済は、よほど困難に陥るという心配よりして、政府は就職の初めにおいて、断然借金生活は止めて、これから後《のち》は仕事をするならば倹《か》約した金をもって仕事を致し、新たに金は外国から借らないという方針を定めたのであります。

しかるに議会において政友会及び国民党はこれに反対を致して、政府の財政政策を破壊した。

しかし我々はこれをもって国論ではないと考えたが故に、この問題を引っ下げて議会を解散を致し、これを全国人民に訴えて、その判決を求むることに致しました。

諸君は来月の総選挙において、この問題に対していずれにか軍配を上げなければならん。

政府を宜しいとするか反対党を宜しいとするか、いずれかその一つに決めなければならんのである。

第二の国防問題は、密談□□《ソウサ》の問題を、この際片付けるが良いか悪いかという問題。

我々は明治四十《しじゅう》［二十］年以来宿題となっておったこの政界の暗礁とも言うべき問題をば、この際片付けるが最も宜しきを得たものと考えて、その議案を出しました。

しかるに、政友会は一年延期説を主張し、国民党は絶対反対を唱え、ついに両党の連合軍のためにその問題を否決されました。

しかしながら、かくのごとき目的を異にしたところの反対は、決して国論を代表したものでないと確信したがために、これまた解散問題の一つとなして、今日《こんにち》この判決を人民に求むることに致しました。

第三は行政組織の問題であって、内閣とともに変える役人はどの位あったが宜しいかということの根本を決めま、決めませんと、ついに内閣の更迭、もとに全国多数の官吏を取り替えるということになり、従って行政事務は全く停滞して、国家人民その害毒を蒙ることになる。

現にアメリカのごとき、昔は内閣の変わるごとに全ての役人を皆取り替えて、甚だしきに至っては、郵便配達人までも取り替えたことがあります。

この害毒は実《じつ》におびただしきものであったがために、漸次これを改むることに致し、日本においても、今日その根底を極《きわ》めな…、決めなければ、必ずアメリカのごとき弊害を生ずる憂いがありまするがために、我々は政務官と事務官との区別を立てて、およそ五十人ほどの役人は、政府とともに、内閣とともに変える。

その他《た》数万《すまん》の役人は全て永久官となして、終身その位にあらしむるという方針を立てたのである。

しかるに、これにも政友会と国民党とが反対をして否決され、この点についてもまた我々は、国民多数の意見は政友会と国民党との、反対の意見を持っておるということを考えたが故に、解散をしてその判決を人民に求むることになったのであります。

かくのごとくして、三つの問題はいずれも国家の大議題に関係する問題であって、通常の裁判所などに持ち出すことのできないほどの重大なる問題である。

而して全国の選挙人は通常裁判官の裁判することのできない非常に重大なるこ［そ］の三大問題を解決せなければならん、こ［そ］れに向かって裁判を下さなければならん、という大切なる位置に立ったのであります。

来たる三月二十五日の選挙日には、前《ぜん》に申した命と財産の総代人を選ぶという他に、右のごとく三大問題について、諸君が裁判を下さなければならんという重大なる任務を帯びるのでありまするから、その任務に対して縁と情実、或いは些細の賄賂のためにその良心を曲ぐるということがあっては、ただに法律上の罪人となるのみならず、実にこの憲法を発布し給《たも》うたところの明治天皇陛下に対して罪人となるのでありまするから、この点については、諸君はあくまでもよく、広く部下の人々を説き、努めて心得違いのないように、立憲国人民、即ち人類と禽獣との区別は、政治上においては、この選挙戦を大切に、正しく用うると用いないとによって分かるるほどの大識見［事件］でありまする故に、心得違いのないように、生命財産の持ち主となり、国家の重大問題を裁判すべき権利を与えられた以上は、その行使を誤らざるようにせなければならん。

自分一人《ひとり》誤らざるのみならず、全ての人をして誤らしめざるように努むるのが、帝国臣民として先帝陛下に尽くさなければならん、重大なる任務でありまする故に、この点については、どうぞ充分に広く世間の人に□《オ》□《セキ》諭《さと》して、心得違いのないように尽力せられんことを希望致しまする。

尾崎　行雄②

# 普選投票に就て

SPレコードデータ
昭和3年収録
ニッポノホン　音盤番号16813AB
収録時間21分31秒

解散のお話を致します。

元来、衆議院の解散ということは、政府党と反対派が議院において衝突を致し、政府が敗れた時、政府は議会では敗れたけれども、これを国民すなわち選挙人に訴える時には、選挙人の多数は自分に賛成しておるという確信のあった時に、なすべきものである。

故に英語では解散のことをアッピール、すなわち控訴ということばを使っておる。

言い換えれば、議会という主審裁判所で争ってみたが負けた。

けれども自分は間違っておらん（と）信ずる時に控訴院とも言うべき国民に訴える。

これがすなわち、普通の場合《ばやい》の解散である。

しかるに我が国、この度の解散には、まだその以前に、政府と議会、エー、政府と反対党とが議会において衝突しておらん。

何らの問題をも議しておらん。

しかるに突然、これを解散した。

これは事件なしに□□□□《ゲンピリョードー》が裁判所に駆け込んだと言うと同じ違法のことであり、同時に気違いの所作である。

裁判官であるならば、左様なものは巡査に外《そと》に押丁《おうてい》に外に放逐させれば、それでことが済むけれども、この場合選挙人、すなわち国民は今度はそうする訳にいかない。

既に解散という働きがあった以上は、嫌でも応でも選挙をせなければならん。

しかし問題がないから、いずれに軍配を上げて宜しいか、投票を入れて宜しいか、普通の人間には分からんはずである。

こういう分からん問題、無問題の解散をすればこそ、人民はどちらに入れて宜しいか、投票を入《い》るべき標準がないから、ここで頼まれた方に入れるとか、或いはご馳走その他《た》不正行為をなす方に投票を入れるという働きが起こるのであって、我が国選挙人が腐敗しておるなどと言うけれども、それは必ずしも選挙人のみの罪ではない。

裁判すべき問題を与えずして、議会を解散したり、選挙をさせるという間違ったる行為を政府も政党もするから、従って選挙人のまた間違ったる行動ができるのであって、その不都合は選挙人にもあるけれども、むしろ政府及び政党にあると言わなければならん。

それはとにかく、問題の指示解散をされて選挙に臨まなければならんという時には、選挙人はどうしたらよかろう。

これが今日《こんにち》現在の問題である。

この場合選挙人は、不景気という問題を中心として投票をしたらよかろうと思う。

今日の場合において、我が国の最大問題は、不景気がこの末なお悪くなるか良くするかということにある。

これは、独り選挙人のみならず日本全国の人に影響する、しかも国家の古今の盛衰消長にも関係すべき大問題である。

而《しこう》してこの点については政府も反対党も、不景気は直したいと言《ゆ》ってはおるけれども、直すべき道をばどちらも踏まないのみならず、かえってますます悪くする方針を取っておる。

方針とは言えまいけれども、彼らの働きは、その方針を取って段々国を悪くするという覚悟を持ってやっておるかのごとく見える。

これを事実について言うならば、不景気ということは元来、国民多数が困るということである。

困ることを直そうとするのには、税を重くするよりかこれを軽《かろ》くするということが第一の急務である。

故に欧米列国の不景気の甚だしく起こった所では、いずれの国といえども、非常な大減税を致しておる。

しかるに日本に限って、大正九年に不景気が起こってから後《のち》、今日に至るまで、一年といえども、一億円近《ぢか》くの税を増しておらん年はない。

それは政友会でも、今の民政党でも、どちらでも同しことです。

この両大政党は、事実においてはともに税を増しておる。

税を増すということは、決して不景気を直す道ではないのみならず、必ずまずこれを甚だしくする原因である。

その証拠には、大正九年以来今日に至るまで数年間、一年は一年より不景気がひどくなって、今後なお、停止するところを知らない。

ユ…、今後といえども、引き続いて税を増していく以上は、幾年経っても景気の直ろうはずはないのみならず、増税のために物価が高くなり、品物が売れにくくなり、従って買い易くなるからして、ショウ、正貨の外出ということは、今後やはり引き続いて行なわれる。

これが既往の通りに行なわれていくならば、今後五・六年において、日本の正貨は全く尽きてしまうはずである。

正貨が尽きてしまえば、外債の元利《げんり》を払うこともできない。

ここで独立国の体面は汚《けが》れる。

それのみならず、日本の政治は付款《フカン》政治となって、結局反故《ほぐ》同様になる。

反故では物の売買はできない。

これはただに、人民が苦しむというどころではない、国家動乱の基《もとい》であって、国家の大患これより甚だしきはない。

こういう非常なる場合に、日本は今立っておる。

しかるに両大政党は、この問題を直すか直さんかということを解散の主題とはせずして、他《た》の漠然たることで衝突しそうな顔は見せた。

しかしながら、まだ議会においては衝突せ［し］ない。

すなわち主審裁判は下っておらん。

この場合において政府は、無謀にも突然議会を解散して、全国選挙民に向かって、何か裁判をせよと、すなわち投票をせよとは命じた。

而して政府は地租委譲をもって人民を釣ろうと考

え、反対党はこれに反して、教育費中、教員俸給を全部国庫に移すべしという説を唱えて、やはり選挙人を釣ろうとしておる。

しかも両党とも、これがために要するところの財源をどうするかということは一言《いちげん》も言わない。

財源なしでは、この二つのことはできない。

強いて行なおうとすれば、一方において減らすと同時に、それだけの金額《きんかく》をば他方において増やさなければならん。

右に増やして左に減らすということは、国民にとっては少しも増減のないと同じ働きになる。

かくのごとき見えすぎた…、見え透いたことより他に彼らは何にも言《ゆ》い得ない。

□□《クヌ》と言えば、引き合わない鉄道を架けて、地方人民の歓［関］心を求むるというがごとき利権問題より他に何にも掲げ得ない。

国家の盛衰消長に関係すべき大問題については、少しも彼らは訴えない。

訴えないからと言《ゆ》って、裁判官たる国民は全くこれを捨てておく訳にはいかん。

裁判所ならば却下することができるが、選挙人はそれができないから、ここにおいて自ら事件を選《えら》み、すなわち前《ぜん》に述べた不景気ということを中心問題としてこの選挙に［を］投票をしたらよかろう。

而して不景気を直すのには減税である。

これをひどくするのは増税である。

両大政党は喧嘩はするけれども、共に増税党であって、いずれも税を減らそうと、すなわち不景気を直そうという実際の働きはせざるのみならず、却って益々不景気を深大《しんだい》ならせるべき働きをしておる。

故に、真《しん》に国《こっ》、国家を憂い、或いは自分の生活を心配する者は、この上不景気を深刻にすべき両大政党には、共に投票を入《い》るべきものではなかろうと思う。

しかしながら、この□□《オツエ》、苦しんで餓死したいという者は税を増すという仲間に入れることが、首くくりの本望を達するのには一番近道であるから、首のくくりたい者は入れてもよかろうけれども、生きたい者はこの上増税に賛成することはできないはずである。

増税は、いかなる種類の税は増しても、皆今日の不景気をいよいよ深刻にする結果を生ずるけれども、就中《なかんづく》少数者の利益を与えて、多数者を苦しめるという税の増し方であれば、なお不景気をひどくする。

例えばこの度、政府が海関税を増そうとしたが、そのうちには鉄や材木、等《とう》に税をかけようという案がある（と）。

この材木、山を持って木を売る人には材木税がカイ…、上がれば、一割五分前後の利益はあるであろう。

しかしながら、全国の木を買う人は、皆苦しむのである。

恐らくは、売る者は日本中に、山を持って売ろうとする者は一割もなかろう。

木を買って、買わなければならん者は、九割《くわり》以上を占めておるであろう。

こういう税のかた…、かけ方は、九割の人を苦しめて一割の人の利益を増そうというやり方であって、かくのごとき増税は、増税中でも最も悪い。

両大政党といえども、日本人民の組織したものである以上は、かくのごとく少数者を利益して、多数者を苦しめ、以て不景気を益々深刻ならしむるなどという働きは、元来なすべきはずのものでない。

にも関わらずそれをなすのはどういう訳かということも、選挙人たる者は考えてみなければならん。

それは極めて分かり易い道理である。

両大政党は大体、財閥から私利を貢がれて運動費を取っておる。

実を言うと、日本の衆議院の最大多数は財閥の手先であって、一般人民の味方ではない。

一般人民は選挙入費《にゅうひ》を出さない。

財閥は出す。

故に、いかなる場合においても彼らは選挙入費その他《た》の費用を出すところの財閥の利益は計るけれども、出さないのみならず、動《やや》もすれば取りにかかるところの一般人民、すなわち八割九《く》割の利益を計らんということは、むろん良くないけれども、そこにはそれだけの理由があるのであって、計らぬことのできないように一般人民が持ちかけるから計らんのである。

もし財閥が出すだけの金を一般人民が出すならば、彼らといえども必ず一般人民の肩を持って財閥の敵となるであろうが、今はそうなっておらん。

故に両大政党とも、いかなる場合においても、始終財閥のために働く。

行政、立法、全ての働きが大体日本では財閥の利益を計って、全国人民を苦しめるという働きになっておる。

これはこの度の材木税が著しく［き］例であるが、先年は銅《あかがね》に…、の輸入税をかけた。

銅関係の金属を使う日本人全国の人は、皆これがために苦しむけれども、銅山を持っておるところの三軒［件］か四《し》軒の財閥は、毎年《ねん》何百万円という利益を取る。

これによる利益を少数の人に与えてやれば、利益を受ける者が少数であればあるほど、そのお礼を取ることが楽である故に、両大政党はいつでも、お礼を取り易い財閥の手先となってお礼を出さない人民を、いやながら、心ならずも苦しめなければならんという窮境に立つ、立つのであって、彼らの心情もまた、悪いながら、哀れむべきものもある。

これをよくしようと言うならば、一般人民が選挙にあたって、かくのごとく財閥の利益を計って公衆を苦しめるところの者には、投票の入れ方を少《すけ》なくさえすれば、そこで改まるのであるが、これまでの経験によると、全国人民を苦しめて少数の財閥に利益を与え、而してそのお礼を取ってその金を振りまけば振りまくほど、全国人民はその仲間に多くの投票を入れるという事実があったから、勢い止むを得ずこうなるのであって、煎じ詰めれば全国人民が、己《おの》れの首をくく…、首くくりの出来るように選挙のごと［もと］に投票を入れるというのが、今日日本の不景気その他《た》の国家の苦痛を現出した最大原因である。

要するに、我が国の現状は、財閥と一般人民との対立であって、財閥の利益は、多くは一般人民の不利益となり、一般人民の利益は、また大体財閥の不利益となる。

従って全国は増税派すなわち財閥派と、減税派すなわち一般人民派との二つに分かるべき性質のものである。

しかるに悲しいことには、一般人民は、まだ己れの利害の計算が分からんがために、多くの場合においては、財閥の、より運動費を受けて、その手先となっておるところの候補者に多くの投票を入れて、己れが□□《フオン》苦しめるべき結果を招いて平気然としておる、これが今日日本の経済状態、その他《た》、あらゆる不幸の、不幸不利の積みきたったる最大原因となっておるのである。

ここにおいて、全国人民はよく己れの利害、従って国家の利害と共通であるという道理を弁《わきま》え、且つそれを打算して、而して国家及び自分の不利益なる仲間には投票をなるたけ入れないように、国家及び自分たちの利益になる方《ほう》に入れるように働かなければならんはずであるが、このことが分からんがために実際行なわれん。

また中には、縦《よ》しそのことが分から、分かっても両大政党対立しておる場合において、他の少数の仲間なぞに入れても、それは無効になるということを唱える者もあるが、それは間違っておる。

元来議会というものは、多数と少数との喧嘩をする場所ではなくして、国家のために相談をする場所である。

相談とあれば、多数が必ず勝ち、少数が必ず敗れるとは決まっておらん。

良いものに相談を求めて国に尽くすというのが議会政治の眼目であるから、欧米においては少数者の意見がしばしば行なわれることもある。

我が国では大体、ないように見えるけれども、それでも必ずしもその通りになっておらん証拠は、最近においても二つ位ある。

第一には、軍備制限ということは、両大政党の絶対反対したところであって、極めて少数の者が唱えたのであるが、それも実際に行なわれて、今日でも我が国民は毎年四億円《ねんし》以上ずつ助かっておる。

また普通選挙ということも、初め少数者が唱えた時には、両大政党は絶対反対を致したけれども、これも段々、屈服降参を致して、今日は普通選挙が現に実行せられて、この度その理によって総選挙が行なわれるというまでに運んでおる。

すなわち我が国においても、大政党のみ有力なりという事実はないのであって、少数者がかくのごとく国家の大問題を実行せしめておることは、最近においては、将来においては益々あるわけである。

この道理と計算が分かったならば、全国両大…、全国選挙人は、両大政党すなわち両大増税党に投票を入れずして、その他《た》の中立者に入《い》るべ…、中立者たる減税派に入《い》るべきはずである。

減税派に入れて、その投票は漸次増える。

両大政党の投票が減るという事実が現れるならば、それが風見となって、ついには両大政党も段々方針を転換して、今日の増税党はやがて減税派となり、不景気の原因もそこ［外］に除かれて、漸次景気回復の曙光が見えるようになるかと思います。

世の中には、少数者に投票を入れることを無効と考える者があるけれども、そうでない事実は最近にも現れておる。

かの、軍備制限問題。

初めは極めて少数なる人々の主張であって、両大政党は絶対反対であったにも関わらず、それがついに実現せられて今日では毎年四億《ねんし》万円以上ずつ、全国人民はこれがために助かっておる。

また普通選挙も、初めは少数者の主張であって、両大政党は絶対に反対し、政友会のごときはこれを危険思想と考えて、ついに議会まで解散致したにも関わらず、今日は両大政党ともにこれに屈服して、現に普選の世の中となっておる。

この実見［実験］を見たところの選挙人は、今日の総選挙においては、是非とも、事大思想、大きいものに屈服するというような卑しき思想をやめて、正しきものに投票する、中立者でも何でも、減税論を主張する者には投票を入れる（と）いう方針をとったならば、必ず両大政党をして、遠からず現在の増税方針を転換せしむることができるに違いないと思う。

これが全国人民の利益であって、また国家に尽くす所以《ゆえん》である。

そうなりますれば、やがて減税という日が来たり、税を減ずればどれだけか不景気は段々和らぐ。

ここに景気回復の曙光が現われて、世の中は生きるかもしれないけれども、今日のままでいけば、到底その望みはないのでありまするから、ここにおいて全国選挙人はこの不景気を直そうとするならば、なるべく両大政党に投票を入れないようにするより他に道はなかろうと思う。

私は両大政党には、共に深き関係を持っておりましたから、彼らについて悪言《あくげん》を放つことをば好みませんけれども、国家のためには止むを得ん。

今日の不景気を直さんように直さんようにと、知らず知らず、もっていってておる者はこの二大政党であって、その証拠は大正九年《く》以来今日に至るまで非常に税が増して、年々の予算が膨張しておるという事実が何より有力にこれを証明致しておるのである。

この事実に対しては何人《なんぴと》も反対することはできないはずであります。

尾崎　行雄③

# 正しき選挙の道

SPレコードデータ
昭和5年特別発売・月報収録
コロムビア　音盤番号25789AB
収録時間7分17秒

選挙は、立憲政体の元においては、最も大切なる働きである。

この度の選挙において投票が余計民政党に入れれば、浜口内閣がこのまま続く。

また、政友会に余計入れれば、犬飼内閣ができる。内閣を倒すも起こすも、また国を良くするも悪くするも、投票の入れ方次第で決まる。

かくのごとき大切なる選挙の、前提であるところの解散を奏請するにあたっては、内閣たるものは余程慎重に考えなければならん。

その解散には、国家本位の解散があり、また、政党本位の解散があるが、この度の解散も、この前の政友会内閣の解散と同じく、やはり政党を本位としたものであって、国家本位のものとは認める［むる］ことができない。

政党…、国家本位から言えば、解散をせずとも、政治のできる場合《ばやい》においては、解散をするの必要はない。

しかして現在は、解散せずとも政治のできる証拠には、今の内閣は初めから少数であったにも関わらず、現にこれまで在職して、その間《あいだ》に金解禁というような余程大切な政治上の働きも、少数でとにかく断行した。

その準備もできた。

これから後《のち》は、解禁に伴《ともの》うところの善後策にあるのであるが、その善後策については、反対党たる政友会も政府を助けようと言《ゆ》っておる。

政府に強いて反対はすまい、と申しておる。

しからば、これを解散して国民に訴えなければならんという根拠は、どこから見てもないのである。

かくのごとき場合においては、解散をする前にまず議会において、果たして反対党がその政見通り、政府を賛成するか否やの実際の働きを見て、もし実際において賛成をせないで政府の邪魔を致して、どうしても善後策その他《た》の政府の政策を行《おこの》うことができないという証拠が上がった場合においては、止むを得ずそこで解散を上奏するのが当たり前である。

しかるにこの度は、まだ政府には、議会において反対党と立ち合っておらん。

ただ、反対党は反対するに違いないと考えて、奏請をしたというのは、これは間違いであって、徒党であるならば国家を度外視してただ反対することがあるかもしれないけれども、苟《いやしく》も政党である以上は、国家のために反対することが良いと思えば反対をし、反対することが悪いと思った時には反対せないのが政党本来の面目《めんもく》である。

我が国には、むろん正しき政党がないから、動《やや》もすれば反対党は善悪となく政府に反対することもあるけれども、それは元来、彼らが間違っておるのであって、間違った場合においては、これを国民に訴えるということの必要は起こるけれども、まだ間違うか間違わないか分からん場合において、想像をして、直ちに国民に訴えるということは、元来無理なやり方である。

さなきだに、今日のような不景気の極端に達しておる場合において、議会を解散を致し、金銭と労力において、五千万円以上、一億円を、ただ捨てると言えば、これがまた不景気を一層深刻にする原因となるのである。

かくのごとき場合において、かくのごとき不当の解散を奏請するということは、確かに一つの過ちであるから、この過ちをば、やはり投票を入れないという働きによって罰《ばっ》せなければならん。

およそ、善はこれを奨《しょう》し、悪はこれを懲《こ》らしてすら、なかなか悪人は絶えないものである。

況《いわん》や、政党が、両大政党ともに腐敗を致して、続々疑獄事件関係者を出しておる場合において、益々これに多く投票を入れれば、これは疑獄関係者を出したがために褒美をやるということになる。

即ち、善をなした者はこれを罰し、悪をなせばこれを奨するということになる。

投票が減らない限りは、彼らはいつまでたっても腐敗をやめる気遣いはない。

元来、政党の腐敗ということは、投票を得たいがために起こったのであって、而《しこう》して腐敗すればするほど、投票を余計入れれば、いかなる手段をもってしても政党の覚醒をすることはできませんから、苟も政党を愛する者があったならば、悪事をした場合においては、その投票を減らすより他は仕方がない。

況や、両大政党の腐敗は、どちらが余計であるか、誰にも分からんほどの程度に達しておるのであるから、どちらが良いとか悪いとか言うことは、国家的見地から言っては、判断することはできないはずである。

故に、今日の場合においては、まずどちらが先に覚醒の端緒《たんちょ》を開くかということの明らかに分かるまでは、できるだけ両大政党には投票を入れずして、未《いま》だ腐敗せざるところの他《た》の小政党、若《も》しくは独立の候補者にできるだけ多く投票を入れるのが、愛国者当然の務めとなるのであります。

故に私は、この度の選挙に対する標語としては、清き一票は清き仲間に入れよ、ということに致したい。

縦《よ》し、政党中に人格者があっても、政党に身を置く以上は、その人は党利に束縛せられて、悪い幹部の命令通りに議会においては働くのであるから、善人といえども、悪人と同しことになるのである。

丁度、盗賊の群《ぐん》に入《い》って盗人《ぬすびと》の手伝いをする以上は、いかなる善人といえども、これを善人として扱うことはできないと同しはずの筋のものでありますから、残念ながら、いかなる良い人といえども、政党における間は、今日腐敗が直らん限り、これを…、に投票を入れるということは間違いである。

日本の政党は、殊に党議で束縛して、皆一体となって歩くはず…、ことになっておりまするから、善悪の区別は少しもないのである。

善人も悪人とともに歩きます。

現在の政党にもたくさん善人もあるけれども、それが皆、悪人と一緒に歩くから、あの通りの悪事を働く。

## 尾崎 行雄（おざき ゆきお）

政治家、法相、文相、衆院議員、東京市長　号＝尾崎咢堂（おざきがくどう）　安政五年（一八五八年）十一月二十日生　昭和二十九年（一九五四年）十月六日没　出生地＝相模国津久井市又野村（神奈川県相模原市）　学歴＝慶應義塾〔明治九年〕中退　叙勲・受賞＝憲政功労者表彰〔昭和十年〕、国会名誉議員〔昭和二十八年〕、東京名誉市民〔昭和二十八年〕

神奈川の生まれだが、少年時代を伊勢市で過ごす。明治九年、楠秀の名で「東京曙新聞」への投書を始める。これが尾崎の言論活動の始まりである。十五年「郵便報知新聞」論説委員となり、大隈重信の立憲改進党結成にも参加。二十三年第一回総選挙に三重県から立候補、当選。以来昭和二十八年に落選するまで連続当選二十五回。明治三十一年第一次大隈内閣の文相。三十六〜四十五年東京市長（国会議員兼務）。大正元年第一次護憲運動に奔走。三年第二次大隈内閣の法相。五年憲政会筆頭総務。原内閣の時、普選運動の先頭に立ち、十年政友会除名。十一年犬養毅の革新倶楽部に参加したが十四年政友会との合同に反対して脱会、以後無所属。昭和六年ごろから高まる軍国主義・ファシズムの批判を展開、さらに近衛内閣＝大政翼賛会と東条内閣の〝独裁政治〟を非難。十七年翼賛選挙での発言で不敬罪として起訴されたが、十九年無罪。二十年議会の戦争責任を追及、自ら位階勲等を返上、議員の総辞職論を唱えた。

# 御挨拶に代へて

木下　成太郎

私は木下成太郎《しげたろう》であります。

ここに第六十議会が解散せられ、来たる二月二十日《はつか》を期して総選挙が行われるに至りましたことは、立憲政治の常道より考えて、自然的帰結と存じます。

思うに、昨年十二月《げつ》、若槻内閣が急に崩壊して、闕下《けっか》に骸骨を乞い奉ったことは、表面はいかにも内閣不統一の理由によっておりますけれども、その実は、民政党が年来主張し来《きた》れる諸政策の破綻に基くことは、誰人《たれひと》といえども否定し得ぬ事実であります。

殊に民政党の重大政綱中、金輸出禁止の解除は、一部資本階級の私腹を肥やしたるに反し、国民生活は極度に疲弊困憊《こんぺい》して、商業・貿易の道を拘束し、農・商・工業は衰退し、遂に失業者また続出して路傍に横たわるという現状を呈しました。

況《いわん》や、眼《まなこ》を国際関係上に転じてみまするというと、民政党が欺瞞・軟弱外交の結果は、諸君もご承知のごとく、国際連盟において、十三対一という、我が外交史上未曾有《みぞうゆう》の危地に陥《おとしい》れ、横暴極まりなき支那をして跳梁跋扈の非違を行わしめて、我が明治大帝の皇謨《こうぼ》を傷つけ、満蒙の権益を喪失し、国民の憤慨を買い、わずかにその支援と芳澤代表の孤軍奮闘とによって、危機を脱し得たるがごとき見苦しき状態を醸したのであります。

即ち、民政党内閣の取れる政策の、これら破綻は、共に相俟って私が最も危惧し、且つその矯正に努力しつつある国民思想を険悪ならしめ、ひいて三千年来扶

SPレコードデータ
昭和7年収録
ポリドール　音盤番号G1AB
収録時間6分47秒

植培養し来《きた》った建国精神、即ち大和民族の国民的根本精神を順次に破壊し、悲しむべき情勢を誘致して参りました。

再思すれば、満蒙は我が日本帝国の生命線であります。

この満蒙の地が完全に利用発展せしむることによって、我が帝国はここに世界に向かって貢献し、経済的基礎を確立するのみならず、精神的基礎、即ち私の常に主張致しておりまする、王道をして世界に光被《こうひ》［広被］せしむるの一大機縁をなさしむるのであります。

王道とは何ぞや。

換言すれば世界人類の共存共栄の主張であり、人格権の世界的確立であります。

この王道を完全に世界に光被［広被］せしむるには、もちろん経済的解決も必要でありましょう。

殊に思想・教育問題の根本解決を図るべきであります。

これを要するに、我が党・政友会は、内にあっては現時枯渇せる金融の流通《りゅうづう》を図り、産業を振興し、国民生活の安定を策し、国民思想を確立し、外に向かっては、満蒙問題の解決を一《いっ》転機として、日本の世界的飛躍を実現せしめんとするものであります。

更に翻って、我々の日常生活上、最も密接の関係にある、我が北海道の開拓・進展については、私が同志とともに数十年来強く主張を致し来《きた》れる北振［北進］論、並びに拓殖計画案の基礎に立ちまして、益々これが実現遂行に努力する所存であって、かの民政党の主張する消極的対策のごときは、到底我ら北海道民の忍び能《あた》わざるところであります。

以上のごとき卑見をもって、私はここに再び感［観］ずるところがあり、諸君の同情とまた理解のもとに、第五区より立候補致したる次第であります。

故に、この場合親しくお目に掛かりまして、ご挨拶を申し上ぐべきが礼儀ではありまするが、自分はただ今政友会支部長としてその機会を得ません。

甚だ遺憾に思いまするが、そのためにこの文明の利器を利用致しまして、そうして諸君と相見《まみ》ゆることを得ざる衷情を訴え、併せてご推察を願い、ご同情を切望して已まざる次第であります。

これ偏《ひとえ》に私一己《いっこ》［一個］に関したことばかりではありません。

我が政友会のため、否我《いな》が国家前途のために衷心からお願いを致すのであります。

以上、ご静聴を願いまして、私はここに深く感謝を致します。

## 木下　成太郎（きのした　しげたろう）

衆院議員（翼賛議員同盟）　慶応一年（一八六五年）八月生　昭和十七年（一九四二年）十一月十三日没　出身地＝蝦夷（北海道）　学歴＝帝国大学予備門

厚岸町議、北海道議、水産組合長、立憲政友会総務等を歴任。明治四十四年、札幌毎日新聞（後、北海道報に改題）を創刊。四十五年衆院議員に当選、通算七期を務める。また、日本初の沃度加里製造に携わったのち農牧業を営み、帝国美術学校を設立しその校主となるなど各方面で活動。

# 私の綽名「避雷針」の由来

木村 清四郎

私に何か話をせよとのことでありますが、何にも用意がありません。

そこで、私に対して世間から、こういう綽名を付けました。

「避雷針」ということを、オー…、の綽名を付けられました。

その由来をちょっと一言《いちげん》申してみましょう。

エー、明治三十七、八年の頃であります。

即ち、我が国とロシアとの国交が断絶致しまして、ついに両国、開戦となりました。

即ち我が国はロシアを征伐するということに、詔勅が出ました。

そこで我が国は開闢《かいびゃく》以来の大事件でありますから、朝野ともに、非常に一生懸命に心配したのであります。

そこで政府は、桂内閣の当時でありましたが、責任を直接に取っておるこの内閣以外に、井上侯爵、松方《まつがた》公爵いう、この二方《ふたかた》も明治天皇陛下のご詔勅によりまして、特に、財政・経済のことについて、ご心配になると、こういうことになりました。

その際に、朝野とも、毎日毎日、軍国・財政・経済のこと…（五秒）…非常に心配をしておりました際でありますから、国家各方面の有力なる責任ある方々が、みんなこの軍国のことにつきまして、日夜苦心をしました。

従って意見も、種々なる意見が出ました。

SPレコードデータ
昭和5年収録
コロムビア　音盤番号A341
収録時間7分6秒

でその際に政府はもちろん、この井上・松方両侯（公）爵が非常に心配をせられました際に、色々な案が出ました。

その案につきましては中央銀行たる日本《にっぽん》銀行の私どもは、非常にその政府の意見とか、また元老たる井上侯爵などの意見に対しても、全然一致することのできないこともたくさんありました。

そこで私ども、誠心誠意国家のことを思う余りに、時の詔勅を受けておるところの元老の意見といえども、また政府当直［当局］大臣の意見といえども、国家がために宜しくないということを信じた以上には、誰彼の区別なく、私はそれに対して論争したのであります。

そこで、難しい問題が出ますというと、いつでも私がその職に当たったのでありまして、即ち元老から色んな指図があり、色んな………。

国家のために宜しくないと考えましたことは、私は無遠慮に論争したのであります。

そこで、難問題があれば何でもこれ…、元老の意見に向かっても遠慮なく言うのは、まァ私が最もその相《しょう》で当たった一人《いちにん》でありましたから、そこで時の人がその論争した有様を見ますれば、どうも井上侯爵などというような人に論争をするということは他《ほか》にはない。

即ち井上侯爵はその当時から雷さまということを世間が言《ゆ》うておった。

その…（五秒）…かみな…、雷公《らいこう》に向かって、エー、ぶつかっていくということは、他にはそうなかったんである。

即ち私、即ち木村一人《いちにん》がほとんどその守護に当たったのである。

故に、あの雷さまにぶつかって、あの雷さまの…、を避ける。

即ちそれに向かってやる者は木村に限る、というような具合になってきましたから、その雷に向かっていくところの者、即ち雷を、自由にどうでもするという者は、即ち避雷針であるということから、私がいつも井上老公、即ち雷公と唱えたその人に向かっていつでも論争をしたもんですから、私を称して避雷針と、こういう名前をその当時、人が付けたような次第です。

## 木村 清四郎（きむら せいしろう）

日本銀行副総裁、貴院議員（勅選）　文久一年（一八六一年）六月五日生　昭和九年（一九三四年）九月二十四日没　出生地＝備中国小田郡三谷村（岡山県小田郡矢掛町）　学歴＝慶應義塾（明治十六年）卒

「中外物価新報」に関係し、同紙の論説を担当。明治十八年主幹となり経営の一切を引受けて同紙を主宰、二十三年「中外商業新報」と改題、社名を商況社と改め、同紙を代表的経済紙に発展させた。三十年日銀総裁岩崎弥之助の勧めで日銀副支配役として入行。三十四年営業局長、三十九年理事、大正八年副総裁に就任。震災手形や金解禁問題をはじめ、日銀の政策運営に重要な役割を果たし、事実上の総裁と目された。十五年病のため辞職。昭和二年勅選貴族院議員、その他帝室経済顧問、日銀参与、簡保積立金運用委員会委員、千代田生命取締役などを務めた。

# 理由ナキ解散

小泉　又次郎

私は小泉又次郎であります。

諸君、第七十《しちじゅっ》回帝国議会は突如として解散せられました。

元来、議会の解散なるものは、予算案その他《た》、重要《ちょうよう》《以下、全て「ちょうよう」》なる政策に対し、政府と議会とが意見の衝突を来《きた》したる場合《ばやい》においてのみ、行《おこの》うべきものであって、この理由以外に解散は出来ぬはずである。

もし、敢えて為す者あるならば、それこそ不法極まる非立憲的行為であると言わねばなりません。

林《はやし》内閣は今期議会に臨むにあたり、四十五日《しじゅうごんち》に過ぎぬ審議期間の間中《かんちゅう》を計らずして、二十八億七千万円に亘る総予算案、並びに、追加予算案七《しち》件、その他《ほか》八十三件という、歴代の政府に未《いま》だかつて類例のない多数の法律案を提出して、我々議員に協賛を求めたのであります。

我々はそこに現下の非常時勢を認識し、内外に切迫せる国家的重大問題に直面しては真剣に挙国一致、国難打開に邁進する覚悟と決心とをもって、組閣の当初からあまり虫の好かなかった林内閣ではありましたが、何ら捕われることなく、国家本位から陰になり日向になり、これを助けて予算案を初めとし、政府提出の重要法案四《よん》十八件は慎重審議を尽くして貴・衆両院を通過させ、その他《ほか》に衆議院を通過して貴族院において未だ議決に至らなかった法案が、五件もあったのであります。

いかに我々議員が日夜労苦して、熱誠以て翼賛の任

SPレコードデータ
昭和12年収録
サクラ　音盤番号K857、8
収録時間6分40秒

に当たったかは、これに徴《ちょう》しても明らかであると信ずるのであります。

しかるにも関わらず、政府は議会の最終日にあたり、無謀なる解散を断行したのであります。

而《しこう》してその理由とするところは、議会が国防・国民生活安定に至大の関係ある重要法案の進行を阻害したるがため、是非を国民に問うべく解散を行ったと声明［宣言］しておりますが、これ思わざるもまた甚だしいと言わなければなりません。

なぜなれば、政府は議会が重要法案の進行を妨げたと言うておりまするが、今述べた通り、予算案その他《た》重要法案の大部分は既に両院を通過し、残された四・五件の法案中、国民生活に重大の関係を有する国民保険法のごとき、また国防上・産業上、両方面に一日《いちじつ》もゆるがせにすることのできない燃料問題たる帝国燃料工業株式会社法案、それに関連する人造石油製造事業法案のごとき、農村負債整理法案、船員法改正法律案等《とう》のごときは、衆議院は既にこれを議了し、貴族院に送付したのであります。

解散当日、午前十時三十分《さんじゅっ》、貴族院ではこれらの諸法案を今まさに決定せんとせる刹那、突如として衆議院は解散、貴族院は停会との詔勅が下《くだ》り、全員唖然として為すところを知らなかったというのが、当時の真相であります。

林内閣は議会開会当初から、議会解散の機会を狙っておったのではないかと言う人がありますが、或いはそうかもしれません。

果してそうでありとするならば、林さんはその狙い所を誤ったお気の毒な人であろうと思われます。

もし貴族院で右の議案が決定した後《のち》において解散されたならば、重要法案の大部分が成立して、それが悉《ことごと》く国家民人《みんじん》の利益幸福となったのであります。

しかるに、その時期の狙い所が外れたため、この重要法案を残らず取り逃がしてしまったのであります。

取り逃がした林さんはただ世間から笑われるくらいで済むでありましょうが、国利民福を取り逃《のが》された九千万の民衆は、泣いても泣ききれないではありませんか。

かくのごとき事理極めて明白なるにも関わらず、不合理なる解散を敢えてし、その責任を政党に転嫁せんとするに至っては、その矛盾・撞着に驚かざるを得ないのであります。

もしそれ、重要法案の進行を阻止、事務を渋滞《しゅうたい》せしめたる者ありとすれば、それは我が民政党の関知するところではない。

また朝野協力を強調しながら、挙国一致を妨ぐる者ありとするならば、これまた民政党の責任ではない。

林内閣が全部その責任を負うべきものであると、断言して憚らないのであります。

かく論じ来《きた》ると、世間でこの度の解散を評して、武士にあるまじき闇討ち解散、予算食い逃げ内閣と叫ぶのを、強《あなが》ち無理ではない、否《いな》むしろ卑近ながら至極一般に分かり易い適評であると思うのであります。

しかしながら、矢は既に弦《つる》を放れたのである。

戦いはまさに酣《たけなわ》んとするのであります。


我々は国防・産業・内〔財〕政の三善〔燦然〕政策を引っ下げ、政界浄化、先規《センキ》〔戦機〕粛正をモットーとして、正々堂々と林内閣と雌雄を争わんとするものであります。

それがためにはあくまで言論文章によって国民各位に訴え、廉正公平なる審判を待つ次第であります。

ただ、遺憾に堪えませんのは、レコードに時間の制限がありますので、政策の内容を発表することの出来ぬ点であります。

各位乞い願わくば、これを了とせられんことを。

さようなら。

## 小泉 又次郎（こいずみ またじろう）

政治家、衆院副議長、逓信相、衆院議員（日本進歩党）、貴院議員（勅選） 慶応一年（一八六五年）五月十七日生 昭和二十六年（一九五一年）九月二十四日没 出身地＝神奈川県 学歴＝交郷校卒

鳶職の家に生まれる。小学校教師、地方新聞記者を経て横須賀市議、神奈川県議。明治四十一年以来、衆院議員当選十二回。立憲同志会から憲政会に属し、幹事長、総務を務めて普選、護憲運動に尽力。大正十三年～昭和二年衆院副議長に就任、党籍離脱の先例を作る。三年民政党幹事長、翌年浜口内閣・第二次若槻内閣の逓信相。その後再び幹事長。九年横須賀市長。十四年内閣参議。戦時中は翼賛政治会顧問、同代議士会長、小磯国昭内閣顧問などを務めた。二十年勅選貴院議員。著書に「普選運動秘話」など。孫に元首相の小泉純一郎がいる。

# 政治の倫理化

後藤　新平

SPレコードデータ
大正15年12月・月報飛び番収録
ニッポノホン　音盤番号15392AB
収録時間12分53秒

今や我が政界多年の念願であった普通選挙もようやく実現の事項［時候］を認むるに至りました。

この時［年］にあたり、新たに参政権を得て憲政□《サイ》□《ギ》の大業に関わらんとする諸君に向かって、余が一跡の主張たる政治の倫理化を提唱することは最も欣快とするところであります。

諸君、既にご承知の通り、我が政界生来の腐敗・堕落は天人《てんじん》のともに憤るところ、殊に憲政運用の中心勢力を以て任ずる政党が、「我が政党内閣」というような極めて非立憲の文句を臆面もなく公表して、民衆の心理を眩惑するがごときは、立憲□□の国民として切に猛省を望む。

そもそも立憲政治は倫理政治であり、国家倫理に立脚する公党［公道］によって行なわるる政党政治でありませんか。

現在の各政党は、肆《し》［市］に政綱の羊頭を掲げて私利私欲の狗肉を売るとの誹《そし》りを免るることはできましょうか。

これらは、夙《つと》に各党の領袖連は党内の実状に鑑み、常に重心［重臣］如何を感じ得ざるところと承《うけたまわ》りおります。

しかしながら、いかに醜い［き］政党でも、それは決して国民から遊離して空中に幻滅する蜃気楼ではありません。

それは選挙という種板《たねいた》に□□《サイエー》［採影］せられたる国民の写真である。

もし現在の政党が悪いと言うなら、少なくとも現在三百万の選挙民は、その責任を分《わか》たねばならぬ道理であります。

かるが故に、諸君は今より深く内に省み、自らせめて諸君が参政権、否《いな》、参政義務を尽すの時にあたっては、その醜い写真を修正し、後世［後生］、子孫に誇り得《う》る立派な肖像を、我が憲政史上に残す用意と覚悟がなければならぬではありませんか。

私が多年、政治の倫理化を公表する所以《ゆえん》は、一《いつ》に諸君とともに、この光栄ある歴史的大事業を完成し、明治大帝に報い奉りたいからであります。

そもそも政治の倫理化とは、政治思想を国家倫理に一致せしむるの義で、また政党政治を倫理化するの義である。

我が国にあっては、我が国体の精華であります。

従って、義務と奉仕の甘露水をもって全人類の共存《きょうそん》共栄に資する新文明の哺乳たらしめんという大理想の根幹とした政治の実現を資する義［意］であります。

いかにして倫理化せる政治の実現を期すべきかと申しますと、□□《フジン》のいわゆる修身斉家治国《ぢこく》平天下で、まず我が身を修めるという他はない。

我が身を修める自治［自知］の力が治国平天下の基礎である。

誠心誠意、致知格物は身を修むるの□□《スス》、即ち一《いつ》の生活法を説かれたもので、現代の科学的生活の手段もこの他《ほか》に出《いで》ません。

されば、この自治なるものは決して、外来の主義・思想に非《あら》ず。

むしろ、生物固有の本能であります。

例えば、全ての生物が本能的に有しておる自衛［自営］作用のごときは、確かに自治の一種であるが、人間のような高等生物になると、その作用が複雑にして、功利的［合理的］と倫理的との二方面に発動する。

この二方面が程良く調節せられた社会が、即ちよく調和と親愛との花咲き匂う、美しい一の領土となるのであります。

しかるに、近来の文化生活の情勢は一生活の功利［法理］のみ著しく強調せられ、一の倫理的精神が草間《そうかん》に捨てられております。

この不均衡の結果、国際的ないしは世界的に各種の闘争及び反目が激成《げきせい》せられ、ついに人類生活史上まれに見る一大不安時代を醸成するに至ったのではありませんか。

しかし功利［法理］の追求するところは、一期《いちご》に権利偏重の社会生活に傾きます。□□□《エンゼンジュー》を阻害きっておるわけではないが、動《やや》もすれば、人類の法理［功利］的生活における最少最低の□《チ》□《ノ》を強制［矯正］するの□□□□《フヨーチョーリ》。

真《しん》に全般の人類生活を円満にし、公事［工事］を進めるためには、法理［功利］の命ずるよりももっと広い、もっと崇高な自発的の義務と奉仕が必要であるが、これはどうしても人々の倫理的自治精神の発動に俟たねばなりません。

私は、この法理と倫理の方面が混然と融合した自治精神を体現する標語として、世々《せいせい》［井々］人《ひと》に対し、第一、人のお世話にならぬよう、即《すなは》ち自主的自治の生活であります。

第二、人のお世話をするよう、即《すなは》ち社会奉仕の生活であります。

第三、そして潤《ウルイ》を求めぬよう、即ち厚恩報謝の生活であります。

これを自治三決［傑］と唱えておるが、この報いを求めざるの愛と奉仕の生活が自治精神の極致であります。

ここに至れば、もはや法理も倫理もない。権利・義務の観念を超越した□□《シンニョ》の□□《ドーナイ》。真・善・美、そのものを表わして、例えば親が子のために尽くし、子が親のために努める家族生活は、この精神の最も麗しい発現であります。

而《しこう》して、かかる家族的生活の延長・拡大したものが我が皇室と国民の関係で、理においては君臣、情においては父子と言うは、一《いっ》に我が国家家族主義の国体美を喝破せられたる箴言でありますまいか。

幸いに諸君が有情の国体の精華、即ち国体美を自覚し、全国民一《いっ》家族の自治任に徹底せらるるならば、かの政治［公事］は権力なりと称し、しかもその言葉の真因を理解せずして、ただこれを政治の目的は権力の獲得であるというように誤解した結果、選挙を投票買収の市場《いちば》と化し、その市場において買収したる議員［支援］の頭数《あたまかず》を絶対価値と頼んで政権争奪の取引に没頭《もっとう》したことを、遺憾［如何に］とせざるを得ません。

今後は、かの政治は権力なりとの誤解より生ずる弊を脱し、従来の徒党《ととう》政治を□□《オンジ》して、政治は奉仕にある、殊に我が国にあっては暖かき家族的奉仕であると観ずる新政治理想に給［棋峙］せらるるに相違ないと信じます。

既に、政治は奉仕である以上、児孫［子孫］は国政に参与することは兵役・納税の義務と同様、国民の神聖なる義務でありますまいか。

由来、参政権は即ち参政義務である。

これを選挙権と言うは、未《いま》だ政治奉仕の倫理に□□《ヘッペー》ざる欧米個人主義文化に中毒したる迷悟［謎語］でありましょう。

苟《いやしく》も我が憲法発布、詔勅を待詔し、我が国体の根本理想に思いを致せば、何人《なんぴと》といえども我が国においては、選挙が国家に精神を尽くすべき国民の神聖なる義務であることを疑わないでありましょう。

私はかく観［感］ずるが故に、ここに［殊に］普通選挙を公表し未熟政党がかの量、即ち分量の増加に専《もっぱ》らなる選挙論に飽き足らず、常に選挙人の質、即ち心性の向上を□□《コーコレ》って、□□□《ゼンイッカ》国民の政治義務を一般に負担することにその倫理的価値は奉仕的政治の実現にある所以を抑折せざるを得ざる次第であります。

元来、政党なるものは何物《なんぶつ》も立憲的なるものと□《ゴ》□《シュー》すべからん。

政権的なる□□《ホウトウ》となるもの、ままこれあり。

□□《ワリッ》は現在の目前にその弊を見るに忍びずにはありませんか。

今や帝国未曾有の国難に際し、且つ大正十二年には□□《ミカイ》の詔勅を拝し、国民精神生活滑降［恰好］の時、幸いに明治維新の攻防制勝し、国民その意義［異常］を委譲に売り出すほどの道は、一《いっ》に父君の自治［自主］精神の大依託に基く、無党派連盟的活動によりて俗悪なる新□□《チケン》の政党政治の弊を矯正し、政治の倫理化即《すなは》ち政党政治の立憲化を作るの他なしと信じ、切に諸君のご了解とご協力とを希望する次第であります。

終わり。

## 後藤 新平（ごとう しんぺい）

政治家、内相、外相、東京市長、満鉄初代総裁、帝都復興院総裁、伯爵　安政四年（一八五七年）六月四日生　昭和四年

（一九二九年）四月十三日没　出生地＝陸奥国胆沢郡水沢町（岩手県奥州市水沢区）　学歴＝須賀川医学校卒

陸奥水沢藩小姓役の長男で、幕末の洋学者・高野長英は大叔父に当たる。福島県第一洋学校、須賀川医学校に学んだ後、明治九年愛知県病院三等医に転じ、十四年愛知県立病院長兼愛知医学校長に就任。十五年岐阜で演説中の板垣退助が襲撃され負傷した際に往診した。十六年内務省衛生局に出仕。二十五年衛生局長となるも、二十六年相馬事件に連座し入獄。二十七年無罪判決が出て釈放されると日清戦争帰還兵の検疫を担当、それが認められて衛生局長に復帰した。三十一年台湾総督府の民政局長、民政長官に抜擢され、台湾統治に手腕を振るった。三十六年勅選貴院議員。三十九年満鉄初代総裁となり満鉄の基礎を築く。大正五年寺内内閣の内相、七年外相を務め、シベリア出兵を推進。同内閣総辞職ののち、九年東京市長に推され、市財政の建て直しと東京の都市計画を主導。十二年関東大震災後に組閣された第二次山本内閣では内相兼帝都復興院総裁に就任し、大震災後の東京復興計画の立案・実行に力を尽くした。

# 人間一生の信念

阪谷 芳郎

SPレコードデータ
大正末収録
ニッポノホン　音盤番号９４６３
収録時間５分９秒

およそ人間には、心に守るところがなくてはなりません。

　その心に守るところのものは、よく父母が家庭において幼少の時からこれを教え、また学校においても、よくこれを教え導くことに努めなければなりません。

　私の父・阪谷朗廬《さかたにろうろ》と申しまするは、もはや故人でござりまするが、今日《こんにち》より六・七十年前《ぜん》、我が日本が徳川幕府の政治のもとにありました時分、国が頗《すこぶ》る乱れまして、人心統一を欠き、心に守るところのものを人々が失うの恐れがありました。

　その時に、私の父・朗廬は、白鹿洞《はくろくとう》書院の掲示と申しまするのを、毎日父の学校において生徒に暗誦さして、而《しこう》して後《のち》にその日の学業を授けるということにしておりましたのであります。

　白鹿洞書院と申しまするのは、支那の大学者・朱子の書院でありまして、その書院に書き掛けられた掲示でありまする。

　今それを申し上げますると、『父子親あり、君臣義あり、夫婦別あり、長幼序あり、朋友信あり、右、五教の目。博くこれを学び、審《つまび》らかにこれを問い、慎んでこれを思い、明らかにこれを弁じ、篤くこれを行《おこの》う。言《こと》忠信、行《おこな》い篤敬、忿《ふん》を懲らし欲を塞ぎ、善に遷《うつ》り過ちを改む、右、身を修むるの要《よう》。その誼を正しうしてその利を謀らず、その道を明らかにしてその功を計らず、右、ことを処するの要。己れの欲せざるところ人に施す勿れ、行うて得ざるある、これを己れに反求せよ、右、物に接するの要。』というのでありまして、これを以て毎日生徒に暗誦せしめたのであります。

明治二十三年十月三十日に、明治天皇は教育に関する勅語を賜りました。

『朕惟《おも》ふに我が皇祖皇宗国を肇《はじ》むること宏遠に徳を樹つること深厚なり。我が臣民克《よ》く忠に克く孝に、億兆心を一にして世世《よよ》その美を済《な》せるは此れ我が国体の精華にして教育の淵源また実に此《ここ》に存す。爾《なんじ》臣民父母に孝に兄弟《けいてい》に友に夫婦相和《か》し朋友相信じ、恭倹己れを持し博愛衆に及ぼし、学を修め業を習い、以て智能を啓発し徳器を成就し、進んで公益を広め世務《せいむ》を開き、常に国憲を重んじ国法に遵《したが》い、一旦緩急あれば義勇公に奉じ、以て天壌無窮の皇運を扶翼すべし。是《かく》の如きは独り朕が忠良の臣民たるのみならず、又以て爾祖先の遺風を顕彰するに足らん。斯《こ》の道は実に我が皇祖皇宗の遺訓にして子孫臣民の倶《とも》に遵守すべき所、之を古今に通じて謬らず、之を中外に施して悖《もと》らず、朕爾臣民と倶に拳拳服膺して、咸《みな》其徳を一にせんことを庶幾《こいねご》う』と宣《のたまわ》せられたのであります。

このお勅語の趣旨と私が父・朗廬の白鹿洞書院掲示の趣旨とは、よく一致しておりますのでありまして、人心の統一を計り、その守るところを知らしめ、以て人間一生の道を明らかにするためには、極めて当然、極めて簡潔［大切］なることでありまする。

どうか皆さんにおきましても、この教育勅語の趣旨をよく服膺せられて、朝夕《ちょうせき》これを忘れんように一生の信条とし、家庭においてもこれを教え、学校においても、これを以て深く生徒によくその任務を了解せしむるということを努めるということは大切なことであろうと存じます。

**阪谷 芳郎**（さかたに よしろう）

財政家、蔵相、貴院議員（男爵）、子爵　文久三年（一八六三年）一月十六日生　昭和十六年（一九四一年）十一月十四日没　出生地＝備前国（岡山県）　出身地＝東京都　学歴＝東京大学政治学理財学科（明治十七年）卒　法学博士

大蔵省に入り、主計局調査課長、予算決算課長、日清戦争では大本営付として戦時財政を運用、明治三十年主計局長、三十四年大蔵省総務長官、三十六年次官、三十九年西園寺公望内閣の蔵相となり日露戦後の戦時公債を整理償還。四十年男爵、蔵相辞任後洋行し、四十五～大正四年東京市長。五年パリ連合国経済会議に出席、六年貴族院議員、以後五選。昭和に入り軍部の財政拡張要求に反対、「狒虎（ヒットラー）にまんまと一ぱい喰はされて国をあやまる罪ぞ恐ろし」の狂歌がある。学校、学会など文化事業に多く関係し〝百会長〟といわれた。初の国勢調査や軍艦三笠の保存に尽力。十六年子爵。

桜内 幸雄

# 総選挙ニ際シテ

SPレコードデータ
昭和12年収録
サクラ　音盤番号K855、6
収録時間5分23秒

〔立憲民政党筆頭総務・桜内幸雄先生をご紹介申し上げます。〕

諸君、第七十《しちじゅう》議会は突如として解散せられ、ここに第二十《にじっ》回総選挙が施行せらるることとなりました。

今回の解散は何の理由に基く、何を国民に問うのである、全く不明であって、世の挙げて疑問と致すところであります。

憲政敷かれて五十年、会の解散十五回に及ぶといえども、かくのごとき無謀・不可解なる解散は未《いま》だ嘗《かつ》てないのである。

政府はこの声明において、議案審議の整理を理由の一《いっ》としておるようであるが、意外千万《せんまん》のことである。

本議会は政変のため停会また停会、会期わずかに四《し》十余日《じつ》、□□《フォー》に閣僚に兼任多く、且つ一人《いちにん》の政務官を置かず、自ら審議に非常なる支障を与えながら、空前の膨大予算、並びに通常の会期においてすら、その例少なき多数の重要《ちょうよう》法案を提出し、ほとんど議会に対する認識を有せざるもののごとくであった。

しかも我々は時局の極めて重大なるに鑑み、現内閣組閣の方針に首肯しいざるものがあったに関わらず、真《しん》に己れを空《むな》しゅうし、誠心誠意、精励協力し、予算は固より諸法案の大部分を議了したのであって、今期議会ほど議員の努力したことは稀である。

しかるに、最後にある派の議員が、右選挙法改正案の促進につき、政府の誠意を論難し、議論沸騰、ために数時間議事遅れたるの故をもって議案渋滞となし、解散を奏請するに至っては、自己の責任を解せず、□《シ》□《ドー》し得《う》るの甚だしきものであって、いわゆる林内閣の唱《との》うる日本精神に反するのみならず、かくのごとき闇討ち的行動は、政治家の最も恥辱と致すところである。

更に政府は政党の時局に対する認識について云々《うんうん》しておるようであるが、林内閣は果して自らよく、現在の時局を正しく認識しておるのであろうか。

諸君、我が帝国現下内外の情勢は申すまでもなく、依然容易ならざるものがあります。

外交は危機に直面し、財界は機微［驥尾］に駆られ、思想は動揺し、国民生活は不安を極め、殊に国防の急と財政の逼迫はまさに国民の一大覚悟を必要と致し、上下一《じょうかいいつ》、国を挙げて国難打開に精進せねばならぬ時である。

しかるに、林内閣は厳《いか》つい見地よりこの無謀なる行動に出《いで》、自ら挙国一致の協力を破るに至っては、誠に驚かざるを得ない。

林内閣が既に、天性の本義を乱すがごとき理由なき解散を行いたる以上、我々は国家の…断固としてこれと戦わざるを得ないのである。

もちろん我々の目標は、一《いつ》、林内閣の打倒ではない。はた、政権を獲得せんがためでもない。

要は我が日本の将来をいかにすべきか、国家の困難をいかに打開し、いかに国運の興隆を計るべきかにあるのである。

我が党はこの度の総選挙に対しては、公明正大なる態度をもって政界浄化・政界刷新に邁進し、他面変遷《ヘンサン》せる新時代に即すべき政策を掲げ、国家のため渾身の努力を為さんとする姿勢を披瀝し、併せて官僚独善か国民の総意か、明瞭政治か陰険策謀の政治かにつき、賢明なる国民各位の審判《しんぱん》を仰がんとするものであります。

乞い願わくば、我が党の真剣なる意気に対し、召命［照明］を与えられ、我が党をして勝利を画［確］せしめ、危難克服の大任を遂行せしめられんことを切望して已まざるものであります。

## 桜内 幸雄（さくらうち ゆきお）

政治家、実業家、弁護士、蔵相、農相、商工相、衆院議員（民政党）　明治十三年（一八八〇年）八月十四日生　昭和二十二年（一九四七年）十月九日没　出生地＝島根県　学歴＝東京専門学校中退

岐阜新聞、愛知新聞などで記者を務めていたが、実業家の雨宮敬次郎に認められ、実業界に入り、大日本軌道、日本高架鉄道の設立に参画、明治四十年東洋競馬会を起こして理事。また銚子、石巻、埼玉、逗子などで電燈会社を創業、四十三年日本電燈株式会社を設立、取締役。のち揖斐川電気、琴川電力、出雲電気各社長を務めた。他に支那興業、利根川水力など電力数十社の重役、相談役を兼ねた。その間大正九年以来衆院議員（島根一区）当選八回、政友本党で政調会長、総務、民政党に合して初代幹事長、総務。昭和六年第二次若槻礼次郎内閣の商工相、十四年平沼騏一郎内閣農相、十五年米内光政内閣蔵相を歴任。翼政会、日政会各顧問、鈴木貫太郎内閣の顧問、二十年枢密院顧問官。二十一年公職追放。自伝に「蒼天一夕談」。

島田 三郎

# 非立憲の解散・当路者の曲解

SPレコードデータ
大正9年5月収録
スピンクス　音盤番号4549
収録時間18分25秒

〔ただ今より島田三郎先生の演説があります。演題は「非立憲の解散・当路者の曲解」というのであります。〕

諸君、原内閣は□《ゼン》〔前〕問題をもって議会解散の理由としました。

議長〔議場〕原君は、その説明演説において、こう言《ゆ》うておる。

「□□《ジゼン》法案が、決してこの議場に成立することはないと思うが、提出理由の説明演説中に階級打破のことばがある。

これは社会組織を脅威する意味に聞こえるから、その精神が国家のために危険なるものと考えて、政府は同意ができない。

それ故にこの重大案の可否を国民の公平なる判断に訴える他ないのである。」

と言うておる。

これが解散の理由であるとすれば、決して正しき理由とすることができない。

この議案が議会を通過すれば、解散の理由がここに生ずるけれども、議案が否決せらるれば、解散の必要がない。

また、階級打破のことばが社会を脅威すると言わるるが、原君のこの論は古人〔胡人〕が鬼の面を被《かむ》って小児を脅すと言うたことばに当たるもので、国民を愚弄せんとする曲解である。

いずれにしても解散の真の理由はない。

政府が議会を解散したのは、その実《じつ》内閣が外交問題と物価調節問題をもって議官より質問せられ、特に貴族院は物価問題について政府の具体的答弁を聞かんと迫り、誠意ある答弁を得《う》るまでは予算案議事を延引《えんにん》せんと言うて、内閣は絶体絶命の位置に追い詰められたのである。

この難関を切り抜けんがために、政府は普選問題をもって、社会を脅威するものであると曲解し、これを口実として解散したのである。

しからば、事実において普選案は果たして社会脅威の恐れあるものであるか。

否《いな》、決して左様なるものではない。

明治の維新は旧来の陋習を打破せる一大改革であって、五事の御誓文《ごせいもん》は新日本建設の大基礎である。

広く会議を興し、万機公論に決するの御誓文は、国会開設の萌芽であって、上下《じょうか》心を一《いつ》にして盛んに経綸を行《おこの》うべしとの御誓文は挙国一致の精神の御闡明《ごせんめい》である。

官武一途庶民に至るまで各々その志を遂げ、人心をして倦《う》まざらしめんことを要するとの御誓文は、当時存立しておった公家《くげ》も武家も農工商も皆各自の志を遂げ、努力奮励、才能をよく□《ザン》せよとの御奨励である。

当時この精神が帝国を訓導して、新日本を現出するに至った。

これによって中古以来人民の間に横たわりたる雲霧は吹き払われて、関白《かんぱく》職も将軍職も大名も武士も逐次廃止せられて封建の旧態は一変し分権の新政となった。

華貴族平民の名称は存するも、龍虎《りょうこ》の国体に服して、皇室中心、万民忠勤を励むの新日本を現出したのである。

武士階級の特権は止みて、国家防衛の必要より徴兵制度が生まれて、□□《イッキ》［一気］普及の必要が普通教育の実行となったのである。

当時旧習に捕われたる人々は、特に徴兵制度に反対して、昨日《さくじつ》まで鋤鍬を担いたる農民、ソロバンを手にしたる商人が、一朝にして国防の任務に当たることはできないと言うた。

ただ先見の明ある者は日本民族の発展性あることを認めて、我が□□《ジューコ》の制度に返り、これを世界列国の状態に参考し、断然武士の特権階級を廃して、全国民の各階級に国防の任務を分担せしめたのである。

その後《のち》、□□《シンキュー》数年の訓練によって、明治十年の内乱に際し、国民兵が勇敢なる薩摩の士族兵を見事に打ち破って、立派に徴兵の試験に及第した。

日清日露の戦役においても、挙国一致の態度を示し、軍隊は国民の盛んなる後援を得て、我が民族の雄武を世界に嘆賞せしめた。

いづくに士族平民の能力の区別を見るか。

民兵は無能力であるとか、徴兵の実行はなお早し、と言うたる者は、顧みてその不明を恥ずべきである。

古今何の問題においても、新事件［新知見］を出《いだ》し大改革を唱《との》うる者が俗論者より、その実行なお早しとか、その思想危険なりとか、反対せらるることは免《まぬ》かれざるところである。

今日において、我々が階級打破と言うのは、階級立法の弊害の根源を塞《ふさ》がんと欲するの意に他ならぬのである。

現に議会・分会議員の選挙にも、階級の区別がある。

税制においても、直接税は軽《かろ》くして少なく、間接税は、その目《もく》も額も共に多くして重い。

高等教育費は、多く国庫より支出して、普通教育は、これを地方費に任せておく。

これらは富者《ふうしゃ》に利益ある立法にして、貧者《ひんしゃ》に不利なる政治と言うべきである。

結果□□《ショーセツ》に徹底的処分をなさずして、国民の生活を脅威することも、また階級的行政に伴《ともの》う結果である。

かくのごとき階級的立法、階級的行政は、□□《キショー》参政権が少数に下げられておる。

不完全の選挙法の弊源《へいげん》より流れ出《いづ》るのである。

この弊源を塞ぐべき根本の改革は、選挙権の大拡張、即ち中選挙の実行にあることを確信する。

つづめて言えば、その精神は明治改革の延長である。

特に五事の御誓文の第三条、庶民に至るまで各々その志を遂げしめとある。

御誓文の精神の実行であって、これに拠《よ》って立つる国民の鬱屈を述べ［伸べ］、政府のいわゆる危険思想を一掃し、全国人民をして愉快に活発に、一致共同し、平和と進歩と、並び行なわれて、もって国運を伸長する最良の方策であると確信するものであります。

我々の希望は直接国税を納むる階級と、それ以外の階級との官制［関係］境界線を撤去するにあって、物を対象とする制度を一変して、人を基礎とする制度に改めんとするのにある。
□□□《ロクモンカ》は、恒《つね》の産ある者は恒の心ありという古人の句を引いてしきりに納税比較［資格］の必要を固執《こしつ》するが、納税は決して人格の保障にはならぬ。
また、能力の保障にもならぬ。

もし納税比較の論旨によれば、納税額が多ければ、能力人性が染む［富む］割合に優良であるべきはずであるが、実際においては、必ずしもそうでない。

貴族院［議員］における多額納税議員、必ずしも最善の議員ではない。

この十五人の間に互選の場合《ばやい》においても、多額の金銭の授受があることは珍しきことでない。

その最も著名の実例がかつて石川県にあった。

最近においては茨城県にあった。

我々が普選を強く主張するのは、国運振興のため、また人風刷新のために主張するのである。

原君が曲解するごとく、社会組織を脅威する性質のものでは断じてないのである。

納税階級の狭き参政権を全国一般の人に分配して、憲政を国民の基礎の上に置かんとするに他ならぬのである。

その意味甚だ明白、その間《あいだ》に一点の疑義を入れない。

且つこの主張は決して今日新たに定義せられたるものではない。

また我々が初めて唱えるものでもない。

ここに明白の証文があるから、これを朗読します。

「維新の皇謨《こうぼ》に基づきて献呈せられたる帝国憲法は、実［一］に万天下の国民を基礎とする醇乎《じゅんこ》たる立憲政体を認むるものなり。

而《しこう》して世界の最良の政体が、代議政体にして、代議政体は普通選挙の制度によって初めて運用の妙をその極に達するものなることは、古今万国に通ずる制法［西方］の大義なり。

国会組織の根底たる選挙法のごとき、宜しくこの大義に則り選挙権を国民の全階級に配当し、等しく国民をして、その意志を国会に代表せしめ、もって天上無窮の皇事《こうじ》を翼賛せしむるを要す。

しかるに現行の選挙法は、選挙権を全人口の百分の三に過ぎざる少数の、ある階級に限定せり。

その狭隘《きょうあい》にして、而して不公平になるに至っては、世界の立憲国にその類例なし。

即ち我が国会は民選議員の仮面を装う醇乎たる階級議会なり。

須《すべか》らく普通選挙の制度を実施し、広範なる国民代表の基礎のもとに、国会の組織を改め、もって万機を公論に決せしむべし。

これ本案を提出せる所以《ゆえん》の大要なり。」

この文［部分］は第二十六議会に提出し、少数の差をもって否決せられ、第二十七《しち》議会に再び提出可決して、これを貴族院に回付したる議案の理由書であります。

この文のうちには、選挙権を国民の全階級に配当し云々《うんぬん》、選挙権を少数のある階級に限定せり云々、我が国会は民選議員の仮面を装う醇乎たる階級議会なり云々と、三度まで階級の文字《もんじ》を繰り返してこれを非難し、普選を実施してこれを打破せんと力説しておる。

この法案は十一年前に提出せられて、十年前に可決せられたものである。

その提出者中には、現在政友会院内総務の小川平吉君もある。

予算委員長中村敬二郎君もある。

議選案委員長松田源治君もある。

政友会総務の小久保喜七君もある。

同調論を唱うる政友会員諸君が、十一年前にこれを賛成して、十一年後の今日なお早しと言うは、時代と年代を忘れたる論者と評せざるを得ない。

階級選挙を非難する原敬君に反問します。

自党が階級選挙を非難して普通選挙を唱《との》うる時は、これを是《ぜ》なりとし、他党がこれを主張する時は、これを非なりとし、自党の普選提案は安全なりとし、他党の同案提出は危険なりと言う、その言語の矛盾、その立論の無責任もここに至っては羨望病者の言であって、むしろ滑稽の感を起こさざるを得ぬのである。

諸君はこれ、何と判断せられますか。

## 島田 三郎（しまだ さぶろう）

政治家、ジャーナリスト、衆院議長、毎日新聞社社長　旧姓＝鈴木、幼名＝鐘三郎、号＝沼南　嘉永五年（一八五二年）

十一月七日生　大正十二年（一九二三年）十一月十四日没　出生地＝江戸　学歴＝昌平黌卒、沼津兵学校卒、大学南校卒、大蔵省付属英学校卒

明治七年横浜毎日新聞社主・島田豊寛の養子に入り、同紙の主筆となり、自由民権をとなえる。のち元老院などの官職についたが、明治十四年政変で下野し、再び毎日新聞に入り、二十七年社長に就任。この間、十五年立憲改進党の創立に参加。十九年植村正久牧師により受洗。ついで「条約改正論」「開国始末」など執筆。また二十三年から衆院議員に連続十四回当選し、二十七年副議長、大正四年議長に就任。進歩党、憲政会、立憲国民党、革新倶楽部憲政本党などに属した。労働問題に早くから理解を示し、廃娼問題、足尾鉱山鉱毒事件、普通選挙運動、シーメンス事件などで活躍した。また雄弁家として知られ、〝島田しゃべ郎〟の異名をとった。「島田三郎全集」（全七巻、龍渓書舎）がある。

# 金輸出再禁止に就て

高橋 是清

SPレコードデータ
昭和7年収録
太陽　音盤番号2051AB
収録時間10分44秒

〔ただ今より大蔵大臣・高橋是清閣下のご演説がございます。〕

諸君、現内閣は昨年十二月、組閣と同時に金の輸出を禁止《きんじ》したのでありますが、かく致さねばならなかった理由を説明致します。

民政党内閣はその成立の当初より金解禁をもって主要政綱となし、昭和五年一月《げつ》十一日《じつ》をもって、ついにこれを断行したのであります。

この時に到るまで、我々は金解禁の未《いま》だその時期にあらざるを信じ、極力これに反対したのでありましたが、しかし政府が一旦これを決行した以上は、最早争うべきものではありません。

ただこの上は、政府の対策に過ちなからんことを乞い願い、静かにその為すところを注視しておったのであります。

しかるに、解禁後における実状は前々内閣の予測に反し、政府の言明を裏切って、忽ち巨額の正貨は海外に流出し、極端なる緊縮節約を強調したる結果は、経済界を日一日《いちじつ》と苦境に導き、産業の不振極度に達し、物価は低落して停止するところを知らず、苟《いやしく》も物を作れば損失を招き、これを売れば更にその損失を重なれるの有様となり、後図《こうと》の負担・借入金の元利払い等《とう》は非常の重荷となり、国民を圧迫し、金融は硬直して、農・工・商等《とう》一切の実業家はほとんど皆採算不能に陥り、失業者は都鄙に遍く、ひいて国民思想を悪化する等《とう》、その悪影響は過去二年間諸君の親しく体験せられたる通りであります。

而《しこう》して経済界の極端なる苦心苦境は、直接間接、国家及び地方財政の窮乏となって現れ、昭和五年度・六年度の予算はいずれも政府の議会における言明を裏切って、巨額の歳入不足となり、殊に昭和七《しち》年度予算のごとき、前内閣は一億三千万円の公債と五千六百万円以上の増税を行《おこな》う計画を立てていたほどの次第であります。

現内閣は国民の窮乏その極《きょく》に達したるこの際における増税は、最もその時期を得ざるものと認め、これを取り止めて別に予算を編成したのでありましたが、要するに国民を窮乏に陥《おとしい》れて、政府独り財政難を免ること能わざるは、自明の理であります。

即ち前内閣の政策実行の結果は官も民も、挙げて総倒れに陥《おちい》らんとしたのであります。

前内閣の当局者は、解禁をなすも正貨流出の憂いなしと、幾度《いくたび》も言明せるに関わらず、解禁後正貨の現送《げんそう》［減喪］は引き続き巨額に行われ、解禁第一年の正貨流出高は、実に三億八百余万円に達したのであります。

昭和六年の上半期は比較的無事に経過しましたが、同年七《しち》月にはドイツ財界の破綻《はたん》暴露し、九月二十一日には英国が金兌換を停止《ていじ》するに至りましたために、我が国もまた早晩同一運命に陥る他なかるべし、との予想は期せずして内外人《じん》の念頭を支配し、爾来旬日ならずして三億数千万円のドロ［ル］買いが行われ、従って巨額の正貨流出となったのであります。

しかるに政府は、従来の行きがかりとその面目《めんもく》に捕われ、依然として正金《しょうきん》銀行をして統制売りを続行せしめましたため、十二月十一日前内閣総辞職の日まで、統制売りの総額は七億五千四《し》百万円の巨額に上り、前内閣時代の正貨現送［減喪］総額は六億七千八百余万円に達し、総辞職の日になお、始末のついていないドロ［ル］売りの金額は、二億六百万円の巨額に上っていたのであります。

而してこれをそのまま打ち捨ておけば、正金銀行は外国同業者よりの借入金返済不能に陥り、ひきては我が国の海外信用を毀損すること莫大なるものがありますから、現内閣は止むを得ず、若干の正貨現送［減喪］を許し、なお善後策につき深く考慮しつつある次第であります。

井上前蔵相は、我が国がついに金の輸出再禁止をなさざるべからざるに至りしは、我が銀行家または資本家が妄りにドロ［ル］貨を買い付けたる結果なりとて、盛んにこれを攻撃致しますが、それならば何故《なにゆえ》、井上君は断然金の輸出を禁止するか、或いは他《た》の法律上または行政上の手段によって、為替の思惑を取り締まらなかったのであるか。

何らこの種の手段を講ぜずして、内外貨幣の売買を長く自由の立場に置き、ただ日本銀行の金利を引き上げ、以てその解合《とけあい》を期待したるがごときは、大いなる見当違いであったと言わねばなりません。

殊に、全般的に金利を引き上げ、金融を拘束する結果は、国民全体が大いなる犠牲を払わねばならぬこととなるのであります。

もし昨年末《すえ》に現内閣が成立して、金輸出再禁止を断行しなかったならば、我が経済はいかなる惨状《ざんじょう》を呈したるべきやは実に想像に余りあるところであります。

また井上前蔵相は、現内閣が金本位制を中止したのは非常に悪いと言いますけれども、金本位制度といえども、元々経済の発達・国民生活の安定のための手段に他ならぬんであります。

故に、強いて金本位制度を維持せんとして国家の産業を破壊し、国民生活を脅威するようになった場合《ばやい》には、一時《いちじ》これを停止するのも当然のことであります。

否《いな》、本末を転倒し、金本位制度を維持せんがために、一般国民を塗炭の苦しみに陥《おとしい》れて顧みざる前内閣のやり方は、恰《あたか》も俗に言う「ヘボ将棋王より飛車を大事がり」という類《たぐい》であります。

また、金輸出禁止の結果、外国為替《がわせ》相場は動揺して貿易上に不便なりとの説をなす者もありますが、元来為替相場はその国の生産力によって維持せらるるものでありますから、この生産力の涵養に最も注意を要するのであります。

同時に外国貿易は国民生産額の一・二割を占むる、占むるにすぎずして、その八《はっ》・九割は国内において消費せられ、売買せらるるのでありますから、むしろ国内の経済事情を主《しゅ》として考えねばならんのであります。

殊に今日我が国民の過半数は、地方農民・漁民、または都会地《ち》の中小商工業者であります。

これらの人々は終日《しゅうじつ》営々として働いて、わずかに一身一家を養っておる。

これらの人々は、為替相場の動きを直接苦にすることは少ないのであります。

故に外国為替のことにのみ注意すれば足れりとする政策は、根本において間違っておるのであります。自国の産業を発達《はったつ》せしめ、自国の経済力を充実せしむることをもって第一としなければなりません。

また近年、一国の正貨保有高の大小が外交上に重大なる働きをなすに至りたる事実をも、忘れてはならぬんであります。

即ち、正貨の多いと少ないとは、その国の金融政策上に重大なる関係を有し、産業の盛衰消長もこれによって決せられる有様なるにより、外交上においては相手国を自国に有利に導くために、或いは正貨をその国に貸し付け、或いはその相手国が自国に不利なる行動に出《いで》んとする場合《ばやい》には、その国に投資しある資金を回収して、以て金融上より相手方《かた》を苦しめて、以て自国の国策に追従せしめるがごとき実例は、近年すこぶる多いのでありまして、つまり、正貨の欠乏はその国の外交をも非常に不利に陥《おとしい》れ、国策の遂行、無為のごとくなる能《あた》わざる次第でありますから、この一点を考慮するも、我が国が金解禁前《ぜん》内地においてのみ十億八千余万円の金《きん》を保有し、実に世界第一の地位を占めたりしもの、今やわずかに四《し》億円台に墜落したることは遺憾千万の至りであります。

以上述べましたるごとき理由により、現内閣は断固として、組閣と同時に金の輸出を禁止したのであります。

即ちこれがため、新たなる経済上の基礎が出来たものと信じます。

さりながら、我が国経済界の回復はなかなか容易の業《ぎょう》ではありません。

否《いな》、前途極めて多難であります。

乞い願わくば、向後日本国民たる者は、我しとともに堅実なる方針のもとに勤勉力行《りっこう》して、以てこの難局の打開に努められんことを、敢えて切望する次第であります。

## 高橋 是清（たかはし これきよ）

政治家、財政家、首相、蔵相、政友会総裁、日銀総裁、子爵　幼名＝和喜次　嘉永七年（一八五四年）閏七月二十七日生　昭和十一年（一九三六年）二月二十六日没　出生地＝江戸芝露月町（東京都港区）　叙勲・受賞＝大勲位菊花大綬章

幕府御用絵師の川村庄右衛門の庶子で、陸奥仙台藩の足軽・高橋是忠の養子となる。藩留守居役に才能を見込まれ、横浜で英語を修業。慶応三年（一八六七年）仙台藩留学生に選ばれて米国へ渡るが、下僕として売られるなど苦汁をなめた。明治維新後帰国し、初代特許局長などを歴任。明治二十二年海外発展の礎となるべく官を辞し、ペルーに渡って銀山開発を行うが、廃坑を買わされ失敗。帰国後の二十五年日本銀行に入行し、三十年副頭取、三十二年日銀副総裁、三十八年勅選貴院議員、三十九年横浜正金銀行頭取兼任。四十四年日銀総裁に就任。この間、松方正義蔵相を助けて金本位制の確立に尽力した他、日露戦争の戦費調達のためたびたび外債募集を成功させるなど、銀行家として手腕を発揮した。大正二年第一次山本内閣の蔵相として初入閣するとともに政友会に入党。七年原内閣でも蔵相を務め、十年原暗殺の後を受けて首相兼蔵相、政友会総裁に就任するが、十一年閣内の不一致により総辞職。十三年第二次護憲運動の高まりを受け、政友会の領袖として護憲三派を形成し、衆院議員に鞍替え当選。同年護憲三派による加藤高明内閣が成立すると農商務相に任ぜられ、十四年同省を農林省と商工省に分割して両省の大臣を兼ねた。同年政友会総裁を田中義一に譲って政界を引退するが、昭和二年金融恐慌を受けて田中義一内閣の蔵相に再任し、支払猶予令（モラトリアム）を公布して金融機関を救済するなど恐慌の収束に尽力した。犬養内閣、斎藤内閣、岡田内閣でも留任して景気回復に努めたが、十一年二・二六事件で暗殺された。この間、明治四十年男爵、大正九年子爵。

田中義一①

# 護国の礎

在郷軍人諸君、今日《こんにち》はこの炎熱に関わらず、多数ご来会に相成り、かく諸君の元気なる様子を見て、誠に喜びに堪えないのであります。

この機会において一言《いちげん》、私《わたし》の所見を述べて、将来一層のご奮励を願いたいと思うのであります。

今回、図らずも天皇陛下より在郷軍人会に対し、事業奨励の思し召しをもって、再び内帑《ないど》ご下賜の優渥なるご沙汰を拝したことは、実に恐懼感激の極みであります。

敢えて叡慮を忖度し奉るという訳ではないのでありますが、畏《かしこ》くも御会《おんかい》に対してご信任の厚いのと、その発展［発遣］にしかず、ご期待が走らせられ給うことによるのであろうと考えるのであります。

しかも、我が帝国の現状に処して、更に一段の向上を望ませ給う広遠なる叡旨に出《いづ》るものと洞察し奉るのであります。

今回の光栄は申すまでもなく、苟《いやしく》もお互いに会員たる者は、その責任のいよいよ重大なるを自覚して、報恩の場に一《いち》に報い奉らねばならんと思うのであります。

今や欧州諸国の国民は、個人としては極めて質素勤勉に、また国民としては、熱烈なる義勇心［忠心］を発揮して、ひたすら大戦後の国力の回復のために、いわゆる孜々《しし》汲々《きゅうきゅう》火もまた足らんという有様であるのであります。

五年の長い間に大戦の艱難《かんなん》をへて、その人心を鍛

SPレコードデータ
大正13年収録
ニットー　音盤番号１２８９ＡＢ
収録時間６分48秒

錬し、□□《ウォール》に弱い小さい国民のみじめな有様を目撃して、個人の安寧幸福というものは、強い国家によってのみ得られるものであるということを彼らは体験したのであります。

その結果、一般に国民の国家観念を盛んにするということの、これが素地になっておるのでありまするけれども、また大戦の反動として、破壊的ないしは非国家的なる不忠の思想が起こって、これがために各国は随分混乱に陥り、また悩まされたのであります。

この場合《ばやい》に各国何《いず》れも在郷軍人を中堅とする国民運動によって、ようやく沈静に帰したのみならず、却って国家観念の旺盛なることは、昔日に比べて一層強烈を極めるようになったのであります。

欧米各国の在郷軍人は戦争中非常なる犠牲を払って、ようやく保護した国家を、戦争が済んだからといって、一部の社会主義者や空想家の先導に乗ぜられず、徒《いたずら》に個人の要求を致すのみに没頭《もっとう》して、国内の秩序を乱し、国力の回復を遅滞するがごときは、ただに国民の生活を益々不安ならしむばかりでなく、ついには、それがために国家を破滅に陥《おとしい》らしむるものであるということから、我々は大戦に従事したと同《おんな》じ精神を持ち、あくまでも国家保護の重きに任じなくてはならん。

国家保護の責任は、独り政治にのみ限るものではない。

縦《たと》い平時といえども、国家の存立を危殆《きたい》ならしむるものがあったなら、断固としてこれを排斥せなければならん。

従って我々の敵は、国の外《そと》にのみあるものと思うてはならんのであります。

国家を無視し、国力の回復を弱めんとするものは、ことごとく我々の敵であるという信念のもとに、国民の中堅となって団体的に活動をし、国家観念の向上、士気の□□《ツーチョー》とに貢献を致したのであります。

さて、我が国の状態がどうであるか。

日清・日露等《とう》の度々の勝ち戦に慣れ、また、専有の厚き［戦友の熱き］に慢心を起こし、五大強国だの三大強国だのと言うがごとき風名に有頂天となって、殊に欧州大戦当時、彼らは百戦［搏戦］苦闘をしておる間に、我が国民は、濡れ手で粟をつかむというがような、外界《がいかい》の好景気を驕誇《きょうこ》したのであります。

生活の向上という名のもとに、驕奢華美に流れ、物価の騰貴したことは、ほとんど世界の最高位を占むに至ったのであります。

田中義一②

# 国民ニ告グ

SPレコードデータ
昭和3年収録
コロムビア　音盤番号25291AB
収録時間5分50秒

諸君、今や普選第一回の総選挙が行なわるることになりました。

政府は、反対党が真面目《しんめんもく》に国政を審議するの誠意なく、ただ内閣の更迭を図るに汲々たるを認めました故、議会の解散を奏請したのであります。

現内閣の成立したのは、昨年の四月であります。爾来我々は来期外交に関し、前内閣の不始末を整理し、財界の動揺を静め、人心の不安を除き、また支那の時局に処して、帝国の権利及び利益を維持したことは、諸君ご承知の通りであります。


同時に、かねて在野党として主張したる産業立国、地方分権、地租移譲［委譲］の実効［実行］を期するために、各省においてそれぞれ種々の計画を立てたのであります。

政府はもちろん、世界永久の平和を固むることに努力するとともに、国防のことをゆるがせにするものではない。

しかし、世界各国間の形勢と帝国の現状とに顧みて、内外政治の重点を殖産興業の上におき、今なお成績不振の産業・貿易を盛んにして、国家の繁栄、国民の福利を増進することは誠に時代の精神、国民の生活に適応する所以《ゆえん》であると信じるのであります。

　政府はこの考えから、まず商工業の基礎を堅固に、それらの事業に従事する各工業者の活動を助け、且つその能率を高めしむるために、各方面の施設を計画したのである。

　農村に対しても、漁村・山村に対しても、適当なる振興方策を決定し、殊に自作農については、慎重なる考慮を払い、根本《こんぽん》的の解決方法を講じておる。

　また、地方自治体の自由なる活動を助けて、円満なる発達を遂げしむるために、財政上その他《た》の用意があります。

　更に教育方面においては、その画一に流れ、形式に失するの弊害を改め、これが実際化を計画し、知識的にも、はた精神的にも、よく現在の実状に適切ならしむる方針をとったのであります。

　政府は、社会の進化に伴《ともな》う種々の悪弊・欠点を防止するための努力を褪《あ》するる［忘るる］ものではない。

　即ちいわゆる社会政策に関しては、各《かっ》個人、各階級の共存《きょうそん》共栄を目的とし、共同同和の精神に基きて適当の計画を立てておるのであります。

　而《しか》してこれらの計画施設は、その形においては種々異なっておりまするけれども、細大となく、何《いず》れも政友会伝統の積極進取の主義に則り、根本の産業立国策に帰するのであります。

　政府は、昭和三年度予算において、以上の主義・方策の実行に要する経費を計上し、これを議会に提案したのに関わらず、反対党は現に自ら内政上、並びに外交上の大失態を演じ［怨じ］、その収拾の策尽きて倒れたることを褪すれ［忘れ］、却って政府の政策実行を妨げんとしたのであります。

　政府の主義・政策が良いか、反対党の態度が良いか、私は新選挙法による国民の投票が、必ず公正にして厳格なる批判を与《あと》うることを期して疑わぬものであります。

## 田中 義一（たなか ぎいち）

陸軍大将、政治家、首相、陸相、政友会総裁、貴院議員（勅選）、男爵　幼名＝音熊、号＝素水　元治一年（一八六四年）六月二十二日生　昭和四年（一九二九年）九月二十九日没　出生地＝長門国萩（山口県萩市）　学歴＝陸軍士官学校（旧第八期）〔明治十九年〕卒、陸軍大学校〔明治二十五年〕卒

長州藩士・田中信佑の三男。明治七年萩町役場の給仕となり、九年前原一誠が起こした萩の乱に参加した。赦されて小学校の代用教員や判事の書生を経て、十五年上京。十六年陸軍教導団に入り、十九年陸軍士官学校を卒業して陸軍少尉に任官。二十五年陸軍大学校を卒業。日清戦争には歩兵第二旅団副官、第一師団参謀として出征。三十一年ロシアへ留学。三十五年帰国後すると参謀本部ロシア課主任となり、三十六年陸軍大学校教官を兼ねるが、三十七年日露戦争開戦とともに大本営参謀、満州軍参謀に転じた。四十二年軍務局軍事課長、四十三年陸軍少将に進み歩兵第二旅団長。四十四年軍務局長となり上原勇作陸相の下で二個師団増設を推進したが失敗。大正元年歩兵第二旅団長に再任し、四年陸軍中将に昇進して参謀次長。一方で欧米視察での知見から青年団の必要性を悟り、五年全国の青年団を統一して全国青年団中央部を組織し、その理事長に就任した。七年原内閣に陸相として入閣し、シベリア出兵を指揮。十年陸相を辞任するとともに陸軍大将に進んだ。十二年第二次山本内閣に陸相として入閣。この頃から政界入りを模索し、十四年高橋是清の推薦で政友会総裁に迎えられ、十五年勅選貴院議員。昭和二年第一次若槻内閣の崩壊に伴い首相に就任、政友会を率いて組閣し外相・拓務相を兼任。四年七月総辞職し、九月急死した。この間、大正九年男爵。

頼母木 桂吉

# 総選挙ニ直面シテ

〔立憲民政党総務、内閣審議会委員、頼母木桂吉先生をご紹介致します。〕

諸君、第六十八議会は解散されました。我が党は先に国民の輿論を代表して、議会の劈頭《へきとう》解散を力説致しましたが、今やその主張は貫徹し、全国に亘って総選挙の戦いが展開されました。

粛正選挙のもとに朝野二大政党が堂々決戦場裏《り》に相見《まみ》え、その国策・その政策の輸贏《ゆえい》を国民の審判に仰ぐことは、政治をして公明正大ならしむる所以《ゆえん》でありまして、自由闊達なる精神、溌剌たる国民の総意は、これによって議会に反映し、憲政運用の原則、またこれによって確立せらるるものと信ずるものであります。

SPレコードデータ
昭和11年収録
オーゴン 音盤番号A10005AB
収録時間4分56秒

つらつら国家内外の情勢を見まするに、今やいわゆる非常の時でありまして、大政掌理の大任に当たる者は、一党一派の力の能《よ》くするところではありません。

国民の総登場、真《しん》の強固なる挙国一致の実現こそ、難局を打開する唯一の道であると信ずるのであります。

これ、我が党が先に国策検討樹立の目的をもって、政民連携に力を致し、先に挙国一致を要望して立てる斎藤内閣を助け、今また岡田内閣を支持する所以もここにあるのでありまして、国論の帰趨もまたここにありと確信するものであります。

而《しこう》して現内閣施設の跡を顧みますれば、我が党の主張たる国策樹立のため、内閣審議会を設置し、公債漸減主義を堅持して、財政の基礎を確立せんとし、或いは地方財政補給金制度を創設し、また商工組合中央金庫制度を設定する等《とう》、着々国家当面の急務を実行して、国民経済の建て直しに全力を傾倒しておりますが、我が党政策の全面的実現は、むしろ総選挙の結果に期待すべきものであると私考［思考］するものであります。

しかるに政友会は過去数度《すたび》の議会において、全面的に予算に協賛して挙国一致を装いながら、かの爆弾動議のごとき陋態《ろうたい》を敢えてして、重要法案を審議未了に終わらしめ、あわよくば、これによって政権を簒奪せんとするがごとき陰謀を企てたのであります。

今次議会に提出したる内閣不信任案の冒頭に、国体明徴問題を拉《らっ》し来《きた》りましたるごとき、また政権争奪に狂奔する政友会の焦燥を目《ま》のあたり物語るものでありまして、かくのごときは全く国民の要望を無視し、議会政治の信用を失墜するもの、その罪これより大《だい》なるはありません。

況《いわん》や国家の現状は、軍縮会議の決裂、連邦満州国の経済発展を初め、経済開発を初めとし、国防・財政・産業の総合強化を図らなければならんと、内外重要問題山積《さんせき》して、益々挙国一致の緊切なる時であります。

断じてかくのごとき非道なる多数党の存在を許しません。

我が党は昭和七《しち》年犬養内閣当時の選挙において枉屈《おうくつ》せられたる、雪辱の大決戦に臨んでおるのであります。

何とぞ我が党をして絶対多数を得せしめ、国策遂行の大業に協力せられんことを切望する次第であります。

**頼母木 桂吉**（たのもぎ けいきち）

政治家、東京市長、衆院議員（民政党）、逓信相、報知新聞社長　旧姓＝井上　慶応三年（一八六七年）十月十日生　昭和十五年（一九四〇年）二月十九日没　出生地＝安芸国（広島県）　学歴＝東京第一高等中学校（一高）卒

アメリカに留学し、帰国後浅草区議、東京市議をつとめる。また報知新聞記者、同社営業部長を経て実業界に入り、東京毎日新聞社、帝国通信社などの社長を歴任。大正四年東京市より衆院議員となり、連続九回当選。この間、公友倶楽部、憲政会に所属し、大正十一年憲政会幹事長、十三年同総務、十四年～昭和二年逓信政務次官、四年民政党総務などを歴任し、十一年広田内閣の逓信大臣となる。のち報知新聞社長、十四年東京市長となった。

永井 柳太郎①

# 普通選挙論

文豪トルストイは□□《カクテイ》政府をクレムリン宮殿に例えて、有益なる教訓を与えたのであります。

クレムリン宮殿は世界有数の大建築であるが、これを見物する人は、多くただその目に見ゆる地上の部分が、人寰の美を極めたるに驚くけれども、その目に見えざる地下の基礎工事がいかに広大なるかに思い及ばんのであります。

しかし地上の建築がいかに人寰の美を極むるも、地下の基礎工事であって、これを誘うにあらざれば、クレムリン宮殿は畢竟するに砂上の楼閣にすぎずと言うべし。

一度《ひとたび》風吹き大水出《いづ》れば、土崩瓦解を免れんのであります。

SPレコードデータ
大正12年5月・松崎収録
ニッポノホン　音盤番号15039AB
収録時間11分45秒

一国の政府もまた、これと同様に、その命令が行なわれ、その人民が□□《キブツ》するのは、実にその精神に対する民衆の目に見えざる理解と同情との存するがためでありまして、もしその目に見えざる理解と同情とが消滅すれば、その政府は恰《あたか》も砂上の楼閣のごとく、一度《ひとたび》改造の風吹き革新の大水出《いづ》れば、土崩瓦解の運命を免れんのであります。

故に、政治家の最も重大なる任務は、その民衆の自覚と要求とを、ありのままに直視して、その自覚と要求とに□《セキ》を□《シカ》る国策を樹立することでありまして、もしこの重大なる任務を怠り、ただ自己の属する階級一つ、自己の属する党派一つの利益をのみ専《もっぱ》らにするに汲々たる政治家ありとせば、かくのごとき政治家は事実において、社会の動乱を挑発する者なりとの非難を免るることはできないと信じます。

ご承知の通り、今まさに全アジアを通じて、復興の気運たけなわなるものがあります。

アジアは最近数世紀にわたって、欧州諸国の侵略を蒙り、今やその面積の五分の三は、ヨーロッパの支配に属し、人口の約半数は、その号令に服しておるのであります。

しかるに世界戦争により、ヨーロッパ諸国はその富の上にも、また兵力の上にも、未曾有《みぞう》の大打撃を受けまして、アジアに対する圧力は著しく減少したのであります。

ここにおいて、従来ヨーロッパのために圧伏せられたるアジア諸民族は、機逸《いっ》すべからずとして各地に反旗をひるがえし、独立自由の国を立てんとする市民が勃興したのであります。

この勃興したる市民が、即ち発してはインドにおけるマハトマ・ガンジーの独立運動となり、トルコにおいてはケマル・パシャの決起となり、ペルシャにおける廃英運動となり、また率いてアフリカのエジプトにおける革命運動となったのであって、かくのごとく、アジア及びアフリカの各地に反旗がひるがえることとなったのは、即ち白人専制の旧時代は、既にそのたそがれとなり、全人類解放の新時代がまさにその暁を告げんとする証拠なりと信じます。

さて、かくのごとくにして古き世界は葬られ、新しき世界は、まさに生まれ出《いで》んとしつつあるのでありまするが、この大変化の根本動力は何であるかと言うに、即ちそれは、凡《おおよ》そ人間は色の黒白《こくびゃく》を問わず、職業の如何を論ぜず、その人格の尊厳においては何らの優劣なしという自覚そのものであります。

この世界に横溢し来たれる独立自尊の精神を無視し、今なお我が国に階級専制を維持せんとするがごときは、時代錯誤の甚だしきものである。

折しも科学者ヘッケルは、一枚の木《き》の葉にも個性あることを認め、いかなる大森林においても、二枚と同じ葉を発見することはできぬと言ったのであります。

況《ま》して我々人間は、いかがに貧しき者といえども、またいかなる不治《ふち》の病に罹《かか》れる者といえども、各々その人に独特の個性を有し、その人にあらざれば果すこと能《あた》わざる何《なに》らか独特の使命を担《にの》うて、この世に生まれ来たったのであります。

故に政府は、この属する階級の何《いず》れたるを問わず、各個人に対してこの生存の使命と信ずるところに徹底するに必要なる均等の発言権を与え、この発言を通じて表われ来たる、各階級の特殊なる要求を国民生活の大事等《とう》によって包摂し、かつ統一することを立法の大方針とすべきであります。

凡そ人間は不完全である。

いかなる人も、自己の利害を察するごとく明敏に、他人の利害を察することはできません。

一《いっ》の階級が他《た》の階級に対する関係もまた、同じであります。

過日ある貴族が、労働者の苦痛を体験するためであると称して、真夏の炎天に日比谷公園で草刈りを試みたのでありますが、労働者の最も苦痛とするところは、一介［一回］のそれにあらずして、明日《みょうにち》の生活の保障を有せざる、心の不安そのものであります。

その心の不安と、この不安より脱出せんとする心の要求とは、即ち明日の生活の保障を有せざる、無産階級に属する人々の、独り味わい得るところでありまするが故に、真《しん》に無産階級を愛し、その涙を拭わんと欲するならば、無産階級に対しても有産階級に対すると同様に、立法上の参与権と行政上の監督権とを付与し、その代表者《じゃ》の発言に、誠心誠意をもって、耳傾くべきであると信じます。

ある人は、かくのごとき議論は階級打破を意味するが故に、国家の基礎を危ぶ［う］くすると非難するのでありますが、同じ陛下の赤子《せきし》を単なる納税額《かく》の多少によって、支配階級と被支配階級とに区別し、その被支配階級に属する大多数の民衆をして、訴えんと欲するも訴《うった》うるところなからしむることそ、却って国家の基礎を危ぶ［う］くするものなることは、殷鑑《いんかん》遠からず□□《ソーシャ》にあり、また□□《ロクヤ》にありと信じます。

これ先帝が既に維新の当時、万機公論に決すべしと仰せられたる所以《ゆえん》であります。

現に故《こ》原敬氏のごとき［く］、封建時代においては、徳川将軍に謁見することすら許されざりし一陪臣である。

この侍史たる一陪臣が徳川将軍にも匹敵し、内閣総理大臣の高官に上《のぼ》り、徳川将軍の世継《よつぎ》たる徳川家達《いえさと》公を全権委員として、はるばる各会議に遣《つか》いせしめ得たるは、即ち明治維新の通り、階級打破が行なわれたる賜物ではないか。

しかるに今に及んで、階級打破を非難するがごときは、実に自家撞着の大《だい》なるものと信じます。

# 第二維新の理想

永井 柳太郎②

SPレコードデータ
大正末収録
ヒコーキ 音盤番号1576AB
収録時間12分51秒

今日の日本は、種々なる意味において、徳川幕府の末年に彷彿たりと思うのであります。

徳川幕府の末年においては、内憂外患こもごも至り、人心喋喋たりしに関わらず、徳川幕府の老臣らは、いかがにこれを処理し、いかがに心中を安んずるべきやを知らうで、ついに救国の志士をして、倒幕□□《イチュー》は止《や》むべからずと観ぜしむるに至ったのであります。

今日の日本においてもまた、内には有産階級対無産階級の軋轢、日を追うて激烈となり、外には有色人種対白色人種の衝突、各所に起こり、人心喋喋たるに関わらず、歴代の内閣諸侯、いかがにこれを処理し、いかがに心中を安んずべきやを知らざること、毫も幕末の閣臣［革新］に異なるなく、今や天下の識者をして民本主義を基調とする一大改造の避け難きを観ぜしむるに至りしは、誠に奇異なる歴史の暗号と言わざるを得ないのであります。

私は先年講和会議の開かれたるに際し、自らフランスに渡り、この実況を目撃したる者の一人《いちにん》であります。

私が講和会議の実況を目撃して、最も痛切に感じたることの一つは、欧米諸国の全権委員と、我が日本の全権委員との間《あいだ》には、その思想上において、少なくとも約一世紀間の距離ありということであります。

ご承知の通り、今より約一世紀前《ぜん》に、ナポレオン戦争の後始末をするがため、オーストゥリアの首府ウィアナにおいて、講和会議の開かれたることがあります。

当時ウィアナの講和会議に参列したる欧州諸国の全権委員は、いずれも十八世紀時代の専制主義的思想を有する政治家であって、その条約を締結するにあたっても、徹頭徹尾、人民は拠《よ》らしむべく知らしむべからずという精神をもってしたのであります。

しかるにこの度、世界戦争の後始末をするがため、フランスのベルサイユに集まりし欧米諸国の全権委員は、英国の総理大臣ロイド・ジョージといい、フランスの内閣議長クレマンソーといい、また米国の大統領ウィルソンといい、いずれも民本主義を信じ、民本主義の大精神に基きて全世界を改造せんとしたのであります。

しかるに、これらの人々の間に交われる我が日本の全権委員のみは、依然として旧《ふる》き十八世紀時代の専制主義的思想を抱き、欧米諸国の全権委員に比して、この思想の隔絶せること、恰《あたか》もナポレオン戦争後、ウィアナの講和会議に参列すべき全権委員が、誤って一世紀遅刻をして、間違えてベルサイユの講和会議に顔を出したごとき滑稽に見えたのであります。

しかし、時代錯誤の罪は、独り講和会議に参列したる我が全権委員のみがこれを負うべきではありません。

我が日本の、いわゆる先輩政治家の大多数は、同じ時代錯誤に陥っているのでありまして、たまたまそれが、講和会議に際し、我が全権委員の失態によって、遺憾なく暴露せられたりというに過ぎないのであります。

先輩政治家は国民に対して、しきりに世界の大勢に順応《じゅんおう》すべきことを説きまするけれども、凡《おおよ》そ人間人格の尊重、個性の権利の自覚、社会共存の情念、これらの思想の勃興を外《そと》にして、いずこに世界の大勢があるか。

思想に国境はありません。

今やこれらの新思想は、澎湃《ほうはい》として我が国境に迫りたり。

下級官吏といえども、下級会社員といえども、また、労働者といえども、凡《すべ》て我らは、貴族貴号と何ら異なるところなし。

一個独立の人間なりという深刻なる自覚が、発生するに至ったのであります。

□《ソク》に、空に輝く一片の星も、地上に咲く一輪の花も、意味なくしてこの世に存在するものはありません。

星は星にあらざれば□《タタ》くこと能《あた》わず、花は花にあらざれば染むること能わざる、意味［ゆえ］あってこの世に存在するのでありまして、況《ま》して万物の霊長たる人間は、いかがに貧困なる労働者といえども、またいかに不治の病に罹れる者といえども、凡てその人にあらざれば□《タタ》くこと能わざる□□《リョクコク》の緊要にて、この世に生まれ来たったのであります。

全員、各個人の生存を保障し、各個人をして、各々その生存の真意味と信ずるところに徹底せしむるに必要なる機会を与《あと》うることが、政治家の理想でなくてはならんのでありまして、もし特殊なる一階級、若《も》しくは一党派のために、他《た》の自由を蹂躙、他の生存を犠牲とするを憚らざるがごとき政治家ありとせば、人は自身に天人《てんじん》ともに容れざる罪悪を科すものなりと言うべし。

世界における、一つの政治的、または社会的動乱は、多くこの種の政治家の挑発するところなりと信じます。

これ私どもが一日《いちじつ》も早く普通選挙を実施し、万機公論に決するの精神を徹底せしめんと務むる所以《ゆえん》でありまして、この精神が徹底し、国民の衆知衆力を挙げて国家の経営が行なわるる時、初めて、内においては特権階級の少数専制が打破せられて、日本は真に日本人の日本となり、外においてもまた、白人専制に対抗し、白色人種のために虐げられたる有色人種を開放し、世界をして真に全人類の世界たらしむることができるのであります。

この中外を貫く民本主義の大精神を実現することが、即ち第二維新の理想なりと信ずるのであります。

この理想に向かって諸君もまた、何者にも屈せず、何者にも恐るるところなき勇気をもって、奮闘せられんことを熱望致します。

# 正シキ政党ノ進路

永井 柳太郎③

SPレコードデータ
昭和8〜10年収録
オーゴン　音盤番号A10006AB
収録時間6分29秒

今日の日本には、なお未《いま》だ政党の必然性を理解せず、甚だしきに至っては、政党解消を叫ぶ者さえあるのであります。

しかし、凡《おおよ》そ大衆が議会政治において、その生活理想を実現し、その生活要求を貫徹せんと欲するならば、その理想を同じくし、その要求を一つにする者とともに、討論決議の団体を組織し、その決議を団体の協力によりて実現せんとするは、必然の勢いでありまして、政党なくして議会政治の運用を期せんとするは、恰《あたか》も軍隊なくして戦闘に勝利を得んとするがごとき空想であります。

現に、政党解消を唱導する者自ら、中央に本部を置き、地方に支部を設置し、事実において政党と何ら異なるところなき団体を組織して、その理想を実現せんとしつつあるではないか。

政党解消論者自ら、その行《おこの》うところによって、その口にするところの、空論に過ぎざることを実証しつつあるのであります。

しかし私は、いかなる政党でも無条件に歓迎するものではありません。

例えば共産党のごとき、国体の尊厳を冒涜し、立憲政治を蹂躙して、一党専制を行わんとするがごときものはこれを撲滅し、その存在を否認することが、即ち国家の基礎を強化し、立憲政治を擁護する所以《ゆえん》であると信じます。

同時にまた、共産党にあらざるも、眼中党利党略のほか何物をも有せず、国家の興廃に関するがごとき非常の国難に遭遇するも、なおかつ政権争奪のみに没頭して他《た》を顧みざるがごとき政党は、その実質においては博徒の縄張りを争うと、多く異なるところなく、かかる政党に対しては断然反対し、再び政権を乱用するがごとき機会を与えざるに努むることが、即ち国家の存立を確保し、大衆の生存と自由とを擁護する所以《ゆえん》であると信じます。

今日の日本において、最も必要とするは即ち、内においては一君万民の大義を奉じて国民生活を再建設し、国民能力総動員を目標とする経済組織を確立するとともに、農村都会を通じて、苟《いやしく》も正直に勤労する者は一人《いちにん》たりとも飢ゆることなき新社会を実現し、同時に外においては、白人専制を打破し、過去数世紀にわたり白人種のために虐げられたる有色人種を開放し、世界をして全人類の世界たらしむる理想を引っ下げて戦《たたこ》う政党の出現であります。

この意味において、内における社会正義の確立と、外における国際正義の徹底とを、立党の精神として戦いつつある我が民政党こそは、全国民の支持を受くる資格ありと信じます。

今日の日本は未曾有《みぞう》の危機に直面しております。即ち友邦満州国の建設を契機として国際連盟を脱退し、名誉ある孤立の進軍を続けつつあるも、北よりするソビエットロシアの圧力と、南よりする英国の工作と、東よりする米国の反感と相俟《あい》って隣邦支那に作用し、動《やや》もすれば英米露支、相《あい》黙契して日本に迫らんとするがごとき形勢を示しております。

かくのごとき列強包囲の中に介在して、なおかつ新興アジア建設の大使命に直進しつつある我が国《くに》内外の情勢は、まさに幕末維新の当時に彷彿たるものありと言わねばなりません。

この重大時期に直面しつつ、なおかつ区々の闘争に没頭するがごとき者は、何の面目《めんぼく》あって、幕末の当時、区々の感情を一擲して、倒幕維新の大業に殉《し》じたる薩長土肥四藩の憂国の志士に見《まみ》ゆるを得《う》るものぞと存じます。

国難打開か統制拡張か、民政党か政友会か、私はこれを日本国民の公明正大なる審判に訴《うった》うるものであります。

永井 柳太郎④

# 独善内閣勝つか国民大衆勝つか

SPレコードデータ
昭和12年収録
サクラ　音盤番号K859、60
収録時間5分43秒

〔立憲民政党幹事長・永井柳太郎先生をご紹介申し上げます。〕

諸君、我が国が内外を通じて目下重大時局に直面しておることは、何人《なんぴと》といえども、これを認識せざるを得ません。

国際的生存《せいそん》競争の重心は、ヨーロッパよりアジアに移動して、一歩を過てば我が国の存立そのものを脅威せんとするがごとき形勢を馴致《じゅんち》し、国内人心の動揺また異常のものあることは、五・一五事件、二・二六事件等《とう》の続発によって明瞭であります。

苟《いやしく》も憂国の熱情に燃ゆる者は、政府・政党・軍部・官僚を問わず、真《しん》に異常の決意と厳粛なる精神とをもって、一切の私事《しじ》を清算し、大同団結して時艱《じかん》の克服に協力しなければなりません。

従って我が党は、林内閣が組閣に際し、その基礎を国民大衆の上に置かざりしことを遺憾としたに関わらず、なおかつ、挙国一致の精神に則り、第七《しち》十議会を通じて林内閣を支持し、その重要法案を通過せしむるに全力を傾倒したのであります。

しかるに林内閣が議会の最終日において、何ら正当の理由なく、突如《とつにょ》議会を解散したることは、林内閣自ら挙国一致を破るの暴挙に出《い》でたるものであって、林内閣が非常時局を認識する資格なきことを、事実において暴露したりと信ずるのであります。

現下、我が国の最も急務とするは、挙国国防計画の完成と国民生活安定の実現とであります。

而《しこう》してこれらの二大事業は平素より国民大衆と共にあり、国民大衆と生活不安の体験を一《いつ》にし、その不安の洗除に適切なる国政の大改革を行《おこの》うことによって、国民能力総動員の実《じつ》を上げ得《う》る大衆政治家でなければ、断じてなし能《あた》わざるところであって、国民大衆の生活と没《ぼつ》交渉なる官僚独善内閣が時艱克服の大業に当たらんとするがごときは、己れを知らざるもまた甚だしと信じます。

林内閣の閣僚は、最近しばしば声明して、総選挙の結果が意に満たざる時は、再度解散を行《おこの》うを辞せずと言うておるが、かくのごときは国民大衆の審判といえども、政府の気に入らなければこれを承認せぬというのであって、独り政党に対して挑戦するのみでなく、また国民大衆に対して挑戦するものであります。

畏《かしこ》くも明治大帝《だいてい》は五箇条の御誓文《ごせいもん》の第一条において、広く会議を興し万機公論に決すべしと仰せられ、国民の公議与論を尊重すべきことをお諭《さと》しになったのであります。

しかるに林内閣が国民大衆を無視し、国民大衆の公議与論といえども、政府の気に入らぬ場合はこれを承認せん［ぬ］と言うに至っては、明らかに明治維新の大精神に背反する罪大《だい》なりと言わなければなりません。

諸君は独善政治を是《ぜ》とするか、万機公論を否《ひ》とするか、独善内閣に屈服するか、国民大衆とともに戦《たたこ》うか、これを決するは即ち、来たる四月三十日における諸君の投票であります。

# 強く正しく明るき日本の建設

永井 柳太郎⑤

諸君、明治維新は何のために行われましたか。

徳川幕府の少数専制を打破し、日本を日本人の日本たらしめんがためであったのであります。

明治大帝《だいてい》が幕末当時、西郷や大久保や木戸や板垣や大隈や、在野無名の青年志士を抜擢遊ばされ、これら無名の青年志士とともに、維新の大業に当たられたるは、即ち新日本《にっぽん》建設の基礎を少数の特権階級に求むることなく、国民大衆に求むべきことを明らかにせられたるものであって、独り日本のみならず、全世界に対して、新国家建設の模範を示したるものと信じます。

今日我が国の最も憂えとするは、外国より来たる共産党の革命運動であります。

生活難の深刻となれる結果、国民思想の動揺に乗じ、国家の存立そのものを脅威せんとするがごとき運動が行わるるに至ったことは、誠に憂慮に堪えざるところであります。

故に政府当局者たる者は、一方身をもって国民思想善導に努めると同時に、他方国民生活安定に必要なる新社会を建設し、以て国家更生［厚生］の新気運を招来するに全力を尽くすべきであります。

しかるに犬養内閣は、一方警視庁前の大逆事件に際し、御警護の責任をおろそかにし、重大失態を犯したる身をもって、なおその地位に留《とど》まり、重ねて将来の御警護に任ぜんことを要求するのみならず、これを責むる者あれば、畏《おそ》れ多くも宮中において賜りたる陛下の御沙汰を外間《がいかん》に発表して、自己を弁護するの愚に供

SPレコードデータ
昭和7年収録
コロムビア　音盤番号26782AB
収録時間5分35秒

せんとし、国民の面前において輔弼《ほひつ》の重責を無視して憚らないのであります。

これと同時に、他方犬養《いぬがい》内閣は、その予《かね》ての陰謀に基く金輸出再禁止を断行し、政友会と結託したる一部財閥に対して、いわゆるドル買《か》いにより暴利を博する機会を与え、これがため急激なる物価の騰貴を惹起し、国民大多数の生活難を一層深刻ならしめ、国民生活を党利党略の犠牲として顧みざるがごとき暴挙を相《あい》呈したことは、事実において、一党専制を行《おこの》うものであると言われても、弁解の辞なかるべく、かくのごとき暴挙は明らかに明治維新の大改革に逆行するのみならず、また国民思想悪化を益々激成《げきせい》するものと言わなければなりません。

かくのごとき内閣の存在は、共産党の革命運動に対し絶好の機会を与《あと》うるものであって、国家の危険これに過ぐるなしと信じます。

日本は日本人の日本であって、断じて政友会の日本ではありません。

我ら今にして犬養内閣と戦い、一君万民の大義を確立する能《あた》わずんば、他日何の面目《めんぼく》あって、地下に、幕末維新の当時、身を挺して君国のことに当たりたる我らの勇敢なる祖先に見《まみ》ゆるを得んやと思います。

苟《いやしく》も我らと憂えを同じくする者は、来たって共に犬養内閣と戦い、強く正しく明るき日本の建設に対し、我らと協力せられんことを衷心より熱望するのであります。

# 逓信従業員諸君に告ぐ

永井　柳太郎⑥

SPレコードデータ
昭和14～15年収録
コロムビア　音盤番号A462
収録時間6分54秒

逓信従業員諸君、故・前島男爵の提唱により、東京大阪間に初めて官営の新式郵便制度が実施せられ、我が国における逓信事業の基礎が確立せられたのは、明治四年四月二十日のことであります。

これより先、英国におきましては、世界における郵便制度の先覚者たるローランド・ヒルの発案に基き、郵便の均一料金制度が実施せられたのでありますが、これに準拠して我が国に新式郵便制度を断行せられた前島男爵の卓見と苦心とに対しては、深甚の敬意を禁じ得ないのであります。

爾来今日《こんにち》に至るまで約七十年、その間《かん》幾多の改良は行なわれ、経営の基礎は拡大せられ、ついに今日の隆盛を見るに至ったのでありますが、幼稚なる飛脚郵便の時代から、進歩せる新式通信の時代に至るまで、いかに多数の人々がその経営と改良とのために苦心惨憺せられたかを思う時、心からこれらの人々に対して感謝の念禁じ難きものあるを覚ゆると同時に、その事業を継承する我々の責任のいかに重大なるかを痛感するのであります。

凡《おおよ》そ国家・民族・事業には、それぞれの歴史があり、理想があります。

歴代の相続者がその歴史を尊重し、その理想を誇り得てこそ、国家は益々栄え、民族は益々強く、事業は益々伸びゆくのであります。

逓信事業は文化の先駆、産業の基調として国民生活上のみならず、国防上にも極めて重大なる使命を有し、その経営の如何《いかん》は直ちに国家の盛衰に関わるのであります。

故に逓信従業員はその使命の重大なるに鑑み、全身全力を尽くして、逓信事業の最高機能を発揮し、以て皇国日本の存立とその世界使命の達成とに貢献するの覚悟がなくてはなりません。

この覚悟をもってその責任を完全に果たした者でなければ、日本人《にっぽんじん》として、はたまた逓信人として、立派に自己を生かし得た者とは断じて言い得ないのであります。

逓信従業員の相互関係は、恰《あたか》も時計の機械のごときものだと思います。

時計が正確に時間を示し、時計としての役目を果たし得《う》るのは、その内部の目に見えぬところに組み立てられた機械の各部分が、それぞれの場所において正確なる運動を継続するがためであります。

もしただ一つの歯車、ただ一本の針といえども、その場所に錆びついて運動を怠ったならば、機械の全体はその運動を阻止せられ、時計はその機能を失《うしの》うのであります。

これと同様に、逓信従業員たる者は、或いは室内にありて事務を執り、或いは屋外にありて勤労をなす等《とう》、それぞれの持ち場は異なっておりますが、等しく大逓信の構成員として尊き使命を自覚し、全従業員が一人《いちにん》も余すところなく、小我を捨て大我《たいが》につき、各自の責任を果たしてこそ、大逓信の歴史はいよいよその香気を放ち、逓信人は模範国民として万人《ばんにん》の尊敬に値する者となり得《う》るのであります。

今次事変の勃発以来、我が陸海軍の将兵が世界に示しつつある忠勇義烈の行動は、実に三千年来鍛錬せられたる我が国民性が国難に遭遇して、独特の香気を放ちたるものでありまして、万邦無比の日本《にっぽん》精神のため、世界に向かって万丈の気を吐くものであります。

私は今更ながら、日本《にっぽん》国民として生をこの世に受けたることの誇りを新たにするとともに、万邦無比の日本《にっぽん》精神を代々《よよ》に培って、これを我々現代の国民の血と魂とに根強く植え付けてくれた我々の祖先に対し、限りなき感謝の念を禁ずることができぬのであります。

これと同時に、我々は祖先が我々に残した光輝ある日本《にっぽん》帝国の歴史に対し、祖先に恥じざる我々の奮闘により、更に一層輝かしき幾ページを加え、この誇るべき国民性を更に一層立派に培って、これを後世の国民に譲らねばならん、重大なる責任を痛感するのであります。

明治大帝の御製《ぎょせい》に、国を思う道に二つはなかりけり戦の庭に立つも立たぬも、というお言葉があります。

逓信従業員たる諸君は、第一線の将兵と同様、一身一体となって皇国日本《にっぽん》の世界使命の達成に協力せられんことを祈るのであります。

## 永井 柳太郎（ながい りゅうたろう）

政治家、評論家、戯曲家、衆院議員（翼賛政治会）、逓信相　明治十四年（一八八一年）四月十六日生　昭和十九年（一九四四年）十二月四日没　出生地＝石川県金沢市　学歴＝早稲田大学〈明治三十八年〉卒、オックスフォード大学

明治三十九年オックスフォード大学に留学。四十二年帰国し早大教授となり植民政策・社会政策を担当。四十四年雑誌「新日本」主筆となる。大正六年早稲田騒動に巻き込まれて、早大教授ならびに「新日本」主筆の職を追われる。九年憲政会から衆院議員に当選し、八期つとめた。雄弁、隻脚の大衆政治家として常に時流と共に歩む。昭和六年民政党幹事長、七年斎藤内閣の拓務相、十二年第一次近衛内閣の逓信相、十四年阿部内閣の逓信相兼鉄道相などを歴任。十五年脱党して東亜新秩序論者に変貌し、太平洋戦争中は大政翼賛会興亜局長、翼賛政治会常任総務、大日本教育会長などを務めた。

鳩山一郎

# 犬養内閣の使命

私は鳩山一郎であります。

犬養内閣に与えられたる重大な使命が二《ふた》つあります。一つは経済建て直しに関するものでありまして、他《た》の一つは、満蒙問題の解決であります。

経済建て直しに関しましては、内閣ができまするや否や、直ちに金輸出再禁止を致しまして、井上前蔵相が度々声明致しましたのを裏切って、奔流の勢いをもって、海外に流出する金《きん》を、まず留《とど》めました。

そうして物価を相当に引き上げたのであります。これによって経済界回復の第一段を上《のぼ》ったのであります。

これに引き続いて現内閣が輸出増進の目的をもって、産業立国政策を実施致していきましたならば、経済界の真の回復の芽生えは決して遠くはないと信じておるのであります。

満蒙は日清・日露の両戦役の結果、我が帝国の生命線となっておるのであります。

幣原《しではら》外交は口で日支親善を説いておったのでありますけれども、事実においては、これと全く反対の結果を表わしておるのであります。

犬養内閣は、日支親善は条約尊重、国際信義が基調とならなくてはならないということを信じております。

条約尊重・国際信義というレールの上へ乗って、初めて日支親善の目的は達し得《う》るのである。

レールを無視してどこにフェアープレーがありますか。

SPレコードデータ
昭和6年収録
コロムビア戦前特殊　音盤番号A57A
収録時間4分32秒

国際信義を守るというそのレールの上へ乗って、初めて日支親善は成り立つのであります。幣原前外務大臣時代においては、このレールが蹂躙され、条約上の権利は蹂躙されて、どこに日支親善が成り立つでありましょうか。

犬養内閣は、このルールの上へ乗らなければ真の日支親善はないということで、着々とその目的を実行しつつあるのであります。

錦州に関することがらでも、前内閣と犬養内閣との外交上の相違は明白になろうと、私は思っております。

前内閣の時分には、錦州の方に進軍するところの我が皇軍を阻止して、しかも列国からは侮辱を受けておったのである。

犬養内閣が成立致しましてから、錦州の張学良の軍隊を追い払ってしまったのに関わらず、外国からは何らの妨害を受けておりません。

犬養内閣は自主的強硬内閣である。

幣原外交は全く追随軟弱の外交であります。

この二つの与えられたる使命を完全に果たしますのには、どうしても皆さんの深甚なる同情を必要とするのであります。

## 鳩山 一郎（はとやま いちろう）

政治家、首相、自民党初代総裁、衆院議員　明治十六年（一八八三年）一月一日生　昭和三十四年（一九五九年）三月七日没　出生地＝東京都文京区　学歴＝東京帝国大学法科大学英法科〔明治四十年〕卒

東京市議から、大正四年衆院議員（政友会）に当選。昭和六年犬養、七年斎藤内閣の文相に就任。八年京大滝川事件当時の文相として大学の自治に介入。九年大蔵省疑獄事件に連座。政友会分裂の折には久原派の中核となった。戦後自由党結成に参加し初代総裁となるが、組閣寸前に公職追放となる。のち鳩山派を率いて、二十九年日本民主党を結成。同年ようやく首相就任の夢を果たし、保守合同を実現、自由民主党を結成し初代総裁に就任。三次まで組閣し、現自民党政権の原型をつくりあげた。三十一年にソ連を訪れ国交回復、また国連加盟を実現した。衆院議員通算十五期。著書に「私の自叙伝」「鳩山一郎回顧録」など。平成十一年「鳩山一郎・薫日記」が刊行された。

# 経済難局の打開について

浜口 雄幸

SPレコードデータ
昭和4年収録
トンボ 音盤番号2233、4
収録時間19分34秒

私はただ今ご紹介を受けました浜口であります。

今夕《こんせき》は「経済難局の打開について」という演題のもとに、私の考えの一端を申し述べてみたいと存じます。

しばらくの間《あいだ》、ご静聴を……《不明》。

さて、大正三年に世界の大戦争が始まりまして以来、我が国の経済界は非常なる好景気が続きましたので、その結果、政府の財政も民間事業の経営ぶりも国民一般の暮らし向きも、ともに急激なる膨張を致したのであります。

まず、国家の財政について申しますれば、戦争の始まりました年、即ち大正三年から今日に至りますまで、十五年の間にほとんど三倍に近い増加を告げたのであります。

また、個人の経済におきましても、これを戦争の前に比較致しますれば、その経済は大変に膨張致しまして、中には数倍の多きに上《のぼ》ったものも少なくない有様であります。

しかるに、好景気時代においては、政府の歳入も個人の収入も、大変に増加致しましたので、人情の弱点と申しましょうか、当時の政治家、或いは一般国民の不用意と申しましょうか、知らず知らずの間《かん》にその経済は放漫に流れ、非常なる増加を告げたのであります。

しかるに、この好景気は元々戦争に基くところの景気でありましたので、決して長く続くものではありません。

間もなく反動が参りまして、次に大正九《く》年の大恐慌となり、その傷が未《いま》だ癒えないうちに大正十二年の大震災に出遭いまして、打ち続く不幸なる出来事のために我が経済界は非常なる打撃を蒙り、深刻なる不景気に襲われ、産業は奮いませず、貿易は年々輸入超過を続け、為替相場は著しく低落致しまして、我が国の財界はついに今日のごとく、不況のどん底に沈むに至ったのであります。

ついては、国家の前途果《はた》していかに成りゆくべきや、誠に心配に堪えない次第であります。

今や我が国は朝野を挙げて、断固たる決心を持って、この行き詰まっておるところの経済界の建て直しを行い、国民生活の安定を図り、国家百年の長計を立た「て」なければならんという、極めて重大なる場合になっておるのであります。

この時局を救うがためには、官民一致、大《だい》なる決心と努力とを要すること勿論でありまするが、まず政府において着手致しましたことは、財政の整理緊縮であります。

我が国の財政は、近年非常なる膨張を致したのであります。

前に申しましたことを繰り返すようでありまするが、大正三年度におきましては、我が国の歳出は六億四千八百万円にすぎなかったものが、それより十五年の後《のち》の昭和四年度には、実に十七億七千万円という大なる数字になっております。

而《しこう》して歳入はどうかと申しますれば、戦争中は勿論のこと、戦後しばらくの間《あいだ》は非常に好成績でありまして、毎年《まいねん》毎年政府には数億円の金が余って、翌年度に繰り越しというような有様でありましたけれども、戦争気分がようやく終わりを告げ、追々と好景気の反動が現れて参りまするとともに、政府の歳入は段々に減少して参りまして、歳出に対して、ついに不足を生ずるということになりましたがために、公債、即ち借金をして、ようやく予算の辻褄を合わしてゆかなければならんこととなったのであります。

かくのごとき財政の膨張は、我が国今日の窮迫しておるところの国民経済の実際の状態に照らしまして、いかにも無理であるということは、蓋《けだ》し何人《なんぴと》も異論のないところであろうと存ずるのであります。

かくのごとき放漫なる財政政策は、その当然の結果としまして、公債の増発を引き起こし、財政の基礎を薄弱ならしめ、民間の事業資金を奪い、物価の騰貴を促し、国民の負担を増加せしめ、輸入超過の勢いを助けるものであります。

府県市町村等《とう》、地方の財政におきましても、でき得《う》るだけ緊縮の方針を守らしめまして、中央・地方相率《あい》いて、財政整理緊縮の目的を達せんことを期しておるのであります。

我が国の国債は、歳入の減少・歳出の増加に伴《ともの》うて、近年非常に増加したのであります。

大正三年、二十五億円でありましたものが、今日では実に五十八億円以上に達しておりまして、これを内地六千万の人口に割り当てますれば、実に人口一人《いちにん》に対して百円に当たります。

一家五人と計算しますれば、一戸当たり実に五百円という重い負担となっております。

従って国債の利子額も非常なる額に達しておりまして、毎年《まいねん》三億円近《ぢか》くの利子を払わなければならんのであります。

もし、これまで通りの方針で参りましたならば、公債元利の負担は段々と増加致して、止《とど》まるところを知らずという状態であります。

我が国民経済の現在の状態において、かくのごとき負担の増加は、到底その耐ゆるところではないのであります。

申すまでもなく、公債の増発は国民負担の増加となり、金融市場を圧迫し、通貨の膨張を招き、産業・貿易の発達を妨ぐる等《とう》、経済上非常なる弊害を生ずるのみならず、これからいよいよ金解禁という大事業を実行致し、なお将来に向かって我が国の貨幣の制度を完全に維持しまするがためには、この上《うえ》国債を増加するということは特に戒めなければならんことがらであります。

よって政府は将来の財政計画を立てまする上において、国債の総額を六十億円以上には増加せしめないのがある。

更に進んで、逐次これを減少する決心であります。

これと同様に、府県町村等《とう》の地方債に対しましても、極力その増加を抑制致しまして、その整理償還を促す方針であります。

我が国今日の重大なる問題は、金《きん》の輸出禁止を解除するという問題であります。

大正三年、世界大戦の勃発致しまするや、ヨーロッパの各国、続いて米国もまた、金の輸出禁止を断行したのであります。

しかるに貿易の関係等《とう》のため、外国に段々金が流れ出て参りますれば、その国の正貨準備は次第に減少致しまして、その減少の程度が甚だしくなりますれば、ついにその国の貨幣制度に対する内外の信用がなくなり、貨幣の制度の基礎が動揺するに到りまして、財界に非常なる混雑を生ずるようになるのでありますから、各国とも金の輸出を禁止するという非常手段を取るに到ったのであります。

我が国におきましても、大正六年に米国が金の輸出禁止を行いまするや、ついに止むことを得ず、同年九月に大蔵省令をもって、金の輸出制限、俗に申すところの、金の輸出禁止を行ったのであります。

欧州各国におきまして、金の輸出禁止を行った結果はどうであるかと申しますれば、なるほど金の無制限なる輸出は、法令の力によって止まりましたけれども、外国との貿易の関係が根本的に改善をされない以上は、外国からの輸入超過となった分だけ、その代金は何らかの方法をもって、正貨即ち金で支払わなければなりませんから、或いは外国で公債を起こすとか借入金をするとか有価証券の輸出を行《おこな》うとか、或いは外国に信用を設定するとか致しまして、これを利用して参りましたけれども、これらの方法は到底長くこれを続けることができませずして、ついにこれを中止するに到ったのであります。

そう致しまするというと、その当然の結果と致しまして、その国の外国為替相場は次第に低落致して参りまして、或いは平価の二分の一、或いは三分の一に下がるものもあれば、甚だしきに至っては、十分の一以下にも低落致し、殊にドイツのマルクのごときは、ほとんど想像にも………《針トビ》告げたことは、お互いの記憶に新たなるところであります。

なお、為替の暴落と同様に、産業上・貿易上非常に困りますことは、為替相場の変動、即ち乱高下《こうげ》ということであります。

金の輸出が自由でありまするならば、国と国との間《あいだ》の貸借の関係が平均を失って一方に傾きました時、例えば輸入が輸出に超過してその平均が失われた時は、金貨を外国へ輸出することによって自然の調節が行われまして、為替相場の乱高下ということは起こらないのでありまするけれども、金の輸出を禁止してしまって、この自然の調節というものが行われなくなりまするというと、国債貸借の平均を失《うしの》うにつれまして、為替相場は漸次回復するように仕向けまするると、金輸出解禁の準備に全力を挙げまして、その準備が出来まするや、米国は大正八年の六月に、英国とオランダとは大正十四年の四月に、イタリーは昭和二年の十二月に、フランスは昭和三年の六月に、それぞれ金の解禁を断行致しまして、今や世界の列国中未《いま》だ金の輸出解禁を行っておりません国は我が日本を除くの他は、わずかに一・二の小国にすぎないという有様であります。

我が国におきましても、金の輸出を禁止致しましたる結果、財政が膨張して已まないということと、国民の消費が衰えないこととと相俟って、物価の不自然なる騰貴を招き、為替相場の急激なる変動を生じ、ために外国貿易は恰《あたか》も投機［騰貴］事業のようになりまして、大いにその発達を妨げられ、それがために一般産業の基礎を不安ならしめ、久しきに亘って、経済界に非常なる不景気を招きましたのみならず、外国に対する帝国の信用を失墜するに到りましたことは、今日お互いが痛切に感じておるところであります。

従って我が国経済界の難局を打開し、その建て直しをするがためには、金の輸出禁止を解除して、速やかに財界の安定を期することが何よりの急務であるということは、天下何人《なんぴと》も異のないところであろうと存ずるのであります。

政府はこの現状に鑑みまして、速やかに金の輸出禁止を解除するという決心を致したのであります。

しかしながら、金の輸出が禁止されまして以来、既に十二年を経過し、財界も大分《だいぶん》、この輸出禁止の状態に慣れ来《きた》っておるのでありまするによって、今日この禁止を解くということをただ突然と、何らの準備なしに行《おこの》うというわけには参りません。

我々はこの準備のために、絶大の努力を払わなければならんのであります。

その準備と申しましても色々ありまするけれども、その最も大切なるところは、根本的の要件は何と申しましても、国民精神の緊張であります。

これを具体的に申しますれば、政府においては大なる決心をもって財政の整理・公債の整理を行《おこの》うことであります。

外国に対する日本《にっぽん》の信用を高めて、為替相場が次第次第に回復して参るように致し、以て金の解禁によるところの一時的の悪影響を予防すると同時に、解禁後においても、長く財界の堅実なる発達をなすことが出来るのであります。

しかしながら、独り政府が自分の財政を緊縮するだけでは、到底この目的を達することはできません。政府の一年間に使《つこ》うところの金《かね》は三十七、八億という大なる金額ではありまするけれども、国民全体の統《す》ぶお金に比較しますれば、実に九牛の一毛にすぎません。

そこで広く国民一般がこの政府の政策に共鳴して、一大決心をもって消費を節約し、勤倹力行《りょっこう》を励むことによって、初めてこの金解禁の大目的を円満に達成することができるのであります。

世間には、財政の緊縮・公債の整理ということは、なるほど一部の人々の利益ではあろうけれども、多数国民の懐には何ら関係がないかのように心得ておる者があるように承知致しまするが、これは大なる間違いであります。

緊縮や節約や金の解禁によるところの一般財界の建て直しから来るところの、国民経済全体の被《こうぶ》る利益は、しばらく別と致しましても、公債の増発によって膨大なる財政の計画を立てました後《のち》、経済界の状況によって公債の募集が思うように出来なくなった時は、これは勢い増税を行って国民の負担を増加する他はないのであります。

また、公債の募集が出来ると致しましても、その公債の元利の支払いは、結局国民の租税によることになるのであります。

また表衣の節約は物価を下落せしめ国債貸借の関係を改善し、金解禁の実行［実効］を円滑ならしむるがために必要であろうということは了解するけれども、その以外に一般国民として、そもそも何の利益があるかというような奇妙なご質問を受けることがありまするが、表衣を節約する結果は即ちその人の家政の整理となり、貯蓄の増加となるのでありまして、家政の整理が出来、貯蓄が増加致しますれば、ここに生活の安定が得らるるのであります。

生活の安定はひいて、健全なる思想を養成する基《もとい》となるのであります。

## 浜口 雄幸（はまぐち おさち）

政治家、財政家、首相、立憲民政党初代総裁　旧姓＝水口　明治三年（一八七〇年）四月一日生　昭和六年（一九三一年）八月二十六日没　出生地＝高知県長岡郡五台山村唐谷（高知市）　学歴＝帝国大学法科大学政治学科〔明治二十八年〕卒　叙勲・受賞＝勲一等旭日桐花大綬章

三高、帝大卒業後、大蔵省に入り、専売局長官を経て、大正元年逓信次官、三年大蔵次官となる。四年政界に転じ高知から衆院議員に当選、憲政会きっての財政通として活躍。加藤内閣の蔵相、若槻内閣の蔵相・内相を経て、昭和二年立憲民政党初代総裁に選ばれ、四年首相に就任。金融恐慌のなかで、軍縮・緊縮財政と金解禁を断行。〝ライオン宰相〟の異名をとる。五年十一月、東京駅で右翼青年に狙撃されて重傷を負う。容態が悪化して翌六年首相・総裁を若槻に譲り、八月死去。

# モラロジー及び最高道徳の特質

広池 千九郎

SPレコードデータ
昭和1ケタ代収録
タイヘイ　音盤番号M19AB
収録時間6分17秒

それから次にモラロジーは、人間における本能の原理の研究に関して一つの新境を開きまして、人間実生活の標準を画定［確定］致すことが出来ました。

従来の精神科学においては、人間の本能に関する研究が極めて幼稚であったのでござります。

それ故に、人間の精神作用、人間の行為及び人間社会に因習的に発達せるところの種々の学問・史実・道徳・信仰・主義・風土・慣習・制度及び法律など、主として人間の自己保存の本能、若《も》しくはその延長の結果でありまして、自己［利己］主義的なものであるということが判然せなかったのであります。

さればこの因習的なる個人の精神作用・行為及び、これに基いて起こっておるところの社会組織を、改善する標準がなかったのであります。

換言すれば、人間生活の標準が分からなかったのであります。

そこで現在の社会を根本から改造して、個人の真《しん》の安心と平和と幸福とを実現さする方法が全く判明しておらなかったのであります。

ここにおいて世人の多くは、かかる事情のもとに発達せるところの今日の社会組織をもって、ほとんど完全なものと誤解し、その成功者に至っては、自分の過去の精神作用及び行為をもって最上のものとのみ思い込み、これ以上の学問も道徳も、この世の中にはないように考えて、全く超人的に傲然として生きておる人が多いのであります。

しかし、これらの人々は皆、その因習的なる学問・道徳などの範囲内において、一切の事情を経営するに過ぎんのであります。

しかしながら、人類の発達を生物学・人類学・考古学・社会学、及びあらゆる歴史の上から見ますれば、その発達の原因はその自己保存の本能のみでなく、その知的本能及びその道徳的本能と、その延長たる知識及び道徳心に存するのであります。

そうしてその間《かん》にいわゆる諸聖人の教説と感化とを受けて、以て今日に至っておるのであります。

されば人間の精神的要求は原始時代から、絶えず次第に向上しつつあるのでござります。

しかしてその初めは、単に神とか仏とか聖人とかの人格を尊敬致しましてこれを拝み、これに向かって幸福を祈ったのであります。

しかるに人智の進歩とともに、文明人の間《あいだ》にはいつの間《ま》にか、単に自ら神仏若しくは聖人を拝みて、これに福を求むることは無効でありはせぬかということを疑《うたご》う者を生じてきたのであります。

故に、東西ともに宗教の権威が次第に衰ゆるに至ったのであります。

しかして、いわゆる今日の知識階級にありましては、単に神仏若しくは聖人を拝んで福を求むるよりは、その諸聖人の示されたるところの神仏の道徳を体得して、これを実行することが真《しん》の幸福享受の方法ならんと考《かんご》うる者を生じてきたのであります。

しかしながら、未《いま》だその原理が明らかにならなかったために、これを実行する人が乏しかったのでござります。

今このモラロジーは人類進歩の要求に応じて、生まれ出《いで》たるところの新科学でござります。

故に、右の要求に応じて科学的に人類の安心・平和及び幸福享受の原理を研究し、且つこれを開始するに至ったのであります。

そこでモラロジーにおきましては、人類社会に歴史的に発達してきたところの人間の利己的精神に基く道徳を、因習的道徳若しくは普通道徳と称し、右の諸聖人の開始せるところの、真に自我を没却して全人類の精神を神の心に同化させて、これに永遠の安心・平和及び幸福を与えたいと願《ねご》うところの道徳を、最高道徳と称してあります。

## 広池 千九郎（ひろいけ ちくろう）

歴史家、教育家、広池学園創立者　慶応二年（一八六六年）三月二十九日生　昭和十三年（一九三八年）六月四日没　出生地＝豊前国下毛郡鶴居村永添（大分県中津市大字永添）　学歴＝中津市校卒　法学博士〔明治四十五年〕

明治十三年永添小学校助教となり、十八年大分師範の応請試業（教員資格検定試験）に合格、形田小学校、万田尋常小学校、中津高等小学校訓導をつとめる。二十四年大分県立教育会の中に日本で最初の教員互助会を設立するなど地域の教育改善に取り組んだ。二十五年歴史家を志し京都に出て、月刊誌「史学普及雑誌」を発行。二十八年上京し、「古事類苑」編纂に従事。三十八年早稲田大学講師、四十八年神宮皇学館教授を経て、四十一年支那法制史研究のため中国に渡る。大正二年天理教教育顧問、天理中学校校長に就任。四年退職し、以後全国各地で講演を行った。昭和十年道徳科学専攻塾（広池学園）を創設した。主著に「道徳科学の論文」「支那文典」「東洋法制史序論」「日本文法てにをはの研究」などのほか、「広池博士全集」（全四巻）がある。

町田 忠治①

# 総選挙ニ際シテ国民ニ愬フ

SPレコードデータ
昭和12年収録
オーゴン　音盤番号A10003AB
収録時間5分26秒

衆議院は突如として解散せられました。

政府は自ら解散を敢えてして重要法案を葬り去りながら、その責任を政党に転嫁し、官僚政治にありがちの偏狭なる独善思想をもって国民に臨むがごときは、誠に非立憲極まる行為であります。

議会において議案停滞の原因は、現内閣が政党に基礎を有せず、しかも兼摂大臣多く、国務を円満に運営する機能を欠きおるに関わらず、短日月《じつげつ》の間に八十有余の、多数の議案を提出したるに依るものであって、全然林内閣の負うべき重大責任であります。

過ぐる斎藤内閣より今日に至るまで、我が党は深く国家内外の多難を憂い、挙国一致、時艱《じかん》克服に当たることをば公党の責務なりと信じ、時局収拾の重任を尽くし来《きた》ったのであります。

今日においてこれを顧みますれば、我が党のこの公正・穏健の態度は、内外の険悪なる情勢を緩和し、政治の矯激《きょうげき》なる変革を避け、立憲政治を擁護する大使命を果たしつつあったと確信致します。

しかるに林内閣は、突然何らの理由なくして不法にも議会を解散し、自ら朝野の協力を破ったのであります。

その責任は全然現内閣にあります。

今や我が国は国運伸展［進展］の途上にあります。

他《ほか》、国際情勢の現状に鑑み、国防を充実するとともに、外交の根本政策を定めて国際関係を調整し、内には財政の基礎を確立し、国民負担の均衡を図り、産業を振興して国力を培養し、国民生活の安定を期するは、目下の最大国策でありまして、国民に何らの基礎を有せず、世界に何らの支援を有せざる、現内閣の到底行い得《う》るところではありません。

伝《つと》うる所によりますれば、林内閣は新政党の出現に援助努力すとのことであります。

現内閣が憲政の運用に政党の必要を認むるに至ったことは、遅しといえども猶《なお》可なりであります。

しかしながら、真に国民に基礎を有し、国家の重きに任ずる公党は、決して一朝一夕に出来得《う》るものではありません。

況《いわん》や権勢の地位にあってその権力を利用し、自己を擁護する政党を作らんとするがごときはむしろ一笑に付すべきでありまして、国民の断じて与《くみ》せざるところであります。

しかしながら、今回の選挙は政界を浄化し溌剌明朗なる政治に復する絶好の機会であります。

我が党は政界の浄化刷新には、全力を尽くす決意であります。

公明正大の手段をもって正々堂々主義主張を引っ下げて選挙に臨み、真に国民の総意を議会に反映せしめんとするものであります。

しかして、かくのごとき厳粛なる国民の審判に対しては、かくのごとき厳粛なる国民の審判に対しては、現内閣は当然これに服すべきは勿論であります。

今や戦いは既に開かれました。

国民は現内閣の非違《ひい》を糾弾し、我が党の公正なる態度に満腔《まんくう》の支援を与えられんことを、希望して已まざる次第であります。

町田 忠治②

# 政界の浄化

立憲政治が実施せられて以来ほとんど五十年、この間《かん》における我が国家の隆昌は歴史上嘗《かつ》て見ざるところであります。

これ偏《ひとえ》に皇室の御稜威《みいず》に入《い》ることは申すまでもありませんが、また我が憲法政治の賜《たまもの》であります。

しかるに、立憲政治運用の基礎をなすところの選挙については、従来種々の弊害がありまして、振々《しんしん》なる国民の意思が公正に現れざるがために、今更ながら選挙粛正を叫ばざるを得ざることは、憲政のため甚だ遺憾であります。

しかしながら、常にかかる弊害の存する以上、政府・政党・国民、相《あい》協力して、奮ってこれが粛正に当たることが今日の急務であります。

政府が選挙に際し、苟《いやしく》も厳正公正の態度を失するがごときことあっては、民意を暢達《ちょうたつ》することは断じて出来ません。

現政府が選挙にあたり、絶対公正の態度を取ることは、しばしば天下の声明した通りであります。

政党もまた選挙に臨みてはあくまでも公明の態度をもって、その主義主張を国民大衆に訴え、その厳正なる示範《しはん》に俟たなければなりません。

我が立憲民政党は議会の浄化を政綱中に掲げ、特に選挙の粛正については、率先してこれが実現に努力しておるのであります。

更に最も肝要なることは、国民が選挙権を行使するにあたり、その一票が国家の隆昌・国民の慶福に重大

SPレコードデータ
昭和13～14年収録
テイチク　音盤番号50073
収録時間3分2秒

なる関係あることを自覚し、断々固《だんだんこ》としていかなる誘惑をも斥け、良心の命ずるままに選挙の義務を尽くすことであります。

政府・政党・国民にして、各々以上の覚悟をもって選挙に当たらば、政界はここに浄化せられ、議会は真に民意を代表するの府となり、いわゆる憲政有終の美をなすことが出来るのであります。

今日の内外多難の時局を打開するには、実に国民一致の協力に俟たなければなりません。

しかして国民は、畏《かしこ》くも明治大帝が憲法発布の勅語に、「この負担を分《わか》つに堪ゆることを疑わざるなり」と仰せ下されたる大御心《おおみこころ》を拳拳服膺し、忠良なる臣民たるの義務を尽くすことを、片時《へんじ》も忘れざらんことを切望するのであります。

**町田 忠治**（まちだ ちゅうじ）

政治家、実業家、衆院議員（民政党）、農相、商工相、蔵相、東洋経済新報社社長、報知新聞社長　号＝幾堂　文久三年（一八六三年）三月三十日生　昭和二十一年（一九四六年）十一月十二日没　出生地＝出羽国秋田郡秋田（秋田県秋田市）　学歴＝秋田師範学校中学師範予備科〔明治十三年〕卒、帝国大学法科大学選科〔明治二十年〕卒　叙勲・受賞＝勲三等旭日中綬章〔大正五年〕、勲二等瑞宝章〔大正十五年〕、勲一等瑞宝章〔昭和六年〕

出羽秋田藩主・佐竹家の支族に当たる町田家に生まれる。明治四十五年秋田県から衆院議員に当選、以後当選十回。大正十五年第一次若槻礼次郎内閣の改造に伴い農林大臣として初入閣。以降、商工相兼蔵相、国務相を歴任。

## 松岡　洋右①

# 青年よ起て

SPレコードデータ
昭和9年7月臨時収録
コロムビア　音盤番号27887AB
収録時間5分49秒

我々は国の内外に亘って、まさに非常時に直面しております。

もし我が国の指導者たちが、真《しん》にこの非常時に目覚め、ただ口や筆だけでなく、実際に昭和維新に邁進するだけの覚悟を持ってるならば、国の内外に亘ってどんな困難が横たわっておろうとも、私は毫も憂えないのでありますが、指導階級の無覚醒、これが現下我が国の一番の憂いである。

しかし、この現象は実は不思議ではない。

いずれの時代、いずれの国においても、大躍進を要求する転換期にあたって、指導階級が覚醒し、率先して躍動した例はほとんどない。

外国の革命を見ても、我が国の維新を見ても、いつでもその当時の指導階級はたいがい時代の大転換とともに押し流され、清算されておるのである。

青年諸君がもし、昭和維新の指導者を、現在の我が国の指導階級、または中老以上の者に求められるのであるならば、それは百年河清を待つと同じであって、人類史の吾人に教えておるところを覆さなければ、左様なことは望めない。

私は国民に問いたい。

口に筆に、維新を叫ぶこと既に二十有余年であるが、もう何十年これを叫び続ける考えであるか。

非常時とか、維新とか、国難とか、いうようなことは、そう何十年も叫び続けるものではない。

真に維新を断行しないのならば、そんな叫びはもうたいがいにして止《や》めてはどうか。

国難なし、非常時ならず、また維新の要なし、とはっきりして、平常時気分で澄まし込むことにしてはどうか。

出来もせず、やりもしないことを、何年も何年も叫ぶようなことは、大和民族の恥である。

たいがいにして、止めたがよかろう。

しかし、我が国が維新の断行に迫られてることは、これを諸般の事象、また四囲の状況に顧みて、一点疑《うたご》う余地はない。

そして、昭和維新とはいかなるものであるか、また、いかなるものであるべきかと言えば、実は明治維新の完成である。

明治維新は王政復古を理想としながら、これを完成してておらないのみならず、その後《ご》かなり多くの不純物を欧米から取り入れ、これがため我が国は、類せられておるのである。

即ち昭和維新において、この不純物を一掃し、日本精神に甦り、明治維新において仕残された半分の大業を成就し、完成しなければならん。

皇道日本の再建設とは、即ちこのことである。

これが昭和維新の本体である。

而《しこう》して、過去と現在とに捕われない清新なる頭脳をもって、日にこれ新たなる見地に立って、敢然として乾坤一擲の維新に突進するということは、それは青年の熱と力、以外になし得《う》るものではない。

昭和維新断行の力も責任も、指導階級にはない。

中老らにもない。

それらの者を責むるのは無理である。

青年にこそ、その力と責務とがあるのである。

青年よ起て。

起ってこれを行え。

そしてまず我が国の形と心とを正し、更に世界全人類を救うの聖業に精進しようではないか。

現代日本の青年に、その熱も力もないというのならば、また何をか言わん。

独り帝国の前途知るべきのみならず、実に全人類の不幸である。

しかし私はたったこの間《あいだ》、明治維新の偉業に参加した日本の青年の血が涸れたとは思わない。

諸君、私は今日の青年諸君の血管にも同じ赤い血が、同じ熱烈な血が流れておると信ずる。

これを信ずるが故に、私は諸君に呼び掛けているのである。

青年よ起て。

起って昭和維新を断行せよ。

終わりに明治大帝の御製《ぎょせい》を謹読《きんどく》致します。
「今年あらば火にも水にも入《い》りなんと〈繰り返し〉
思うがやがて大和魂〈繰り返し〉」

## 松岡 洋右②

# 日本精神に目覚めよ

SPレコードデータ
昭和8～9年収録
コロムビア　音盤番号A94AB
収録時間30分25秒

私は松岡でございます。

半年《はんねん》前に日本をジュネーブに向かって発ちます二《に》・三日《さんち》前に、ラジオを通じて皆さまとお話をしたのであります。

その時の私の考え、及び決心は、あらかた申し上げたのでありますが、今晩、半歳《はんさい》振りに、先日ちょっと横浜上陸の際、ご挨拶申し上げました以来初めてここに、皆さまに再びラジオを通じてお目にかかるのであります。

昨年、皆さまの熱烈なお見送りのうちに、我が故国を発ちます時の決心と考えを、ごくかいつまんで再び申し上げますんならば、一番大きな目的は、何とかして日本精神を世界に徹底さすために、一歩でも踏み出し得たらばということであります。

これが私の終始一貫、一番大きな目的としておったところであります。

そして、満蒙問題につきましては、我が国の満蒙政策遂行上、実質的に故障を起こさん限りは、たいがいのことは我慢するという考えであります。

そして出来ることならば、連盟に踏み止《とど》まりまして、過去十三年間世界も認めておる通り、我が国が最も連盟に忠誠なる国の一つであった、この歴史を継続して、よってもって、なお世界の平和のために尽くすようにしたい、こういう考えであります。

しかし、もし、止む無く連盟を脱退しなければならんということになったならば、どうする。

その場合《ばやい》には、最後まで最善を尽くしまして、我が国民の本当の精神、即ち日本精神、世界の平和を顧念する精神を出来《でけ》るだけ徹底せしめ、この点について誤解を抱かしめない。

しかも日本人らしく、私のよく申しまする桜の花の散り際と…、いうことだけは忘れないで、あの姿の通り散りたいという、私は考えを持っておったのであります。

それからも一つ、一貫して持っておった考えは、たとえ外交がまずくても、また止む無く脱退することとなりましても、またいかなる衝突がそこに起こりましても、嘘つきにだけはなるまい、こういうことであります。

決して我が国が嘘をついた訳ではありませんが、遺憾ながら一昨年以来、動《やや》もすれば欧米人から食言《しょくげん》をすると、嘘をつくというように思わるるようなことになってきておるので、私はいつも若い時から、満蒙問題は日本の重大問題ではあるけれど、しかしそれよりも更に重大なることは、我が国の国際信義の問題である。

我が国が国際下に信を失したならば、これは一番重大なことである。

信を断じて失してはならんというのが、私の主張であります。

そして、いかなる難境に処しても、嘘つきにだけはならん、固く決心をして参ったのであります。

日本人をありのまま、丸裸にして突き出そうと、こういう考えで…。

駆け引きはしない、いう考えであります。

で、こういう、ざっと考えを持って参ったのでありますが、成績はどうなった。

　これは私が今晩、皆さまに改めて申し上げなくても、既に我が国の特派員諸君がほとんど昼夜を分かたず、熱心に細かく、ジュネーブの有様を報道して下さったために、国民諸君にはよく分かっておいでになることと思いますから、大体の経過は今晩は略します。

　が、この成績ということについて、少し述べますんならば、少なくとも私は、一つの点においては完全に失敗して帰ったのであります。

　それは先ほど申し上げました考えなり決心のうちで一つ、即ち、何とかして出来《でけ》ることならば、一面我が国の立場を明らかにし、主張を通しておきながら、他面連盟に残っておりたい、そういうようにしたいということは、ご承知の通り失敗したんです。

　この点につきましては私の微力、誠に国民諸君に申し訳がないと考えておるのであります。

　がしかし、私は半年《はんねん》前にご挨拶致しました中で申しました通り、ただ一本道しか残っておらん、その一本道を、前にしかも進むことしか残っておらんと申しましたが、これだけはどうやらこうやらやったつもりであります。

　そうして遺憾なことには、その結果連盟脱退ということに終わったのであります。

　で、これだけ申し上げまして、この点は全部省略致します。

　でこの成績については、一《いつ》に国民諸君にご判断を願《ねご》うの他はない。

　と申しまするよりも、いずれ将来歴史家が筆を執って評価するであろうと信じております。

　否《いな》、私から申しますれば、時が評定するだろうと考えております。

　それに私は任します。

　次に、脱退の止む無きに至った理由も、ほぼご承知のこととは存じますが、この点は最も我が国民の関心さるるところであると思いますから、少し私の見方を述べさしていただきたい。

　この、脱退の止む無きに至った一つの大け［き］な原因は、本年の一月《げつ》二十日以後、殊に二月に入りましてから、イギリスその他《た》がにわかに態度を硬化さしてきたということで…、が大きな経緯《いきさつ》であり、同時に原因であります。

殊にイギリスが態度を硬化さしてきたということにつきましては、色々理由があります。今日《こんにち》は今なお私の立場から申し上げかねる点もござります。

そういう点は省きますが、ざっと五つほど、申し上げ得《う》る理由があるのであります。

第一が支那の挑発であります。

昨年十二月、連盟総会で英国の外務大臣の演説がありました。

次いで、カナダ、オーストリアの代表者の演説がありました。

これらの演説がありました後《あと》、支那側は大変気を悪く致しました。

またイギリスでも、支那びいきの新聞などは英国の外務大臣はじめを猛烈に攻撃したのであります。

そしてついに、支那側は支那におけるイギリスの商品をボイコットする、という挑発までするに至ったのであります。

これは何と申しましても、イギリスの態度をやや変更さす強い原因となったものと考えております。

第二がアメリカを、初めアメリカとロシアを招請して、そうして協和委員会の仕事を援助さすという提議があったんです。

ロシアは途中であきらめましたが、アメリカはどうしても招請したいという意向が連盟内にあったんです。

殊にイギリスはこれに非常な重きを置いておる。が、我が国は理由があって、これにあくまで反対をされたのであります。

その結果、ついにアメリカの招請を断念するということに成っておる。

かく成りましてから、少なくもイギリスは、せっかく協和委員会を作って、一方時を、時の力を……《音が聞こえない》、そうして本問題を議論しながら解…、和協に導こうという考えを、捨てたとまでは申しませんが、この考えに対して気乗りがしなくなったということは事実であります。

連盟の事務総長はじめ、その態度をはっきり示したのであります。

日本側は出来《でけ》るだけ和協委員会の設置を慫慂《しょうよう》した

のでありますが、何しろもう気乗りがしなくなった。

それから小国側におきましても、他《た》に理由はありますけれど、申し上げかねる点は省きましても、一昨年来の行きがかりから見まして、現に調査委員団にはアメリカのマッコイ将軍が委員の一人として入っておる。

こういう経緯《いきさつ》からしても、義理にでもアメリカを招請しなければならんという気分［希望］を持っておったのでありましたが、我が政府の強硬なる反対によって、これは断念せざるを得なくなったと。

そのことの反動的作用は小国の間《あいだ》にも多少あったのであります。

第三は、十九《く》人委員会議長の宣言書の末項、即ち、以前の状態に返ることも解決ではないが、現状を認むることも解決ではないという、この末項に対して強硬に異議を唱えたんです。

これは当然、日本として唱えるべき異議でありますけれども、これも何とかして妥協しようという考え、殊に英国側はそういう考えを持ちまして、この末項はそのまま存しておいて、そうして総会に報告される時に日本は、これに異議を唱えたらいいではないかという、謂わば妥協、申し入れをしたのでありますが、これもまた我が政府の拒むところとなりまして、ここに全く和協委員会設立の望みが絶えたのであります。

第四《し》は、ヨーロッパの現状であります。

ヨーロッパの現状は、遺憾ながら、ヨーロッパ大戦争直前の不安状態、および危険状態に、よりも今日更に甚だしい有様であるのであります。

かかるヨーロッパの不安なる状態を控えておりますところのイギリスはじめ大国は、非常な痛心をしておるのであります。

そうして、何とか再び欧州戦争のようなことが起こらないようにと心配しておる。

これは無理からん話である。

殊に欧州現状に顧みまして、度々私はジュネーブから申し、帰朝の途次、また新聞紙等《とう》を通じて申し上げましたように、小国側は国際連盟をその生命線としておるのであります。

而《しこう》してその生命線とする根本は何であるかと申しますと、いかなることがあっても兵力の使用は絶対禁物であるということです。

これをもしも間接でも認めるということんなりま

すれば、小国側はいつ何時《なんどき》、隣りの大国からどやされるか知れんという実状であるのである。

この小国側の、非常なる脅威を感じておることもまた、我々は認めざるを得ないのです。

でともかく、小国側のみならず、大国側におきましても、現在の非常なヨーロッパの不安状態に顧みますというと、どうしても兵力使用などということは、認める訳にいかん。

そうして連盟を政策の基調と致しまして、出来《でけ》るだけ連盟の威力を、少なくともヨーロッパでは、保持していかなければならんと、そりゃ無理からん点があります。

殊にヨーロッパの将来に対しまして、最も重大なる関心を持っておりまするところの大《たい》英帝国は、これを犠牲にまでして、欧州の問題に比べれば第二次的重要性しかないところの極東問題のために譲歩をすることは出来《でけ》ない、という有様であります。

これは最初から分かり切ったことではありますけれども、先ほどから申しましたような種々のここに、事情が湧き出て参りますと、この一番大きな根本の問題についての考えが、一層頭をもたげてきたと、こういう意味であります。

そうして既に申しましたが、第五はこの小国側の脅威であります。

こういうような原因からして、英国その他《た》の態度が、むしろ漸次というよりも俄かに硬化を始めたのであります。

そうしてその裏面《りめん》には、更に硬化を増した種々の外交上の経緯《いきさつ》はありますが、それは先ほど申し上げましたように、今日なお私の地位では申し上げかねるのです。

で、結局…が衝突して物別れになりましたが、私はよく言《ゆ》うことでありますが、物別れをしたからと言《ゆ》うて、必ずしも、片っ方がよくて片っ方が悪いとは限らんのであります。

両方が悪うて物別れすることもあります。

両方が正しくて物別れすることもあります。

私は今回の衝突および物別れは、両方がある意味において正しいわけです。

が仕方がない、物別れになったと、こう考えておる。

それは、今《いんま》さっきから申しました、ヨーロッパの環境、この環境から湧いて出るところの事情なり観念、と極東の環境、それから湧いて出る事情なり観念とが、相容《い》れなくなっておる。

元を質《ただ》せば、我々は極東の特殊事情をあなた方は認識しなければいかんと言《ゆ》うておりますが、ヨーロッパ人から言《ゆ》わしたら、あなた方日本人はヨーロッパの特殊事情を弁《わきま》えて下さらなければいかんと、こう言《ゆ》うのであります。

この全く相容れない、二個の異なった特殊事情に、今回の衝突は基《もとい》しておると、かように私は見ておるのであります。

それは今《いんま》さっきから理由として、脱退に至った理由として説明しましたところで、ほぼご了解下さることと思いますから、略して申しません。

時間もありません。

そこで私は一つお願いしておかなきゃあならんことがある。

どうもヨーロッパやアメリカでは、極東事情の認識を欠いておるということを申さるる人が日本では多いようございますが、しかし、微力ながら私は同僚全権その他のご援助によりまして戦って参りました結果、漸次日本の立場および主張、極東の特殊事情は了解されてきたのであります。

彼らが認識を変えりおるがゆえ、痒《かい》いとこへ手の届くようなところは分かりませんが、大体において、認識はしてきたのでありますが、先ほど申しますような欧州の特殊事情よりして彼らは何としても、間接にでも兵力使用ということを承認する訳にいかないということが事実であります。

そこで我々は、徒《いたずら》に彼らの認識不足《ふそく》を叫ぶことは止《や》めなければならない。

むしろそういうことをいつまでも言っている人は、自分がヨーロッパの事情の認識不足を欠いでおるのであります。

それからこういうように相容れないようんなったことについて、もう一つのことがあります。

また見方があります。

それはリットン報告に載せており、且つ十九人《く》委員会の報告に勧告として載せてありますところの、満州を兼併《けんぺい》制度のもとにおいて、そうして甚だ言葉は巧妙に書いてありますが、ともかく一種の国際管理のもとに、または国際干渉をこれに差し挟むということの考え方は実はその以前からして連盟内に支那の事態を非常に憂《うれ》いて、これは悪い動機から来ておるんではありません、真に憂いて、どうして改善しようかと考え抜いた結果が、支那全土《ぜんと》を兼併制度のもとに置き、国際管理のもとに置くという案があるのであります。

そこで私は、しまいの物別れする幕で支那の全権たちに、あなた方は支那を国際管理のもとに置くということにこれは決着するが、それをご承知なさるのかなさらんのか、先ほど□□□《ガンケイケー》君が述べられたことによれば、このいわゆるリットン報告中にある十原則を、何らリザーブなしに、制限なしに、留保なしに承知すると言われたから、その意味であろうとは思うが、念のため、これははっきりお聞きすると私は言ったのでありますが、支那の全権はこれに答えなかった。

そのままで採決に行ったのであります。

で、私の見るところでは、支那の全権は何ら留保なくして十原則を承認致しますと言いましたけれども、私は支那の今日国民が、殊に支那の青年たちが、支那を国際管理のもとに置くということを承知するはずがないと思うんです。

しかし、支那全土《ぜんと》をさような制度のもとに置き、国際管理のもとに置く保管は、しばらく今晩預かっておきまして…。

実は満州に対するかかる案は、以前から国際連盟内にあったこういう考えの端《はし》が、ただ満州について現れたにすぎないのである。

これを段々私は知って参りました時に、満蒙については我が国民は、断じて国際管理は許さないということは明白であります。

故に、この二つの全然異なった考えの間《あいだ》に、調和点を発見することは最早不可能である、と断念したのであります。

このことはジェネバを引き上げてから後《のち》に各国を遊歴して、益々私には明白になったのであります。

これがざっと、私が連盟と満州問題および、これに関係しての日本の立場についてただほんの二・三点を、ご参考までに申し上げるに止《とど》めるのでありますが、さて、連盟を引き上げましてまずフランスに退きました。

それからドイツに参り、オランダにベルギーを通り、イギリスに渡り、アメリカを通過して今回帰ってきました。

誠に不思議な感があるのであります。

連盟では四十二《しじゅうに》カ国がああいう議決を賛成したんであります。

しかるに、フランスはじめこういう国に参りますと、識者の多く、ほとんど全部と、少し誇張《すこうこうちょう》して言えば言えるぐらいに、彼らは日本に同情し、日本をある者は支持しておるのであります。

で、よく日本でもどうかすると、日本は世界の輿論に挑戦しておるとか仰る方がありますが、それは大変な認識不足《ふそく》であります。

日本は断じて世界の輿論に挑戦してはおりません。

第一この点につきまして、シャムは棄権しております。

シャムは棄権したんで反対投票をした訳ではないと仰るかもしれんが、それはその場の光景をご存知ない方の仰ることとです。

あの場合《ばやい》棄権と叫ぶことは、ほとんどこの十九［人］委員会の報告に対する反対投票と同一であります。

現にシャムがアブスタンシオンと叫んだ時に、これに対する嘲笑の声が聞こえたぐらいであります。

そういう空気の中に、シャムは敢然として棄権と叫んだのであります。

また他《ほか》の国でも、議場を離れて出た国が大分あります。

これらは色々理由がありましたろうが、中には棄権とするために退場したのもあります。

そこで四十二《しじゅうに》カ国が投票したと言えば、全部が投票したと、形式ではそうなっておりますけれども、それは全部の事実ではないのであります。

殊にこのシャムが棄権した。

むしろシャムが反対した。

日本を除く他はアジア広しといえども、今日、本当に独立国と言えるだけの国は、遺憾ながらシャムしかないのである。

そのシャムがはっきりと、嘲笑の裏になお毅然として棄権と叫んだんであります。

これが諸君、何を意味します。

これはアジヤの声であります。

世界の輿論とよく言う人がありますが、世界の輿論の中に、この地球上一番大きなアジヤの国というものは勘定に入らんのかとか。

私はこういう、一体頭の持ち方が即ち、連盟を破壊するものであると信じておる。

また世界の平和を、こういう精神では得られないのである。

我々アジヤ人に対しても、ある程度までの尊敬をすべきもんであると私は信じておる。

日本人ですら、このシャムの棄権を重大視してない人がたくさんおる。

これは西洋かぶれをしておるから、そうであるんである。

この一事《いちじ》をもってしても、世界の輿論というものが、挙げて日本に反対ではない。

況《いわん》や、今《いんま》さっき申しましたように、各国に参りますというと、識者の多くはむしろ日本を了解し、日本を支持すらしておる。

アメリカのごときも、誤って日本を世界の平和攪乱者と思う人たち、殊に連盟支持者および、いわゆるパシフィスト・平和論者、これはだ、日本を支那人その他《た》の宣伝に誤られて平和攪乱者であるというように考え且つ叫んだ、その結果日本に対する誤解なり、一部に反感が起こった。

漸次事態が明らかんなってくるに従いまして、私は米国民もまた、日本の立場を了とするに至ることを信じて疑わない。

現に今回通過致します時に、私に対する歓迎ぶりは、ほとんど意想外《いそうがい》である。

そうして畢竟するに米国民の非難は、ただ平和という見地から、この平和問題という見地から主として行われておるんである。

その以外には日本がちいと偉くなりすぎたということから来ておる感じも、多少はありましょう。

けどもそれかと言って、私どもがわざわざ三等国に下がって、アメリカ人に気に入られる訳には参りません。

がしかし、主として今申しました、即ち平和の攪乱者であると誤って考えたことから、誤解が来ておるのである。

で、米国民の中にも日本賛成論者《ろんしゃ》があります。

また私が一例を申しますと、あの偉い著述家・新聞記者としての耆老《きろう》とも申し得《う》ると、しかも世界的の記者であるギロン博士《はかせ》のごときは、その静養しておるスペインのバルセローナから私に六回も手紙をよこした。

その手紙の中には、今回君は非常な難しい戦いにとりかかっておるんである。恐らく連盟の連中は君を了解せんだろう。しかし一寸《いっすん》も譲るなと。我が輩は極東の平和は固《もと》より、世界人類の平和を真にもたらし得《う》る能力を持っておる者は独り日本人のみであると信ずる、という手紙までよこしております。

かかる、我が大和民族の知己も少なくはないのであります。

更に、この欧米人の誤解について一言《いちごん》致しますれば、この彼らをして誤解せしめた罪は、誰が一番担《にの》うべきもんであるか。

それは日本国民が担うべきもんであります。

現に一昨年、事件が起こった当時は如何《いかが》であります。

内閣ですら、はっきりと中で割れておったことを暴露しておるではありませんか。

また日本国民の中にも、これを悪いと言っておった人は多い。

我が国の代表者たちの中でも、日本が悪いと思ってる人はいたんだ。

これらが欧米人を誤ったこと多きによると私は考える。

そこで今日我々が、ひたすらに欧米人が認識不足である、誤解をしてけしからん、とのみ言う訳にいかん。その罪は、私は相当、大部分を、日本人もまた負わなければならんのであります。

そこへもってって支那人は、その他《た》が色んな宣伝をする。

そうして平和の攪乱者であるという観念を植え付けたのであります。

で、私は日本の現状を遠くから見ながら、帰って参りました。

先日も申しましたように、深憂《しんゆう》を抱いて私は帰国致しました。

非常な憂えを持って帰りました。

私は大和民族の将来というものに対して、大乗的に言えば大楽観をしておる者であります。

しかしながら、これを小乗的、現状を見ますというと、深憂措《お》かない点があるのであります。

## 松岡 洋右（まつおか ようすけ）

外交官、政治家、外相、衆院議員（政友会）、満鉄総裁　明治十三年（一八八〇年）三月四日生　昭和二十一年（一九四六年）六月二十七日没　出生地＝山口県熊毛郡　学歴＝オレゴン州立大学法科〔明治三十四年〕卒

明治二十六年渡米、苦学してオレゴン州立大学法科を卒業。三十五年帰国し、三十七年外務省入省。寺内毅総理大臣秘書官、パリ講話会議全権随員、上海総領事など歴任。大正十年退官して満鉄に入社、理事を経て、昭和二～四年副総裁をつとめ、四年帰国。五年衆院議員（立憲政友会）に当選。満州事変後の七年国際連盟臨時総会首席全権となり、日本軍の満州撤退勧告案（リットン調査団報告書）採択に抗議して、八年日本の連盟脱退を宣言。十年～十四年満鉄総裁。十五年には第二次近衛内閣の外相として大東亜共栄圏建設を提唱し、日独伊三国同盟を締結、枢軸外交を推進した。十六年日ソ中立条約に調印したが独ソ開戦で破綻し、失脚。戦後、A級戦犯として審理中病死した。

## 挙国一致ノ力ヲ以ッテ難局ヲ打開スベシ

松田 源治

SPレコードデータ
昭和11年頃収録
オーゴン 音盤番号A10004AB
収録時間5分50秒

方今の時局は内外極めて多事にして、邦家興隆の訣〔決〕は、一《いつ》にこれが対策如何《いかん》にかかるものであります。

他《ほか》においては、満州国の独立を扶植せねばならず、東亜諸邦の友好提携を図らねばならず、また新たに離脱したる国際連盟の後《のち》を善《よ》くし、世界全局の平和に貢献するの道を講ぜねばならず、最近における軍縮会議の決裂は、一段と我が国際関係を緊張せしめました。

内にありては、国際関係緊張の結果、多額の国防費を要し、農村の窮乏は都市とともに甚だしく、中小商工業者の疲弊その極《きょく》に達し、これら…国民大衆の生活に関する問題につき、応急の施設を怠るべからざるものあり、これらの必要に応ずるため、年々多額の赤字公債を発行せざるを得ざるの実状にして、財政の困難、またすこぶる急なるものがある。

また国民思想の悪化を初めとし、千艱万難相次ぎ、これが匡救匡正〔矯正〕に最善の努力を払わねばなりません。

この急迫せる時局に際し、各党かく亘るもの、宜しく全国の力を一所《いっしょ》に集結し歩調を一《いつ》にし、公事に邁進せねばならぬことは、苟《いやしく》も常識ある者の意見一致するところであります。

しかるに政友会は時局のかく重大なるを褪《あ》すれ〔忘れ〕、多数を頼みて政府反抗の気勢を上げ、その態度漸次露骨に赴き、最近議会開会劈頭、何《なに》ら政策と相関《あいかん》せざる内閣不信任案を提出し、以て挙国一致国難に赴くの要望を破格［破却］せんとしました。

政府はかくのごとき多数党をして衆議院に跳梁せしむるは、国政の進路を障害し、皇国の気運を阻止するものありと認め、終《つい》に断然衆議院を解散して、総選挙をもって国民民意を問うこととなったのであります。

解散の理由のごときは、首相の声明、これを説明して余りあるものがあります。

衆議院の解散のごときは事極めて重大でありまして、妄《みだ》りにこれを行《おこの》うべからざるや、元より論を俟たぬところであります。

しかれども、政局全く逼塞《ひそく》して疎通の道なき時にあたりては、この非常《ひしょう》手段を断行して議会を開講するは、即《すなは》ち局面を新たにする所以《ゆえん》であって、またこれ憲法政治の妙味の存するところであります。

解散は決して目前の妖雲を廃するに止《とど》まらず、更に進んで清明の天地を将来に開かんとする所以であります。

而《しこう》してこの綱領［荒涼］の結果を修むると否とは、一《いつ》にかかって選挙民の冷静なる判断と公権の適正なる行使に存するのであります。

顧みれば過去十回の総選挙においては、官憲の干渉や候補者の誘導やその他《た》種々不正のことがその間《あいだ》に行われ、選挙民その乗ずるところとなり、ために選挙が適正に行われず、いわゆる立憲代議制は名のみ徒《いたずら》に存して、実績甚だ疑《うたご》うべきものがありましたが、今回の総選挙は、政府は十分に取り締まりに力を用い、必ずや選挙会を粛正し、代議政治の実《じつ》を上げんことを期し、候補者は努めて不正の運動を避け、選挙民また近年すこぶる自覚するところがあったようでありますから、従来のごとき混濁選挙は恐らくばその後［跡］を絶ち、憲法政治が漸次常軌に復するものと信じます。

乞い願わくば官民一致の力をもって、相ともに選挙会の宿弊を一掃し、憲法政治の真価を回復し、憲政の常道に復帰せんことを切望する。

なお、民政党が先に斎藤内閣を支持し、今また岡田内閣を支持するは、挙国一致の力をもって難局を打開するに他ならないのであります。

## 松田 源治（まつだ げんじ）

政治家、文相、拓務相、衆院副議長、民政党幹事長　明治八年（一八七五年）十月四日生　昭和十一年（一九三六年）二月一日没　出生地＝宇佐郡柳ケ浦（大分県宇佐市）　学歴＝東京法学院卒、日本法律学校〔明治二十九年〕卒　叙勲・受賞＝勲一等

明治三十年司法官試補、福岡、佐賀各区裁判所検事代理を経て、三十一年弁護士開業。四十一年以来、衆院議員当選九回、政友会に属し、会幹事、大正九年内務省参事官、十一年衆院副議長を歴任。十三年床次竹二郎らと政友本党を結成、昭和二年民政党に合流し、同党総務、幹事長を務める。四年浜口内閣の拓務相、九年岡田内閣の文相となった。

間部 詮信

# 大行天皇の御幼時を偲び奉りて

SPレコードデータ
昭和2年収録
ニットー　音盤番号2400A
収録時間4分49秒

畏《おそ》れ多くも先帝陛下には皇太后陛下のお心尽しも、また国民一同のお祈りも通ぜず、ついに神去《かみさ》り給いしこと、誠に悲しみの極みであります。

今となりましては繰り言にすぎないことではありまするが、せめてご皇孫照宮《てるみや》さまが、お四つかお五つぐらいにお成り遊ばしまして、お片言でも「おじじさま、おじじさま」と仰せ上げにお成り遊ばすまでなりまと、ご在世を願われましたならば、いかばかりかお喜び遊ばれたことであろうかと、早死［弔死］をおいたわしく存じ上げる次第であります。

□□《ゴタイ》［御大］葬儀に際し、先帝陛下の広大無辺なるご皇徳を偲び奉り、ここにそのご一端を慎んでお話し申し上げたいと存じます。

ご孝心に富ませ給う御事、御齢《おんよわい》いとご幼少の折から、すでに備わり給う御《おん》ご孝心の閃《ひらめ》きは、次の一事をもってもよく窺い知ることができまする。

今より四《し》十年以上も昔の東京は出火の度ごと、全市の警鐘を打ち鳴らして、急を報ずるのでありました。

これがため、時にはご安眠を破り、□□《ユメ》［夢］驚かし奉ることがありまするると、陛下には直ちに起き出で給い、宮城《きゅうじょう》の方ではないか、御所の方ではないかと仰せ遊ばされ、そうして、ご安心のゆくまでは決してお休みにはならなかったと申することであります。

次に、御憐れに、心いと深くあらせ給いしこと。

明治十七《しち》年、先帝陛下の御齢お五つの頃と記憶を致しております。

私にお相手として、上がりますようにとお呼び出しを蒙り、有難くお受けを申し上ぐべきのところを、折悪しくも母大病のため、止む無くご辞退申し上げました。

その後《ご》、五・六年を経て、陛下の御齢お十《とお》にならせられ給うた時、ある日お呼び出しを蒙り、御殿へ上がりまするると、この前はなぜ参らなかったかとお尋ねを賜りました。

私はその当時、母病気重かりし故をもって、止む無くお断りを申し上げましたことをお答え致しました。

しかるにその後《ご》、御殿へ上がりまするると、必ず母の健康如何をお尋ね賜らぬ時とてなく、そうしてそのお言葉遣いは、いかにも我が事のように、「母はどうしておるか。母の病気はどうか。」とお情深《ふか》いお言葉にて、お尋ねを賜るのでありました。

かくのごとく、いともご幼少の御時にて、かかる御憐れみを垂れさせ給いしは、畏《おそ》れ多き申し上げ様なれども、御身自ら非常にご孝心篤くいらせられ給うたからでありまして、その後《ご》もやはり同じように「親の身の上を案じておるのであろう、気の毒な。」とお小さなお胸にお覚え遊ばしてのご同情と深く感激致しておる次第であります。

終りに臨み、諸君とともに応答歌を応唱［応詔］し、慎んで追悼の意を表し奉りたいと存じます。

## 間部 詮信（まなべ あきのぶ）

子爵　明治十五年、第九代越前鯖江藩最後の藩主で父である間部詮道が隠居したため、家督を相続した。十七年に鯖江（越前）藩四万石の武家として子爵の爵位を授爵。宮内省から華族礼遇停止の処分を受け爵位を返上。

武藤 山治

# 政党ノ政策ヲ確ムル必要

SPレコードデータ
大正末収録
バタフライ 音盤番号４０４
収録時間６分６秒

諸君、私はこの度の総選挙に際し、諸君のご注意を願いたいことがあります。

それは、諸君が各政党の候補者《こうほじゃ》個人の政見または約束を信用して投票をなさらんことであります。

諸君、我が国においては選挙にあたり、各政党の候補者が政見を発表したり、または種々の約束をなすことが慣例となっております。

しかるに従来の経験によれば、各政党の候補者が個人として発表し、または約束せる政治上の意見にして、当選後その言質《げんち》を重んずるものはほとんど皆無と申して宜しいくらいであります。

しかれども、これは強《あなが》ち候補者のみを咎むることはできません。

候補者は個人として、いかなる政見を発表し、または約束をなすも、政党は党議［討議］により支配さるるものでありますからして、当選の暁、代議士としては、その党の党議に服従する義務がありますから、初めより、その党の政策に一致せざる個人の政見または約束は、空《から》手形と同様のものであります。

現に都市における政党の候補者にして、実業家の投票を求むる時、実業家の最も苦痛として多年その廃棄を主張する営業税全廃に賛成するや否やを問われて、賛成を言明せず［ぬ］、はたは当選後その全廃に尽力することを約束せん者は一人《いちにん》もありません。

しかるに一旦選挙が終わりました後《のち》、果たして幾人がその言行一致の態度をとる者がありましょうか。

議会に営業税全廃運動のため上京せる委員が、常に憤慨するはこの点であります。

よって私がここに諸君のご注意を願《ねが》うところは、これ諸君が選挙の際、各政党の党議により決定する政党の政策を吟味せずして、候補者個人の政見を信用せらるるがためでありますから、外国のごとく諸君が候補者より政見を聞かるる時、候補者個人の政見を斥けて、その所属政党の政策を、その候補者を通じて聞き取らるるようせられんことであります。

我が国の政党は、諸君が政党の政策に重きを置かずして、候補者個人の政見により賛否を決せらるるがため、極めて曖昧抽象的の政綱を掲げ、一旦政権を得たる時に、何ら拘束せらるることがないようにしておりまする。

ある地方において会規に発表し、ある政党の候補者の政見中、国費二億円減少の一項があります。

しかるにその政党それ自身は、国費節約を明らかにその政策に掲げておりません。

かくのごとく我々国民が従来政党の政策に重きを置かざるため、各政党は外国の政党と異なり、政策の上に国民の迷惑を与えずして、各候補者をして勝手なる政見を発表せしめ、国民を惑わしております。

諸君、我々が我が国《くに》政党の政綱なるものを見まするに、外国人が常に冷評するがごとく、真の政策なるものを示しておりません。

我が国の政党は、思想の善導を期すとか、農村の振興を期すとか、商工業の発展を期すとか、はたは行政財政整理を期すとか、国民の負担軽減を期すとか、種々の政策を掲げております。

諸君、誰《たれ》か政党の善導、農村の振興、商工業の発展、に反対する者がありましょう。

また誰か、行政財政整理をなし、負担を軽減することに反対がする者がありましょう。

かくのごときは真の政綱・政策ではありません。

真の政綱・政策は、いかにして思想を善導し、農村を振興し、商工業の発展を期すべきや、その政策を明確にしますものでなければなりません。

行政財政整理も、これにより得《う》るところの総金額を明らかに示さねばなりません。

負担の軽減はいかなる程度に負い、いかなる方面にこれをなすか、明白にこれを示さねばなりません。

しかるに我が国民が選挙の際、政党の政策を吟味せないがために、彼らは党としては常に曖昧なる態度を取っておるんであります。

諸君、かくのごとき事情のために、我が政党政治の弊害は大いに助長せられておるのであります。

故に我々国民はこの度の選挙を機会として、候補者個人の政見を聞かずして、その属する政党の政策を厳重に吟味し、従来のごとく曖昧抽象的なる政綱を掲げて、国民を前に臨むところの政党に属するところの候補者に対しては、投票を与えざるの意志を示し、以て彼ら、我が国政党政治家をして、勧懲するの好機会を作られんことを切望致すものであります。

**武藤 山治**（むとう さんじ）

実業家、政治家、鐘淵紡績社長、衆院議員　旧姓＝佐久間　慶応三年（一八六七年）三月一日生　昭和九年（一九三四年）三月十日没　出生地＝尾張国海部郡鍋田村（愛知県）　学歴＝慶應義塾〔明治十七年〕卒

明治十七年慶應義塾卒業後に渡米、パシフィック大で学ぶ。二十年帰国し、日本で最初の広告取次業をはじめ、「博聞雑誌」を刊行。二十六年三井銀行入り。二十七年鐘淵紡績に移り、大正十年社長。鐘紡を大阪紡、三重紡、富士紡とならぶ四大紡の一つに成長させた。十三年以降衆院議員当選三回。昭和七年政界を引退、時事新報社長に就任した。

森　恪

# 日本外交は何処へ行く

SPレコードデータ
昭和6年収録
コロムビア戦前特殊　音盤番号A57B
収録時間3分47秒

私は森恪《もりかく》であります。

諸君、欧州大戦の結果、五カ国条約、不戦条約、また国際連盟規約によって、我が日本は手枷《てかせ》足枷をはめられ、アジアにおける自由な活動を封ぜられてしまったのであります。

我が国は国際的進出の機会なりとして、進んで世界大戦に参加し、却って世界の継子《ままこ》になったという馬鹿な結果を見たのであります。

ここにおいてか、帝国外交の重点は、いかにしてこの手枷足枷を除くべきか、いかにして帝国本来の独自性を取り戻すべきかにあったのであります。

これ即ち、田中内閣当時、アジアに帰れという精神を目標とした東方《とうぼう》会議が開かれた所以《ゆえん》であります。

我が立憲政友会の外交方針は、積極的であります。

民政党・幣原外交は、世界協調・国際正義の美名のもとに、列国に引きずられ、支那になめられ、徹底的に軟弱退嬰《たいえい》ぶりを発揮したのであります。

満州事変勃発以来、列国の干渉に対しては、自ら求めて被告の位置に立ち、弁明をもって能事となし、帝国の威信を傷つけ、ついには米国の意向を恐れて軍の行動を牽制し、錦州攻略をやらなかったために、帝国の対満政策は、一時《いちじ》窮地に陥りました。

我が犬養内閣は躊躇なく軍を進めて錦州を攻略し、対満政策のガンたる張学良の軍を□□《カンナイ》に撤退せしめました。

その結果、満州問題は初めて解決の曙光を見るに至ったのであります。

これだけの行動に対し、現に何《いず》れの外国も幣原君の恐れたような抗議もせず、我が行動の正当なりしことを認識しております。

幣原外交は正当なる条約のもとに結ばれたる帝国生命線、満蒙の権益をすら維持すること能《あた》わず、国際連盟や米国に干渉されて、ついに退却致したのであります。

諸君、満州問題がようやく解決に向かって進みかけました時に、上海騒動が勃発致しました。

日本の使命はこれよりついに、支那本土に及ばんと致しております。

これを解決し得《う》るものは、独り我が立憲政友会内閣の積極的外交政策にあるのであります。

国際関係の神経鋭敏なる今日、外交を度外視する産業政策・経済政策、はたまた、外交を眼中に置かざる教育政策・社会政策は、一切無意味であります。

少なくとも日本はその本来の使命に返り、満蒙と支那本土とを経済的に開放して、東洋平和の根源たらしむるために、充分の努力を致すべき時に際会致したのであります。

今回の総選挙は、この意味において国家的勢揃いであります。

諸君の投票権〔券〕は、宜しく我が立憲政友会の候補者に投ぜられ、積極的に現内閣を支持せられんことを私は切望して已まないものであります。

## 森恪（もり かく）

政治家、実業家、衆院議員、政友会幹事長、内閣書記官長　明治十五年（一八八二年）十二月二十八日生　昭和七年（一九三二年）十二月十一日没　出生地＝大阪府　学歴＝東京商工中〔明治三十四年〕卒

中学を出て三井物産上海支店に見習生で入り、後に天津支店長となるが、その間、商権拡張に大陸を奔走、さらに上海印刷、満州採炭の社長兼務などを経て大正九年に三井物産を退社、政界に入る。以来政友会代議士として当選五回、近衛文麿らと憲法研究会を組織する一方、軍部と結んで政友会、ひいては政界右傾化のけん引車となった。この間、昭和二年田中義一内閣の外務政務次官、四年政友会幹事長、六年犬養内閣の書記官長などを歴任。また晩年は国際連盟脱退論の中心に立ち、大東亜共栄圏構想の先駆者でもあった。

山道 襄一

# 地方政戦に直面して

SPレコードデータ
昭和6年収録
太陽 音盤番号ナシ
収録時間7分17秒

諸君、総理大臣《たいしん》としての大号を賜っておりました浜口民政党前総裁は、昨秋《さくしゅう》東京駅頭、不慮の災難に遭いましたが、病躯をおして議会に臨み、終に今春、闕下《ケッカ》に骸骨を乞い奉り、民政党総裁をもまた、辞するの止む無きに至りました。

爾来専ら療養に努め、再び邦家《ほうか》のため、大いに為すあらんことをこれ宣《ノ》り、これ信じておったのであります。

しかるに、病勢にわかに改まり、八月二十六日烽煙として逝かれました。

浜口前総裁の死は、確かに東京駅頭、凶漢加害［禍害］の延長であります。

この尊き政治的殉難者を党葬をもって送ることに決めたのは、蓋《けだ》し当然であります。

しかし事実は、盛大なる国民葬と化してしまいました。

この日、久世山《くぜやま》浜口邸より日比谷の葬場に至るまで、沿道葬送堵列者《とれつしゃ》二十三万人に上《のぼ》り、葬場より青山墓地に至る、また十二万人、葬場来会者実に十余万人を算し、しかもこれらの人々は、惜別哀悼の情・態度にこれ、真《しん》に森厳にして荘厳の状況を呈したのでありました。

この時、我らは畏れ多きことながら、純忠国《くに》に報い、赤誠人《ひと》を動かす、まさに国の□□《ジューボー》を負えりとの御《おん》□《タ》□《タ》□《ソ》□《ノ》御ことばを拝しまして、今更ながら感激の情、禁じ得なかったのであります。

党葬は文字《もんじ》通り、全く滞りなく終了致しました。

この時、我らの天地を瞻望《センボー》しますれば、国の財政・経済に国民の思想に、また、地方の財政に行政に、極度の疲弊困憊に陥っております。

これ一《いつ》に過去十数年に亘り、政友会の放漫政策、党略政治の祟りであります。

これを回復し、これを整備することは、国家の一大急務であります。

而《しこう》してこれを担当する者は、民政党以外にはないのであります。

これ、民政党内閣が二年前《ぜん》に出現し、今なお朝野□《ツ》□《キ》□《シャ》□《ラ》民政党内閣の存続を必要としておる所以《ゆえん》であります。

諸君、近時我が国地方自治体の選挙の公正と普通選挙の精神とは、悪政党・悪政治家の権力と金力とによる干渉圧迫のために蹂躙しさられ、破壊しさられ、地方自治の危機をさえ生んでおるのであります。

これを矯正し、これを覚醒すべき絶好の機会たる県会議員選挙は、日睫《もくしょう》の期間に迫り、十七《しち》年目に我が党内閣のもとに選挙を行《おこの》う日が来たのであります。

民政党内閣、選挙に対する公平厳正の態度は、昨年の衆議院議員総選挙の際に、国民の等しく承認しておるところであります。

我々は言論の自由を尊重し、選挙民の意思の自由を尊重致します。

しかしながら、脱法行為・悪辣手段に対しましては、仮借なくこれを取り締まり、久しく阻止せられておりましたる国民の総意を、正しく政治に反映せしむることに努力し、正行［成功］せんとするものであります。

かくて初めて憲法政治の有終の［な］美をなす地方自治の完成が、期し得らるるものと信じております。

我らはこの国家の重大なる時局に対しまして、全ての私的感情を去り、党派的利害に超越をし、真《しん》に尽忠報国の姿勢を傾倒せねばならぬと考えておるのであります。

また、この尊き政治的犠牲者のために、卑怯の作法を敢えて非立憲的行動に出《いづ》る□□《ハンアク》を討滅すべく、一線に立って善戦善闘せねばならぬと決心しております。

天が、同友同志の死は深甚の同情と絶大の援助とを我らに与えて、我らが多年の奉公の姿勢を、全《まっと》うせしめられんことをお願いを致すのであります。

時は恰《あたか》も時局匡救《きょうきゅう》の、絶好の機会をしております。

即ち、敢えて衷情を披瀝しまして、諸君の同情と援助とを重ねてお願いをする次第であります。

山道襄一（やまじ じょういち）

衆院議員（民政党）明治十五年（一八八二年）三月十五日生　昭和十六年（一九四一年）五月十一日没　出身地＝広島県　学歴＝早稲田大学政経学部〔明治三十九年〕卒

鳥取新報、大韓日報で主筆を務め、中国新聞記者を経て、明治四十五年以来衆院議員に当選十回。憲政会、民政党に属し、会幹事長、党幹事長を務めた。一時民政党脱党、国民同盟幹事長となったが、民政党に戻り政調会長。また文部参与官、鉄道政務次官を務め、昭和五年には第二十六回列国議会同盟会議に出席した。著書に「日本再建論」。

# 対支政策

芳澤 謙吉

SPレコードデータ
昭和6年収録
コロムビア戦前特殊　音盤番号A59A
収録時間4分38秒

諸君、対支外交は我が帝国の運命を左右しまする重大問題であります。

明治維新以来、六十有余年の間《あいだ》、我が国の外交は実に支那問題がその根幹をなすのであります。従って対支外交の適否は、我が国国運の別るる問題でありますことは、今更申し上ぐるまでもないことであります。

支那問題と申しますと我々はまずもって、日清戦争を思い起こすのであります。日清戦争は支那による朝鮮の侵略を排除し、我が国の安泰を計るための戦争であったのであります。

しかるに、その後《ご》に参りましたものは、諸君、何でありましょうか。

即ち、三国干渉であったのであります。ロシア・ドイツ・フランスの三国が、相《あい》携えて、我が国を圧迫し来《きた》ったのであります。

その上ロシアは、シベリアから満州に南下して参りまして、極東計略の歩武《ほぶ》を進めて参ったのでありま す。

東亜の平和はまさに累卵《るいらん》の危きに瀕したのであります。

ここにおいてか我々は、臥薪嘗胆、十年の後《のち》に国家の興亡浮沈を賭《と》しまして、ロシアと戦ったのでありま す。

東亜全局保持の大任を全うしたのでありまして、日清・日露の両戦役以来、日本は満蒙と切っても切れぬ関係を生じてきたのであります。

諸君、満蒙は我が国の生命線でありまして、即ち、満蒙の地は我が国にとりまして国家の生存上《せいぞん》は勿論、国防上におきましても重大なる関係を有する土地であるのであります。

我が国開国以来の国是でありまする、極東の治安保持の鍵をなしておる土地であります。

しかしてこれと同時に、国家の繁栄と国運の消長のかかる土地であるのであります。

しからば、この生命線を擁護する帝国の満蒙対策というものが、果していかなるものでありましょうか。

第一は満蒙の治安維持であります。

もし、満蒙の治安を乱し、満蒙の秩序を破壊せんとする者があります場合には、日本と致しましては、到底これを忍ぶことは出来ません。

また、その何《いず》れより来たるを問わんのであります。日本としましては、断然これを排除するのであります。

次に第二の政策は、満蒙の経済的開発であります。我々は過去三十年の間《あいだ》、満蒙の地において畢竟経営、その開発に努めて参ったのであります。

また将来におきましても、長くこの土地を内外人《ないぐわいじん》安住の土地たらしめんとするものであるのであります。

この二つの大方針は、我が満蒙政策の根幹でありまして、このことは昭和二年夏の、いわゆる東方《とうぼう》会議における……。

## 芳澤 謙吉（よしざわ けんきち）

外交官、外相、貴院議員（勅選）　明治七年（一八七四年）一月二十四日生　昭和四十年（一九六五年）一月五日没　出生地＝新潟県高田市（上越市）　学歴＝東京帝国大学文科大学英文科〔明治三十二年〕卒

明治三十二年外務省に入り、四十三年駐英大使館一等書記官、大正元年在漢口総領事、三年人事課長、五年駐中国公使館参事官、八年政務局長、九年アジア局長を経て、十二年～昭和四年駐中国公使。この間、ソ連のカラハン駐中国大使と国交樹立の交渉をし、大正十四年には日ソ基本条約を締結した。また、国民政府軍の北伐に伴う南京事件、済南事件などに対処、

革命ソ連代表との交渉は予備、正式合わせて百三十八回にも及んだ。昭和五年駐フランス大使を経て、七年犬養内閣の外相となったが、辞任後は貴院議員に勅選された。また、十五年蘭印使節、十六～十九年仏印大使を務め、退官後の二十年外務省顧問、同年枢密顧問官に就任。戦後の追放解除後は二十七年から三年間、駐台湾大使を務め、辞任後も自由アジア擁護連盟代表、自由アジア協会長として台湾擁護に奔走した。著書に「外交六十年」などがある。

若槻 礼次郎①

# 総選挙に臨み国民に愬《うった》ふ

SPレコードデータ
昭和7年収録
コロムビア 音盤番号26778AB
収録時間6分51秒

諸君、犬養内閣は昨年末、突如として現れたのであります。

世間は何故《なにゆえ》に犬養君の内閣にならねばならぬかを、理解することが出来《でけ》なかったのであります。

それほど同内閣は民意と関係が遠かったのであります。

それ故に、犬養内閣が衆議院を解散して、信を国民に問うこととせられたのは、敢えて不思議とするのに足らないのであります。

しかしながら、苟《いやしく》も解散を奏請するならば、まず政府の所見を述べ、しかる後《のち》反対党に論議を尽くさしむるのが当然であります。

民政党内閣が第五十七《しち》議会を解散するに臨んで、反対党に対し十分に論議の機会を与えたことは、諸君の記憶せらるることと思います。

しかるに犬養内閣はこの政道［正道］に反し、反対党の代表者に質問を許さず、高橋蔵相の財政演説が終わりたる瞬間に解散を断行したことは、第一議会以来、常に衆議院に議席《じゃ》を有し、憲政の進歩のために少なからざる貢献をせられた犬養君のために、深く惜しまざるを得んのであります。

要するに、犬養内閣は貴衆両院における反対党の提議討論に耐え得ずして、これを封鎖し、以て国民の耳目を覆うの暴挙に出《いで》たるものと非難《しなん》されても、弁解の言葉はあるまいと存じます。

また満州事件□《シ》は、帝国議会の協賛を必要とします。

本事件□《シ》のごときは、朝野両党、一致協賛して、忠勇義烈なる我が国軍《こくぐん》に対する、帝国議会の信頼と国民の熱誠とを表明すべきでありますが、政府はこれはしも回避《かいし》したることは、国民および議会を無視するもまた甚だしいと言わねばなりません。

金《きん》兌換停止に関する緊急勅令もまた、第六十議会の追認を得《う》ることが憲政の本義であります。

しかるに、政府は議会のこの重要なる審議権を無視したるのは、憲政の蹂躙者と言わねばなりません。

犬養内閣は組閣劈頭において、金輸出再禁止の暴挙を敢えてして、社会の一部面における少数資本家に暴利獲得の機会を得せしめました。

これがために、浜口内閣成立以来、国民必死の努力によってようやく確立致しました金本位制は、破棄せられたのであります。

その結果として、一般物価、殊に国際製品の不自然なる騰貴を来《きた》して、農村および都会における消費大衆の生活を圧迫したので…、のみでなく、国内物価の騰貴は輸出貿易を不振ならしめ、真《しん》の好景気を来《きた》すことは容易ならないことになる程度に、我が国民経済の基礎を破壊したのであります。

かくのごとく憲政を蹂躙し、国民経済の基礎を破壊し、国民生活を圧迫したる犬養政友会内閣は、国民大衆を党利党略の犠牲とせんとするものでありまして、その態度の国利民福と両立し能《あた》わざることは、火を見るよりも明らかであります。

よって国民諸君は奮然決起して大義名分を守り、国民生活を安定せしめ、国家を泰山の安きに置かんがために、我が民政党を勝利に導くよう、真剣なるご努力を期待し、切望する次第であります。

若槻 礼次郎②

# 地方政戦に直面して

SPレコードデータ
昭和7～8年収録
太陽　音盤番号ナシ
収録時間7分51秒

諸君、ここに私どもの所信の一端を披瀝して、諸君に訴えることの出来ますのは、私のすこぶる欣快とするところであります。

欧州大戦に敗退したる世界経済機構の変化する、これに伴《ともの》う国際的並びに国内経済界の動揺、これらの事実に基きまして、世界各国は、今や等しく国庫［国交］の艱難を舐めつつあるのであります。

我が国もまた、これが例外であることは出来ません。

この重大なる時局に際会して、国民の総意を正確に政治の上に反映せしめつつ、国家内外の困難を克服して、国運発展の道を大いに開拓するの力量ある者は、誰であるのでありましょうか。

我が党、並びに、我が党内閣が最も努力すべきはまさにこの時なり、と私どもは深く自ら信じておる次第であります。

諸君、国際正義を高調してこれを確保するに努め、苟《いやしく》もこれをないがしろにせんとする者あらば、断固としてこれに臨み、よってもって、世界の平和に貢献せんとするは、我が党の外交に関する根本方針であります。

私どもは常にこの方針を取って、外交を治めております。

我が国の国際的地位は、益々証拠［強固］を加えつつあるのであります。

諸君、財政・行政・税制の整理は、まさに国家の一大急務であります。

また実に、同朋《どうぼう》国民の熱望して已まざるところであることは、申すまでもないことであります。

従って我が党、並びに我が党内閣は、その実践のために絶えず工夫し努力して、着々その歩を進めつつあるのであります。

更に、或いは産業の振興を刺激し、または負担の軽減を図って、国民生活力の充実を求め、或いは社会政策の徹底を期して、社会平和の思潮を整うるなど、国家今日の難局に処して、非常なる□□《オハン》の□□《シセツ》は、私どもが常に真面目《しんめんぼく》に実現しつつあるところであります。

これらの点は、従来の実績に照らし、賢明なる同朋国民が必ずや志向さるることを信ずるのであります。

諸君、国民の総意によって責任政治の徹底を期せんとするのは、立憲民政党存立の根本精神であります。

責任政治の徹底が、責任ある政党の責任ある行動に俟たねばならないのは勿論であります。

実行を軽んじ、異論［理論］を試みて国民に媚び、空理を弄んで国民の歓心を買わんとするがごときは、責任を重んずる政党の断じてなさざるところであります。

私どもはただ真剣に、正直に、国民の総意を基礎として、今日の急務とするところを、着々実行してゆこうとするのであります。

かくしてこそ、初めて前途に国運の飛躍的発展が求めらるるものであることを、私どもは期待する次第であります。

言葉は簡単でありますが、以上述べたところによりまして、私どもの意の存《そん》するところが諸君によって了解せられ、今日の難局打開のために諸君と手を連ねて益々努力せんことは、私どもの切望［熱望］して已まざるところであります。

**若槻 礼次郎**（わかつき れいじろう）
政治家、首相、民政党総裁、大蔵次官、貴院議員（勅選）、男爵　旧姓＝奥村、雅号＝克堂　慶応二年（一八六六年）二月五日生　昭和二十四年（一九四九年）十一月二十日没　出生地＝出雲国松江（島根県松江市雑賀町）　学歴＝一高卒、帝

国大学法科大学仏法科〔明治二十五年〕卒

出雲松江藩士・奥村仙三郎の二男で、叔父・若槻敬の養子となった。明治二十五年帝国大学法科大学仏法科を首席で卒業。三十九年第一次西園寺内閣の阪谷芳郎蔵相の下で大蔵次官となる。四十四年貴院議員に勅選。大正元年十二月第三次桂内閣の組閣により蔵相として初入閣。五年憲政会に参加し、約十年に及ぶ雌伏の期間を経て、十三年護憲三派による加藤高明内閣ができると内相に任ぜられ、普通選挙法・治安維持法の制定に関わった。十五年加藤の死によって憲政会総裁となり、第一次若槻内閣を組閣。しかし少数与党のため政権運営に苦心し、さらに幣原外交への批判や金融恐慌が重なり、台湾銀行救済のための緊急勅令が枢密院によって否定されたことから、昭和二年総辞職した。五年ロンドン軍縮会議に首席全権として出席し、海軍軍令部の反対を押し切って条約に調印した。六年男爵。同年浜口雄幸に代わって民政党総裁となり、再び首相に就任。おりしも同年満州事変が起こり、不拡大方針を打ち出して関東軍の押さえ込みを図るが、閣内の意思を統一できず、同年末に辞職した。九年に民政党総裁を辞した後は重臣として遇され、親英米派として日米開戦に反対した。著書に「古風庵回顧録」がある。

小笠原 長生①

# 日本海海戦に於ける東郷大将の信仰

SPレコードデータ
昭和6年収録
コロムビア　音盤番号26270AB
収録時間6分35秒

現今の世相に対し、私が最も痛切に感じるのは、正しき信仰の欠乏であります。

尤も、迷信的や邪《よこしま》の信仰には、意外な名士が容易に誘惑されている例がたくさんあるようでございますが、畢竟これも正しい信念が空虚であるところに付け込まれる結果であろうと、私は考えるのであります。

東西古今に論なく、真《しん》の英雄は必ず正しい信仰を持っておる。

例えば、我が楠公《なんこう》にしても清正卿《きよまさきょう》にしても、はたまた乃木将軍にしても、実に立派な信仰の英雄でありました。

さらにアメリカのワシントンをご覧なさい。

イギリスのウェルリントンやネルソンをご覧なさい。

一人《いちにん》として大信念に安住していない者はございません。

そこで翻って我が東郷元帥の信仰を観察致しますと、以上の諸英雄にも増して高く尊い信仰に安心立《あんじんりゅう》命《めい》し、天は必ず正義に与《くみ》し、神は必ず至誠に感ずとの覚悟を真っ向に振りかざして向かわれるので、いかなる大敵をも微塵にせねば止まないのであります。

内外に亘り、近世の名将軍は数多いのでありますが、東郷元帥のごとく、最も露骨に、最も大胆に、信仰を命令にまで□□《ヒョーシ》した方は他《た》にないように存じます。

我々もそうでありましたが、信仰などと申しますものは、どうも青年の将卒にはあまり受けがよいものではありません。

しかるに、命令に麗々と天佑を確信して成功を期せよ、というような文句が散見せられおるのに、艦隊幾万の将卒一人《いちにん》として軽侮するような態度を持つ者がないどころか、いずれも皆《みな》心から敬虔の念を持ってこの命令を信じて疑わぬというのは、命令者たる東郷元帥その人が尽忠至誠、神のごとき人格者であるからであります。

されば天佑と言い、神助という信仰的ことばが無限の意義と絶大の力とを示し、読者の心眼にはその一言《ひとこと》一言が光り輝いて見えたでありましょう。

殊にその信仰の最高潮に達したのは、申すまでもなく日本海海戦の際でありました。

天佑と神助により、我が連合艦隊は五月二十七・八日、敵の第二第三連合艦隊と日本海に戦いて、遂にほとんどこれを撃滅することを得たり。

これは東郷大将が大本営に提出した日本海海戦詳報の書き出しであります。

そうして、それに引き続いて、各船隊の行動、及び勝ち戦の結果を詳細に記述したる後《のち》、この海戦に敵の兵力我と大差あるに非ず、敵の将卒もまたその祖国のために極力奮闘したるを認む、しかも我が連合艦隊がよく勝ちを制して、前記のごとき奇跡を収め得たるものは、一《いつ》に天皇陛下御稜威《みいず》の致すところにして、素より人為の能《よ》くすべきに非《あら》ず、特に我が軍の損失死傷の僅少なりしは、歴代神霊の加護によるものと信仰するの他なく、先に敵に対し勇進敢戦したる麾下将卒も皆この成果を見るに及んで、ただ感激の極《きょく》、言うところを知らざる者のごとし、と結んでおられますのは、何《なに》という崇高な信仰の発露でありましょう。

私などはむしろ一種の畏《かしこ》みをさえ感ずるほどであります。

そうして、凱旋にあたってはまず第一に伊勢神宮に参拝して、神助を感謝し、戦勝を告げ奉っている。

これらはただに軍隊のみではない。

一般国民に対しても、この上もない教訓であると思います。

世人動《やや》もすると東郷元帥をもって、英国のネルソン提督に比較します。

しかしその人格の点でも、または戦術上から見ても、大分違っておるようでありますが、独り純なる信仰に至っては、誠によく似通っておるように思われます。

　我いま本分を尽くし得たり、これをもって神に感謝す、とは英国海戦史を飾るネルソンの千古に輝く金言で、私は東郷元帥の信仰に接するごとに、いつもこのネルソンの金言を思い出さずにはいられませぬ。

　実に、これといい彼といい、両者をして偉大ならしめた一つの原因は、即ち純なる信仰でありましょう。

## 乃木将軍の肉声と其想出

小笠原 長生②

SPレコードデータ
昭和6年1月追加収録
ビクター　音盤番号51571A
収録時間2分55秒

　尽忠至誠の神と崇められる乃木将軍の肉声が、偶然のことから世に残っておるというのは、我々にとってこの上もない喜びであります。

　そうしてその吹き込みの際、幸いに私が席に連なっておりましたから、まずその経緯《いきさつ》よりお話し致しましょう。

　乃木将軍は平素から、深く加藤清正卿を敬慕しておられ、明治四《し》十三年は清正卿の没後三百年に相当するので、その祭典を挙行したいと四《し》十二年の十月十五日、同志を偕行社に集めて、第一回の協議会を開かれました。

　すると、丁度そこへ熊本の有志家・三木武夫氏と令息恵吾氏とが見えて、恵吾氏が蓄音器の吹き込みを発明したについては、一言《ひとこと》でいいから、是非乃木将軍に吹き込みをしていただきたいと望まれた。

いいや、これはきっと断られるであろうと思って見ておりますと、どうした拍子でありましたか、おおそれは面白い、皆さんと一緒に吹き込もうではないか、と快く承諾せられ、三上寛治博士《はかせ》の紹介に次いで、「私《わたくし》は乃木希典《まれすけ》であります」と吹き込まれ、続いて我々も名乗りを上げたのであります。

尤も、将軍も初めてのことではあるし、場所もただの部屋であるので、どうも明瞭というわけには行かなかったが、ともかくもこうして、この偉人の肉声が残されたのは、不思議な因縁と申さねばなりません。

ところで今般、日本ビクター会社が恵吾氏の承諾を得て、色々審議の結果、その将軍の肉声を甦らせたのであります。

しかし何分《なにぶん》にも、私は乃木希典でありますという簡単な語にすぎませぬから、二回繰り返しは致しますが、どうぞお聞き洩らしのないようご注意を願います。

ではこれより、将軍の肉声が出ます。

「私《わたくし》は乃木希典《まれすけ》であります。　私は乃木希典であります。」

## 小笠原　長生（おがさわら　ながなり）

海軍中将、文筆家、子爵　号＝金波楼主人　慶応三年（一八六七年）十一月二十日生　昭和三十三年（一九五八年）九月二十日没　出生地＝江戸　出身地＝佐賀県唐津市　学歴＝海軍兵学校（第十四期）〔明治二十年〕卒、海軍大学校〔明治二十五年〕卒

唐津藩主で老中の小笠原長行の長男。明治十七年子爵。三十四年愛国婦人会創立に参画。三十七年日露戦争で軍令部参謀となり、四十五年常磐艦長、香取艦長をつとめ、大正七年中将となり、八年退役。この間三年東宮御学問所幹事を務めた。十年宮中顧問官。昭和五年ロンドン海軍軍縮会議には条約批准反対で画策した。六年の十月事件、十一年の二・二六事件にも関係。戦時中は大亜細亜協会評議員、大日本婦人会顧問などを務めた。文才にたけ、著書に「海戦日録」「帝国海軍史論」「撃滅」「東郷元帥詳伝」「元帥伊東祐亨」、「小笠原長生全集」（全三巻・平凡社）などがある。

# 凱旋後の所感

多門二郎

満蒙の天地に暗雲低迷の昭和六年春、たまたま我が第二師団は満州駐劄《ちゅうさつ》の大任を奉じて、渡満したのであります。

爾来約半歳《はんさい》、隠忍自重、静かなること林のごとくでありましたが、同年九月、突如として今回の事変が勃発、師団は直ちに出動して、九月十九日《んち》、奉天占拠以来、長春・吉林《きちりん》・チチハルに転戦、南下して錦州方面に戦い、更に北上してハルピンを占拠し、爾来吉林省南部、奉天省東部、及び南部に活動しまして、所在兵《へい》匪《ひ》討《とう》伐、鉄道の保護、治安維持等に任じ、昭和八年一月、凱旋致しました。

その戦闘回数、大小一千三十五回。

行程の最も多き部隊は五千三百里余に及びまして、遺憾なく皇軍の威力を発揮致しました。

この間《かん》、満州新国家の建設を見、しかも駸々として その発展の域に進みつつある状態は、東洋平和のためご同慶に堪えざるところであります。

これ固《もと》より天皇陛下の御稜威《みいず》の然《しか》らしむるところでありますが、また我が国軍《こくぐん》将兵の、能《よ》く出動の理由を知り、国難に殉ずるはこの期にありと深く覚悟を決め、いかに困難なる命令にも黙々としてこれに服し、毅然として戦線に立ち、いわゆる義勇公に奉じたる結果でありまして、その半面においては、国民上下の熱烈なる銃後の後援の賜物であります。

この国民銃後の後援が、いかに将兵を刺激しましたでしょうか。

SPレコードデータ
昭和8年6月収録
コロムビア　音盤番号27396AB
収録時間5分26秒

例えば、入院兵の誰でもが速やかに再び戦場に出《いで》んことを嘆願したり、内地に還送せらるべき傷病兵が面目《めんぼく》なしとて極力その実現を避けたり、また現に、私の側近の当番兵が、渡満中長男として両親を失い、しかも間もなくその一家が火災にかかって、何物をも留《とど》めず、その家貧しくいとけなき弟妹のあるにも拘らず、いかに勧告しても、一人《ひとり》早く帰還せんことを肯《がえん》ぜざりしがごときは、実に国民一致の銃後の熱誠に刺激せられた結果と私は確信するのであります。

さて在満中、何が一番愉快であったかと申しますれば、事変後段々、慰問や視察に来られるあらゆる人々が、内地では全国民の腹は決まった、苟《いやしく》も満蒙における我が生命線の確保については、何物をも恐れず全国民は一致団結しておる、在満将士は少しも心配することなくその全力を発揮してくれ、と激励せられた時でありました。

これまた国民後援の至大なる力でありまして、爾来将兵の意気はいよいよ衝天の概《がい》があったのでありまます。

我が師団今回の凱旋におきましても、事変継続中でありり、友軍はなお剣戟の叫びと銃砲の響きの真っ只中にあり、帰還将兵の右肩には、亡き戦友の心霊が囁き、その左肩には不具の同僚がその手を差し伸べておる有様で、彼を思いこれを考《かんご》うれば、いわゆるお祭り気分の凱旋はどうしても出来なかったのであります。

故に将兵相戒《あい》めて深き覚悟を決め、第二の出動を準備、且つまた戦列を離れたる戦友の分まで働かんことを期しまして、極めて厳粛なる帰還旅行をなしたのでありまます。

世人はこれを評して、第二師団の無言の凱旋と言うに至りましたが、誠に意義深きものがあります。

帰還後、つらつら内外の形勢を見まするのに、満州国が立派なる独立国となるには、相当の年月を要することはもちろんでありまして、今や国際連盟脱退とまで進展致しましたについては、前途幾多の難関が予想せられ、日本全国民は異常の緊張をなすべき時となりました。

国民各位におかれましては、私ども凱旋の覚悟と同様のお考えで、真に挙国一致の大決心と軍民提携の大努力とを絶対必要とするのは、今後に存することを肝銘《かんめい》せられ、国策遂行のためには、国内における区々たる利害の衝突や感情問題を放擲し、一致団結の燎火が内部より崩れることを各自相《あい》戒め、天は必ず正義に与《くみ》することを確信し、国家百年の大計のため、はたまた東洋平和確立の大理想のため、この大難関を突破せんことを切望する次第であります。

## 多門 二郎（たもん じろう）

陸軍中将　明治十一年（一八七八年）九月十日生　昭和九年（一九三四年）二月十五日没　出生地＝静岡県　学歴＝陸軍士官学校（第十一期）卒、陸軍大学校〔明治四十二年〕卒

明治三十三年歩兵少尉任官、日露戦争では歩兵第四連隊付中尉で出征、戦争中大尉となり歩兵第三旅団副官。四十二年以後歩兵第六十三連隊付、陸軍士官学校教官、第六師団参謀、歩兵第六十二連隊大隊長、陸軍大学校教官。シベリア出兵の際には、大正九年尼港（ニコラエフスク）派遣隊長、多門支隊長、サハリン州派遣軍参謀として転戦。十年歩兵第二連隊長、十一年歩兵第六旅団長と進み、十四年参謀本部第四部長となる。陸軍大幹事、昭和四年中将、陸軍大学校校長を経て、五年第二師団長。六年満州駐屯、満州事変では関東軍主力部隊の長としてチチハルや錦州攻略など初期の主要作戦を指揮した。七年帰還、八年予備役編入。

東郷 平八郎①

# 連合艦隊解散式訓示

明治三十八年十二月《げつ》二十一日、連合艦隊解散式における訓示。

十一月《いつげつ》の聖戦、既に往時と過ぎ、我が連合艦隊は今やその隊務を結了して、ここに解散することとなれり。

しかれども、我ら海軍軍人の責務は決してこれがために軽減するものに非ず。

これ戦役の収果を永遠に全うし、なお益々国運の隆盛を扶持せんには、時の平戦を問わず、まず外衛に立つべき海軍が常にその武力を海洋に保全し、一朝緩急に応ずるの覚悟あるを要す。

しかして武力なるものは艦船の兵器等《とう》のみにあらずして、これを活用するの無形の実力にあり。

百発百中の一砲、能《よ》く百発一中の敵砲百門に対抗し得《う》るを悟らば、我ら軍人は主として武力を形《かたち》異常に求めざるべからず。

近く我が海軍の勝利を得たる所以《ゆえん》も至尊の霊徳によるところ多しといえども、そもそもまた平素の練磨その功をなし、果を戦役に結びたるものにして、もし既往をもって将来を推す時は、征戦［聖戦］止むといえども、安んじて休顧すべからざるものあるを覚えよ。

思うに武人の一生《いっせい》は連綿不断の戦争にして、時の勢《せい》平戦により、その責務の軽重あるの理なすことあれば武力を発揮し、事なければこれを修養し、終始一貫その本分を尽くさんのみ。

SPレコードデータ
昭和9年8月臨時発売収録
コロムビア　音盤番号２８０００ＡＢ
収録時間6分13秒

過去の一年有半、彼［我］風濤《ふうとう》と戦い、寒暑に抗じ、しばしば頑敵と対して、生死の間《あいだ》に出入《しゅつにゅう》せしこと固より容易の業《ぎょう》ならざりしも、観すればこれまた長期の一《いっ》大《だい》演習にして、これに参加し、幾多啓発するを得たる武人の幸福《こうふく》比するに物なし。

豈にこれを征戦［聖戦］の労苦とするに足らんや。

苟《いやしく》も武人にして治平に偸安《とうあん》せんか。

平備の外観巍然《ぎぜん》たるも、恰も砂上の楼閣のごとく暴風一遇、たちまち暴騰するに至らん。

誠に戒むべきなり。

昔、神武［功］皇后三韓を征服し給いし以来、韓国は四《し》百有余年間我が統理の下《もと》にありしも、一度《ひとたび》海軍の廃頽［敗退］するやたちまちこれを失い、また近世に入《い》り徳川幕府治平に慣れて兵備を怠れば、強国米艦数《す》艘《そう》の応対に苦しみ、露艦また千島樺太《かばふと》を帰往するも、これと抗争すること能《あた》わざるに至れり。

翻ってこれを西史《さいし》に見るに、十九《く》世紀の初めにあたり、ナイル及びトラフルガー等《とう》に勝ちたる英国海軍は、祖国泰山の安きに置きたるのみならず、爾来後進相《あい》襲うて能くその武力を保有し、世運の進歩に遅れざりしかば、今に至るまで長くその国利を擁護し、国権を伸長するを得たり。

蓋《けだ》し、かくのごとき古今東西の殷艦は為政のしからしむるものありしといえども、主として武人が治にいて乱を忘れざると否やとに基けり。

自然の結果たらざるはなし。

我ら戦後の軍人は、深くこれらの実例に鑑み、既有の練磨に加《くお》うるに戦役の実験［実権］をもって更に将来の進歩を図りて、時勢の発展に遅れざるを期せざるべからず。

もしそれ、常に聖諭を奉戴して孜々《しし》奮闘し、実力の満を持して放つべき時節を待たば、乞い願わくは以て永遠に護国の大任《だいにん》を全うすることを得ん。

神明はただ平素の鍛錬に努め、戦わずして既に勝てる者に勝利の栄冠を助［授］くると同時に、一勝［一生］に満足して治平を安んずる者より、直ちにこれを奪《うば》う。

古人曰く、勝って兜の緒を締めよと。

昭和八年二月十八日、東郷平八郎朗読す。

東郷　平八郎②

# 軍人勅諭奉戴五十周年記念

私は東郷であります。

謹んで思うに、明治十五年一月《げつ》四日、畏《かしこ》くも明治天皇におかせられては、陸海軍人に尊《たっと》くも有難く勅諭《ちょくゆう》を下し賜りました。

本月本日は丁度その五十周年に相当致しますので、陸海軍にとりましては、この上もない記念の日であります。

しかしながら、これは独り陸海軍人ばかりの記念に止《とど》まらず、全国民の記念すべき日でございましょう。

このいとも懇《ねんご》ろなるご勅諭を賜りましたことによりまして、日本《にっぽん》の軍隊の覚悟というものが一層確固となり、爾来五十年の間《あいだ》、日夕《にっせき》戻ることなく拳々服膺致しまして、今日に及んだのであります。

独り今日に止まらず、将来永遠に亘りてこれを遵奉し、この精神によって帝国軍隊は一層光輝を放つべきことを、信じて疑わないのであります。

しかしてご勅諭の前段には、日本《にっぽん》軍隊は恐れ乍ら神武天皇の昔より、直々に天皇の率い給う軍隊であることを明示［命じ］遊ばされておるのであります。

即《すなは》ち日本の軍隊は陛下の軍隊であり、陛下は我々軍人の当主であると仰せられて、五箇条の懇ろに御《おん》形になりました。

実に有難く畏れ多いことであります。

五箇条とは申すまでもなく、一つ軍人は忠節を尽くすを本分とすべし、一つ軍人は礼儀を正しくすべし、一つ軍人は武勇を尚《たっと》ぶべし、一つ軍人は信義を重んず

SPレコードデータ
昭和9年9月臨時発売新譜・7／19発売・月報9月に掲載収録
ビクター　音盤番号53190AB
収録時間6分35秒

べし、一つ軍人は質素を旨とすべし、であります。

そうしてこの忠節・礼儀・武勇・信義・質素の五つの徳を守り抜くのためには、一《いっ》の精神がなければならぬ。

即ち、五徳は一斉につるので、誠のない行いは、みな上辺《うわべ》の飾りにて、何の用《ゆう》にかはたつべきと御諭《おんさと》しになり、しかして最後に、この五箇条は天地の公道・人倫の常経なり、行い易く守り易しと仰せられております。

実に何《なに》とも申し上げようもなく、ただ感激の至りであります。

これは決して軍人ばっかりのものでなく、人たる者の踏むべき道を御《おん》示しになったものと拝察致します。

顧みれば我が陸海軍は日清・日露の戦役に際し、至る所連戦連勝して国威を輝かし、近くは世界大戦《だいせん》にも参加《さんが》して、大いに我が武威を中外に上げたのでありますが、これは畢竟するに御稜威《みいず》のもとに多年養い来《きた》った軍人精神を発揮したのと、国民一致の後援の然《しか》らしめたものであると信ずるのであります。

私は、日本《にっぽん》の軍隊のように崇高なる精神をもって統《す》べさせられるものは、恐らく世界にまたとありますまいと存じます。

この特質に加《くを》うるに過去の光栄ある歴史を持っておりますところの帝国軍隊は、将来益々実力を向上せねばなりません。

実力ある帝国軍隊の存在《ぞんざい》は日本《にっぽん》の存立《ぞんりつ》上、また発展上必要であるのみならず、東洋の平和、ひいては世界大岩《おおいわ》の堡礁たるべきものであります。

軍人勅諭奉戴五十周年に当たりまして、謹んで所感を申し述べた次第であります。

東郷 平八郎③

# 日本海海戦　第一報告と信号

明治三十八年五月二十七日、根拠地出動の際、大本営への報告。
敵艦《てっかん》見ゆとの警報に接し、連合艦隊は直ちに出動、これを撃滅せんとす。
本日、天気晴朗なれども波高し。
日本海海戦の当初、三笠艦上に掲揚せる信号。
皇国の興廃この一戦にあり。
各員一層奮励努力せよ。
昭和六年十二月二十七日、東郷平八郎朗読す。

SPレコードデータ
昭和10年5月収録
ビクター　音盤番号53444A
収録時間1分5秒

東郷 平八郎④

# 軍人勅諭

明治十五年一月《げつ》四日、軍人に賜りたるご勅諭《ちょくゆう》を、東郷平八郎謹んで奉読す。

一つ、軍人は忠節を尽くすを本分とすべし。
一つ、軍人は礼儀を正しくすべし。
一つ、軍人は武勇を尚《たっと》ぶべし。
一つ、軍人は信義を重んずべし。
一つ、軍人は質素を旨とすべし。

SPレコードデータ
昭和10年5月収録
ビクター　音盤番号53445B
収録時間0分47秒

東郷 平八郎⑤

# 三笠艦保存記念式祝辞

SPレコードデータ
昭和10年6月収録
コロムビア　音盤番号28346
収録時間1分49秒

祝辞

記念艦三笠、保存工事成り、ここに畏くも皇太子殿下台臨《だいりん》のもとに、その保存記念式を挙げらるる。

本艦の光栄至大なりと言うべし。

思うに本艦は明治三十七・八年戦役に際し、終始連合艦隊の旗艦として陣頭に立ち、前には旅順口及び黄海に奮闘し、後《のち》には日本海に陣戦し、以て全軍の将卒をして、軍人の本分を尽くすに遺憾なからしめたるは、誠に我が海軍史上の一大《いつだい》光彩たらずんば非《あら》ず。

今や轟然たる中外の同情により、その保存の方法ここに確立するに至れり。

乞い願わくは永久にこの雄姿を示し、以て益々皇国の威名を占領し、併せて当年の忠魂を捧げたる烈士の功績を伝《つと》うるを得んか。

満腔《まんこう》の感激をもって恭《うやうや》しく祝す。

大正十五年十一月十二日、三笠保存会名誉会長、元帥・海軍大将、東郷平八郎。

東郷 平八郎（とうごう へいはちろう）

海軍大将・元帥、侯爵　弘化四年（一八四七年）十二月二十二日生　昭和九年（一九三四年）五月三十日没　出生地＝薩

摩国鹿児島城下加治屋町（鹿児島県鹿児島市）

薩摩藩士として薩英戦争、戊辰戦争に参加し、明治四年英国へ留学。国際法などを修め、十一年帰国して海軍中尉に任官。十七年「天城」、十九年「大和」「浅間」の艦長を務め、同年より病気療養に入る。二十三年呉鎮守府参謀長、二十四年「浪速」艦長、二十七年呉鎮守府海兵団長。二十七年再び「浪速」艦長となり、日清戦争開戦直前の遭遇戦で、停船に応じない約千百人の清国兵を乗せた英国籍の商船「高陞号」を撃沈。英国籍の船を沈めたことから対日世論は悪化したが、間もなく戦時国際法に則った行為であることが判明すると、一転評価を高めた。二十八年常備艦隊司令官、二十九年海軍大学校校長、三十二年佐世保鎮守府司令長官、三十三年常備艦隊司令長官、三十四年舞鶴鎮守府司令長官を経て、日露戦争開戦直前の三十六年、第一艦隊兼連合艦隊司令長官に就任。以来、日露戦争を通じて海軍の指揮を執り、旅順港封鎖作戦などを実施。三十七年海軍大将に進み、同年の日本海海戦では世界最強と謳われたロシアのバルチック艦隊に完勝、〝アドミラル・トーゴー〟の名を世界に轟かせた。三十八年軍令部長、四十二年軍事参議官。大正二年元帥府に列せられ、元帥海軍大将となった。三年東宮御学問所総裁となり、皇太子裕仁（昭和天皇）に帝王学を授けた。その後、神格化されて海軍内に絶大な影響力を持ち、ロンドン海軍軍縮条約に反対して軍政に容喙するなど悪影響も及ぼした。この間、明治四十年伯爵、昭和九年死去に際して侯爵を授けられた。

東條 英機①

# 皇軍感謝決議に対する東條陸軍大臣謝辞

SPレコードデータ
昭和17年収録
コロムビア　音盤番号A781
収録時間2分22秒

ただ今、全会一致をもちまして、全陸軍に対し熱誠あふるる感謝並びに丁重のご決議を賜り、誠に感激の至りに堪えん次第であります。

開戦以来、或いは残敵を屠《ほふ》り、或いは戦況の安全を保ち、或いは国土防衛の重きに任じつつありまするとは、固より御稜威《みいず》のもと、全将兵の義勇奉公の結果ではありまするとともに、官民各位の熱烈なるご協力ご後援によるものと、深く感銘致しておる次第であります。

しかしながら私どもは、平戦〔停戦〕目的完遂のためには、なお幾多の障害を突破しなければならんことを、覚悟致しておるものであります。

従いまして、全軍将兵はますます聖旨を奉戴、いよいよ必勝の信念を□《オダ》□《キ》、海軍と相《あい》携えて敵を屈服せしめねば已まない覚悟であります。

何とぞ今後とも、層一層のご支援を賜らんことを、切にお願い致す次第であります。

なお、ご決議の次第は直ちに英霊に報告致しまするとともに、全軍に漏れなく伝達を致します。

ここに陸軍を代表致しまして、衷心より謝意を表する次第であります。

# 東條陸軍大臣閣下御訓示

SPレコードデータ
昭和15～16年収録
コロムビア 音盤番号ＡＫ３８８
収録時間６分37秒

皇国［報国］国家の重大なる事態は、真《しん》に人寰《じんかん》に一体となし、天心殉国の徹底を致し、至って神・聖［清］明に応え奉るべき時であります。

この際選ばれて産業□□《オーソー》の光栄を担われたる鈴木大使［代理］、平素の去就を申し述ぶるは、私の最も欣幸と致すところであります。

今や大東亜の興隆を使命とし、皇軍の将兵は御稜威《みいず》のもと、日本人の本道とする尽忠君［軍］国の精神と一層の親覧に燃え、陸に海に空に勇戦奮闘、進撃するところ必ずや赫々《かっかく》たる大戦果を獲得しつつあるのであります。

諸氏はこの未曾有《みぞう》重大なる戦時下に特に召され、国家総動員の業務上最も緊要なる軍需産業に、身をもって従事する栄誉とまた責任を、新しく諸君の双肩に負わされたのであります。

私は諸氏の前にして、切に要望するところは即ち、諸氏が皇軍将兵となり、日本人の本道とする尽忠君国の精神と必勝の信念を、諸氏の持たるる職場における現実の活動の上に、あくまでも充実且つ発揮せらるること、この他にないのであります。

また実に諸氏の献身的ご奉公によって、日々に生産さるる各種の兵器・資材・弾薬等《とう》は、皇軍将兵がこれを自己の生命よりも尊重し、以て偉大なる戦闘力を、大東亜の各地に現在発揮しつつあるのであります。

即ち諸氏の毎日《まいじつ》の生産行動、鋲の一本も打ち込むことも、またハンマーの一撃も、これ悉《ことごと》く直接に皇軍の戦力となって、現在の大戦に参加するものであることを、諸氏自ら深く銘記せねばならぬのであります。

しかも、戦いはむしろ今後に展開されるのであります。

諸氏が益々日本人の本道とする伝統の精神、尽忠君［軍］国の信義を体現し、職域奉公に邁進せらるることは、その一挙手また一投足が《シ》□□□《ゴーゾーテー》の充実となり、上層先輩に対する衷心よりする服従となり、いかなる困難も喜んでこれを克服する底力《そこぢから》となり、同時に節制ある日常生活を建設、これが総合［統合］するところは即ち皇軍連勝の戦闘力を一層倍にも培って、皇国と大東亜興隆［交流］の前途に大いなる貢献をなすこととなるるのであります。

乞い願わくば諸君、以上のごとき崇高なる栄誉と絶大なる責任感に透徹、産業報国の不屈の覚悟を更に新たにし、日新［立身］協力、職域奉公の実績を上げ、取って［以て］その重きに応えられんことを、私は□《カキ》致しますると同時に、この上とも更に対する大害［代替］なし。

終わり。

# 大詔を拝し奉りて

東條 英機③

SPレコードデータ
昭和16年収録
大東亜　音盤番号P3147AB
収録時間7分16秒

ただ今宣戦のご詔勅が渙発せられました。

精鋭なる帝国陸海軍は、今や決死の戦いを備えつつあります。

東亜全局の平和は、これを念願する帝国のあらゆる努力にも拘らず、遂に決裂の已むなきに至ったのであります。

過般《かはん》来、政府はあらゆる手段を尽くし、対米国交調整の成立に努力して参りましたが、彼は従来の主張を一歩も譲らざるのみならず、却って英・蘭・仏・支と連合し、支那より我が陸海軍の無条件全面撤兵、南京政府の否認、日独伊三国条約の破棄を要求し、帝国の一方的譲歩を強要して参りました。

これに対して、帝国はあくまで平和的妥結の努力を続けて参りましたが、米国は何ら反省の色を示さず、今日《こんにち》に至りました。

もし帝国にして、彼らの強要に服従せんか、帝国の権威を失墜、支那事変の完遂を期し得ざるのみならず、遂には帝国の存立をも危殆《きたい》に陥らしむる結果となるのであります。

事ここに至りましては、帝国は現下の気色〔気息〕を打開し、自存自営を全うするため、断固として立ち上がるの已むなきに至ったのであります。

今、宣戦の大詔を拝しまして、恐懼感激に堪えません。

私、小なりといえども一身を捧げて決死奉公、ただただ宸襟《しんきん》を安んじ奉らんとの念願のみであります。

国民諸君もまた己《おのれ》が身を顧みず、醜《しこ》の御楯《みたて》たるの光栄を同じくせらるるもんと信ずるものであります。

およそ勝利の要訣は、必勝の信念を堅持することであります。

建国二千六百年、我らは未《いま》だ嘗て戦いに敗れたことを知りません。

この奇跡の邂逅こそ、いかなる強敵をも破砕するの確信を生ずるものであります。

我らは光輝ある祖国の歴史を、断じて汚さざるとともに、更に栄《は》えある帝国の明日《あす》を建設せんことを固く誓《ちこ》うものであります。

顧みれば我らは、今日まで隠忍と自重とも最大限を重ねたのでありまするが、断じて易《やす》きを求めたものでなく、また敵の強大を恐れたものでもありません。

ひたすら世界平和の維持と人類の惨禍の防止とを□□《コネー》した図に、他なりません。

しかも、敵の挑戦を受け、祖国の生存と天威とが危きに及びましては、決然立たざるを得ないのであります。

当面の敵は物資の豊富を誇り、これによって世界の制覇を目指しておるのであります。

この敵を粉砕、東亜不動の新秩序を建設せんがためには、当然、長期戦たることを予想せねばなりません。

これと同時に、絶大の建設的努力を要すること、言《げん》を要しません。

かくて我らは、あくまで最後の勝利が祖国日本《にっぽん》にあることを確信し、いかなる困難も障害も克服して進まなければなりません。

これこそ東亜の御民《みたみ》、我らに課せられたる天与の試練であり、この試練を突破して後《のち》にこそ、大東亜建設者としての栄誉を、後世に担《にの》うことができるのであります。

この時に当たり、満州国及び中華民国とも一徳一神〔心〕の関係、□□《イヨイワ》、独伊両国との盟約、益々固きを加えつつあるを快欣〔開襟〕とするものであります。

帝国の勇退、東亜の興廃、まさにこの一戦にあり。

一億国民が一切を挙げて国に報い、国に殉ずるの時は今であります。

八紘を家《いえ》となす皇謨《こうぼ》のもとに、この尽忠報国の大精神ある限り、英米といえども、何ら恐るるに足らないのであります。

勝利は常に御稜威《みいず》のもとにあり、と確信致すものであります。

私はここに謹んで□□《ギチョー》を披瀝し、国民とともに大業翼賛の丹心を使《つこ》う次第であります。

終わり。

東條　英機④

# 戦陣訓

「戦陣訓」序

それ戦陣は大命に基き、皇軍の神髄を発揮し、攻むれば必ず取り、戦えば必ず勝ち、遍《あまね》く皇道を宣布し、敵をして仰いで御稜威《みいず》の尊厳を肝銘せしむるところなり。

されば戦陣に臨む者は、深く皇国の使命を体し、堅く皇軍の道義を持し、皇国の威徳を四海に宣揚せんことを期せざるべからず。

思うに軍人精神の根本義は、畏《かしこ》くも軍人に賜りたる勅諭に炳乎《へいこ》として明らかなり。

しかして戦闘並びに訓練等《とう》に関し準拠すべき要綱は、また典令の綱領に教示《きょうじ》せられたり。

しかるに戦陣の環境たる、ともすれば眼前の事象に捕われて大本《たいほん》を逸し、時にその行動軍人の本分に悖《もと》るがごときことなしとせず。深く慎まざるべけんや。

即ち既往の経験に鑑み、常に戦陣において勅諭を仰ぎてこれが服行《ふっこう》の完璧を期せんがため、具体的行動の準拠を示し、以て皇軍道義の昂揚を図らんとす。これ戦陣訓の本旨とするところなり。

本訓　其の一

第一、皇国。

大日本《にっぽん》は皇国なり。

万世一系の天皇上《かみ》におわしまし、肇国《ちょうこく》の皇謨《こうぼ》を承継して無窮に君臨し給う。皇恩万民に遍く、聖徳八紘に光被す。

SPレコードデータ
昭和16～17年収録
ビクター　音盤番号 x10
収録時間20分37秒

臣民また忠孝勇武祖孫相承《あいう》け、皇国の道義を宣揚して天業を翼賛し奉り、君民一体、以てよく国運の隆昌を致せり。

戦陣の将兵、宜しく我が国体の本義を体得し、牢固不抜の信念を堅持し、誓って皇国守護の大任を完遂せんことを期すべし。

第二、皇軍。

軍は天皇統帥の下、神武《しんぶ》の精神を体現し、以て皇国の威徳を顕揚し皇運の扶翼に任ず。

常に大御心《おおみこころ》を奉じ、正にして武、武にして仁、よく世界の大和《たいわ》を現ずるものこれ神武の精神なり。

武は厳なるべし仁は遍きを要す。苟《いやしく》も皇軍に抗する敵あらば、烈々たる武威を振い、断固これを撃砕すべし。

たとえ峻厳の威よく敵を屈服せしむとも、服するは撃たず従《したご》うは慈しむの徳に欠くるあらば、未《いま》だ以て全しとは言い難し。

武は驕らず仁は飾らず、自ずから溢るるを以て尊しとなす。

皇軍の本領は恩威並び行われ、遍く御稜威《みいづ》を仰がしむるにあり。

第三、軍紀。

皇軍軍紀の神髄は、畏くも大元帥陛下に対し奉る絶対随順の崇高なる精神に存す。

上下《じょうか》等しく統帥の尊厳なる所以《ゆえん》を肝銘し、上《かみ》は大権の承行を謹厳にし、下《しも》は謹んで服従の至誠を致すべし。

尽忠の赤誠相《あい》結び、脈絡一貫、全軍一令の下に寸毫乱るるなきは、これ戦捷必須の要件にして、また実に(治安確保の)要道たり。

特に戦陣は、服従の精神実践の極致を発揮すべきところとす。

死生困苦の間《かん》に処し、命令一下欣然として死地に投じ、黙々として献身服行の実を挙ぐるもの、実に我が軍人精神の精華なり。

第四《し》、団結。

軍は、畏くも大元帥陛下を頭首と仰ぎ奉る。

篤き聖慮を体し、忠誠の至情に和し、挙軍一心一体の実を致さざるべからず。

軍隊は統率の本義に則り、隊長を核心とし、鞏固《きょうこ》にしてしかも和気藹々たる団結を固成すべし。

上下各々その分を厳守し、常に隊長の意図に従い、真心を他《た》の腹中に置き、生死利害を超越して、全体のため己を没するの覚悟なかるべからず。

第五、協同。

諸兵心を一《いつ》にし、己の任務に邁進するとともに、全軍戦捷のため欣然として没我協力の精神を発揮すべし。

各隊は互いにその任務を重んじ、名誉を尊び、相信じ相助け、自ら進んで苦難に就き、戮力《りくりょく》協心相《あい》携えて目的達成のため力闘せざるべからず。

第六、攻撃精神。

凡《およ》そ戦闘は勇猛果敢、常に攻撃精神を以て一貫すべし。

攻撃に当たりては果断積極機先を制し、剛毅不屈、敵を粉砕せずんば已まざるべし。

防禦またよく攻勢の鋭気を包蔵し、必ず主動の地位を確保せよ。

陣地は死すとも敵に委《い》すること勿れ。

追撃は断々乎として飽くまでも徹底的なるべし。

勇往邁進百事恐れず、沈着大胆難局に処し、堅忍不抜困苦に勝ち、あらゆる障碍を突破して一意勝利の獲得に邁進すべし。

第七《しち》、必勝の信念。

信は力なり。

自ら信じ毅然として戦《たたこ》う者常によく勝者たり。

必勝の信念は千磨必死の訓練に生ず。

須《すべか》らく寸暇を惜しみ肝胆を砕き、必ず敵に勝つの実力を涵養すべし。

勝敗は皇国の興隆に関す。

光輝ある軍の歴史に鑑み、百戦百勝の伝統に対する己の責務を銘肝し、勝たずば断じて已むべからず。

本訓　其の二

第一、敬神。

神霊上《かみ》に在りて照覧し給う。

心を正し身を修め篤く敬神の誠を捧げ、常に忠孝を心に念じ、仰いで神明の加護に恥じざるべし。

第二、孝道。

忠孝一本は我が国道義の精粋にして、忠誠の士はまた必ず純情の孝子なり。

戦陣深く父母の志を体して、よく尽忠の大義に徹し、以て祖先の遺風を顕彰せんことを期すべし。

第三、敬礼挙措。

敬礼は至純なる服従心の発露にして、また上下一致の表現なり。

戦陣の間《かん》、特に厳正なる敬礼を行わざるべからず。

礼節の精神内《うち》に充溢し、挙措謹厳にして端正なるは強き武人たるの証左なり。

第四《し》、戦友道。

戦友の道義は、大義の下《もと》死生相結び、互いに信頼の至情を致し、常に切磋琢磨し、緩急相救い、非違相戒めて、共に軍人の本分を全うするにあり。

第五、率先躬行《きゅうこう》。

幹部は熱誠以て百行《ひゃっこう》の範たるべし。

上《かみ》正しからざれば下《しも》必ず乱る。

戦陣は実行を尚《とうと》ぶ。

躬《み》を以て衆に先んじ毅然として行《おこの》うべし。

第六、責任。

任務は神聖なり。

責任は極めて重し。

一業一務忽《ゆるが》せにせず、心魂を傾注して一切の手段を尽くし、これが達成に遺憾なきを期すべし。

責任を重んずる者、これ真に戦場における最大の勇者なり。

第七《しち》、生死観。

死生を貫くものは崇高なる献身奉公の精神なり。

生死を超越し一意任務の完遂に邁進すべし。

心身一切の力を尽くし、従容として悠久の大義に生くることを悦びとすべし。

第八、名を惜しむ。

恥を知る者は強し。

常に郷党《きょうとう》家門の面目《めんもく》を思い、いよいよ奮励してその期待に答《こと》うべし。

生きて虜囚の辱めを受けず、死して罪過の汚名を残すこと勿《く》れ。

第九、質実剛健。

質実以て陣中の起居を律し、剛健なる士風を作興《さっこう》し、旺盛なる士気を振起すべし。

陣中の生活は簡素ならざるべからず。

不自由は常なるを思い、毎事節約に努むべし。

奢侈は勇猛の精神を蝕《むしば》むものなり。

第十、清廉潔白。

清廉潔白は、武人気節の由って立つ所なり。

己に克つこと能《あた》わずして物欲に捕わるる者、いかでか皇国に身命を捧ぐるを得ん。

身を持するに冷厳なれ。

事に処するに公正なれ。
行いて俯仰《ふぎょう》天地に恥じざるべし。
本訓　其の三
第一、戦陣の戒《いましめ》。
一　一瞬の油断、不測の大事《たいじ》を生ず。常に備え、厳に警《いまし》めざるべからず。敵及び住民を軽侮するを止《や》めよ。小成に安んじて労を厭うこと勿れ。不注意もまた災禍の因と知るべし。
二　軍機を守るに細心なれ。諜者《ちょうじゃ》は常に身辺にあり。
三　哨務は重大なり。一軍の安危を担い、一隊の軍紀を代表す。宜しく身を以てその重きに任じ、厳粛にこれを服行すべし。哨兵の身分はまた深くこれを尊重せざるべからず。
四《よん》　思想戦は、現代戦の重要《ちょうよう》なる一面なり。皇国に対する不動の信念を以て、敵の宣伝欺瞞を破砕するのみならず、進んで皇道の宣布に勉むべし。
五　流言蜚語は信念の弱きに生ず。惑うこと勿れ。動ずること勿れ。皇軍の実力を確信し、篤く上官を信頼すべし。
六　敵産、敵資の保護に留意するを要す。徴発、押収、物資の燼滅等《じんめつとう》は全て規定に従い、必ず指揮官の命に依るべし。
七《しち》　皇軍の本義に鑑み、仁恕《じんじょ》の心よく無辜《むこ》の住民を愛護すべし。
八　戦陣苟《いやしく》も酒色に心奪われ、または欲情に駆られて本心を失い、皇軍の威信を損じ、奉公の身を誤るがごときことあるべからず。深く戒慎し、断じて武人の清節を汚さざらんことを期すべし。
九《きゅう》　怒りを抑え不満を制すべし。「怒《いかり》は敵と思え」と古人も教えたり。一瞬の激情悔いを後日《こうじつ》に残すこと多し。軍法の峻厳なるは特に軍人の栄誉を保持し、皇軍の威信を全うせんがためなり。常に出征当時の決意と感激とを想起し、遥かに思いを父母妻子の真情に馳せ、仮初《かりそめ》にも身を罪科に曝すこと勿れ。
第二、戦陣の嗜《たしなみ》。
一　尚武の伝統に培い、武徳の涵養、技能の練磨に勉むべし。「毎事退屈する勿れ」とは古き武将の言葉にも見えたり。
二　後顧の憂《うれい》を絶ちて只管《ひたすら》奉公の道に励み、常に身辺を整えて死後を清くするの嗜を肝要とす。屍《かばね》を戦野に曝すは固より軍人の覚悟なり。縦《たと》え遺骨の還らざることあるも、敢えて意とせざるよう、予《かね》て家人《かじん》に含め置くべし。
三　戦陣病魔に斃るるは遺憾の極みなり。特に衛生を重んじ、己の不節制に因り奉公に支障を来《きた》すがごときことあるべからず。
四《よん》　刀を魂とし馬を宝とせる古武士の嗜を心とし、戦陣の間《かん》、常に兵器資材を尊重し、馬匹《ばひつ》を愛護せよ。
五　陣中の徳義は戦力の因《もと》なり。常に他隊の便益を思い、宿舎、物資の独占のごときは慎むべし。「立つ鳥跡を濁さず」と言えり。雄々しく床しき皇軍の名を、異郷辺土にも永く伝えられたきものなり。
六　総じて武勲を誇らず、功を人に譲るは武人の高風とする所なり。他の栄達を嫉《ねた》まず己の認められざるを恨まず、省みて我が誠の足らざるを思うべし。
七《しち》　諸事正直を旨とし、誇張虚言を恥とせよ。
八　常に大国民たるの襟度を持し、正を践《ふ》み義を貫きて皇国の威風を世界に宣揚すべし。国際の儀礼また軽んずべからず。
九《きゅう》　万死に一生を得て帰還の大命に浴することあらば、具《つぶさ》に思いを護国の英霊に致し、言行を慎みて国民の範となり、いよいよ奉公の覚悟を固くすべし。

結《むすび》
以上述ぶる所は、悉《ことごと》く勅諭に発し、またこれに帰するものなり。

さればこれを戦陣道義の実践に資し、以て聖諭《せいゆ》服行の完璧を期せざるべからず。

戦陣の将兵、須《すべか》らくこの趣旨を体し、いよいよ奉公の至誠を抜きんで、よく軍人の本分を全うして、皇恩の篤きに応え奉るべし。

東條 英機（とうじょう ひでき）
政治家、陸軍大将、首相、陸相、内相　明治十七年（一八八四年）十二月三十日生　昭和二十三年（一九四八年）十二月二十三日没　出生地＝東京都　出身地＝岩手県盛岡市　学歴＝陸軍士官学校（第十七期）〔明治三十八年〕卒、陸軍大学校〔大正四年〕卒

東條 英機④　戦陣訓

陸軍中将を務めた東条英教の三男。明治三十八年第十七期生として陸軍士官学校を卒業し、歩兵少尉に任官。大正四年陸軍大学校を卒業。昭和十年関東憲兵隊司令官、十二年関東軍参謀長。十三年五月近衛改造内閣で板垣征四郎陸相の下、陸軍次官となり、六月航空本部長を兼務。十二月陸軍航空総監。統制派に属し、能吏ぶりから〝カミソリ東条〟とも呼ばれた。十五年第二次近衛内閣の陸相に就任、日独伊三国同盟の締結、援蔣ルート切断、対南方武力行政などの政策を推進した。第三次近衛内閣でも留任。この間、十六年一月〝生きて虜囚の辱を受けず〟の一節で知られる訓令「戦陣訓」を示達。日米交渉に際しては陸軍の強硬論を代表して近衛内閣に追い込み、十月首相兼陸相兼内相に就任、太平洋戦争開戦の最高責任者となった。同月大将に昇任。以後、一時的に外相、文相、商工相、軍需相も兼ね、十九年二月には陸軍の作戦を指導する参謀総長を兼任して国務と統帥の最高地位を一手に握ったが、七月サイパン島が陥落した直後に内閣を総辞職して予備役となった。敗戦後の二十年九月、戦犯容疑者として連合国軍総司令部（ＧＨＱ）に逮捕される際、ピストル自殺を図ったが失敗。極東国際軍事裁判（東京裁判）において侵略戦争の謀議と実行の罪を問われ、二十三年十二月二十三日Ａ級戦犯として絞首刑に処せられた。

長岡 外史①

# 飛行機の大進歩

私の十八番の飛行機のお話。

飛行機が初めて生まれ出ましてから、今年で二十一年。

痩身適齢の青年でございまするに関わらず、先般の世界戦争中、驚くべき成長発育を遂げたるその上に、終戦後各国とも非常なる競争を続くることここに七《なな》か年、今日では恐るべきものに相成りました。

これからそのあらましを申し上げますから、皆さま肝《きも》を潰さないように。

アメリカで新たに出来ました焼け玉・テルメット、それはごく小さなものだが、摂氏三千度の熱を出す。

鉄でも鉛でも一緒になって、ボンボン燃え出す。

それを米国のバーリングと申す飛行機は、一千個積んでウラジオストックから東京へ来て、雨あられのごとくにバラまいて、悠々と元の所に帰ることが出来ます。

そこ［諸君］、一昨年の大火災、その火元はたった百三十七か所で、東京の七《しち》割方を焼き払った。

もし敵の飛行機十台で、一万個のテルメットを撒き散らしましたら、どうなりましょう。

次は爆弾。

右のバーリング飛行機は、一台で二トン三百キログラムの爆弾を積んで参ります。

これはテルメットで焼け残った西洋館、または地中に埋めてある水道・ガス・電信電話等《とう》を根底から叩き壊し、または軍艦を爆沈させるもので、先年アメリカで行いました試験において、千五百ないし二千ポンド

SPレコードデータ
大正13年収録
ヒコーキ　音盤番号7296AB
収録時間7分8秒

の爆弾十一個のうち三個命中し、あわれ最新最強の鋼鉄艦二万三千トンのウッフフロイスライン号は十四《じゅうし》分間でズブズブ。

　昨年の六月、我が海軍省で行いました試験において、一万トン級の軍艦・石見《いわみ》、□□《グンタタ》への一発の爆弾でこれも土左衛門《どざえもん》。

ただ今では飛行機二台あれば、どんな軍艦でも撃ち沈めてみせると言われております。

いくらあるかと言うに、戦陣八百十六中隊。

飛行将校の数が一万七千五百十六人。

飛行場の数が三千個。

なおどしどし増加しております。

何と驚くべきものではございませんか。

飛行機は右大略申し上げました通り、いざ戦争となると陸海軍を圧倒し、全都市を焼き払い、全市民を皆殺しにする恐るべき暴力を持っておりますが、しかし諸君、他《た》の一面には空中の新文明を開拓し、我々の実生活に新しき便利を与えてくれまするころも、また莫大《ばくたい》でございます。

　最近一か年間、アメリカの飛行郵便の数が一億五千万通。

乗客《じょうかく》、三十七《しち》万人。

飛行総マイル数、九百四十万マイル。

それで怪我人がたった一人《ひとり》。

サンフランシスコ・ニューヨルク間を、夜でも飛べるようにするため、驚くなかれ四《し》億五千万燭光のアーク灯を五か所に、五千万燭光のものを三十四か所に、停電の際の用意として、五千燭光のアゼチリンガスを三マイルごとに点けた。

聞くだけでも溜飲が下がる。

ただ今の飛行レコードは、一時間の速力二百六十六マイル。

東京から鉄道の上を大垣の西まで。

続いて飛んだ時間が、三十七《しち》時間十五分。

宙返りが九百六十二回。

あちらには目の廻らぬ人がおると見える。

高さが三万六千五百尺で、富士山の三倍。

大きな飛行機には四十《しじゅう》人乗れます。

これらの大進歩に直面して、日本人はまだ目がお覚めなさらない。

悔《くや》しや、寝ていらっしゃる。

「おーい、諸君どうか早く起きて下さーい！」

長岡　外史②

# 太平洋横断に際し全国民に愬ふ

SPレコードデータ
昭和6年5月特別新譜・4／3日発売・5月・月報に掲載収録
キング　音盤番号K２６A
収録時間３分25秒

今度、報知新聞の主催でユンケル八十馬力、トンボみたような飛行機で、世界の名物男・吉原《よしわら》飛行士が、太平洋北のコースを辿って、シャートルを経てサンフランシスコまで、一万二百キロメートル、日本里数《りすう》で約二千六百里を飛ぼうという、世界初めての大記録。

アリューシャン群島、アラスカ沖、ばかに波が高い。猛獣の住む島、一寸先は見えぬという霧の日が多《おお》い。

魔の空とはよく言《ゆ》うたものだ。

今より八年前《ぜん》、アメリカの空の探検隊マーチン少佐以下が、四百五十馬力の飛行機四台を並べて日本に向《よ》かって出発したが、二台は途中で落伍し、残る二機が六十七日かかって、ようやく霞ヶ浦に到着した。

昨年ロシアのコクト号は、ニコライブスクからサンフランシスコまで三十二日《んち》かかった。

このぐらいな難コース、厄介なコースである。

それに吉原君がやろうというのだから大変だ。

先年リンドパークがニューヨルク・パリー間を一飛びに飛んだ時、アメリカ政府は、大尉から一跳びに大佐に昇進をさせた。

政府も国民も先を争うて賞金を贈った。

リンドパークは忽ちにして百万長者に相成った。

昨年、フランスのコスト大尉がパリーからニューヨルクまで逆コースに成功した時、フランス政府は最高勲章の他《ほか》、百万フランクという大金を贈った。

しかるにだ。

しかるに昨年、吉原・東《あずま》、両飛行士が、あれだけの大成功をしたのに、僕の親友・武紊次郎君が賞金を出しただけだ。

政府も国民も、隣の猫が仔を産んだほどにも考えては下さらない。

これではとても飛行機の進みようはない。

今度は政府も同胞諸君も、物質的にうんとご奮発下さることをお願いを申します。

さようなら。

## 長岡 外史（ながおか がいし）

陸軍中将、衆院議員（新正倶楽部）　安政五年（一八五八年）五月十三日生　昭和八年（一九三三年）四月二十一日没　出生地＝周防国都濃郡末武北村（山口県下松市）　学歴＝陸軍士官学校（第二期）〔明治十一年〕卒、陸軍大学校（第一期）〔明治十八年〕卒

日清戦争時は大島混成旅団参謀、日露戦争時は参謀本部次長。新潟県高田の第十三師団長時代、オーストリアのヒル少佐を招いてスキーの普及に努めた。大正六年帝国飛行協会副会長となり、航空省の設置や羽田飛行場の建設などを提案して草創期のわが国民間航空界に尽くす。十三年に衆院選に出馬して当選。

秦 真次

# 弥《いや》マコトの道に還れ

現在の潮路《シオジ》を突破する唯一の道は、国を挙げて一日《いちじつ》も速やかに皇道の真髄なるマコトの道に立ち還り、祭も政《まつりごと》も教育も産業もその他《た》一切万事をマコト、即ち至誠天地を動かすの力をもって、皇国日本の随神《かんながら》のマコトの姿を実現することにあると信じます。

このマコトの道は実に天地の公道・人倫の常形で、これを古今に通じて謬《あやま》らず、これを中外に施して悖《もと》らざるものであります。

国の名をヤマトと申しますのも、「いやマコト」を詰めたもので、マコトをいやマコトならしむの国という意味であります。

大いに和するという字をこれに当てはめましたのは、元来マコトとは、心に思うことと身をもって行《おこの》うことが大いに和して一体となるの意で、心身一体、自他一体、君民一体、挙国一体等《とう》、全て個人主義の対立的観念を捨てて、万事大いに和して一体となることであります。

聖徳太子の憲法にも、和をもって貴《とうと》しとなすと第一に申されてあり、また大和魂と申すのも、大いに和する魂、即ち挙国一致の精神であり、弥《いや》マコトの道であります。

現下における対外問題の行き詰まりも、結局挙国一致、大いに和する大和魂の発揮、取りも直さず、弥マコトの道によって打開するの他はありません。

また、国内における一切の諸問題も一党一派互いに相《あい》対立し、又は自己及び自己の属する階級の利益のみ

SPレコードデータ
昭和8年収録
コロムビア　音盤番号27348AB
収録時間6分10秒

を主張することなく、挙国一致大いに相《あい》和してマコトの道を守り、一死奉公の犠牲心を発揮することによって解決することが大切と存じます。

要するにマコトの道は、建国以来我が大和民族のその名そのままの伝統であり、また皇道の神髄であり、将来世界の指導原理となるべきものと固く信じております。

この道を世界に宣布する第一歩として、まず手近な東洋にこれを広めることが満州事変の真の姿であります。

マコトの道は和をもって貴しとするの道で、一体は即ち平和の道であり、日清・日露両役の宣戦詔勅を拝読しましても、東洋平和を確立して世界の平和に貢献することが、大精神となっております。

言い換えれば、東洋に平和なるマコトの道、即ち皇道を広め、次いでこれを世界に及ぼすのが、御《おん》理想であったことと拝察されます。

大和民族が右の大使命を果たしますのには、我が皇道の本質たるマコトの道が、いかに我が国の歴史に現れておるかということを究め、確固不動の信念・信仰をもって、この建国以来の理想実現に邁進すべきであります。

そもそも我が国は、皇祖皇宗国を始められましてより今日に至るまで、随神《かんながら》ことあげせぬマコトの道、即ち事実なる尊き歴史をもって一貫しております。

即ち、アメノミナカヌシの神以来、アマテラスオオカミに至る御《おん》理想は、大神《おおかみ》さまの御名にも現れておるごとく、太陽そのままの御理想で、恰《あたか》も太陽が万物を生成［生々］回復すると同様に、人類は固より山川草木禽獣虫魚に至るまで、各々その天分本能を発揮せしむるにあります。

而してこの御理想の世々の継承者は実に天《あま》つ日［火］を継がせらるる世々の皇帝《すめらみかど》であります。

この大理想なる天業を地上に実現するため、アマテラスオオカミの分霊分身として天業の一部を分担する者が八百万《やおよろず》の神、即ち我ら臣民の祖先であります。

八百万の神より我ら臣民に至るまでの使命は、分業的に皇運の扶翼であり、アマテラスオオカミより世々のアマツヒツギに至るまでの御使命は、総合統一的であります。

天皇《すめらみこと》と申し奉るのも統一、即ち統《す》べるの意であります。

そもそもこの統一と分業とは両者相俟って初めて全《まった》きをなすものではありますが、統一なき分業は対立的となり、終に利己主義に堕落し階級争闘の因をなすものであります。

西洋文明は分業的遠心的傾向を有し、その結果、物質的・利己的・対立的となり、日本文明は統一的求心的であって、従って精神的・没我的・平和的であります。

故に西洋文明に徹底すれば、自然、個人又は団体相《あい》対立して、物質利益獲得の功利的闘争を起こし、君子と人民の間にさえ権利義務の思想争いを生じ、遂に民主主義の思想を生ずるに至るのであります。

しかるに我が国においては、数千年の長日月《ちょうじつげつ》、未《いま》だ嘗て君民の間《かん》に権利義務を争いし歴史なく、君《きみ》より見れば民《たみ》は大御宝《おおみたから》であり、民より見れば君は現人神《あらひとがみ》であり、君は常に身をもって国難に換わらんとし、民は身を捨てて君苦《クンク》に殉ずるの美風を有し、相和して君民一体の特殊の国柄をなしております。

従って我が国は、固より民主国ではなく、さりとて外国のごとき君主国でもないのであります。

故にこれを、他《た》の帝国又は王国と明瞭に区別するため、将来お互いに大日本皇国《だいにほんこうこく》と称《との》うることにして、一切の対立観念を廃し、一日《いちじつ》も早く皇道即ちマコトの道に立ち還り、挙国一致大いに和してこの道をまず東亜に広め、更にこれを世界に宣布し、以て世界対話「大和」の天業を補翼し、叡慮に副《そ》い奉らんことを期せねばなりません。

## 秦 真次（はた しんじ）

陸軍中将　明治十二年（一八七九年）四月六日生　昭和二十五年（一九五〇年）二月二十四日没　出生地＝福岡県
学歴＝陸軍士官学校（第十二期）〔明治三十三年〕卒、陸軍大学校〔明治四十二年〕卒

歩兵第四十六連隊付となり、日露戦争に従軍、第一軍兵站部副官となった。のち参謀本部員となり、大正三年オーストリア公使館付武官、五年オランダ公使館武官、十一年歩兵第二十一連隊長、十二年第三師団参謀長、十五年歩兵第十五旅団長

などを歴任。昭和二年奉天特務機関長、六年中将にすすみ、兵器本廠付（陸軍次官補佐）。七年憲兵司令官となり、荒木貞夫陸相のもとで皇道派の中心人物として力をふるい、青年将校の国家改造運動を庇護した。九年林銑十郎が陸相になると、仙台第二師団長に遠ざけられ、十年予備役に編入。退役後は神官となった。

松井 茂

# 「火の用心」の講演

世界中《ちゅう》、火災の最も多《おお》いのは米国で、我が国はこれに次ぐ大《だい》火災国であり、毎年《まいねん》実に二億万円の損害額《かく》を計上しておるのであります。

加《くわ》うるに昔から、火災は我が国の文化の発展を阻害したことは、実に莫大のものがあります。

近くは、大正十二年の帝都の大震火災のごとき、昭和九年の函館の大火のごときはそれであります。

しかるに、とかくこの重要なる問題が今日《こんにち》まで比較的に閑却されておるのは、国策上より言うも、誠に遺憾千万の至りであります。

願わくは将来、一般国民はこの、国民生活に直接の、至大の関係ある問題に対し、特に国民皆《みな》消防と言うの見地から、愛国精神の基礎の下《もと》に、盛んに昔ながらの火の用心思想を公表したいと存じます。

そうして、それには「火の用心」の行進曲を全国の津々浦々までに普及徹底せしめることが何よりも手近なる簡明の方法と存じます。

また、いかに口に火の用心のことを唱えましても、一方において火災の発生を根絶することは困難でありますから、万一《いつ》、火を失した時には、各人はたちまち猛然として起ち、これと戦《たたこ》うべき強《つお》い意気を幼年の時代より養いおくことが、何よりも必要のことであります。

畢竟、火に逃げるような国民は日本《にっぽん》人ではありません。

明治天皇も、

SPレコードデータ
昭和９～10年収録
富士音盤　音盤番号と-３１１
収録時間３分12秒

ことしあれば火にも水にも入《い》らばやと
　思うがやがて大和魂

ことしあれば火にも水にも入らばやと
　思うがやがて大和魂

と仰せられております。

この、水火なお辞せないということこそ、真《しん》に郷土愛に燃ゆる消防精神であり、且つ、真の非常時日本《にっぽん》精神の根本義であるのであります。

これらの点より申しましても、防火思想の根本義たる火の用心思想は、その源を愛国精神に発するものと言わねばなりません。

## 松井 茂（まつい しげる）

内務官僚、貴院議員　慶応二年（一八六六年）九月二十七日生　昭和二十年（一九四五年）九月九日没　出生地＝広島県

学歴＝帝国大学法科大学独法科〔明治二十六年〕卒、帝国大学法科大学研究科警察法専攻〔明治二十八年〕修了　法学博士〔明治四十三年〕

明治二十六年内務省入省。警視庁試補、消防部長、韓国警務局長、静岡・愛知各県知事、大正八～十三年警察講習所長兼内務監察官などを歴任。退官後錦鶏間祇候、昭和八～二十年貴院議員を務める。内務省警察講習所顧問、中央教化団体連合会理事長、日本赤十字社などの公職を兼ねた。著書に「日本警察要論」「自治と警察」「警察の根本問題」「警察読本」「松井茂自伝」などがある。

渋沢 栄一①

# 第七十五回誕辰祝賀会

閣下、並びに諸君、私は我が日出《いず》る国の神武天皇即位紀元二千五百八十二年の当日において、我が国の政治家・学者・実業家・その他《た》多数の紳士を代表して、輝く星の国の大発明家・エジソン翁の第七《しち》十五回の誕辰を祝賀し、翁が多数重要《ちょうよう》なる発明を完成実施して、世界人類に与えられたる至大崇高の恩恵を感謝するため、ここに一言《いちごん》するの光栄を衷心欣幸と存じます。

翁のなしたる発明は誠に多数にして、いずれも人類の幸福と文化の向上とに偉大の貢献をなしたるものであります。

就中《なかんづく》、その最も重要《ちょうよう》なるものは、電灯、蓄音器、及び活動写真等《とう》であります。

そうしてその電灯の炭素線の発明は、我が国の□□《ジュート》たる京都府八幡《やわた》の竹により完成せられたのであります。

SPレコードデータ
大正11年収録
ニッポノホン 音盤番号S2
収録時間5分38秒

八幡の竹は、我が軍術の魂と唱えらるる刀剣の目釘に用いて最良のものとせられてありますが、その竹がエジソン翁の大□□と大□□□《インキョーシ》とにより人類に大光明《こうめい》を与えたるは、やがて我が国の武士の魂が、翁により平和の大光輝を発したるものとして、純真の感興を信ずる能《あた》わざる次第であります。

フランク・イズダイヤー氏、及びトーマス・C・マルティン氏共著『エジソン氏とその生活及び発明』を見ますると、そのうちにエマーソンの言った「汝の車を腰に着けよ」との語を聞いております。

そうしてまた、フラデーが工場の車輪を上げて、丹前と□□《バクフ》にすぐに着けたと述べておりますが、私は翁は天上の星を□□《イタイ》引き降ろして、街灯にも室内にも丹塗したりと言うが適当であると考える。

その功績に思い至っては、世の暗雲を照らして□□《ザンク》に輝くものと存じます。

翁の蓄音器及び活動写真の発明も、また実に人類発達史を飾る一大創作であると信じます。

天地の創造者は人類に死を与えて、永久にその生命《せいめい》を奪っております。

しかるにエジソン翁は人をして無窮に生かしめました。

即ち人間の生命のシンボルたる肉と声と動作とを、永世に期待しむることに成功したのであります。

かくて、ジェスマーズ、グラッドストン、テニスン、グローニングは今なお生き、現代の偉人は永世生きたることを得て、世人はその欲するままに、その謦咳《けいがい》風貌に接することが出来るのであります。

故に翁は、生命の創造者として特に恵まれたる新時代の一大偉人であると信じます。

斯《か》く、蓄音機や活動写真は教育上及び慰安上、次代［時代］の効用あるものなることを思えば、翁は人類に平和と進歩と快楽とをもたらしたる天使なりと存じます。

エジソン翁は実に偉大なる発明家であります。

翁は偶然の工夫に成功して、名を天下《てんが》に馳せたる発明家にあらずして、格別たる発明的能力と強烈なる精力とを傾倒して成功したるここに□□《ドッコ》の一大発明家であります。

そうして翁の生活は、ただ勤勉努力の結晶でありまして、翁が言った、「反問する勿れ、ただ働け。しからば、あらゆる小義を排して召命［証明］を得《う》ること疑いなし」とのことは、用［量］少なくして功多きを主とする、現代社会にとっては誠に頂門の一針であります。

今や翁はその第七《しち》十五回の誕辰を迎えられたのでありますが、その千余《せんよ》に達する大小の発明は、悉く全人類の平和と幸福とに捧げられ、国境と人種との隔たりを消失し、時代［次代］を透徹して広がりつつあります。

渋沢 栄一②

# 御大礼ニ際シテ迎フル休戦記念日ニ就テ

SPレコードデータ
昭和3年収録
ニットー　音盤番号ナシ
収録時間11分34秒

私は国際連盟協会の会長として本月の十一日に放送しました事柄を、この場合に演説致すのでございます。

問題は「ご大礼に際して迎《むこ》うる休戦記念日に就いて」と申すのでございます。

第十回《じっ》の休戦記念日に当たり、国際連盟協会会長として、この席において一言《いちごん》の所感を述ぶるを得《う》るのは、私の最も幸甚と思うと同時に、大いなる義務と感ずるのであります。

それ故に、老衰の結果とかくに起居も不自由で、殊に音声も通りませぬかと懸念しますけれども、今日《こんにち》押して出席したのであります。

お聞き下さる皆様には、どうぞ私の卑醜《ビシュー》をご諒恕下さるようにお願い申します。

本年はご即位の大礼を行わせられ、国を挙げてお祝い申し上げておる、誠におめでたい時であります。

また、私個人と致しましても、昨年米寿に上《のぼ》りました祝いを、本年に至って各方面のご懇意なお人々からお催し下されて、誠に恐縮に堪えぬのであります。

かように国を挙げて恭賀すべき時に当たって、自身としても祝《いお》うべきことの、主《おも》なる重なるということは、長生きのお蔭でもありますが、上《うえ》に世界比類なき万世一系の皇室を戴く有難さであると思います、と私一生涯のうちの最も喜ばしい思い出になり、実に感激に堪えぬのであります。

私は健康上、ご大礼の盛儀に参仕することは出来ません…、であったが、今日《こんにち》この機会に私の衷心の喜びを申し上げることのできたのを、満足とするのであります。

この曠世［興盛］のご盛儀は、昨日《さくじつ》行われたのであります。

が、十一月十一日という今日《こんにち》は、世界戦争の平和克服第十《じゅう》周年の記念日に相当するのであります。

戦争が済んでからもう、満十年になる。

平和の歳月が、却って矢のごとくに迅速であります。

さりながら、戦争中の五年が、決して短いものと申すことは出来ないのであります。

殊に、戦禍に苦しんだ国におきましては、この五年は単なる五年ではありません。

とりわけその国民として後年後々《のち》に、その子孫の運命にいかに災いしたことでありましょうか。

無数の孤児・寡婦、子供や夫のない女、その境遇を思う時に、その悲惨は単に銭糧ばかりに限られていないことを、痛感するのであります。

最近、物質文明の開顕は世界を日に月に縮小せしめ、各国間の利害関係が非常に密接になって参りました。

殊に科学の進歩から、機械その他《た》の新発明が加わって、戦争を昔日よりも、二重にも三重にも激烈・惨憺たらしめております。

つまりそれは武器その他《た》、戦具の破壊力が極度に増加してきたという事実と、各国民の生活関係が種々に入《い》り組んできておるということであります。

もし一旦戦争となると、その親密な国際関係が根本から破壊されるからであります。

それは近い例を言うならば、恰《あたか》も大正十二年の関東の大震災が、東京・横浜などの大都市は、家屋のまばらな田舎町とは被害の程度が同日の論でなかったのと同じような訳であります。

国際連盟は、その国際関係に起こる紛争を平和的に解決することを努めてきておるものでありますが、先に米国において催されたワシントン会議又は不戦条約なども、この精神の現れであると見ることができましょう。

最近私が、衷心喜びに堪えないのは、国際連盟がその事業として、経済方面から世界の協調を図ろうとしておることであります。

昨年も一昨年も、私はこの席から申し上げましたが、およそ国家が品性の隆起を希望するが、是非ともその政治経済を、道徳と一致せしめねばならぬものである。

而《しこう》して国際間の経済の協調が連盟の精神をもって行わるるならば、決して一国の利益のみを主張することはできない。

他国の利害を顧みないということは、正しい道徳ではない。

いわゆる共存《きょうそん》共栄でなくては、国際的に国をなしてゆくことは出来ないのであります。

経済の平和が行われて、初めて各国民がその生に安んずることが出来る。

而してこの経済の平和は、民心の平和に基《もとい》をおかねばならぬことは、申すまでもありません。

他《た》に対する思いやりがあって、即ち自己に□□《シュース》［修す］の心が充実して、初めてよく経済協調を遂げ得《う》るのであります。

四書という古典のうちの中庸という書物に、誠は天の道なり、これを誠にするものは人の道なり、という警句があります。

いかにも天というものは飄々として公平無私［比］で、四季寒暑、みなその時を違《たが》えず、常に誠を尽くして万物を生育しておりますが、その天地と山海の内におる人は、即ち人間は、これに反して互いに相《あい》欺き相争い、この天の誠を人の道とすることを忘却しておるのは、誠に苦々しい限りであります。

どうぞ前に申した通り、一人《いちにん》一国の利益のみを主張せず、政治経済を道徳と一致せしめて、正々［清々］なる世界の平和を招来せんことを諸君と共に努めたいのであります。

ここに国家の大典《だいてん》を行わるるに際して、終戦第十周年の記念日を迎え得たことは、或いは永遠の平和を招来する瑞祥であろうかと思うて、私は心からお祝いを申し上げる次第であります。

これで私のこのお話を終わります。

渋沢栄一③

# 道徳経済合一説

当発明協会のご高配によって、私が平生《へいぜい》主義としておるところの道徳経済合一の説を、これより申し述べようと思います。

仁義道徳と生産殖利とは、元来共に進むべきものであります。

しかるに人生往々、利に□《ワシ》って「走って」情忘るるものがありますから、古《いにしえ》の聖人は人を用ゆるに当たってこの弊を救わんとし、専ら仁義道徳を説いて不義の利を戒むるに急であったために、後《のち》の学者は往々これを誤解して利義相容《あい》れざるものとし、ために倫をなせば困る、問えば即ち仁ならず、利を得《う》れば情失い、義に寄れば利に離るるものと速断し、□□□□《リヨコーセー》は以て仁をなすの道たることを忘れ、□□□□《リョーコーヒャクハン》の取引、合本《がっぽん》□□《コーヨー》の事柄《ことがら》はみな信義を□□《シゾ》とする契約に基くものなることに思い至らず、その極《きょく》はついに貧しきをもって清しとなし、富をもって汚《けが》れたりとなすに至ったのであります。

かくのごとき誤解より、学問と実務とが自然に隔離し来《きた》ったのみならず、古来学問は意気ある人の修むべきものとなっておったから、封建時代にあっては、学問は武士以上の消費階級の専有物であって、農工商の生産階級は文字《もんじ》を知らず経学を修めず、仁義道徳は彼らにとっては無用のものなりとし、甚だしきに至っては、有害なものであるとまで□□《ソーゾー》しきておったのであります。

私の遵奉する孔夫子《こうふうし》の教訓は、決して左様のもので

SPレコードデータ
大正12年収録
コロムビア　音盤番号A263
収録時間11分11秒

はない。

論語に、疏食《そし》を食らい水を飲み、肘を曲げてこれを枕とす、楽しみまたその内にあり、とありますが、突然これを聞くと、なるほど高名富貴のことは、孔子はとんと意にせぬかのごとくに思われるかもしれませぬが、それは解釈が悪いので、楽しみまたその内にありの句に、深長の意味があるのに気付かぬのであります。

聖人はその心仁義におるをもって、簡易質素な生活の内にも、また大いなる楽しみがある、と解すべきであります。

決して疏食を食らい水を飲み、肘を曲げてこれを枕とするを理想的の楽しみとなしたのではないことは、「もまた」の一字でも分かります。

孔子は義に反した利は、これを戒めておりますが、義に合《がっ》した利はこれを道徳に叶《かの》うものとしておることは、富貴を卑しむのことばはみな不義の場合に限っておるに見ても明らかであります。

不義にして富み且つ貴《たっと》きは我において浮雲《ふうん》のごとしと言い、富と貴きとはこれ人の欲するところなり、その道をもって□《スズ》してこれを得《う》ればおらざるなり、と言うたのは、決して富貴を卑しんだのではなく、不義にしてこれを得《う》ることを戒めたのであります。

また子路が成人を問うた時に、孔子は利を見て義を思うと答え、また君子に九思《きゅうし》ありの章にも、得《う》るを見ては義を思うと言え、子張が士のことを言うた時に、孔子のことをそのままに、得《う》るを見て義を思うと言うたのを見ても、義に叶うた利は君子の行いとして恥ずるところでないとしたのは明らかであります。

聞くところによれば、経済学の祖・英人アダム・スミスはグラスゴー大学の倫理哲学教授であって、道情主義の倫理学を起こし、次いで有名なる富国論を著わして近世経済学を起こしたということであるが、これいわゆる廉正公正その辞を一《いつ》にするものである。

利義合一は東西両洋に通ずる不一《ふいち》の原理であると信じます。

また子貢の問いに、もし広く民に施して而《しこう》してよく衆を救うあらば如何《いかん》、仁と言うべきや、子曰く、何ぞ仁を事とせん、必ずや聖か、堯舜それなおこれを病むとあります。

故にもし、この仁義道徳が疏食を食らい水を飲むのみであるならば、広く民に施して、而してよく衆を救ということは、けしからぬことと言わなければならぬ。

しかるに、何ぞ仁を事とせん、必ずや聖か、堯舜それなおこれを病む、と答えられて、仁どころではない、それは聖人もなお成しかねることだと言われた。

つまり、広く民に施してよく衆を救うというのは、即ち今日、我が聖天子のなさることである。

少なくとも王道をもって国を治むる君主の行為である。

故に国を治むる人は、決して生産殖利を閑却することは出来ないと私は固く信じておるのである。

私は学問も浅く能力も乏しいから、その成すことも甚だ微小であるが、ただ仁義道徳と生産殖利とは全く合体するものであるということを確信し、且つ事実においてもこれを証拠立って得られるように思うのであります。

が、これは決して今日になって言うのではありませぬ。

第一自分の思念が近世の国家の隆盛を望むならば、国を富ますということを努めなければならぬ。

国を富ますは科学を進めて商工業の活動によらねばならぬ。

商工業によるには、どうしても合本《がっぽん》組織が必要である。

而して合本組織をもって会社を経営するには、完全にして強固なる道理に拠《よ》らねばならぬ。

普通に道理に拠るとすれば、その標準を何にするか、これは孔夫子の遺訓を奉じて論語に拠るの他はない。

故に不肖ながら私は、論語をもって事業を経営してみよう。

従来論語を講ずる学者が、仁義道徳と生産殖利とを、別物にしたのは誤謬である。

必ず一緒に成し得られるものである。

こう心に肯定して数十年間経営しましたが、幸いに大いなる過失はなかったと思うのであります。

しかるに世の中が段々進歩するに従って、社会の事物も益々発展する。

ただしそれに伴《ともの》うて、肝要なる道徳仁義というものが、ともに進歩してゆくかというと、残念ながら否《いな》と答えざるを得ぬ。

ある場合には反対に、大いに退歩したことがなきにしもあらずである。

これは果して国家の慶事であろうか。

およそ国家はその臣民さえ富むなれば、道徳は欠けても、仁義は行われずともよいとは、誰《たれ》も言い得まいと思う。

蓋《けだ》しその極度に至りては、遂に種々なる蹉跌を出してするは、耳朶《じだ》を待たずして知るのである。

こうしてその実例は東西両洋、あまりに多くて枚挙する範《はん》に堪えぬ。

こう考えてみますと、今日《こんにち》私の論語主義の道徳経済合一説も他日世の中に普及して、社会をしてここに帰《き》一《いつ》せしむるようになるであろうと行く末を期待するのであります。

## 渋沢 栄一（しぶさわ えいいち）

実業家、第一国立銀行頭取、子爵　幼名＝栄二郎、号＝青淵　天保十一年（一八四〇年）二月十三日生　昭和六年（一九三一年）十一月十一日没　出生地＝武蔵国榛沢郡血洗島村（埼玉県深谷市）

武蔵国血洗島村（現・埼玉県深谷市）の渋沢市郎右衛門の長男。慶応二年（一八六六年）慶喜の将軍就任とともに幕臣となり、陸軍奉行支配調役に任ぜられた。三年（一八六七年）慶喜の弟・徳川昭武に随行して渡欧し、本国から送られてくる一行の旅費を管理した他、西欧の近代的産業設備や経済制度を学んだ。大政奉還後の明治元年に帰国し、二年静岡に我が国最初の株式会社・商法会所を設立して頭取に就任。抄紙会社や第一国立銀行の設立に当たった。八年第一国立銀行頭取に就任（大正五年まで）。以後、十二年我が国初の本格的紡績会社である大阪紡績、東京海上保険会社、十七年日本鉄道、十八年東京瓦斯会社、日本郵船会社、十九年日本電灯会社、二十年帝国ホテル、札幌麦酒など、五百余社の創立・合併・経営に関係した。また、十一年東京商法会議所の設立に伴い会頭（後身である東京商業会議所会頭にも留任）となった他、日本実業協会などの経済関係団体を多数組織して実業界・財界の指導的役割を果した。〝日本資本主義の父〟と呼ばれる。大正十二年の関東大震災後には大震災善後会副会長として東京の復興に奔走。昭和二年日本国際児童親善会を組織し、同年日米親善人形交換会を開催して日米両国の子どもたちのために日本人形とアメリカ人形とを交換するなど、民間外交の分野でも活躍した。著書に自伝「雨夜譚」や、「欧米紀行」「青淵百話」「論語講義」などがある。

# 石油事業について

津下　紋太郎

石油を制する者は世界を制す。

これはフランスの政治家アンリー・フランジがクレマンソーに送った外交文書中の有名なる文句であります。

即ち、石油を制する者は海を制し、陸を制し、空を制し、かくて世界の覇権を握り得《う》る者だと切言《せつげん》したのであります。

今日の文化は一言《いちげん》にして言えば、時間と空間の短縮であります。

ことばを替えて言えば、現代はスピードの時代であります。

而《しこう》して石油は、そのスピード文化の原動力であります。

SPレコードデータ
昭和1ケタ代収録
パーロホン　音盤番号E1480A
収録時間3分8秒

石油がなければ、リンドバークの大西洋横断も出来ません。

自動車も問わず、ハイスピードの線もありません。

いかに精巧なる機械も、円滑《えんこつ》にその用をなすことは出来ません。

故に我々石油事業に携わる者は、そこに大いなる誇りを持つとともに、また任務の重大なることを痛感せずにはおられないのであります。

しかるに、この大切なる石油につき、不幸にして我が国は未《いま》だ自給自足の域に達しておりません。

我々の努力が一《いつ》の新油田を発見し、一の必需井《ひつじゅせい》を加えることは、ただに我が社の利益であるばかりでなく、実に国家をして、自立自存に一歩ずつ近付けることである、国際対策の改善に帰する所以《ゆえん》の道であります。

我々はかくのごとく、自給自足の理想に向かって不断の努力を続けると同時に、一方また目前の不足を補充するがために、原料油を輸入し、我が国の資本と我が国の技術と我が国の労力とをもって、これを優良なる製品と化し、特約店諸賢の協力を俟って、広く市場《しじょう》に供給しておるのであります。

諸君、今や我が国は未曾有《みぞう》の経済的国難に当面しております。

この難局を打開するがためには、種々なる政策の実行を要します。

就中《なかんづく》、最も緊急にして且つ最も有効なるは、国産愛用の一致であります。

我が国民がこぞって国産を愛用するに至れば、国際貸借関係は自然に改善され、国家の産業は期せずして勃興するのであります。

諸君、石油産業は国家存立上、最も大切なるものであります。

我が日本石油株式会社、この重大なる任務を帯びて陣頭に立ち、国産石油供給を旗印として戦っておるのであります。

石油産業の益々重要性を加え来《きた》ったる今日、また国産奨励の益々緊急性を俟ち来ったる今日、従来のご奮闘の上に□□《ヒャクセキ》敢闘、更に一歩を進め、蝙蝠印《こうもりじるし》石油発展のため、石油報国の精神をもって、益々ご奮闘あらんことを切望して已まない次第であります。

## 津下 紋太郎（つげ もんたろう）

実業家　明治三年（一八七〇年）四月七日生　昭和十二年（一九三七年）九月二十日没　出生地＝備前国児島郡藤戸（岡山県倉敷市）　学歴＝同志社普通部〔明治二十三年〕卒、同志社本科神学部〔明治二十六年〕卒

備前国藤戸村で商家・津下豊次郎の長男として生まれる。小学校卒業の前年、京都同志社の神学生・亀山昇の持っていたウエブスターの辞書や金文字の洋書を見て向学心を起こす。亀山の影響で、明治十七年岡山の教会で金森通倫から洗礼

を受け、十八年同志社普通部に入学。二十六年本科神学部を卒業し普通部で教鞭を執る。傍ら、教会で説教をしていたが、三十一年退任し帰郷。奈良県吉野の山林地主・土倉庄三郎の子・龍次郎が同志社の同窓だった関係で、三十二年土倉家の台湾事業総支配人となり、山林開墾、樟脳の生産などの事業に携わる。四十年退任し帰国。のち日本製鉄専務、宝田石油専務、大正十年～昭和八年日本石油専務を歴任。この間、大正六年カルピス製造会長、のち日本工業会社社長などを務めた。また石油流通の権威として、昭和九年満州国財務部顧問に就任、同国の石油専売制を実現させた。著書に「津下紋太郎自伝」がある。

成瀬 達①

# 創業五十周年に際して

〔ただ今から成瀬社長のご訓示があります。〕

ここに我が社創業五十周年を迎え、諸君とともにその喜びを分かつことを得ますことは、私の最も欣幸とするところであります。

顧みますれば、明治二十二年七月に創設せられました我が日本生命は、操業に守成に、幾多の困難に遭遇しつつも、国運の隆昌に伴い、よく今日《こんにち》の発展をもたらしたのでありまして、我々はまず広大無辺の聖恩に感激するとともに、幾多先輩の労苦に対し、深甚の敬意を表さなければなりません。

従業員諸君、我が国は今や一億国民が心を一《いつ》にし、その総力を挙げて東亜新秩序の建設に邁進しつつあるのであります。

我々は陸に海に空に、尽忠報国の誠を尽くされつつある皇軍将兵に感謝し、護国の英霊に対し敬虔なる弔意を捧ぐるとともに、益々報国の念を深く致さなければなりません。

この国家非常の時に当たり、我が社は創業五十周年を迎え、更に新たなる飛躍をなさんとするに際しまして、諸君の覚悟を促し、諸君の心構えを新たに致したいと存ずる次第であります。

我が生命保険事業の精神が、共存共栄《きょうそん》にあることは申すまでもありません。

即ち、自らを利することと、他《た》を利することが最も円満に調和せられ、利害の対立はあり得ない事業であります。

SPレコードデータ
昭和14年頃収録
タイヘイ　音盤番号M１６６２A
収録時間３分17秒

しかして、国民生活と斯業《しぎょう》の関係は近時益々緊密でありまして、この間《かん》におきましては、公益を先にすべきは固より当然であります。

従って公共を重んぜず、他を顧みず、自己一身の私利私欲にのみ走る人は、斯業［始業］の根本精神に反するものでありまして、我々とは絶対に相容《あい》れないものであります。

次に諸君は、私《わたくし》の情を去って、各々の職務に忠実でなければなりません。

諸君が国に尽くす道もまたここにあるのであります。

しかもこのことは、単に［他に］命令され強制されるからというのであってはなりません。

真に自己の職責を自覚し、その職務に精励し、黙々として責任を果たすことをもって満足し、徒《いたずら》に名利《めいり》に捉われない至誠の心が大切なのであります。

即ち諸君はあくまでも仕事を目的とせられ、自己の生活はそのための手段であると考えなければなりません。

また、かくすること以外に、諸君が自己を生かす道はないのであります。

要するに諸君が心からなる自覚の下《もと》に、奉公の至誠をもって各々の職務に最善を致されるところに、真に明朗なる社業の繁栄があり、また諸君が常に斯業［始業］の真精神を体し、協和の美風を醸成せらるるところに、初めて健全なる社風が生まれるものであります。

私は諸君とともに一意保険報国に邁進し、我が社をして名実ともに世界に誇る生命保険会社たらしむべく、ここに「明朗協和」をもって我が社の新たなる指導［主導］精神と致したい、と考える次第であります。

成瀬 達②

# 我等の信条

〔これから成瀬社長代理のご訓示があります。〕

我が日本生命は、明治二十二年の創業にして、爾来年を経《ふ》ること五十に垂《なんな》んとし、この間《かん》多年に亘り、本邦業界における最高峰として最優最大の栄誉を誇示致しておりますことは、諸君ご承知の通りであります。

しかし我々は、決して現状をもって満足するものではなく、臥薪嘗胆二十年を新社是として、世界に雄飛せんとするものであります。

ここにおいて、何が最優最大のこの栄誉をもたらしたかの原因を尋ね、従業者の持つべき信念について学ぶことが、必要となってくるのであります。

我が社今日の躍進の原因は、多々挙げ得《う》ると思うのでありますが、最大の原因は生命保険の根本精神であるところの共存《きょうそん》共栄、相互扶助の精神に徹底し、至誠実行を旨として、一《いつ》に契約者本位の真摯なる経営を行ってきたからに他ならぬ、と信ずるのであります。

即ち創業以来、全従業者は共存共栄、至誠実行の社是を十分に理解し、日本生命は我らの会社であるという本社《ほんしゃ》精神をもって、懸命の努力を致して参ったのであります。

これは敢えて同業他社に誇り得《う》る我が社の美点であることを、固く信じて疑わぬ次第であります。

故《こ》・弘世社長が全従業者に残されました臥薪嘗胆二十年の社是は、今に我々の耳朶《じだ》に新たなるものがあります。

この崇高なる偉業を完成するためには、まず全従業

SPレコードデータ
昭和11年収録
ニットー　音盤番号N31A
収録時間3分21秒

者が自己の職業に対する明確なる認識を持って、真剣に粘り強く、各々の職務に精励することを必要とするのであります。

換言すれば、信念・誠実・努力の三信条こそ、我が社永遠の発展を基礎づけるものに他ならぬのであります。

今日我が国は内外とも異常の難局に直面し、諸政〔初生〕一新が力強く唱道されまして、あらゆる方面に革新の気運が漲っておりますが、国民生活の安定が論議の中心となっておることは、争えぬところであると存じます。

而《しこう》して我が生命保険事業が事業本来の性質より、国民生活の安定を図り、国内的及び国際的不安を解消して、国運の隆昌に寄与する最も有効適切の手段でありますことは、今更申し上げるまでもないところでありまして、我々の使命は益々重かつ大と相《あい》成ったのであります。

幸いに諸君は、生命保険事業の新意義と本社の指導精神を十分に理解徹底せられまして、時局の重大性に鑑み、粉骨砕身、以て保険報国の使命を全うせられんことを、切望して已まぬ次第であります。

## 二十億円達成に際して

成瀬 達③

〔これから成瀬社長代理のご訓示があります。〕

SPレコードデータ
昭和11年収録
ニットー　音盤番号N31B
収録時間3分23秒

ここに故《こ》・弘世社長の偉業たる、八月末《まつ》二十億円達成の大計画を見事完成致しまして、親しくそのご霊前に報告申し上ぐるを得ましたことは、私の最も光栄とするところであります。

これ偏《ひとえ》に英霊天にあって照覧あらせられた賜物に他ならぬを信ずるとともに、また従業者諸君が故社長の厚恩に報いんがため、雄図《ゆうと》の完成に向かって協力邁進せられたる結果によるところと、衷心感謝に堪えない次第であります。

しかし我が社の目標は世界制覇にあり、故・広世社長はその外遊［外憂］によって臥薪嘗胆二十年、二十年を期して世界の最優最大会社たらんとする新しき社是を定められて、我々の向《むこ》うところを指示《しし》せられたのであります。

二十億円達成は、本邦業界において真《しん》に画期的大業たるを失わないのでありますが、世界制覇を志す我々にとっては、道程の一里塚たるに過ぎないのであります。

我々は、更に三十億、五十億、否《いな》百億、二百億に向かって、一層の努力を傾倒しなければなりませぬ。

この意味において我が社は、まず日本における圧倒的制覇、即ち絶対他社の追随を許さざる強固なる地盤を確立しなければならんのであります。

昨十年度、我が社が新契約成績において、第一位を獲得致しました地方は二十一を算するのでありますが、なお大半の地方におきましては、第二位以下の劣勢に甘んじておる状態であります。

我々は早急にこれらの弱勢地盤における第一位を獲得するとともに、現に第一位を占めておる地方においては、我が社の占むる比率の向上を期さなければなりませぬ。

最優最大の現地徹底こそは、世界制覇への途上において、最初に解決しなければならぬ大問題であります。

ここにおいて我々は、待望の二十億円達成に止《とど》まることなく、更に一大飛躍を期待致しまして、九月以降の目標を全土の日生化に置き、各支店出張所に特別責任額を割り当て、これを絶対に敢行［完工］することによりて、年初の計画たる四億五千万円の完遂はもちろん、進んで五億円に向かって邁進せんとする次第であります。

時あたかも新秋、絶好の活動シーズンを迎えまして、最も豊饒なる収穫の予想せらるる時、諸君は本計画の重大なる意義をとくと認識せられ、一段の勇猛心を奮い起こして全土日生化のため、ひたすら邁進あらんことを切望して已まぬものであります。

以上簡単ながら、二十億円達成の祝辞を述ぶるとともに、併せて九月以降の計画を公表致しまして、今後における諸君一段の奮起を要望する次第であります。

成瀬 達（なるせ とおる）

貴族院書記官長、阪神電鉄社長　生年月日不詳　昭和二十六年（一九五一年）八月十六日没

明治期の実業家、教育者である成瀬隆蔵の子。日本生命中興の祖と言われる弘世助太郎死去後、その遺言により日本生命社長に就任。実弟の成瀬現（弘世現）は、達の次の日本生命社長に就任した。

# 我等の覚悟

弘世 助太郎

〔ただ今より社長のお話があります。〕

我が生命保険事業は、共存共栄《きょうそん》、相互扶助の崇高なる精神を基調として、人々各々の生命価値を保障し、経済的安心立命をもたらす制度でありまして、老後の準備並びに家族の保護という人間の至情を最も適切に、且つ最も有効に実現する重大使命を有しておるのであります。

従って我々がこの事業に従事し、これが発展・隆昌のために懸命の努力を尽くすことは、誠に無上の栄誉と申さなければならない次第であります。

我が社は創業以来ここに四十有余年、この事業の根本義に深く鑑みまして、内外一致協力、専ら保険契約者本位の経営に努力し、斯業の向上発展に努めつつあるので、一般の社会よりも絶大なる信頼を受け、常に最優最大会社《かいしゃ》の栄誉を保ち、それに相応しき内容を完備致しておりますることは、誠にご同慶に堪えない次第であります。

要するに、我が生命保険事業の伸展は、他《た》の事業経営の何物よりも強く、事業者一同の真摯誠実なる努力に拠《よ》らなければならぬ次第でありまして、しかもその尊《たっと》い至誠の努力は、日本生命は我らの会社なりという自覚せる確固不抜の一大信念のもとにおいて、初めて生まるるものでありまして、会社とその従業者とが一心同体であってこそ、この絶大なる伸展を期し得《う》るのであります。

また本社の社是とする守成実行の精神も、これに因《いん》

SPレコードデータ
昭和1ケタ代収録
ニットー　音盤番号ナシ
収録時間3分23秒

由《ゆ》する次第で、各諸君は我らの熱誠なる信念を深く意識せられまして、今後益々本社のため、また生命保険事業のため、勇往邁進せられんことを切望する次第であります。

今や我が国は、精神的にもまた物質的にも、非常なる難局に直面し、挙国一致、自力《じりょく》更生の道を進みつつあるのであります。

しかして、我が生命保険事業は、現今国を挙げて唱道せらるる自力更生の趣旨に最もよく適合する唯一無二の事業でありますることは、諸君も既にご承知のことでありまするから、斯業［始業］のこの基調と社長のこの精神とを十分に玩味会釈［会得］せられまして、現在の難局に対し、この働き甲斐のある好機を逸せず、今後一層のご健闘あらんことを、切に切に欲望［要望］する次第であります。

## 弘世 助太郎（ひろせ すけたろう）

実業家、日本生命保険社長　明治四年（一八七一年）十二月九日生　昭和十一年（一九三六年）三月九日没　出生地＝近江国彦根（滋賀県彦根市）　学歴＝第三高等中学校卒　叙勲・受賞＝シュバリエ・ド・ランナン勲章〔昭和二年〕

三菱合資銀行部、勧業銀行勤務、日本倉庫支配人を経て、明治三十三年山口銀行副支配人となる。四十一年日本生命保険取締役、大正八年専務、昭和三年社長に就任し、没年まで務めた。同社の戦前における興隆期を築いた。この他、生命保険協会理事長、関西信託、三和銀行、日本無線電信、都ホテル、大阪ホテル、大阪毎日新聞などの重役も兼任した。

# 神守不動貯金銀行

牧野 元次郎①

SPレコードデータ
大正14年収録
トウキョウ　音盤番号0665AB
収録時間5分8秒

世間に多くの銀行もありますが、本行ほどいかなる土地［都市］でも向上発展してゆくという銀行は、他《た》に決して類がないのであります。

何のために、特にこの銀行に限って、かくのごとき恩恵を与えられておるのでありましょうか。

思えば実に幸せなことと存じます。

ご承知の通り、本行には特にこの銀行をお守り下さる神様がございます。

俗に言う大黒様で、この大黒様が本行の守護神《じん》であります。

今より丁度十五年前《ぜん》、明治四十《しじゅう》三年に名古屋の共進会で求めて参った大黒様を本行の守り神とお頼み申し上げて、お祀り致しておるのであります。

その頃は銀行の預金も誠に微々たるもので、わずか百万円か二百万円位《ぐらい》であったのであります。

それが忽ちにして五百万円になり、八百万円になり、ご承知の大正二年には一千万円になりました。

大正七《しち》年には五千万円になり、同じく十年には一億円になり、大正十二年八月には二億円になったのであります。

本行に大黒様をお迎え申し上げて以来、わずか十五年後に、預金が二億円になったということは、全く神様のおかげです。

私は衷心から感謝しております。

もしそれをお互いの努力のみでこうなったなんぞと思うと大変な間違いで、全く神の力が加わって、初めて大きな仕事が出来得《え》られたのであります。

ここ十五年間に巨額の預金が増えたということは、もちろんお客さまのご援助や行員諸君のお力もありまするが、特別の神助を得ておりませんければ、決してこんな風には大きくなれるものではございません。

それればかりではありません。

財産状態も、おそらく他《た》に見ることのできないほど、立派なものであります。

ご承知の通り、大正九年三《く》月の有価証券暴落時代には、この銀行は一株も担保で借金を致しておりません。

ですから株式がどんなに暴落しても、ちっとも影響はありませんでした。

却ってその以前に、持っていた株を悉く売ってしまいましたから、それがために銀行は一層基礎を固くすることができました。

また大正十一年の一月からは、貯蓄銀行条例が改正されましたが、これも何の障りもなく、むしろ本行のためには非常によい結果になっております。

また大正十二年の震災も、世間では言うに言われぬ苦痛を今日なお感じておりましょうが、この銀行は却ってあの機会に真価を発揮して、一段と向上発展を致しております。

そういうように、世間の災難の場合に、本行は却って幸福に転じております。

蓋《けだ》しこれは人力《じんりょく》の能《よ》くするところではありませぬ。

確かに神の助けによって、かくのごとくなったのであります。

しかしこの天佑は、ただ神様だけをお祀りしたからとて、それで得られるものではない。

全く合理的な経営方法をとり、そうして正直に勉強するから、初めて神の恵みがこの銀行に来《きた》るのであります。

正直の頭《こうべ》に神宿る、とはこのことであります。

かくのごとく本行には特別の神助・天佑があるのでありますから、いよいよ益々本行は栄え抜く［ゆく］ことと存じます。

牧野元次郎②

# 貯金の三徳

私は常に貯金に三徳ありと言うております。

貯金には三徳どころではございません。

五徳も十徳もあるでありましょう。

しかしながら、主《おも》なる徳は三つある。

その第一は、貯金をすれば身体《からだ》が丈夫になる。

こういうことであります。

貯金をすれば金の貯まることは分かっておるけれども、身体が丈夫になるというのはちと変だと思うお方もありましょうが、これは事実です。

貯金さえすれば必ず身体が丈夫になります。

そこで、どういう訳で貯金をする人の身体が丈夫になるかと申しますると、貯金にも色々方法がありますが、余ったら預けようというような消極的の貯金ではいけません。

ある期間を定めて、これだけの金は必ず貯めるという、積極的の貯金方法ですと、従来より、より以上の働きをすることが肝心である。

いわゆる、石の上にも三年の辛抱で、堅い意志の下《もと》にその貯金を続けていらっしゃるならば、必ずやそのお方のお身体は丈夫になるのであります。

人の身体は働けば働くほど丈夫になります。

この一例を申しますと、按摩が年中他人《ひと》の身体を揉んでおりますので、手の指の力というものはなかなか発達しております。

また郵便配達夫は年中歩いているので、従って足が丈夫であります。

SPレコードデータ
大正14年収録
トウキョウ　音盤番号666AB
収録時間4分45秒

人が働けば働くほど丈夫になるというのが真理であるならば、貯金を続けていく者の身体は、期せずして壮健になるのであります。

それから第二の徳は何かと申しますと、貯金をすれば家庭が円満になる。

これはどういう訳かと申しまするると、貯金をする位でありますから、そこの主人公は無駄遣いをしない。いわゆる、家《いえ》を外にして遊《あす》び歩くことはない。主人が一生懸命に商売に勉強すると言うんですから、ご家内は悦んで家庭には春の風が吹きます。即ち、家庭円満をきたす所以《ゆえん》であります。

それから第三の徳は、貯金をすれば商売が繁盛するということであります。

貯金をすれば、知らず知らず商売は繁盛致します。これは説明するまでもないことで、即ち、他人《ひと》以上に勉強するのでありますから、そこの商売の繁盛するのは当然のことであります。

かく論じ来《きた》りまするると、貯金の効果は実に偉大なもので、各個人としては、身体が丈夫になる、家庭が円満になる、商売が繁盛する、およそ人の望む幸福は、これ以上にはない筈であります。

また各個人が、身体が丈夫であり、家庭が円満であり、商売が繁盛でありまするならば、その国家は健全であり、平和であり、繁栄であると言えるのであります。

個人としては幸福であり、国家としては隆昌であるその根本問題も、ただ貯金一つで解決することが出来るとするならば、貯金の効能も実に偉大なもので、私は金の貯まるという以外の方面にかくのごとき徳があるということを認めまして、これを貯金の三徳と称するのであります。

牧野元次郎③

# ニコニコの徳

そもそも私がニコニコ主義を唱え始めました動機は、丁度今より二十年前《ぜん》、日露戦争の終わりました翌年《よくとし》のお正月、伊勢参りを致した折に、石橋の付近の名物店で、何か土産物をと思うて見ておりますると、棚の上に二寸ほどの木彫りの大黒様が載せてあったのを見つけました。

見ておりますると何となくいい気分になりますので、他《た》に何も買わずにその大黒様一つを買って、帰ってきました。

帰りの汽車の中で、時々懐中から出して眺めていると、言うに言われぬ快感を覚えて、私も自然とニコニコせざるを得なかったのであります。

そうして大黒様のお顔を拝しているうちに、色々の意味がそのお顔に現われておることを発見致しました。

まず第一に、身体《からだ》が健康であるということ。

これは、身体が弱ければ、大黒様のようなあのご恰幅もありますまい。

また、ニコニコのお顔も出来ぬことと思います。

それから第二には、お心が平和であるということ。心に煩悶苦痛がありますと、あのニコニコのお顔は出来るものではありませぬ。

誠に無邪気な平和なお顔で、お心もその通りであるということが、よく分かります。

また第三には、商売が繁盛であること。

これは、大黒様はご承知の金銀・珠玉の入っておる

SPレコードデータ
大正14年収録
トウキョウ　音盤番号667AB
収録時間5分41秒

袋を、持っておいでになる。

あの点を見ても、お金持ちであることはよく分かります。

なるほど、大黒様は昔から福の神と称えられているけれども、まさにそれに違いない。

人の望む幸福は、みな大黒様一人で背負《しょ》っておいでなさる。

こりゃ面白いことを発見したとこう考えて、以来ニコニコ主義を唱えることになったのであります。

一体、ニコニコするということは、世の中の全てを楽観するから出来るので、そこで楽観するということがどの位《くらい》身体に影響していくか。

ある学者の説によると、楽観すると血液の内にあるオスフォニンというものが増えてくるが、悲観すると段々減ってゆく。

それが減ってゆけば身体が弱くなり、それが増えれば強くなるものであるという話を聞きました。

してみると、身体を丈夫にする方法としてニコニコするならば、いわゆる楽観するならば、自然とオスフォニンが充満して元気が良くなる、身体が丈夫になるという結果を来《きた》しはせぬかと思います。

そういう訳でありますから、健康のためにも大いにニコニコせざるを得ぬのであります。

そうして身体が丈夫になって、益々ニコニコすれば、自然家庭も円満になります。

また商売も繁盛致します。

そこで大黒様にあやかるよう、常に大黒様をお祀りして、そのご加護を得《う》るように、日々《にち》修養をする。

私は嘗てニコニコ座右銘というものを選んで、方々へ配布したことがありました。

その座右銘は、「今日一日三つ《こんにちいちじつ》の恩を忘れず、不徳の思いをなさぬこと」「今日一日腹を立てぬこと」「今日一日嘘を言わず、無理をなさぬこと」「今日一日他人《ひと》の悪《あく》を言わず、己の善を言わざること」「今日一日の存命を喜び、家業を大切に努むべきこと」。

この五箇条を日々《にち》大黒様にお誓いして、永く永く実行していくならば、必ずやその人の一生は福徳円満で、この上もなき幸福の境地に達するであろうと思います。

牧野元次郎④

# 良心運動の第一声

私はかつて、多分論語のうちであったかと思いますが、「順天存逆天亡」こういう文句を見たことがあります。

「順天存」つまり、天に従《したご》うものは存在する、天に逆《さか》ろうものは滅亡する、そこで天に従うということ。

支那人はよく天ということを申しますが、これは神に従うということであります。

天意に従う、神の御心《みこころ》に従っておる者は必ず残ってゆく、神の御心に逆ろう人は必ず亡びてしもう。

これは千古を通じて間違いのないことだと、私は確信しております。

そこで天に従うにはどうしたらいいか。

こういう実際問題を考えてみまするると、一番手っ取り早く考えまするのは、誰も持っておりまする良心、良心は神なりということを、私はかつて唱えたことがあります。

また私はそう信じております。

良心は神なり、また天なり、と言ってもいいでしょう。

ですからして、天を良心と見て、良心に従う者は残り、良心に逆ろう者は亡びる、こういう風に解釈して宜しいのであります。

そこで良心はお互いの胸に持っておるのでありますから、何事をするにも、その良心に聞いてみて、良心が宜しいということであったならば、勇往邁進してゆく。

SPレコードデータ
昭和10年代収録
コロムビア　音盤番号A177AB
収録時間10分48秒

恐怖もなくなり、勇気もそれから生ずる。

そうして必ず成功するのでございまするが、良心に問うてみて良くないなということでありました場合《ばやい》には、断固これを止《や》める。

これ即ち神の命令であるからであります。

神の命令には利害を離れて、損得を眼中に置かずして、ただただその命令に絶対服従しなければならぬのであります。

良心に絶対服従するということが、世に処する最善・最上の方法だと、私は信じております。

多くの方は良心の命令に従わないで、悪心とでも申しましょうか、或いは悪魔のささやきとでも申しましょうか、そういう悪い心にだまされて、とんでもないことをして、一生を棒に振る人がたくさんございます。

今日、新聞なぞを見まするると、誠に嘆かわしいことがたくさんありまするが、一《いっ》に良心を顧みないで悪魔の声にだまされて、ああゆうみじめな境遇に陥るのであります。

実に嘆かわしい極みであります。

ご本人は自分のしたことでありまするから致し方がないと致しましても、その家族或いは親戚にとりましては、どの位迷惑なことでありましょう。

それらを考えまするると、お互いは日《にち》々刻《こく》々良心に聞いてみて、良心が差し支えないと言うことのみを進んでやる。

これは悪いなと思った時は何事を措いても、断固として止めるというのが、一番大切であるんであります。

そういうところを標準として、つまり良心の命令は神の命令であると本当《ほんと》に悟って、皆がその通りやっていったならば、世の中に間違いなどというものは全然あるものではないのであります。

一時《いちじ》は損のように見えましても、最後は必ず、それが勝利であるということになるのであります。

邪は未《いま》だかつて正に勝たず、つまり正は必ず邪に勝つのであります。

良心の命令に絶対服従してゆくならば、必ず事業も成功すると確信致しております。

それをその通りやったんでは損だとか、或いは出世の機会を失《うしの》うとか、或いは人が見ておらんからこの位なことはやっても良かろう、というような不都合な考えが、その人を遂に失敗に陥れるのであります。

私は宇宙に神の存在を深く信ずるものであります。

その神は、ことばをもっては何も仰せにはなりませんが、お互いの胸に良心というものをお与え下すっておる。

その良心のささやく通りに行動を致しまするならば、何ら間違いはないのであります。

どうぞ日《にち》々、その良心に恥ずかしくないような、やましくないような行動をしていただきたいのであります。

一人《いちにん》でも、不正をする者、卑怯な真似をする者、悪事に加担する者、こういう者を、私は絶無にしたいと思っております。

世の中に良心に背く者が一人もなく、人が見ておらないからとて横着をする者もなく、また不正不義をする者もなく、皆が日々愉快に働いておるならば、刑務所も暇になりましょう。

紛争もなくなりましょう。

どんなに麗しい世の中となることでしょう。

私はそれが望ましい。

どうぞ皆さん、心が許す限りにおいて努力して下さい。

勉強して下さい。

親切を尽くして下さい。

大黒様はお互いの胸に良心としてお宿りなすっておられる。

その良心の命ずる通りに行動するというのが、即ち天に従うということであります。

そうするならば、必ず永久に残ることが出来るのであります。

しかしながら誘惑の手は、日々刻々、各方面から伸びて来《きた》るのであります。

それを良心の命ずるまま、断固排撃するということは、余程の勇気がなければ出来ぬのであります。

そういうお方こそ本当《ほんと》の英雄であり、豪傑であると思うのであります。

どうぞ我々は全く良心の命令通りに、日々行動してゆきたいものだと思います。

くれぐれも、自分の利益なんぞというようなことは一切頭から捨てまして、自分の行動が良心の命ずるところに従っておるかどうかということのみを、先決問題として常にお考え下さるならば、それが期せずしてお互いの利益になるのであります。

それがいわゆる、神様から自然と良心通りに行動したという廉《かど》をもって、ご褒美に与《あずか》ることが出来るのだと私は信じております。

一体世の中に、不幸とか災難とか病気とかがありまするのは、一《いっ》に良心に背く結果であると私は信じております。

良心に背かない行動をするならば、いわゆる不幸・災難・病気などというものは、自然となくなってしまいます。

不幸や災難や病気を避《よ》けようとするならば、まず第一に、良心通りの行動を日々取るということが絶対必要であります。

これはただに私の一家言ではございません。

実に我々をお守り下さる大黒様のおことばでありますぞ。

えーいっ！

**牧野 元次郎**（まきの もとじろう）

不動貯金銀行頭取　明治七年（一八七四年）二月十七日生　昭和十八年（一九四三年）十二月七日没　出生地＝千葉県　学歴＝東京高商〔明治二十五年〕中退

成田英学塾で教えていたが、成田銀行を設立時に支配人としてまねかれる。明治三十三年岳父小堀清と共に不動貯金銀行（のちの協和銀行）を設立、三十五年取締役、三十七年頭取に就任。「庶民金融第一主義」をとり、三年満期の積み立て貯金を考案、また関東大震災直後にも預金者の払い戻しに応じて信用を高め、同行を業界第一の貯蓄銀行に発展させた。昭和十六年相談役。

青木 庄蔵

# 国家的禁酒注意

SPレコードデータ
大正末収録
スタークトン　音盤番号B１４３
収録時間5分36秒

諸君、国家的禁酒とは、不肖私、甚だ僭越の言《げん》に似たれども、政治・教育・経済・宗教等《とう》、あらゆる方面とも、世はみな真面目《まじめ》の気分を欠き、忌憚なくこれを称せば、全て表面の一時的ごまかし、ただ自己これ念とし、滔々として空《くう》をなすの感あり。

ここにおいて余はかく覚えり。

ああ金銭これ何者ぞ。

名聞《めいぶん》、人生に何ほどの意義ある。

□□《ヒッザイ》に際限なし。

栄誉に満足ある、無し。

しかるに汲々として東奔西《さい》走、気もこれあらずという有様に、世は益々悪化しつつ、腐敗と堕落せしめつつ、拠《よ》ってきたるところは、まず飲酒《いんしゅう》［因習］にあり。

政治・教育・実業・宗教、皆しかり、現代の有様にて進み行かば、国家をして亡国の民と等しきことに来《きた》し至らしむは必然なり、と深く信ず。

余はここにおいて、止むに止まれず、一身一家を顧みるの時にあらず。

出来得《でけう》べくんば、社会人類のために、根本的飲酒の害を除去するにあり。

故に国民に教育して、法律の力により対酒国たらしむるに如《し》かず。

ここに二・三の例を挙げて、まず第一に、犯罪者たる我が国の在官者約五七《ごしち》万の往来と見て、八割までが飲酒の結果、また能率は三割を減ず、と統計によって表わしております。

即ち十時間の労働者すれば、七《しち》時間より働きが出来《でけ》ず、これは経済的に打算せば、机上の数字に表われてくるなり。

今日《こんにち》のごとく、種々なる社会的救済事業の起こり来《きた》るその元は、飲酒家の子孫に現われ、即ち不良少年・低能児・白痴・痴呆人・精神病、大多数なり。

その他《た》、梅毒病大病《たいびょう》患者は、百人に対する五十パーセント。

即ち百人のうち五十人までがそれに冒されてるという専門家の統計であります。

実に驚くほかありません。

畏れ多きことながら、□□《セッセー》〔摂政〕宮《みや》殿下におかせられては、禁酒禁煙実行され、国民をして善良なる範《はん》を垂れさせ給《たも》う。

いかに臣民として幸い、恐懼に堪えず。

殊に我が禁酒の見本雑誌をご台覧《たいらん》の栄を給《たも》うこと、感謝に至り。

しかして我が同盟団体として全国領土に二百二十有余の加盟団、及び会員が三万有余あります。

日進月歩、続々申し込み者があり、また最近内務省よりもご下賜金あり。

既に少年禁酒法は制定され、殊に青年男女諸君は法化のため、十分のご了解を得られんことを、謹んで〔進んで〕希望して止みません。

終わりに一言《いちごん》申しておきたいと思いますは、ご承知の通り、我が国におきましては先輩を給《たも》うことであります。

先輩とは酒を飲む、お盃仲、□□《キヨー》に他人は思うております。

けれども私、直接宮内《くない》大臣閣下にお伺い致しましたなれば、曰く、先輩とは酒を奨励することでなくして、君臣の情を厚くする意味かのように拝察するというの、おことばでありました。

このことについて多くの人々が誤解されております。

どうかこれは誤解のないようにお願い致したいと思います。

## 青木 庄蔵（あおき しょうぞう）

社会事業家、日本禁酒同盟委員長　文久三年（一八六三年）生　昭和二十二年（一九四七年）没　出生地＝大和国（奈良県）

二十歳の時に大阪で酒の醸造・小売業をはじめるが、失敗。その困窮のさなかにキリスト教の存在を知り、信仰生活に入った。明治四十一年社会事業家・八浜徳三郎らとはかり、大阪に日本初の職業紹介所を開く。のち、社会改良のためには禁酒運動が必要であることを痛感し、日本禁酒同盟を結成して委員長に就任。東京に活動の拠点を移し、二十二年には私財十万円をもとに青木匡済財団を設立し、禁酒運動の宣揚・機関誌の発行に努めた。

# 戦いなき世界への道

大谷 光演

我ら人類の光栄は長者を有することである。

長者の血の滴る苦闘によって、人間の価値が次第に定められてきたことは、文化の歴史を読む者であるならば、何とも否定することはできないであろう。

仏教には、非情を成就するということばがある。

それは人間の心の内の尊いものを引き出して、完成せしむるという意味である。

また長者の苦闘によって、人間の価値が高められゆくことを表わすことばである。

そうして三千年の昔、この人世《じんせい》に現われ、人類の有する最も偉大な長者は大聖《だいしょう》釈迦牟尼世尊である。

その大聖釈尊は我ら人間の心の奥底を開き、愛することを教えて、衆生を成就し給うたのである。

愛があらゆる矛盾を調和せしめ、愛が物の存在を初めて可能ならしめ、愛が主観と客観《かっかん》、自と他とを結びつけるものであることを、身をもって教えられたのが、この釈迦牟尼世尊という仏《ほとけ》である。

しからば仏とは何であるかと言うに、一言《いちごん》もってこれを覆えば、観無量寿経の中に、仏心とは大慈悲これなりと言ってあるのである。

この仏の心を最も高調に表わしたのが、三界は我が有「言う」なり、その内の衆生は皆我が子なり、という法華経のことばである。

それ故に仏の弟子は慈しみの心と、憐れみの心と、喜びの心と、捨身《しゃしん》即ち平等の心を養《やしの》うことを要求せられるのである。

SPレコードデータ
大正12年収録
ニッポノホン　音盤番号5119、20
収録時間6分39秒

慈しみの心と言うは、全ての人類及び生き物の安寧と幸福とを乞い願《ねご》うことである。

憐れみの心と言うは、生き物の悲しみと苦しみとに対して、深い同情を起こすことである。

喜びの心と言うは、生き物の幸福に対して、楽しみ喜ぶことであって、その喜びが人類の花と開く時に、一切衆生を背負うて苦しむ熱情とがあるのである。

平等の心と言うは、楽しみに淫せず、悲しみに破れず、愛の心より雨と降る賞賛にも、苦《にが》い激しい迫害にも、心を動かさないことである。

愛は、すぐ初めであり、信ずる基《もとい》であり、多智の世界の生まれる泉である。

愛がなかったなれば、全ての物は皆その存在の元を失い、乱脈と破壊と滅亡とがあるばかりである。

我が祖・親鸞上人は、真《しん》の仏の弟子であった。まず愛せられることを知って、愛することを知られたのである。

愛せられることを知るとは、如来の愛が日光のごとく我が上に輝きわたることを知られたのである。また、愛することを知るとは、一切衆生を本同朋《どうぼう》とし、本同行《どうぎょう》として敬愛することを学ばれたのである。

上人の念仏は如来の愛に打たれた叫びである。全ての人類の、生き物と一つ愛に溶け込む喜びの声である。

さればこそ、その念仏は上人を畏敬の集約の中からも法悦の世界に進み出《いだ》し、上人の足跡の印するところには友を見出し、教団を作り、破邪鬼をも味方に変えしめたのである。

爾来、星霜積もって七《しち》百年、仏教の本質であるところの愛の教えは、日本の人々の心の奥にその善道を基《もとい》固く建立し、上人の同朋愛の教団は益々末広く栄え来《きた》ったのである。

願わくばその人間の心に植え付けられた愛の木が益々成長して、人類からは闘争、世界からは戦争の惨禍を永遠に除くよう、あらしめたいものである。

平和を乞い願《ねご》うことは、世界の大戦争以来盛んになってきたようであるが、これは人類が□□《ライシン》に根差す排他と侵領の夢から覚めて、愛のみが世界の平等を生み出すものであることを了解し来《きた》った証拠である。

この了解が深まりゆき、この了解のもとに人類の協力が実現せられる時、世界に初めて戦いなき時が現われて来るであろう。

私がこのように言うのは、現実に目を塞いで、ただ理想の影を追うのみではない。

現実の底を割って人間の尊いものを掘り出《いだ》し、釈尊の出現によって人間の心に植えられ、親鸞上人の出世《しゅっせ》によって育てられた愛の木をお互いに培《つちこ》うて、人間の最も深い要求である愛の礎《いしずえ》のもとに同朋同行の世界を創り出したいためである。

今日《こんにち》の世界においては侵領のための武器は既に撤廃せられたことと信ずるが、進んで平和のための軍備というものも全然無用になって、愛をして、越え難い国境の壁をも越えしめ、険悪なる国際の関係を一掃して、平和なる世界の一過程［家庭］を実現し、この世に仏の御国《みくに》を荘厳《しょうごん》することが、私の止《や》み難い念願である。

## 大谷 光演（おおたに こうえん）

僧侶、俳人、真宗大谷派（東本願寺）第二十三世法主、伯爵　法号＝彰如、俳名＝大谷句仏（おおたにくぶつ）、雅号＝春坡、蕪孫、愚峰　明治八年（一八七五年）二月二十七日生　昭和十八年（一九四三年）二月六日没　出生地＝京都府京都市

真宗大谷派第二十二世法主光瑩（現如）の二男。十歳で得度。明治三十三年まで東京で南条文雄、村上専精、井上円了らについて修学。同年五月仏骨奉迎正使として暹羅（タイ）訪問。三十四年六月真宗大谷派副管長、四十一年十一月第二十三世法主を継ぎ、管長となった。大正十二年伯爵。書画、俳句をよくし、明治三十一年「ホトトギス」により高浜虚子、河東碧梧桐に選評を乞うた。

# 恋愛と自由

賀川 豊彦

SPレコードデータ
大正11年収録
収録時間6分51秒

〔皆さん、ただ今より、「恋愛と自由」と題しまして、賀川豊彦氏のご講演がございます。〕

恋愛は遊戯ではありません。

それは最も真剣な人間の努力であり、それは犠牲を要すし、それは死にも打ち克つ力であります。

世の中にパンの問題だけを解決しさえすれば、それで全ての問題が解決したと解する人がいます。

しかし、それは大きな誤りであります。

パンの問題が解決しまして、それで全ての人間の問題は解決しません。

□□□□《アクチノイデン》［悪血の遺伝］を淘汰する力も、犯罪□□《セートー》のものを淘汰する力も、新しき□□《デンチ》を欲して境遇に打ち克つ力も、全くパンの問題を解決しただけで片付くものではありません。

あの有名な進化論者チャールズ・ダービー［ウィン］も、人間進化の理法を二つに分けて、一つをパンの問題、即ち生存競争の問題だと。

もう一つの問題を性［生］の問題、即ち雌雄淘汰の問題としております。

恋愛は雌雄淘汰の理法から起こったものであります。

それは人類を進化させるためになくてはならぬ、一つの淘汰作用であります。

恋愛は即ち選択なので、選択があるから冒険もあり、犠牲もあり、好き好みもあり、無理もあるのです。

性交の最も弱いところに流れてゆくことが恋愛の

ごとく言う人もありますが、それは大きな誤りであります。

従って恋愛は放縦な性欲とは違います。

それと同時に、恋愛は売買でもありません。

一晩五円とか六円とかで漁るべき遊び事を指すのではありません。

恋愛を金で売り払《はろ》う者は、人間のうちで最も見下げ果てた者であります。

それと同時に遊女買いをする人たちは、また実に見下げ果てた者であります。

彼らは自分の姉妹を肉欲の奴隷として、姉妹たちの□□《ヘート》を蹂躙する人々であります。

しかし、遊女と遊女買いをする人だけをののしってはいけません。

一万円の金満家だからと言って、その家に娘をやるならば、娘を一万円で売り渡したのであります。

つまり、これらの娘は比較的永続性の遊女と考えて差し支えないのであります。

そんな家庭に平和のあろうはずはありません。

日本の家庭を考えて下さい。

それはあまりに辛《つら》い［暗い］のです。

日本の結婚の一割一分［部］は、家長の負担を身で負うではありませんか。

どうしてこうなったのでありましょう。

それは恋愛を中心とした結婚をしないからであります。

今日の日本の家庭が全て評定上の取引でもするがのごとく、若き男女《なんにょ》を結び付けておるから、こうなったのです。

解放［対応］して下さい、まずこの迷いの□□《セッタ》から。

しかし或る人は放縦であることを、恋愛の自由を持っているかのごとく考える人もあります。

しかし、恋愛の自由ということと自由恋愛ということとは、全然違ったことであります。

誰《たれ》とでも一緒になることを恋愛の自由をもって言うことだと考えるならば、それは大きな誤りであります。

或る人は目だけで恋をします。

それで女の色香が失せた時に、次の女に移っていきます。

或る人は耳だけで恋をします。

それでその人の美しい声が消えた時に、次の女に移っていきます。

我々は、そんな部分的な恋には反対するのです。

人生の恋は、全生《ぜんせい》、全霊、全身を捧げて恋を……のであります。

それで一つの恋をするに、一つの生命《せいめい》でようやく一杯であるべき筈であります。

もちろん、その間《あいだ》に関門もありましょう。

苦悩もありましょう。

しかし、全人的恋愛は、そんなに浮薄な行動を許しません。

一つの魂と一つの魂が結合した時に、それは容易に生き〔行き〕離さるべきものではありません。

死も刃《やいば》も迫害も、全ての苦難もそれを破ることは出来ないのです。

それは二つのものではありません。

一つのものであります。

私は全人的恋愛を主張するものであります。

それは分別的な恋愛も許しません。

それで、色から色に移ることを許しません。

この全人的恋愛をできるために、不平も出ましょう。

失恋する人もありましょう。

しかしそれは人類を高めるために止むを得ないことであります。

即ち、私は言いたいのです。

私らが魂の恋をするために、私らはあくまで………

……なければならないのです。

それは経済的にも、精神的にも、自由でなくてはなりません。

かくして初めて、恋愛を通じて人類の教化が可能であると言われます。

## 賀川 豊彦（かがわ とよひこ）

キリスト教社会運動家、牧師、社会事業家　明治二十一年（一八八八年）七月十日生　昭和三十五年（一九六〇年）四月二十三日没　出生地＝兵庫県神戸市　出身地＝徳島県　学歴＝明治学院高等部神学予科〔明治四十年〕卒、神戸神学校〔明

治四十四年〕卒、プリンストン神学校卒

自由民権運動家・賀川純一の息子として神戸市に生まれる。四歳の時に両親を失い、明治二十六年徳島県の賀川本家に引き取られる。徳島中学、明治学院予科を卒業した後、神戸神学校に進み、同校在学中から貧民街に入って伝導活動を始める。大正三年渡米、プリンストン大、プリンストン神学校で学ぶ。六年帰国後も貧民街に戻り、八年日本基督教会で牧師の資格を得る。九年ベストセラーになった小説「死線を越えて」を刊行して有名になる。同年神戸購買組合を創設。十年川崎造船、三菱神戸造船争議を指導して検挙。その他、農民運動、普選運動、共同組合運動、神の国運動などを創始し、日米開戦には反戦的平和論者として行動し、憲兵隊に留置された。戦後は日本社会党の結成に加わり、顧問となる。またキリスト新聞社を創立し、「キリスト新聞」や口語訳「新約聖書」の刊行に尽力、死去するまで国内外で伝導に努めた。一方、著述活動もめざましく、自伝系小説五冊、虚構系小説二十一冊を数え、新聞に連載、収載された小説も数多い。戦後はノーベル文学賞候補にも挙げられた。他の主な小説に「キリスト」「石の枕を立てて」「一粒の麦」など、詩集に「涙の二等分」「永遠の乳房」などがあり、「賀川豊彦全集」（全二十四巻、キリスト新聞社）がある。

# 皇太子殿下御外遊御盛徳謹話

加藤 直士

〔皇太子殿下《でんが》御盛徳の講演に先立ち、私より簡単にご紹介を致します。

大阪毎日新聞の記者・加藤直士先生は皆さまも同紙上ご承知の通り、今回皇太子殿下ヨーロッパご外遊に際し、ご陪従の光栄を得られまして、エジプト・カイロ府まで御供《おんとも》申し上げられました。

その間《あいだ》にありました尊き種々《しゅしゅ》のお物語をこれより皆さまにお話しを致されまする。

余談とは違いまするから、ご静聴あらんことを希望致します。

これより加藤先生の講演に移ります。〕

今回、皇太子殿下のご外遊に際しまして、私は大阪毎日新聞を代表致しまして、ヨーロッパの入口《いりくち》まで御《おん》見送り申し上げるようにという命令を受けました。

そこで香港よりシンガポール・コロンボ・スエズ・ポートセッド、並びにエジプトの首府カイローまで御供申し上げる光栄を有しました。

その間《あいだ》しばしば、殿下に拝謁を仰せ付けられまして、私は殿下に咫尺《しせき》致しまして、種々なる忝《かたじけな》き御《おん》物語を賜り、また私からもご下問に対しまして四方山の御《おん》話を申し上げるような特権を戴いたのでございます。

かくのごときことは、内地ご行啓《こうけいとう》等の場合においてはこれまでないことでありまして、今回のご外遊に際して新たに開かれたる例でございます。

要するに、新聞社というものの勢力・貢献、或いは努力というようなことについて、お上《かみ》におかせられて

SPレコードデータ
大正10年収録
コロムビア　音盤番号PR479B
収録時間6分40秒

とくとご了解に相成《あい》った結果として、かくのごとき特権を賜りましたことは、我々の秘かに感謝に堪えざる次第でございます。

ところで、皇室のことにつきまして色々申し上げることはよいかというご疑問が、諸君のうちに起こるかもしれません。

しかし、この点に関しましては、諸君どうぞご安心下さい。

なぜなれば、私は初めてシンガポールで特別の拝謁を賜りました際に、皇太子殿下の御意《ぎょい》を伝えられまして、閑院宮《かんいんのみや》殿下から私にこういう御諚《ごじょう》がありました。

汝の見たるところ、汝の聞けるところを、そのまま詳しく国民全般に報道しても少しも差し支えはない、それは良《い》いことである。

こう仰せられたのであります。

故にただ今から謹話申し上げることは、皇宮殿下並びに閑院宮殿下のお許しを受けておるのである、とご承知下さっても差し支えないのであります。

ここでまず第一に諸君にご報告致しまして、共に共に喜びを分かちたいと思う一事《いちじ》があります。

それは他でもありません。

殿下のご健康が優れておわしますことであります。殿下のご血色は極めて麗しいものであります。

殊にインド洋の潮風に吹かれて陽にお焼けになった時などは、黒く赤く□□《モーキョー》に紅をささせて、見るも心地よきばかりの御《お》景色でござりました。

殿下はご運動が大好きでいられます。

毎日午前中はご学問でありますが、午後には供奉《くぶ》員中の若い方々をお相手として、デッキゴルフ・デッキビリヤドなどの活発なご競技を遊ばされます。

また大きな浴槽をしつらえさせて、それにインド洋の水をなみなみとたたえさせ、盛んにご遊泳遊ばされます。

殿下がいかにご壮健に渡らせらるるかの何よりの証拠は、二か月余に亘るところの熱帯地方通過の長いご航海中、殿下はただの一度《いちど》も船にお酔いになったことがありません。

この、船にお強いということはご健康の徴《しるし》であります。

殿下のご挙動は非常にご活発で、極めて快活にご談笑遊ばされます。

お声は優れて大きく、高く朗々たるもので、時に軍艦の一舷より他舷まで響き渡ることがあります。

殊に大笑い遊ばされる際などはビックリするほどのお声です。

これは私ども陪従者にとりまして誠に好都合でありました。

かくご健勝に渡らせらるることは、我々七千万同胞《どうぼう》にとりまして、何たる喜びでありましょう。

## 加藤 直士（かとう なおし）

宗教哲学者、雑誌新聞記者、実業家　明治六年（一八七三年）九月五日生　昭和二十七年（一九五二年）二月十二日没

出生地＝山形県　学歴＝北越学館（新潟）（明治二十四年）卒

学生時代に受洗し、卒業後は輸出絹物商をするが、失敗して実業界を断念する。明治三十六年から伝道師をしつつ「新人」を編集し、宗教哲学者として、トルストイの「我懺悔」など多くの訳書を刊行。四十年「基督教世界」の主筆となり、大正三年滞英中に大阪毎日新聞ロンドン特派員に就任し、のち英文毎日の主筆を務めた。昭和二年実業界に入り、日本ゼネラルモータース外務理事などを歴任。著書に「文芸と宗教」などがある。

# 文芸と人生

菊池 寛

文芸に趣味を持つということから起こってくる利益について、お話ししようと思います。

文芸に親しんでいると、一番に物を見る目が鋭くなってきます。

物というのはつまり、自然の万物で、花・鳥・森・川・山・海、そういうものを見る目が段々鋭く肥えてくるだろうと思います。

なぜかと言いますと、自然を描《か》いた文芸というのは、つまり昔の感情や感覚の優れた詩人が自然をどんなに美しく見たか、自然の本当の姿をどんなによく見たか、ということの報告書のようなものであります。

つまり、自然の秘密・自然の美しさを伝えてきているようなものであります。

SPレコードデータ
昭和8年9月・月報収録
ニッポノホン 音盤番号10130
収録時間6分17秒

だからそういう文芸に親しんでいる人は、花を見ても月を見ても、鳥を見ても海を見ても、波を見ても、その本当の美しさが分かるのじゃあないかと思うんです。

ですから、友達が二人縁側に腰をかけて月を見ていても、一人の人は月の美しさを本当に知っており、一人の人は月の美しさをちっとも知らないで見ていて、一緒に「ああ、月は美しい」と言っているんです。

がしかし、その心の中を比べたならば、片一方は九十点も月の美しさが分かっており、片一方は五十五点ぐらいしか分かっていない場合があるのじゃないか、と思うんであります。

アフリカの土人が月の美しさをちっとも知らない

ように、文芸に親しんでいず、月に関する歌や詩をちっとも知らない人は、アフリカの土人ほどではありませんが、アフリカの土人に少うし毛の生えたぐらいしか、月の美しさが分かっていないんじゃあないかと思うんです。

　花・鳥・海・山などについても同《おんな》じことでありまして、それに関しての色々な歌を知っている人、色々な詩を知っている人、色々な自然描写を知っている人にこそ、本当にそれらの美しさが分かるのじゃないかと思うんです。

　ですから、文芸に親しんで、こういうものの美しさが分かる人には、この世の中が段々深められてゆき、段々美しく楽しい世の中になっていくのではないかと思うんです。

　ですから、文芸に親しまなくってそういう目を養わない人は、いつだっても荒削りな世の中しか、自然しか、見ていられない不幸な人じゃないかと思われるのであります。

　もう一つの利益は、生活つまり人生を見る目を養ってくれることです。

　小説というものは昔からの人間生活の記録でありまして、父と子がどんな問題で争ったか、妻と夫とがどういうことで争ったか、恋人同士がどういうことで悲惨な別れ方をしなければならなかったか、また恋人同士がどういうことで背《そむ》きあったかというような、あらゆる生活を集めたものが文芸だと思うんです。

　我々はどうしても一度《いちど》生活をしなけりゃあいけないんですが、その生活に対する予備知識、生活に対する目というものは、これは生活をしてみぬまでは養い様《よう》がないんです。

　学校でそういうものはなかなか教えてくれないんですが、ただ小説読むことによって、今までの人の色々な生活を見、色々な生活を経験することによって、生活に対する予備知識、人生に対する目、そういうものがいくらかでも養われてくるのではないかと思うんです。

　昔、アメリカのフランクリンという人が、人生というものは再版の許されない本であるということを言っていましたが、一度生活しそこない、一度暮らしそこなうと、もう取り返しがつかないもんですから、できるだけ生活を始める前に、生活を見る目、人生を見る目を養っておかなければならないんですが、それにはどうしても、小説とか戯曲とかに現われている人生を見、生活を見て、生活に対する経験知識を養《やしの》うのが一番安全な近道でないかと思うんです。

人生で経験を得《う》るためには、どうしてもある程度の犠牲を払わなければならない。

恋愛に破れたら、恋愛に対する経験が得られますが、それには失恋という痛手を負っているんですが、小説で失恋についての小説を読む場合には、何らの代価も払わないで失恋の経験を得たような訳になるのでありますから、小説において人生の知識や経験をある程度まで体得することができるのじゃないかと思うんです。

エー、つまり、エー、チブスに罹らないように、チブスの予防注射ができるように、人生を渡る前に、まず人生のあらゆる誘惑・罪悪、そういうものを小説によってとにかく知っておくということは、つまり、チブスの予防注射をしておくようなもんじゃあないかと思うんでありますが、そういう利益のあるのは、小説・戯曲を措いて、エー、他《ほか》の修身の教科書なんかにはなかなかないんじゃあないかと思うんであります。

エー、その点で、文芸は物を見る目を養い、人生を見る目を養う点で、なかなかただ娯楽だとかいうものではなくして、もっと人生に、エー、深い関係のあるもんじゃないかと、私は思うんであります。

## 菊池 寛（きくち かん）

小説家、劇作家、文藝春秋社創立者　本名＝菊池寛（きくちひろし）、筆名＝菊池比呂士、草田杜太郎　明治二十一年（一八八八年）十二月二十六日生　昭和二十三年（一九四八年）三月六日没　出生地＝香川県高松市七番丁　学歴＝京都帝国大学文科大学英文科〔大正五年〕卒

明治四十三年一高に入り、芥川龍之介、久米正雄、成瀬正一らを知るが、大正二年友人の窃盗の罪を着て退学。同年成瀬の父で十五銀行支配人であった成瀬正恭の援助で京都帝国大学英文科選科に進む。三年芥川らの勧めで第三次「新思潮」に参加。五年大学を卒業して時事新報社社会部に入社。六年頃から本格的に創作を開始し、七年「無名作家の日記」「忠直卿

行状記」、八年「恩讐の彼方に」、九年短編「蘭学事始」などを発表して、作家としての地位を確立。また戯曲作家としても八年中村鴈治郎一座が上演した「藤十郎の恋」や、「新思潮」時代の作を市川猿之助一座が九年に上演した「父帰る」などが当たり、起伏に富むプロットと散文的で簡潔な台詞が高い評価を受けた。九年の「真珠夫人」以降は通俗小説にも手を染め、「火華」「第二の接吻」「東京行進曲」などの話題作を次々と送り出し、一躍流行作家となった。十二年文藝春秋社を創立して「文藝春秋」を創刊、それまで版元の頤使に甘んじてきた文学者たちに独立した活躍の場を与えるとともに斬新な編集手法と内容で当時のジャーナリズムに多大な衝撃と影響を与えた。一方、文学者の社会的地位向上の問題に関しても深い関心を持ち、十年に劇作家協会と小説家協会を結成。十五年には両者を合併して日本文藝家協会を組織した。昭和十年には日本文学振興会を設立し、芥川賞、直木賞、菊池寛賞を設け、新人発掘に功績を残した。十二年帝国芸術院会員（二十二年辞任）。戦後は公職追放を受けたが、その解除をみないうちに死去。

# 仏教講演

佐々木 清麿

SPレコードデータ
昭和8年収録
救世　音盤番号SA1A
収録時間17分51秒

……………………の道を行い、併して十戒を私が勧めさしていただく。

今日の人々において、私が力をもって対処することの出来ない人があったらば、他日大きなる力を得た時に、悉《ことごと》くこれを催主させてもらうというお話をさせて下さい。

それから勝鬘《しょうまん》夫人が更に大菩薩の見識をもって、段々と仏の本庁まで……いったのが名高い勝鬘夫人……。

ですからご婦人のお方々も、我が身は愚か者とばっかりに卑下せずに、一旦他力の信心をいただいたる以上は、仏の大慈大悲の力は………乗り移ってござるという心持ちで、その肉体の残ってあらん限り、仏の名代を勧めるということにお知りになっていただきたい。

在来の他力の説教を聞いてみますというと、仏のお救いにあずかるということに一生かかってござる。

それでは平生□□《コージョー》の□□《ケーシ》というものが役に立たん。

また□□《ボクトク》往生の心持ちも、それでは何にもならん。

考えるに、私は平生皆さま方にお勧めしておることは、他力の信心をいただくと言うは、我が力でいただくのではない。

阿弥陀如来のお慈悲によって信を授けていただくのである。

また阿弥陀如来のご方便によって、………をさしていただくのであるから、□《セン》も□《ジョー》も………はからいでも、みなこれ大慈大悲の阿弥陀仏の御はからいであるわけである。

一度《ひとたび》この信仰を起こした以上は、我が身のことは、はや明らかに…………という心持ちにならん。

煩悩□□《コーゾー》［法蔵］を持った我々が、悉く阿弥陀如来のお救いに一旦お任せ申し上げておる。

その後《ご》は…………………………。

力のない私に力を授けて下さったのは仏のお慈悲の力。

また、ものうち念仏を喜んで動くようにさせて下さるは…………ためである。

これまた私をどうしても本当の仏の子供まで力を授けたいという阿弥陀如来のお……………………………

……いやなる私……………………。

そのへん…………………………そのへん…………

……………………愚かなる我が身の………………

……………ていただくという心持ちになら…………

……。

この心持ちになることが出来たならば、出家も在家も……も、もろともに念仏行者となる。

念仏の行は川で仏の行である。


仏の…………思うたら、朝《あした》にも夕べにも喜んで世の中の仕事が、即ち勤労報謝の仕事と思うてできなけりゃならん。

もしそれが出来ないと仰るならば、これまだ信心が至らせてないのだ。

信心というは誠の心かや。

凡夫には誠の心なし。

凡夫の心というは嘘いつわりの心ばっかり。

しかるに我が身に信心の起こったという、すなわちなことの心が起こったというは、これは阿弥陀如来の御《おん》授けよりほか仕方がない。

かく心得た後《のち》は、ああ我が身にしてももはや我が身ではない。

仏恩《ぶっとん》報謝のご用に立てていただく身体《からだ》であるが故に、女であろうと、男であろうと、また年寄っておろうと若くあろうと、そんなことには頓着《とんちゃく》はいらん。

この息の続かん限り、この残れる□□《コーホー》の肉体をもって、喜んで阿弥陀仏の御仕事を……………ていただくという心持ちになってもらわな…。

深く《ふかぁ》心得た人が信心潔浄の人。

われと信心潔浄したのではない。

阿弥陀如来の御力《おん》によって信心潔浄さしていただいた。

また阿弥陀如来の御力によって、我は仏の子であるという心持ちをうかがいしていかなくなる。

信心いただいた人は仏の誠の心を心といただいた人であります。

とりも直さず、この人は如来さまの一人子《ひとりご》になる。如来さまの一人子であるが故に、こちらから祈らずとも種を宿されたきたる如来は夜も昼も思い詰めであるということ、こりゃあ………。

親が子を思うがごとく、親というものは有難いもんでござりますがな。

浮世において生きた仏が見たかったら、我が親を見るがいい。

ねえ、我が親というものは、子供の如何に関わらず、夜も昼も忘れたことはないのが親です。

この親の慈悲が大きくなったのが、阿弥陀如来のお慈悲です。

阿弥陀如来は形のない親かなである。

浮世の親は形のないいかにかに我々を慈しんで下さる親さんでござりまするから、考えるに、親に孝行続く人は仏にも孝行続く人である。

親に不幸の人でもって仏法の信仰に入ることは断じて出来《でけ》ない。

そんな道理がある筈がない。

また昔からも言う通り、ねえ、忠義なる侍が見たければ親孝行の者を見ろと言うておる。

家《いえ》の中において親に孝を尽くす人は、国家の用［要］にあたっては実に忠義の侍となる。

さるが故に、忠義をする人が探したかったらば、一軒のうちにおい、親に孝行をする…………それが弥陀の………。

………人《ひと》である。

ついに叩かれない人は………。

この信心は、こっちが求めにいくよりは、仏さまの方から授けの手が早く伝ってきた。

どんな風に仏さんの手が回っておる。

今までは知らんけれども、生まれ落ちる以前の肉体の中、また生まれ落ちて後《のち》の精神の中に至るまで、仏のお慈悲の道［満ち］満たぬところはない。

どの肉体の隅々までも法蔵妄念の精神の隅々までも、仏の大慈大悲の道［満ち］満たぬところはない。

何故《なにゆえ》にそんなにお慈悲が満ちておる。

阿弥陀如来は□□□□《ゴコーヨーコー》のご修行にやく、二十八願を建立して悉く大慈大悲を満足なさった人である。

阿弥陀如来のご修業の具足は、誰のためにお使いなさったんである。

日が暮れ迷うておる我々を済度のために、十法微塵世界に悉くこれを分配されてある。

してみるというと、我々も十法微塵世界に住んでおる以上は、阿弥陀如来の御《おん》慈悲の届かんというところはさらにない。

知らなんだんでや…。

今までは知らなんでや…。

我が身体の中にも大慈大悲が籠ってござる。

我が精神の中にも大慈大悲が籠ってござる。

しかるに今までは知らなかったんである。

既に釈尊の説法によって、かくのごとく仏のお慈悲の広大なることが分かった以上は、ただ嬉しさの余り誤り果てちゃあ仕方がない。

ああ、知らなんだ、知らなんだ。

今日《こんにち》初めてお慈悲の救いを蒙ったのではない。

過去往時より今日に至るまで、どうか救いたい、どうか救いたい、と□□《セッツ》の□□《オンテバ》追っかけづめであったが、ああ情けない。

仏人《ほとけにん》の勤め至る□□《ミリョー》の屋根に迷うた。

今日まで親を親とも知らず過ごしてきたのだ。

しかるにまだ因縁が尽きなかったと見える。

今日初めて尊き法話を聴聞して、さてはかかるお慈悲の□□《オヤサマ》であったかと気がついてみれば、ただ謝り果てて仏恩《ぶっとん》を奉ずるより仕方がない。

ですから、浄土真宗のお念仏の方も何の雑作もない。

ただ下さるものを有難いと頂戴するだけで…。

法名号もその通りでやす。

ただ今気がついたによってもらったんではない。

早くよりしてもらってありながら今日まで自分が愚かにして気がつかなかった。

仏の光明に触れることが遅かったがために、ねえ、無上の宝物を身に備えながら、今までそれを味わうことが出来なかった。

順ぐりによって名号はいただくのではない。

名号を戴いておりながら、煩悩妄想のために仏の光明に触れる…………。

□□《シンライ》未来懺悔というものはたわいない。
行者《アンジャ》不死の無限の命が即ち我が命である。

阿弥陀如来の大慈大悲の精神が、取りも直さず我が師の心であったと聖賢は翻る。

仏の大□□《ジュータイ》の中に遊ばしていただくのが…………………。

念仏と言うは、時にただ名号を唱《との》うるばかりではない。

我が身に満ち満ちたるところの仏の大慈大悲を喜んで……仕事を委細にさせていただくのが念仏じゃありゃせん。

そこに何がすてようと□□《メンメー》［銘々］に果報が違っとる。

男には男の果報あり、女には女の果報あり。

また職業につきましては、男は外《ほか》に立って働くのが男のすべき仕事。

女は内を守って外《そと》に働く亭主に心配をかけないというが念仏行者のこれ振舞いでござりますと言いたい。

世間一般を見渡しますというと、仏心の多いのは男ちゅうより女の方に多い。

かるが故に信仰に触れていただくのにも魔性女の人が先に立ってもらい……。

女のお方々が信仰に触れますというと、我が亭主に対しては色々の女房と現れていく。

ねえ、亭主に対しては或いは母親の気持ちで即ち扱いをする人もある。

或いは姉さんの心持ちをもって亭主に向かう人は、或いはまた妹の料簡をもって亭主に向かう人、或いはまた召使の料簡をもって亭主に向かう人あり、或いはまた同等の力をもって向かう人もある。

時と場合によるというと、我が亭主一日もおってもらいたくないというような甚だ……人までもある。

現にここにおいでなさる村松さんのご親類にそういう人があった。

真《まこと》に夫婦仲が悪い人である。

私は腹蔵ないところを書いて、私に何々示して下さいと言うから、いや八カ条書《よ》いてきた。

その八カ条のうちの第四番目であったか、恐れ入った。

私は現在の亭主が一日も早く死んでもらいたいと心に念じております、と本気で書いてきたから恐れ入った、書いてきた。

真《まこと》に私も恐れ入った。

それは何故《なにゆえ》である。

嫌で嫌で仕方がない。

顔を見るのも嫌なら、足音に………も嫌だ。

かるが故に不都合かは知らんが、私としては一日も早く亭主が死んでもらいたい…。

こういう………。

しかるにこれがまた仏法の信仰に入る逆縁になって、私には大変有難い。

さ、そういう愚かな人、そういう□□□□《グミャクジューアク》の人が…………………のであるから、この救いがあなたは入るよりほか仕方がなかろうと考え………。

□□《ハッカ》にちの暮らしは………、………までは、我が身を誰も辛《つら》いとは思っておらん。

しかるに一旦仏のお慈悲の光明に触れてみると、ああ愚か者であった、この知恵の光明に触れては、何ともかんとも姿のかぶりところがないようになる。

これがお題目でござります。

ねえ、お互いにきれいな顔はしとる。

しかしながら、きれいな顔をしておりながら、心の中は真っ暗がり。

…………………煩悩妄想が自然にむらがり起こっておる…。

かかる次第であるが故に、この暗がりの精神は阿弥陀如来の大光明に触れるほか、とても助かる道はない。

……とこよりの内側の暗がりの見えたというが、これがそもそも光明の力だ。

それが光明の力であったと見れば、……というものは皆これ仏さまである。

しからばお互いに少しのつきあいと思う人は、少しの仏というものが現われておる。

大きなるつきあいと味わう人は、大きなる仏さまがそこへ現われてござるということを喜ばん。

因縁が続きまして、今日ただ今尊い念仏の法文《ほうもん》を授かることができた。

この念仏の法文が授かることができたについては、親鸞上人の仰った通り、「たまたま信心を得《う》れば、遠く切言を喜べ」と仰っている。

それ故にその真如を味わってみましても、今日の信心を戴いたのは、親鸞上人のお導きによったかは知らん。

この親鸞上人は法然上人のお導きによったたん。

この法然上人のお師匠さんとなさったのが源信和《か》尚《しょう》と善導和尚《かしょう》であった。

そのまた源信善導のお師匠さんとなさったのは、阿弥陀如来であった。

また、近くは□□《ドーシャク》禅師であった。

そのまた□□《ドーシャク》禅師のお師匠さんとならっしゃったのは一家《イッケ》はござらなかったけれども、□□《セキシ》となった□《トン》□《ナン》和尚だ。

そのまた□□《トンナン》和尚のご信仰のお師匠さんは、百年も経られておる天仁《テンニン》菩薩。

その天仁菩薩さんのお師匠さんは即ち、四百年《しひゃくねん》を経られておる釈迦牟尼世尊である。

その釈迦牟尼世尊の教えを、即ち二百年前《ぜん》に亡くなった十二菩薩が伝えられた。

それが天仁菩薩のまたお師匠さん。

またこの十二天仁菩薩のお師匠さんは、即ち今より申しますと二百八十…、二千八百何十年という姿を…………釈迦牟尼世尊である。

この釈迦牟尼世尊に行《ギョー》を授けられたのは、…………より成仏なさったところの阿弥陀仏である。

更に……歴史を訪ねてみると、いよいよ今日我々が念仏の信仰を戴いたことは、即ち阿弥陀仏のご念願である。

それがその以前からかわるがわる仏はござった中で、………………。

イヤッとばかりの……届いたのであるというところは分かった。

さあこう味わってみると面白い。

親鸞上人…………………ても、さあさあ□□《ミョーコー》の□□《タダシ》の宮さんに対して、これが観世音菩薩の化身でござったかと……………、その□□《ミョーコー》を拝んだ人は親鸞上人ばっかりじゃと思たらそうでない。

……の信者はみな悉く………が拝めるねん。

なぜ拝めるか。

天地は第十二菩薩であるから知恵の人。

知恵の人なるが故に知恵ばっかりでは世の中に働けん。

そこで相手になってくるのが女房さんであるから、□□《ミョーコー》は観世音菩薩の他はない。

さるが故に□□《セーシ》が□□《ミョーコー》に対して合掌して、南無観世音菩薩と唱えたらば、女房さんだって知らん顔でいたくない。

ねえ、でこういう風に信仰が段々進んで参りますというと、まずもって仏の仲間入りした人が早く心がけるから、一切を拝み……。

ねえ、あらゆる人を拝むようになった人が仏の境涯である。

ねえ、我々どもはまだあらゆる人を拝むような、そんな大きな料簡はおこらん。

しかしながら我々には、菩薩と菩薩と相《あい》念ずるということだけは出来《でけ》る。

どこへ参りましても、お互いに信仰ある人同士が拝み合いをする。

それは菩薩の境涯。

いよいよ形のないものまでも拝むようになったらば、これが仏の境涯。

まだ我々は菩薩の境涯であるから、形のあるお互い同士しか拝み合いが出来ない。

この合掌が段々大きくなっていったらば、ついに宇宙全体の有情非情悉くこれを拝むことが出来る。

それを悉く拝むことの出来るようになった時は、三千世界我がものであるという仏の境涯。

でここまでは、ま、まあ、行きたいもんじゃ。

ああ、ただ今のところでは、我が力では行けん。

おっつけその肉体の因縁を払い、西方の浄土に行って阿弥陀仏となった時には、その時初めて悠々然たる我が物となりまするから、いくら苦しまんの化身をかい聴聞《ちょうもん》国土十戒成仏とまで進ましていただくのでありまするから、現在の親子夫婦の間にケンカをするような、そんなケチな菩薩さんではなかなか……妙なことはできない。

ねえ、さるが故にまた信心いただいた以上は、夫婦が拝み合いをするが当り前。

また親子が拝み合いするのが当たり前。

はた兄弟間《カイ》で拝み合いするのが当たり前。

何故《なにゆえ》か。

お慈悲の境涯に圧巻であるから、互いに拝まなけりゃ、そのお慈悲と表わしが続かんのである。

………………。

## 佐々木 清麿（ささき きよまろ）

実業家　幼名＝清丸　慶応二年（一八六六年）八月二十七日生　昭和九年（一九三四年）二月十二日没　出生地＝伊勢国津（三重県津市）　学歴＝帝国大学法科大学〔明治二十六年〕卒

伊勢・津の西本願寺派の光蓮寺住職の家に生まれる。明治二十六年第一国立銀行に入行。渋沢栄一の秘書を経て、京城支店長となり韓国政府嘱託を兼ねた。のち四日市支店長、本店文書調査課長、本店営業部副支配人などを務める。四十一年韓国倉庫の整理に当たり専務、のち東洋生命保険社長となって朝鮮興業監査役を兼任した。

下田 歌子①

# 皇太子殿下ご誕生を祝し奉る

SPレコードデータ
昭和9年収録
ショーチク　音盤番号S1046
収録時間13分39秒

〔ＪＯＡＫ　ＪＯＡＫ。ただ今から下田歌子氏の親王殿下ご命名式賀詞〔嘉辰〕に際して、と題するご講演がございます。〕

昨日《さくじつ》は畏《かしこ》くも我が皇太子殿下ご命名の□□□《タンショギ》お滞《とどこお》りなく済み参らせられ、明仁親王継宮《つぐのみや》と称し奉る旨のご沙汰を承りました。

誠にお目出度いことでございます。

この記念放送に不肖私がただ馬齢の多くを重ねたるがために、この講演を見舞いまするることを、深く深く恐懼感激致しまする次第でございます。

善男を悼む我らは畏れながらいつしかと鶴首して、待ちに待ち奉りました。

我が皇太子殿下には、昭和八年十二月二十三日の早天に、豊栄《とよさか》昇る朝日の栄光に先立たせられて、そこの御産湯へ上げさせ給うとて漏れ承りまして、いかに御《おん》未来のご威徳を予《あらかじ》め示させらるる親王の□□□《ミオタシカク》まで讃詞感激して畏《かしこ》み奉ったのでございます。

回顧致しますれば、老齢既に七《しち》十八歳に達する私は畏くも三度《みたび》皇太子殿下のご降誕を奉祝致しまする光栄に浴したのでございます。

即ち明治十二年八月三十一日には、大正天皇さまのご降誕に…、明治三十四年四月二十九日には今上天皇陛下のご降誕にとって、かかる三年に至りまして、更に大御代の皇太子殿下ご降誕を仰ぎ奉ることが出来ました。

何たる幸福でございましょう。

大正天皇さまのご降誕の折は、私はなお宮中奉仕中でありましたが、当時国民は待ちわび奉りましたご降誕でありましたから、歓喜雀躍致しましたことはやはり今にも変わりはございませんでしたけれども、皇国がまだ今日のごとく大《だい》をなさぬ頃のこととて、今から思えば全てが誠にご簡素な御事でございました。

それにいま一つ。

皇室と国民とのお間柄がまだ大分《だいぶん》に隔たっておりましたから、親王はそうしたいこと致したいことも差し控えて、十分致しかね申しかねておったで…《一時中断》…ましょう。

それ故、この□□《イクサン》中《ちゅう》の和やかな賑々しさは、到底今日に比べることはできません。

今上天皇陛下のご降誕は、なお皇孫殿下としていち早く有難いご沙汰を承りましたので、国民も畏くもホッと安堵の息をついて、胸をなでおろしたしたのでございます。

この度の皇孫殿下のご降誕は非常時に際しての折からとて、我々一般国民はこの有難いご吉報を拝聴すると同時に、ほとんど皆一様にアッと歓喜の声を上げたと承ります。

実にさもあるべきことでございます。

みんながどんなにか心強さを感じたことでございましょう。

さて、三千年に近き我が国史には、殊に崇高なる賢徳を備えさせられたところの皇太子が、少なくあらせられません。

即ち、最も優秀なる御方《おんかた》は、何と申しても日本武尊《やまとだけるのみこと》・聖徳太子・中大兄皇子、後の天智天皇の三方であらせられましょう。

日本武尊は景光天皇の十二年、聖徳太子は敏達天皇の三年、中大兄皇子は推古天皇の三十四年のご誕生と尊重致しております。

が、いずれも太子及び皇太子として非常なご活動を遊ばされまして、外征に公物《くもつ》のご偉勲［遺訓］をお残し遊ばされましたが、畏れながらこれらにも遥かに遥かにご協力遊ばされまして、永世淵源偃武なる今上天皇陛下の皇太子殿下の人の………、我が皇国開闢以来、空前のことごとにてヨーロッパ諸州にご外遊遊ばされたがために、初めて□《シー》する御国《みくに》の交誼を海外に宣揚遊ばされました御事の畏き数々は、不肖私などが今日ここに喋《ちょう》々申し上げるのは余りに恐懼に堪えませんから、謹みて省略を致しまするが、聖徳皇孫の高きになずらえて、いかに我らが仰ぎ奉る子孫の道筋を受け伝えさせられ、天津《あまつ》日嗣《ひつぎ》の命《みこと》あらませる皇太子殿下のご統制あらせられる頃には、非常に国力も□□《フモク》ご発展に衆議も熟し、更に更に輝かしい殿下の□□《イギサリ》を、海の果て空の極みまで遍《あまね》く及ぼさせ給う御事でありましょう。

弥栄《いやさか》のご前途をいかに我らはこぞりて祈りまつり畏《かしこ》みまつり、□□《フッシキ》奉る次第でございます。

かけまくは畏けれど我が皇室の常に人道［仁道］の範を暗々裏に我ら国民に示させ給い、導き給う御事は、今更ならぬ次第でございますけれども、今は我が三千年の歴史を通して響き来《きた》れる麗しき家族制度、即ち家庭の□□《カワク》も或いは□□《ハサミ》の危機に向かいはせずやと杞憂を致す輩《やから》もある折からにおいて、この度の皇太子殿下のご降誕に際しましても、畏れながら天皇皇后両陛下、皇太后陛下の御《おん》慈愛その他《た》、さまざまな□《チ》有様畏くも□□《トーモロ》うけた、承るに及びまして、ただただ□□《タッピカ》……に安心感激、よく□《オサ》……………、乞い願わくばそれが国民が仰ぎて習い奉らむまほしきものと、畏れながら存じ上ぐる次第でございます。

ご降誕あらせられました皇太子殿下の畏きみ光りに、世間□□《フコー》しも闇もどこへやら、□□《デッテン》だと見えまして、全国のもと至るところ天も地も海も畔《くろ》もただ歓喜に湧き騒ぐ騒ぎで、昼は日の丸の旗も□□《サーク》、夜は灯火《ともしび》も降りて立ち去りました。

これこそ幾千年の昔、東洋の先哲が単に理想として憧れておりましたであろうところの、無為にして化するととか申すご威徳を我が皇太子殿下にはご降誕なお数日ならずして自然的にご発揚遊ばされましたのでございます。

それにつきましても、随神《かんながら》なる我がすめら御国《みくに》の畏さを深く深く感激肝銘致しまして、更に万歳を唱え奉る。

これにてご免を蒙ることと致す。

［下田歌子氏の親王殿下ご命名式賀詞［嘉辰］に際して、と題するご講演は終わりました。］

## 下田 歌子②

# 喜寿記念碑除幕式に際して所感を述ぶ

SPレコードデータ
昭和6年収録
ショーチク　音盤番号S1070
収録時間5分3秒

本日は殊に畏《かしこ》くも明治節の嘉辰《かしん》を奉祝式を上げまして、無事に終了を致しまして、ここに更に除幕式を挙行致しますことは、私の欣快に堪えぬ次第でございます。

エーこの日は私の喜寿の祝いに際しましたの［る］事業の一つと致しまして、その祝賀のために評議員会の決議をもって、建設を企図せられましたことは、私の深く幸福と致します次第でございます。

またこの日の扁額［見学］は、随神《かんながら》の□□《ミョーシオ》の首尾こそ□□《オモゴヨ》、竹田宮太子、正子《まさこ》内親王殿下のお筆を遊ばされたものをご下賜の光栄に与《あずか》りましたことは、私の申し上げようもない光栄の極みと存じます。

またその裏面《りめん》には、□□《ソーカイ》［創開］に達しましたご料地お払い下げのご恩恵たる時節を永遠に記憶致しまして、寛待［歓待］せんがために、その年月《ねんげつ》・坪数を徴せさせたのでございます。

何らの光栄か、本校の現在敷地は尺寸《せきすん》の地も悉くご料地お払い下げを忝《かたじけの》うしたものでございます。海の大概□□《シワク》の数《すう》多しといえども、かくのごとき光栄に浴せる者は、その類例が稀有であろうと存じます。

なお、正面の篆［扁］額の下に認《したた》めました校歌は、ことば短くして十分意を尽くしませんけれども、本校□□《ジョーリツ》より今日《こんにち》に至るまで書記が人に熟知せらるるごとく、一貫したる皇室中心主義を称揚したつもりでございますから、何分《なにぶん》これをもって信条とし、これをもって猛進の主張とし、臈次天拝のこのご後援を忠

［中］ばかりも逢着することのなからんことを、切に切に希望致します。

固より日本国民は五十鈴の川の清き流れの末を、みな汲み奉っておるのでございますから、その淵源の皇室を尊重崇敬せん者があるべきはずはございませんけれども、今の趨勢は赤潮も黒潮も寄せて参りまして、それに乗っては、或いは仁愛も独立も遠慮会釈なく漲り流れ込む次第でございますから、我々国民は、益々精神をいやが上にも確固たるものを養成致しまして、荒磯に立つ巨岩の、毫も微動だもせんだけの覚悟を益々諸氏は企図されることを希望致します。

常に私が訓化したように、確固不抜の精神と強健なる身体《しんたい》を益々養いまして、この文化の学術技芸にも遅れんように益々精進努力して、時代文化の君国のご発展に進歩したるその学力をもって副《そ》い奉るだけの覚悟をされんことを希望致します。

## 下田 歌子（しもだ うたこ）

女子教育家、歌人、華族女学校教授、実践女子学園校長　旧姓＝平尾、幼名＝平尾鉐（ひらおせき）　嘉永七年（一八五四年）八月八日生　昭和十一年（一九三六年）十月八日没　出生地＝美濃国恵那郡岩村（岐阜県恵那市）

明治四年上京して八田知紀らについて歌道を修め、五年宮中に出仕。皇后に和歌を献じ、その歌才を高く評価されて歌子の名を賜わった。八年権命婦。十二年宮中奉仕を辞し、東京府士族で剣客の下田猛雄と結婚したが、しばらくして夫が病に倒れたことから、十四年東京・麹町華園町に桃夭女塾を創設して華族の子女に古典や和歌などを講じた。十八年華族女学校の創立に参画して同校幹事兼教授、十九年同校学監となり、以来二十余年間にわたって代々の校長を補佐しながら華族子女の教育に尽くした。二十六年英国王室の皇女教育及び各国の女子教育事情視察のため欧米に出張、この時に欧米の婦人の姿や態度を見て中下流階級における女子教育の必要性を悟ったという。三十一年帝国婦人協会を創設して会長に就任。三十二年同協会附属の実践女学校（現・実践女子大学）及び女子工芸学校を開き、三十五年には同女学校内に清国留学生部を設け、大正四年まで中国からの女子留学生を受け入れるなど、日清両国の友好にも貢献した。大正九年社団法人愛国婦人会の第五代会長に推され、昭和二年に辞職するまで女性の生活改善や国民的自覚向上をはかるため精力的に全国を遊説した。

杉村楚人冠

# 湯瀬の松風（作詞者の口上）

SPレコードデータ
昭和1ケタ代収録
ビクター　音盤番号50571AB
収録時間2分37秒

エー、この詩《うた》の中にある湯瀬《ゆぜ》と申しますのは、秋田県の旧南部領、鹿角《かづの》郡宮川村にある温泉場《ば》であります。

ここは古くから開けていた所でありますが、近頃この付近の十和田湖や八幡平高原などの勝地を訪《と》う者が多くなり、土地に不似合いな立派な旅館が出来などして、自然、この地に追い追い、この地も追い追いと賑わいを加えて参りました。

この温泉場は米代川に臨んだ小さな部落でありまして、温泉の湧出量がすこぶる豊富で、米代川の川の中からも所々《ところどころ》に温泉が湧き出ております。

恐らく湯瀬という名は、そういう湯の出る川の瀬というところから出たのではあるまいかと存じます。

米代川は、その末《すえ》能代川となって日本海に注ぐ一つの流れで、その川の両岸《りょうがん》に数々名所のある中に、湯瀬から三・四《し》丁下《くだ》った川の右岸《うがん》に七竈《ななかまど》と申す洞窟があります。

広さは二十四人を容るるに足るもので、昔、後三年の役に源義家に破られた清原氏一族の落人が隠れていた所と伝えられております。

そのまた左岸に姫小松と申しまして、突兀《とつごつ》たる巨岩に寄り添って、姿優しい雌松《めまつ》が幾十株か立っている所があり、それと相《あい》対して笠松と唱《との》うる雄松の大木が一本立っております。

この姫小松と笠松とが川を隔てて雌雄相《あい》対しているところに、何となく人の詩情をそそるものがありまして、私は今年二月、山間《やまあい》を湯瀬に養っている間《あいだ》に、ふとこれを詠み込んで詩《うた》みたいなものにしてみようという気持ちになったのであります。

元よりこれは病中の慰み半分に書いたものに過ぎませんが、東京に帰った後《のち》、土岐善磨君の紹介で、計らずも歌沢の師匠、歌沢志呂松さんがこれに節付けをして、その上自ら進んでこのレコードにこれを吹き込んで下さいました。

なおまた藤蔭《とういん》会の藤国しず江さんが遠く湯瀬まで出掛けて、十分土地の気分を味わった上、これに踊りのフリをつけて下さいました。

私にとりましては、誠に重ね重ね光栄の至りと深く感謝もし、恐縮も致しておる次第であります。

## 杉村 楚人冠（すぎむら そじんかん）

新聞人、随筆家、朝日新聞調査部長　本名＝杉村広太郎（すぎむらこうたろう）、別号＝縦横（じゅうおう）　明治五年（一八七二年）七月二十五日生　昭和二十年（一九四五年）十月三日没　出生地＝和歌山県和歌山市谷町　学歴＝英吉利法律学校、自由神学校先進学院〔明治二十六年〕卒

明治二十年上京して英吉利法律学校（現・中央大学）に学び、次いで国民英学会で米人教師イーストレーキに親炙した。二十五年「和歌山新報」主筆となる。三十六年東京朝日新聞社に入社して編集局外電係となり、主筆・池辺三山の推挙で日露戦争後の満州・朝鮮を視察。四十年には英国国王戴冠式の特派員としてロンドンに赴き、その時の紀行文「大英游記」が好評を博した。四十四年その発案により同紙に日本で初めて新聞編集資料の収集・整理を行う調査部が設置されると初代部長に就任。大正八年朝日新聞社の株式会社に伴って監査役となり、縮刷版の発行（八年）や記事審査部の設置（十一年）を提案するなど、同紙の近代化に貢献した。十二年日本初の写真新聞雑誌である「アサヒグラフ」を創刊して編集長を兼ねた。ユーモアに富む筆致で随筆家としても名高く、随筆集に「へちまのかは」などがある。

# 新皇室中心主義

高田 早苗

SPレコードデータ
昭和4年収録
コロムビア　音盤番号25521AB
収録時間5分59秒

只今から「新皇室中心主義」という題を掲げて、一条のお話をしてみようと思います。

この「新皇室中心主義」という講演は、私がほとんど全国に渡って述べたのでありまして、従ってその講演もなかなか長いのである。

このレコードにその全部を吹き込むことは到底出来難《がた》いことでありまするから、極めてその一部分だけをここに申し述べてみたいと、かよう思うのでありまする。

我が日本《にっぽん》は言うまでもなく、家族的国家である。

家族的国家なるものは、ヨーロッパの片隅やアジアの隅っこに、大昔にはあったものである。

しかしながら、極めて小さなる国家であって、今日はその跡形も留めない。

しかるに極東において、今日現に、七《しち》千万の大衆を擁するところの大国家が現存するということは、これは我々大和民族の誇りとすべき一大事実であると私は考《かんご》うるのである。

既に家族的国家であると申す以上は、皇室と我々と、皇室は我々のご本家、総ご本家と見なければならず、我々はその末家《まっけ》、そのまた末家の末家か知れないが、とにかく皇室と我々とは本末の関係に立っているに相違ないのである。

皇室のご先祖は、申すまでもなく大神《おおがみ》に在《ま》します。

しかしながら我々の先祖も、やはり神は神であったろうと思うのである。

同じ神でも神代《かみよ》において、そこら拭き掃除をするところのおさんどん神《がみ》もあれば、またそこら走り使いをするところの権助神《ごんすけがみ》もあったに相違ないのでありまする。

いずれ我々の先祖は、その権助神かおさんどん神であったろうと思うが、神は神に相違ないのである。

そういう関係に、我々と皇室とは立っているのでありまして、これを例えて申せば、いわゆる皇室本幹・国民枝葉《しよう》ということになる。

皇室は大幹《おおみき》、国民はその枝葉《えだは》。

皇室が大幹で国民が枝葉《えだは》であるとすると、この大幹をして、亭《てい》々天を凌ぐところの大木たらしむる、またその枝葉《しよう》の繁茂を図るということのためには、どうしてもその大木の根底に培《つちか》うということが必要である。

皇室中心主義というのは、即ちそこのことを申すのであって、あくまでも本幹をして大ならしむるためには、その根底に尽くさなければならん。

否《いな》、根底に培わなければならん。

根底に培った結果はどういうことになるかと言うと、益々その本幹を大ならしめ、而《しこう》して枝葉《しよう》をして繁茂せしむる。

即ち日本《にっぽん》においては、忠君愛国二《に》となし。

忠君愛国というのは何かと言えば、即ちその根底に培う努力を称するのである。

忠君愛国、二つの道はない。

君に忠なれば、自ずからそれが国を愛する所以《ゆえん》になる。

何人《なんぴと》も、日本民族たる者は皇室中心主義を抱かなければならん。

皇室中心主義は、党派の異同、政権の如何によって異なるべきものでないと、私は深く信ずるのである。

ところが、何《なん》が故に私は、単に皇室中心主義と言わずして、新の一字をこれに被《こうむ》らしめたか。

それは他《ほか》のことではない。

私の考《かんご》うるところによると、皇室中心主義なるものが消極的であってはならん。

服従的ばかりであってはならぬと思うのである。

積極的でなければならん。

否、更に進んで、あくまでもこの積極的であるばかりでなく、一層その範囲を拡充して輔翼《ほよく》的でなければならんと、私はかよう思うのである。

私のいわゆる新皇室中心主義というのは、この積極的にして、而《しこう》して輔翼的であるところの皇室中心主義を指すのである。

大日本《にっぽん》憲法・帝国憲法を見るというと、大日本《にっぽん》帝国は万世一系の天皇これを統治す、とある。

これ日本の国体である。

而して同じ憲法に、天皇は統治権を総攬し、この憲法の条規に従ってこれを行《おこな》う、とある。

即ち議会の召集せらるるも、代議士を我々が選挙するのも、その条文に基く訳である。

これが即ち日本の政体である。

即ち我々日本国民は、あくまでも国体の光輝を盛んならしむることに骨折らなければならんと同時に、政体の命ずるところに基いて、積極的且つ輔翼的の忠君愛国を志す必要がある、と深く私は信ずるのである。

## 高田 早苗（たかだ さなえ）

政治学者、政治家、教育家、文芸批評家、早稲田大学総長、文相、衆院議員（憲政本党）、貴院議員（勅選）　幼名＝鉒之助、筆名＝松屋主人、号＝高田半峰（たかだはんぽう）　安政七年（一八六〇年）三月十四日生　昭和十三年（一九三八年）十二月三日没　出生地＝江戸深川（東京都江東区）　学歴＝東京大学文学部〔明治十五年〕卒

生家は江戸・深川で通船問屋を営み、曽祖父は国学者として著名な小山田与清。明治六年神田の共立学校に学び、その後、東京英語学校を経て、九年開成学校に入学。この時代に終生親交を結ぶ坪内逍遙、市島謙吉（春城）、山田一郎、山田喜之助らを知った。十年官費貸費生として東京大学に進学し、在学中の十四年、小野梓の知遇を得、市島、天野為之らと小野を盟主とした鴎渡会の結成に参加。さらに小野から大隈重信を紹介され、十五年大隈の立憲改進党結党にも参画した。大学卒業後の同年十月、大隈の東京専門学校（現・早稲田大学）の創立に協力し、政治学部講師となる。傍ら、十六年読売新聞に主筆として入社し、松屋主人の筆名で論説を発表。また、近代的文芸評論に先鞭をつけるとともに尾崎紅葉や幸田露伴ら青年文学者を発掘するなど文芸に力を注いで購読者を倍増させた。二十三年国会開設に当たり衆院議員に立候補して全国最年少で当選。以後、六回当選し、大隈の懐刀として活躍した。四十年早稲田大学の組織改正に伴って初代学長に就任。大正十二年前年に没した大隈の後を受けて同大総長となった。

高原 操

# 訪欧大飛行航空講演

SPレコードデータ
大正14年収録
収録時間3分34秒

〈楽隊演奏――約三十秒〉

〈全国民諸君、ただ今から大阪朝日新聞社の編集局長・高原操氏《うじ》の「ヨーロッパ訪問大飛行」についての講演があります。〈拍手〉〉

エー、飛行機の技術は、ヨーロッパの戦争中、軍事上において長足の進歩を遂げましたが、戦後におきましては、平和的・経済上に一層重大な使命を持つこととなり、平時・非常時に通信・交通の上に、大革命をもたらすことと相《あい》成りました。

エー、皆さまご承知の通り、英・米・仏・アルゼンチンの諸国からは、既に万里の波涛を越え、我が国を訪問致しました。

日本《にっぽん》の国民と致しましてもまた、それに答礼を致す必要があります。

且つ、これらの事情は、平時における文化的の事情とし、国際平和の上に最も必要なる事情であります。

故に朝日新聞社においては、明治四十三年以来、民間の飛行調練［教練］に力を尽くしまして、今日に及んだものでありますが、今回シベリア横断、欧亜連絡の大飛行を計画致しました所以《ゆえん》は、一《いつ》は日露親善のため、また一はヨーロッパとアジアを結び付ける最短距離が、必ず世界の一大航空路となって発達するものだと考えましたからであります。

エー、この計画が一度《ひとたび》発表せられるや、全国各方面からの声援は久遠《きゅうえん》として集まり、準備は着々と進みまして、いよいよ来たる七《なな》月二十五日をもって日本《にっぽん》を出発し、この大飛行を実行致すことと相成りました。

機体［機械］は現在における最品質［進出］・最優秀の機体を用います。

飛行機の名は山階宮《やましなのみや》殿下ご命名の、初風・東風《こちかぜ》の二つであります。

操縦者は、安辺《あべ》大尉に片桐機関士、河内《かわち》一等飛行士に篠原機関士、これが同乗致します。

いよいよ出発に際して、更に一層の全国的声援をお願いし、この空前の大飛行を成功に終わらしめたいと存ずるのであります。

〈万歳。〈拍手〉〉

## 高原 操（たかはら みさお）

新聞人　号＝蟹堂　明治八年（一八七五年）十二月生　昭和二十一年（一九四六年）十一月二十一日没　出生地＝福岡県

学歴＝東京帝国大学文科大学哲学科〈明治三十四年〉卒、京都帝国大学法科大学〈明治三十九年〉卒

明治三十九年大阪朝日新聞社に入社、経済課に勤務し、大正五年経済部長に就任。七年取締役に就任し、臨時編集局長、九年編集局長、次いで大阪朝日新聞主筆となり、蟹堂の号で論陣をはり、昭和初期には軍部のファッショ化に抵抗し批判を続けた。昭和十五年取締役を退任し、名誉主筆となった。

# 教育勅語の神髄

田中 智学

SPレコードデータ
昭和1ケタ代収録
トーボー　音盤番号特522AB
収録時間19分23秒

教育勅語の神髄　第一講　国民的教練

世に教育勅語と称する明治天皇の勅教は、国民道徳の規範であるのみならず、実は国民精神の指導［主導］原理であって、国体の本義をお説きになった大教練である。

故におよそ国民は、全てこの聖訓を心として身を保ち、世に立つべきはずである。

しかるに近来ややこれを形式的に扱って、その深い意味を玩味しない傾向のあるのは、甚だもって遺憾の次第である。

畢竟この大切な教訓をなおざりにしたところから、思想の混乱や種々の国難も醸されたのであるから、国難を救うためにも、国民は一斉に謹聴して、この勅教に集まらねばならん。

よって今、些かこれが神髄を略説して、国体精神の明徴を期することとする。

勅語のご文段《もんだん》は自ずから三段になって、初めの段は、国体の基くところを図る。

次の段には、その国体が立法に現れたところの国民道徳をお示しになり、末の段に至って、この国体の道はご先祖の遺訓であるとともに、それが直ちに天地の公道［皇道］であるから、日本の君民はまず一致してこの道の実行者となり、実行をもって世界に模範を垂れ、そうして我が建国の大目的たる絶対平和の一定《じょう》文《もん》を示して、神武天皇ご主張の、人類を一つ善に集め、世界を一つ夢として、世に絶対平和を建設しようという、かの人類同善世界一家の大理想を実現するように励もうぞという定理をお述べになったもので、文言《もんごん》は至って簡明で義理は甚だ深い、且つ適切に、爾《なんじ》臣民とお呼び掛けになった親のごとき御《おん》親しみの中に、君としての命令と師としての名教を兼ね備えた親の声、師の声、君の声と衷心三徳の結晶した慈悲の聖訓であって、専ら人民の生命《せいめい》と仰ぐべき大教練である。

されば学校は申す迄もなく、家庭も国家も、一切この精神を基《もと》としなければならん。

教育もこの心で人を教え、政治もこの心で世を治め、国家はこの心で固め、社会はこの心で整理されなければ、徹底した国利民福も共存共栄も決して望めない。

要するに国民道徳の教えであるとともに、国民精神の指導原理であって、国民よこう行えと言うと同時に、国民よこう考えろとのご教訓と拝すべきであろう。

教育勅語の神髄　第二講　国体の尊厳

日本国体とは日本の本体ということである。

親しい国と親しい民とが精神的にはた事業的に、渾然として道の上に一致凝結した姿と心との現われを指して国体と申すので、淵源は遠く緒［初］は難い、即ち国を肇むること広遠に、徳を樹つること深厚なりとあって、我が国開闢のご先祖の神々より、代《だい》々の天皇が遠い昔からこの国土を経営なされ、この民を恵まれた広大な功績と厚い人徳とが二つ民心に沁み渡って、それから感化された結晶が、我が臣民克《よ》く忠に克く孝にという先天的国民性となって発達したので、決して地位的［恣意的］部分的なものでない。

元来が君徳が繁栄しての民政であるから、億兆の臣民、意和《やわ》さねども一つ心である。

しかもその一つ心は人民個々の間で一致した一つでなく、君徳に集まっての一つである。

故にその根は深く、幹は固く、そうして枝葉《えだは》は美しく茂り栄えて億兆一心の強い力となったのだから、何事でも成し遂げずにはおかない。

その世々の聖蹟が三千年の歴史を輝かした我が国の遺風連続である。

それは祖宗たる神々の徳沢《とくたく》と、それを受け継ぐご代々の天皇の御《おん》徳と、それへ一致同化した忠孝の民衆、この神と君と民との三つが一つ□□《コクミ》に合致して力となり作用となって、営み来《きた》った国家がこの日本帝国である。

而《しこう》してまたこの神と君と民と国との四つの全てに、生命となって流れている根本精力［勢力］が日本国体の道である。

即ちこの道は神の心から発し、天皇の心に継がれ、国民の心に実行されて、国勢国力となって国の運用を司る。

この神と君と民と国と道との五つを総合して国体、即ち君子の利と言う。

国の本体である。

心とも原則とも主義とも言い得《う》る国の生命で、その現われを国体の精華と仰せられた。

要するに国体が国家国民の指導原理であるから、およそ国民教育の目標はこの国体から出たのでなければならぬ。

いくら美事［美辞］善行を進めたからとて、それが国体に基いていなければ、日本の教育とは言われない。

私《わたし》が平素、よき人間を作るよりはよき国民を作れと主張しているのは、即ちこの精神に基いたものである。

教育勅語の神髄　第三講　国民道徳の関係

勅語の第一段に、国体が教えの基《もと》だと仰せられたのによると、その教育の現われは、即ち国体の現われでなくてはならぬ。

即ち臣民たる者、宜しく自分の直接の基たる父母《ふぼ》には孝養を尽くし、父母の延長たる兄弟は互いに相《あい》友愛し、一家の基をなすべき夫婦は和合し、社会進出の歩み出しであるところの朋友は互いに信義を守り、かくて個人としての準備が整ったらそれを引き締めて、身を慎み行を静まやかにして自己を保ち、それで養った力を伸ばして博愛衆に及ぼして世を作る心を練る。

その練られた心に磨きをかけて、立派に役立つように学を修めて知識を拓き、業［行］を習って才能を発揮し、その知能が道徳的に発現して完全な器となって初めて公益を広め、世務《せいむ》［政務］を拓いて真《しん》の立憲治下の民として国家経営の舞台に上《のぼ》る。

およそ立憲治下の民は憲法を生命として、国民生活の基準を定める。

国法を守って国家的約束に服し、常には静かなること林のごとき忠良の民として、一朝国家に事ある時は、疾《と》きこと風のごとく猛然として君国のために一瞬を捧げ、義勇奉公の実を尽くして、天壌無窮の皇運を扶翼し奉ることができる。

天壌無窮とは天地と同じく悠久［有窮］だということで、道は天地と同体である。

日本国体は道であるから、天地とともに無窮である。

で、人類をそれに同化しようというのが神の目的で、その静的運動だから天壌無窮の皇運と言う。

即ちかの、国を肇むること宏遠に、徳を樹つること深厚なる皇祖皇宗の精神事業が、天皇と国民とに乗り移っての延長であるから、皇運は天壌無窮である。

臣民の扶翼もまた天壌無窮である。

故に国民道徳の結論は必ず皇運扶翼に結着すべきで、即ち皇運扶翼のための義勇奉公なり、国権国法なり、公益世務［政務］なり、学業規則なり、恭倹博愛なりで、その振り出しが孝友和信であって、その歩みをよく孝にと言い、その到達点をよく忠にと言われたものである。

教育勅語の神髄　第四《し》講　国民道徳の帰結

一口に国民道徳と言っても立場によって違う。

個人の立場には個人の道徳があり、社会には社会道徳、国家には国家道徳がある。

しかしそれが離れ離れにならずに、一つで貫いて順序よく健全に発達して、初めて人生の意義が成り立つ。

正しい順序としては、まず個人道徳、次に社会道徳、次に国家道徳となって、国民の本領は全うされるのである。

さればこの勅教に、まず孝友和信で個人道徳の土台ができ、それから恭倹博愛で初めて社会進出の用意が開かれ、学業智徳で社会的資格が備わって、公《おおやけ》の益をも起こし世の務めにも役立つ。

それで社会人として世の中に立つべき社会道徳が完成する。

その思案が国家道徳であって、平素は憲法を尊重し、国法を守って国民たるの任務を尽くし、一旦緩急あるに至ったら、一命を捧げて君国の大事に赴くところの義勇心を奮い起こして、天津日嗣《あまつひつぎ》の天業を翼賛し奉る。

この三道徳を一貫して、国民道徳は大成される。

初めに個人道徳の種が芽を出し、次に社会道徳の培養工作で成熟し、終わりに国家道徳で実を結ぶ。

この三つは一つ根から出ている。

で、これが真《しん》の日本道徳である。

倫理や道学ででっち上げた観念的道徳でなくて、源遠く懇篤と人性《にんせい》の一大結合が生んだ天成事実の大道徳です。

即ち国体の発動である。

故にもしもこの国体を度外《どがい》して、国家や社会を断じたり、国民道徳を論じたら、大変な見当違いで、且つ覿面《てきめん》にこのご指南に違背する。

個人道徳も社会道徳も、結局は国家道徳に仕上げられて、ともに目鼻が開《あ》くのである。

故に孝友和信より義勇奉公に至るまでの全ての道徳は、当然天壌無窮の皇運を扶翼することに集まって、初めて国民道徳の意味をなす。

それが忠良の臣民たる所以《ゆえん》である。

しかもその忠良は決して服従的・義務的なものでなく、やはり我々の祖先が尽くし来《きた》り営み来った、克《よ》く忠に克く孝なる人性の持ち前を発揮したので、即ち祖先の遺風を顕彰したことになる。

で、とりも直さず国体を意に行ったのである。




勅語の最後の段において国体の結論として、この国体は日本ばかりの道でなく、天地の公道で世界的□《セン》□《イ》なることをお述べになって、端的にこの道と［を］仰せられ、でそれが皇祖皇宗の遺訓であるとともに、古今万邦に貫徹した天地の公道だから、これを古今に通じて謬《あやま》らずこれを中外に施して悖《もと》らずと断定なされた。

さてこれを実行に移してこの道の値打ちを発揮することが、我が国上下の奮闘にかかった天職だとあって、朕爾《なんじ》臣民とともに拳々服膺して、咸《みな》その徳を一《いっ》にせんことを乞い願《ねご》うと仰せられた。

その御《み》声は洋々として我らの心と耳に流れ通い、なお広く世界人類の上にも絶対平和の救いの手は伸びている。

勅語三段のうち、初めの段のご解析、中の段の教令、末の段の□□《ホーウ》、三段の明教示と整然懇情切々［節々］、我々臣民たる者、なんでこれを尋常一様の文字《もんじ》と解し去ってしまうか。

須《すべか》らく国の魂、我らの生命として朝夕《ちょうせき》これを心に念じ口に誦《しょう》し奉ってあくまでその深い義理を味わい、この無限のご慈教に感奮して、これが実行にいそしまねばならん。

殊に我が祖先の遺訓・遺風がそのまま世界的公道である上は、当然これを遵法・実行すべき責任がある日本の君民は、祖先の遺風を顕彰すると同時に、それがそのまま世界の模範として、全人類の絶対平和を来《きた》す所以である旨をお諭《さと》しになった。

意味深く義理正しき大教訓である。因縁の上から日本国体と言うのだが、元々この道は決して一国一人力《いちにんりょく》の上のものでない。

また昔も今も同じ光・同じ効力で、恰《あだか》も天地太陽の光がいつも古く、いつも新しく、且ついずれの国土をも照らすがごとく、ここに謬らず中外に悖らざる天地の公道だと喝破せられたのは即ち、神武天皇のご主張たる人類同善、世界一家の皇猷《こうゆう》を直写せられた世界的大宣言と拝すべきであろう。

教育勅語の神髄　第六講　君民一徳

既に皇祖皇宗のご遺訓たるこの道は、そのまま天地の公道、世界の正義で、決して日本一国の私《わたくし》の道でない。

という訳は、元来日本建国の目的が、広く人類全体の絶対平和を築こうために、その起源たる三大項によって、国を始め徳を立てられたのである。

即ち天照大神《てんしょうだいじん》がニニギノミコトを日本の主《あるじ》として天業の王道を率い行わせらるる初めに、天壌無窮の神勅とともにお授けになった鏡と玉と剣《つるぎ》の三種の神器《しんき》に象徴された建国の意味を、神武天皇に至ってそれを□□《セキケー》と□□《チョーキ》と養生《ようせい》の三大項で明白にされた。

即ち神武天皇の勅語に、我が皇祖皇宗、即ち神《シン》、即ち聖《セイ》にして、聖を□□《シミ》光を重ねて多く年所を経たりとあって、その伝来の遠くて正しいことをお述べになり、更に遷都即位のご宣言において、上《かみ》は即ち天《あま》つ神、国を授くるの徳に応え、下《しも》は即ち皇孫、生を養《やしの》うの心を広め、しかる後《のち》、実業を兼ねて都を開き、八紘を覆うて家となす、また必ずや、と仰せられて、ご大財の継承が単に血統相続のみでなく、生を養《やしの》う心を広めとある。

で、この養生《ようせい》ということを帝室の事業とされて、ご先祖の□□《セキケー》と□□《チョーキ》を継続実行するところの力とされた。

□□《セキケー》の「けい」は慶福で恵み、即ち仁の世界、□□《チョーキ》の「き」は光で混迷を除く、文化開発の指導即ち□《キ》の世界、養生の「せい」は正義の実行で猷の世界。

その□□《イチイク》に、積むとあり、重ねるとあり、養《やしの》うとあるから、一時的や部分的でなく、積み重ね積み重ねて益々向上伸展して止む時がないから天壌無窮の皇運と言う。

この三大項は建国の気宇、国体の原則であって、かの自由・平等・博愛などより、もっと根源的で公明正大な世界的大真理である。

で、それを主義から言って国体、実行で言えばこの道、道は行《おこの》うべきためのものである。

いかなる条理名論でも、実行しなければ空論死法である。

朕爾臣民とともに拳々服膺して咸その徳を一にせんことを乞い願《ねご》うと御身《おんみ》をもって国体をお説きになり、直接には国民を導き、間接には人類を救う広大のご慈教。

・末ついにならざらめやは国のため
　民のためにと我が思うこと

という御製《ぎょせい》と拝し併せて、深く深く玩味実行を誓い奉るべきである。

## 田中 智学（たなか ちがく）

仏教運動家、仏教学者　号＝巴雷、師子王道人　文久一年（一八六一年）十一月十三日生　昭和十四年（一九三九年）十一月十七日没　出生地＝江戸日本橋（東京都中央区）

明治三年日蓮宗門に得度するが、十二年脱宗帰俗して在家仏教運動をはじめ、十三年横浜で蓮華会を結成、十七年には東京で立正安国会をおこす。二十三年「龍口法難論」を述作し、三十四年「宗門之維新」を刊行。四十四年日本国体学を提唱して日本国の法華経的解釈を試み、台頭しつつあった国家主義と呼応してその運動を進めた。大正三年立正安国会等を合同して新たに国柱会をおこし、独自の日蓮主義運動を展開した。国体学の提唱者であると同時に仏教革新運動者でもあり、近代日蓮信仰の開拓者でもあった点が、高山樗牛らの文学者に影響を与えることになった。著書に「宗門之維新」「日蓮上人之教義」「大国聖日蓮上人」など。

野間 清治①

# 武道の徳

SPレコードデータ
昭和1ケタ代収録
ラッキー　音盤番号A232A
収録時間3分54秒

エー、山岡鉄舟先生は、武道の徳の広大無辺なることを称《たた》え、「この呼吸を敢えて、これを政治に行い、これを軍事に行い、これを外交に行い、これを商工作に行《おこの》う。行《ゆ》くとして適《かな》わざるはなし。」と申されております。

エー、この武道のうちには、倫理あり道徳あり、哲学あり宗教あり、自然に深遠玄妙なる悟りの世界にまで入り込むことができますので、怒《いか》っては勝つことができない。

人に褒められようとか、見せようとか、売ろうとかいう心があっては勝つことが出来ない。

あわてては勝つことが出来ない。

驚いては勝つことが出来ない。

疑っては、惑うては、恐れては勝つことが出来ない。

自然に、この平常心、不動心、無念無想、というような修行が行われるのでありまして、常に自制と自戒とが自己に加わりまして、その人物の向上のために、自己完成のために、武道は実にこの上ない尊い清き道であると私は考えておるのであります。

エー、国家非常時の今日、至る所において、日本精神の高揚が叫ばれております。

日本精神を具現するもののうちで、私は特に、この武道を第一に上げたいと思うております。

この武道を広め、日本精神を高揚するために、村に町に一つ以上の道場を設けていただきたい。

小学校にも武道を加えていただきたい。

満天下の同胞の皆さまには、その子弟のために、武道を奨励していただきたい。

かくて、家《いえ》も村も町も、全日本大交流疑いなく、この尊き武道の道を全世界にまで広むることが、実にこの我が皇国の一大使命であるとさえ、私は確信致しておるものであります。

SPレコードデータ
昭和1ケタ代収録
キング　音盤番号N25
収録時間2分6秒

# 野間 清治②

## 私の抱負

エー、私は毎日、色々のことを考えております。

どうかして、雑誌をもっと強く致したい。

新聞をもっと強く致したい。

そして皆さまの満足を得、世の中のためになるように、出版部におきましても色々良き本を、或いは□□《ダイリ》部、或いは商事部、或いはレコード部におきましても、良き歌を天下に流行らしてみたい。

或いはまた学校を興したい。

舌によって世の中に立つ人、或いは、筆によって世の中に立つ人、世の中を良くする人、即ち、演説の人、文章の人、そういうようなことを考えております。

或いは、武道の振興のために、何らか計画を致してみたい、などと毎日色々、夢のようなことまでも考えております。

特にこの出版部におきましては、アー世界的に進出を致しまして、そしてこの日本の優れておるところ、日本人の偉いところ、日本の精神とか、或いは日本の文芸とか、或いは日本の美術とか、色々世界に紹介を致してみたい。

雑誌社としても世界第一の雑誌社になってみたい。実にこの夢のような大志望のもとに、同人《どうにん》一同まさに夢に、真剣努力を致しておりますわけであります。

何分《なにぶん》にも微力でありまして、エーなかなか思う通りに運ばんのでありまするが、今日《こんにち》までも恩顧浅からざる皆さまの特別なるご同情をもちまして、今後一層のご後援をお願い申すことができましたら、切にこの事を、この機会に皆さまにご懇願申し上ぐる次第でございます。

## 野間 清治（のま せいじ）

出版人、講談社創業者、報知新聞社長　明治十一年（一八七八年）十二月十七日生　昭和十三年（一九三八年）十月十六日没　出生地＝群馬県山田郡新宿村（桐生市）　学歴＝群馬師範（明治三十三年）卒、東京帝国大学文科大学臨時教員養成所（明治三十七年）卒

三人きょうだい（二男一女）の二男で、兄が早世したことから事実上の長男として育つ。明治二十六年東京に遊学して陸軍幼年学校の試験を受けるが不合格。二十八年小学校の代用教員を経て、二十九年群馬県立尋常師範学校に入った。三十三年卒業して母校の訓導となり、三十五年東京帝国大学文科大学臨時教員養成所に入学、三十七年卒業すると沖縄中学教諭、三十九年沖縄県視学を務め、四十年東京帝国大学法科大学首席書記に就任。四十二年演説の模範を示す雑誌の発行を思いつき、大日本雄弁会を設立。四十三年雑誌「雄弁」を創刊。四十四年講談社を設立して「講談倶楽部」を発刊。以後、大日本雄弁会と講談社の二つの名前を併用したが、大正十四年大日本雄弁会講談社と改称。この間、〝おもしろくて、ためになる〟を謳い、「少年倶楽部」「面白倶楽部」（昭和三年「富士」に改題）「現代」「婦人倶楽部」「少女倶楽部」「キング」「幼年倶楽部」の〝九大雑誌〟を相次いで創刊。アカデミックな〝岩波文化〟に対応する、大衆向けの〝講談社文化〟で一時代を築いた。昭和六年報知新聞の経営に乗り出し全権を握る。講談社の伝統精神である善行美談をもって編集面の特色としたが新聞では受け入れられたとは言い難く、報知新聞の経営は好転しなかった。十三年入浴中に急性狭心症により急逝。長男・野間恒が事業を継いだが、一ケ月も経たないうちに三十歳で亡くなった。著書に「体験を語る」「栄えゆく道」「私の半生」などがある。

# 法律の進化

穂積 陳重

SPレコードデータ
大正末収録
ニッポノホン（名士レコード） 音盤番号15287AB
収録時間5分37秒

法律の進化

法律は社会力である。

法律の規則は社会全体の力が、その社会の人に対して、一定の行為を要求するものであって、恰《あたか》も地球全体の力が地上の万物を地球の中心に向かって引きつける、と同様なものである。

しかして、人民が法律の社会力であることを自覚することが、即ち法の進化である。

原始社会においては、人民は法律があることさえ知らず、ただ慣習に従《したご》うて生活しておるのみであって、いわゆる、知らず知らず生《せい》の法《のり》に従うものである。

人民が既に法律あることを知るに及んでも、初めは法律は神の授けた秘匿《ひとく》であるとしておるものが多い。

例えば、世界で一番古い二千八百年前《ぜん》のバビロニアのハンムラビーの法典も、聖書にあるモーゼの法律も、インドのマヌーの法典も、ギリシアの古い法律も、みな神の授けたものであると信じておったのである。

次には、法の源《みなもと》が少し下《くだ》って、法律は君主の人民に下した命令であって、君の意志は発して民の法《のり》となるとするに至るものである。

法律でも逮捕状《たいほうじょう》でも、ローマのユスティニアヌス帝の法典でも、みな君主の命令である。

しかるに近世の立憲国では、代議制によって人民が立法に参与するに至り、しかも選挙権は社会の進歩とともに漸《ようや》く拡張せられ、遂に普通選挙が行われるようになりゆくものである。

また事柄《ことがら》により、イニシアティーブと言《ゆ》うて、一般人民に直接に法律を発案する権利を認め、またレセレンダムと言《ゆ》うて、一般人民に直接に法律案の採否を投票させる制度の行われる国もある。

独り立法においてのみならず、行政においても、人民の知識の進歩に従うて、自治制が広く行われるようになりゆくものである。

裁判においても、昔は神の裁判が行われ、武内《たけのうち》兄弟の盟神探湯《くがたち》のごとく、熱湯を探らせ、その他《た》毒を飲ませ、火を踏ませ、水に沈めるごときことによって、訴えの曲直、罪の有無《ゆうむ》を決したものであるが、中頃に至っては、君主が自ら民の訴えを聞き、又は官吏に命じて裁判をなさしめ、後《のち》に至っては陪審制等《とう》により、人民が裁判に参与するようになるものである。

かくのごとく世の進むとともに、法律は人民が作り、人民が行《おこの》うようになりゆくものであるが、その実は、法律は初めより社会の力である。

慣習は久しく行われるから法となるものである。

神の法は社会全体がその神を信ずるから生ずるものである。

国の法は社会全体がその主義に服従するから生ずるものである。

立憲国の法は、社会の輿論によって生ずるものである。

故に、法律は古今に亘り万国に通じて社会力であるが、ただ文化の上進するに従って人民がこれを自覚するに至るものである。

故に、苟《いやしく》も我々社会人たる人民が、法は社会力であって自分らのものであるということを知れば、これを犯すことは出来ぬ筈である。

これを犯す者は、自己の存在を滅却する者である。これを犯して縛《ばく》される者は、いわゆる自業自得で、自ら綯《の》うた縄で縛られ、自ら作った笞で笞打たれる者である。

**穂積 陳重**（ほずみ のぶしげ）

法学者、東京帝国大学名誉教授、帝国学士院院長、枢密院議長、貴院議員（勅選）、男爵　安政三年（一八五六年）七月

十一日生　大正十五年（一九二六年）四月七日没　出生地＝伊予国宇和島（愛媛県宇和島市）　学歴＝ミドル・テンプル（英国）〔明治十二年〕卒　法学博士〔明治二十一年〕

伊予宇和島藩士・穂積重樹の二男。祖父・重麿は本居宣長門下の国学者で、父も藩校の国学教授であった。藩校・明倫館で漢学を修め、明治三年藩の貢進生として上京し、大学南校に入学。七年開成学校に進み、法学を専攻。九年第二回文部省留学生として英国へ留学し、法曹学院のミドル・テンプルで三年間法律を研修して法廷弁護士の称号を得る。次いでドイツに渡り、ベルリン大学に学んだ。十三年にはスイスのベルンで開かれた万国国際法会議に出席して日本の治外法権について講じ、国際法改革編典協会会員に推された。十四年帰国して東京大学法学部講師となり、十五年には二十六歳にして教授兼法学部長に就任。専門の民法のみならず刑法、国際法、法哲学、比較法学、法史学、監獄学、法人類学など法学のあらゆる分野の開拓・導入に力を尽くした。一方で十八年英吉利法律学校（現・中央大学）の創立にも関与し、無報酬で講義を行う。二十一年法学博士。二十三年勅選貴院議員。二十六年帝国大学法科大学学長。同年法典調査会主査委員となり、梅健次郎、富井政章と民法典を起草したほか、法律調査会委員などを務めて民事訴訟法、戸籍法、国際法、陸海軍刑法などの編纂にも当たった。大正四年男爵に叙せられ、五年枢密顧問官、十四年枢密院議長に就任。六年より帝国学士院院長を務めた。著書に「法典論」などがある。

# 世界を神に

山室軍平

　世界を神にというのは、救世軍が多年用い来《きた》った標語の一つであります。

　その意味は、全世界の人類が悉《ことごと》く神の支配のもとに来り、善良にして有用［悠揚］また幸福なる生活を楽しむことができるようにそうした時代を来らせたいということであります。

　いかにしてそうした時代を来らすることが出来るであろうか。

　それについては色々の尽くし方もありましょうかなれども、申す迄もなく最も大事な、ほとんど唯一とも言うべき方法は、一人びとりを導いて、神のご支配のもとに来らしむることであります。

　不幸にして今分《いまぶん》のところでは世の人が神を忘れて、神の支配のもとにおりません。

　自分勝手な世渡りを致しまして、さまざまの罪を重ねて、その結果としてあらゆる災いを身に招いて、果ては滅びの道に急いでおる状態であります。

　罪の払《はろ》う値《あたい》はしない、と昔の人が言うたのは、その有様を申したものであります。

　それ故大事なことは、一人びとりがまず悔い改めて、キリストを信じ、過去の罪を許され、新しき心を授けられて、新たなる生活を営むに至ることであります。

　善良なる生活は神に祝福せられて、自ずから幸福なるものとなります。

　また有用［悠揚］なる生活となるのであります。

SPレコードデータ
大正末収録
バタフライ　音盤番号ナシ
収録時間3分20秒

それ故に大切なるは悔い改めて信じて、然《しか》る後《のち》に救いを受くることでなくてはなりません。

それ神はその一人子を給《たも》うほどに世を愛し給えり。全て彼を信ずる者の滅ぶることなくして、永久《とこしえ》の命を得んためなりとあるのは、その意味であります。

久しい以前にセシル・ローズという南アフリカで大変な働きを致しました豪傑が、久しぶりに本国の英国に帰り、救世軍のある事業部を視察をしたのでありまず。

非常に感動を催したものと見えて、去るに臨んで彼は申しました。

私は南アフリカで新しい国を作るために働いておる。

諸君はここで新しい人を作るために尽くしておるるのである、と申しました。

人を作らんければならん。

何を作るよりも最も大事なものは人を作ることである。

天下《てんが》の大道《だいどう》はローマに帰着するなどと言いまして、世の中のあらゆる問題は、いかなる人物がこれに携わっておるかということに帰着せざるはありません。

人が大事なのである。

しかもその人を作るについて最も大事なのは、新しい心を持った人を作ることであります。

新しい心を持った人間が新しい生活を営みます。

新しい社会を組織し、新しい世界を作り出《いだ》そうというものであります。

世界を神に帰するために大事なことは、個人を神に帰することである。

個人を神に帰《かえ》らするために大切なのは、罪から救われて、清い正しい生活を営む者と、ならしめることであります。

及ばずながら救世軍はそのために必死に努力しております。

諸君が自ら顧み、まず罪から救われ、進んで他人を救うためにこの仲間に加わられんことを、衷心からお勧め申し上げるのであります。

## 山室 軍平（やまむろ ぐんぺい）

社会事業家、キリスト教伝道者、救世軍中将、日本救世軍創立者　明治五年（一八七二年）八月二十日生　昭和十五年（一九四〇年）三月十三日没　出生地＝岡山県哲多郡則安村（新見市）　学歴＝同志社神学校〔明治二十七年〕中退　叙勲・受賞＝救世軍創立者賞〔昭和十二年〕

貧農の子に生まれ、九歳で叔父の養子に出される。十五歳で家出して上京、活版工をするうちキリスト教に入信し、苦学して同志社に学んだあと伝道に入る。明治二十八年英国救世軍の来日を機に従軍し、日本最初の士官として日本救世軍の創設と発展に尽力した。三十二年に「平民之福音」を刊行、ベストセラーとなる。四十五年救世軍病院を開設。大正十五年日本人初の救世軍司令官に就任、昭和五年に中将となる。この間、明治三十三年の廃娼運動に参加、吉原や洲崎の遊廓に進撃して娼妓の解放を社会運動に盛り上げる一方、職業紹介、結核療養、婦人・児童保護など社会事業に貢献した。四十二年の〝慈善鍋〟は大きな反響を呼び、やがて救世軍の代名詞ともなったほど。関東大震災では活発な救援活動を展開した。著書に「公唱全廃論」「社会廓清論」「民衆の聖書」、「山室軍平選集」（全十巻・別巻一）などがある。

秋田 清

# 皇軍感謝決議趣旨弁明

……まさにこれ一億国民、不動の信念と存ずる次第でございます。（拍手）

即ち本院におきましては、これまで幾度《いくたび》か国民総意の感懐を披瀝して、決議とするところあったのでありますが、ただ今□《コー》以上におきまして、陸海軍大臣《だいじん》より、最近における詳細なる戦況のご報告を承《うけたまわ》りました。

まさに感激の念・感謝の誼を新たにすることを禁じ得ないのであります。

つきましてはこの際、挙国総力の結集成り、翼賛政治体制確立せられましたる、この歴史的の□□《リンス》なき精神議会外面《ソトモ》におきまして、特に国民の心からなる熱情を明らかにして、以て決議と致したく存ずる次第でございます。（拍手）

何とぞ諸君のご賛成を願います。（拍手）

SPレコードデータ
昭和17年5月27日収録
コロムビア　音盤番号ＡＫ３８８
収録時間1分30秒

秋田 清（あきた きよし）

政治家、弁護士、衆院議長、厚相、拓務相　明治十四年（一八八一年）八月二十九日生　昭和十九年（一九四四年）十二月三日没　出生地＝徳島県　学歴＝東京法学院、日本法律学校〔明治三十四年〕卒

日本法律学校などで法律を学び司法省判事に任官したが、「二六新報」の記者に転じ、明治四十四年社長となった。四十五年以来衆院議員当選十回。国民党、革新倶楽部から政友会に合流、昭和二年田中義一内閣の逓信、内務各政務次官、七年衆院議長。その後政友会を脱党、岡田啓介内閣の審議会委員、十二年第一次近衛文麿内閣の内閣参議、十四年阿部信行内閣の厚相、十五年第二次近衛内閣の拓務相。翼賛会顧問、翼賛政治会顧問を務めた。

麻生久

# 新体制準備委員会委員の言葉

今度近衛公が再び大命を拝し、決死の覚悟をもって再起された。

これはお国柄として一番良い道である。

新体制の事業は御《ご》一新の大業を今一度《いちど》やろうということである。

今日幕末的な殺伐たる光景こそ巷に見られないが、目に見えない革新的な空気は夜毎日毎に旧き時代を斬りまくって、あらゆる生活を大変化せしめている。

他《た》の国においては、かかる時には惨憺たる悲劇を見るに反し、日本は万古無比なる国体のもとに全国民協力してこれを断行し、明日《みょうにち》の日本民族の雄飛をなす。

ここに日本のお国柄の、言うに言われぬ有難さを感ぜざるを得ない。

SPレコードデータ
昭和15年収録
コロムビア　音盤番号A613片面盤
収録時間2分34秒

さて、近衛公は新体制ということを目標にしているが、そもそも新体制とはいかなることであるか。

これを一言《いちげん》にして尽くせば、旧き行き詰まった時代の建前を解消して、世の中を新しい建前に変えていくということである。

明治御一新を境として、日本人の文化・生活・経済・政治というものがどんなに根本的に変わってきたかは、今更私がここに説明するまでもない。

この時にあっては、日本を明治的［明示的］に革新することが、日本民族の生きる新体制であったのである。

しかるに、今や人類の生活は更に一大転換の時期に逢着するに至った。

　一国と一国との、新体制と旧体制との相違から来る深刻なる優劣は、今まさに世界の秩序を大変革せんとしつつある独伊対英仏の戦いの上に、まざまざと現れているではないか。

　過ぐる世界大戦の後《のち》に英仏が、滅びゆく運命にある資本主義体制にその安易を貪りつつある時に、独伊はその深刻なる戦禍［戦火］の中に崩壊しながら、しかも奮闘努力、いわゆる人類の新しき文化を目指す、全体主義的国民組織を完成するに至った。

　民族興亡の別るるところ、一《いつ》にかかってここに存する。

　ここまで私が話をしてくれば、国民諸君は何故《なにゆえ》に今日の日本が一大決意を持って、七《しち》十年以来溜まり来《きた》った垢を払い落とし、真《しん》に日本的なる革新を断行し、新体制を確立しなければならないかの意味が分かると思う。

## 麻生 久（あそう ひさし）

　労働運動家、政治家、衆院議員、社会大衆党書記長　筆名＝麻山改介　明治二十四年（一八九一年）五月二十四日生　昭和十五年（一九四〇年）九月六日没　出生地＝大分県玖珠郡東飯田村　学歴＝東京帝国大学仏法科〔大正六年〕卒

　東京帝大在学中、新人会を結成して指導者の一人となる。大正六年卒業後、東京日日新聞記者ののち、八年友愛会本部に入り、鉱山部長となり、九年全日本鉱夫連合を創立、鉱山ストを指導して入獄。十五年河野密らと日本農民組合を結成、委員長となり、以後日本大衆党、全国大衆党、全国労農大衆党の指導者として活躍。昭和七年社会大衆党発足で書記長に就任、実権を掌握。十一年衆院議員に当選、当選二回。十五年近衛文麿の知遇で新体制準備委員となるが、同年急死した。著書に「濁流に泳ぐ」「無産政党の話」「黎明」「父よ悲しむ勿れ」などがある。

安達 謙蔵①

# 選挙粛正と政党の責任

私は安達謙蔵であります。

政界の覚醒は我が国民同盟の使命でありまして、即《すなは》ち昭和七《しち》年十二月創立の際、政界の積弊を打破することを三大政綱の一つとして掲げております。

而《しこう》じて政界を覚醒するには、選挙の粛正を図らねばならぬことは申すまでもありません。

現政府が選挙粛正に全力を注ぎ、選挙粛正中央連盟を初め、全国各地における粛正委員会も、熱心活動をなしつつあることは誠に結構であります。

しかしながら、選挙粛正の徹底を期するには、第一に各政党の幹部が自覚覚醒し、党利党略を打ち捨てて、真剣に選挙の粛正に努力することが最も肝要であります。

SPレコードデータ
昭和10年9月収録
テイチク　音盤番号５００７４
収録時間３分14秒

そもそも選挙は各党各派が対立競争するものでありまするから、一党一派のみが粛正しようとしても、相手の方が勝つためには手段を選ばざる行動をなした場合《ばやい》は、終に一方もまた止むを得ずして、違反行為を敢えてするに至るのであります。

それで全ての政党政派が皆一致して真剣に選挙道徳を守り、選挙精神に燃えて粛正を期することが最も緊要であります。

私は先日、日比谷公会堂における国政演説会の壇上より、岡田首相に対し、各政党の首脳者《じゃ》と会同し、誠意をもって粛正の方法を協議せられたしと勧告致しましたところが、幸いに岡田首相は虚心坦懐、直ちに賛意を表せられ、八月一日《いちじつ》、即《すなは》ち本日の午後三時より首相官邸における三党首会合となりて、私も出席したのでありまするが、この懇談の結果、いよいよ熱心誠意をもって、共同して粛正に努むることになりましたれば、その効果は必ずや顕著なるものありと信じます。

今や我が国の政局は内外ともに容易ならざる時であります。

諸君はこの間《かん》に処し、政界覚醒の重大性を認識し、挙国一致、選挙粛正の国民的大事業に協力せられんことを切望して已まないものであります。

# 地方政戦に直面して

安達　謙蔵②

SPレコードデータ
昭和4~6年頃収録
太陽　音盤番号ナシ
収録時間12分37秒

欧州大戦後、世界の列国が工業上に激烈なる競争をなしたる結果、ここに生産の過剰に陥り、また各国が妄りに関税の障壁を設けるやら金貨が一方に偏在したることなど、種々の変態が或いは因となり果となりまして、ここに全世界を通じて未曾有《みぞう》の不景気を引き起こしたることは、目前の事実であります。

かの富強をもって誇る米国すら、歳入予算に赤字を出《いだ》し、経済界の不景気は失業者続出という惨状を呈し、ヨーロッパの同大帝国たるイギリスは、財政困難のために未曾有の難局に遭遇し、先輩国たるドイツに至りてはまさに破産に瀕して、これが救済に米国大統領がモラトリアムを提唱するに至ったような状態であります。

我が国も元より世界的不景気の影響は避けられず、深刻なる不景気に陥りはしたものの、これらの諸国に比較しまして、その影響が軽少であったことは幸せであると申さねばなりません。

しかしながら、かくのごとき不景気に無経験なる我が国民にとりては、今日の不景気は非常なる難関であります。

而《しこう》じてこの難関をばいかにして突破するかということが、我々の双肩にかかる重大なる責任でありますが、この際に処しましては、別に起死回生の妙薬があるものではありませぬ。

ただ要は、非常なる決心・覚悟をもって堅忍持久、不断の努力により現状を打開するより他に道はないのであります。

かかる場合《ばやい》に遭遇して左顧右眄、とやせんかくやせんと機知小慧を弄することは何よりの禁物であります。

私は繰り返して申します。

堅忍持久、不断の努力をもって日夜努めて止まざれば、世界的景気の回復とともに、必ず我が国の景気を挽回すること（と、は、すること）必然であります。

私は今日において、静思一番するの必要があると思います。

かくのごとき未曾有の難局に処して熟慮立案したることは、我が国の将来に対する根本方針になるものと言ってよい。

我が国は明治大帝《だいてい》の宣《のたま》わせ給いたる開国進取の皇謨をとってもって、後世日本の指導精神とし、四面坦懐、天に恵まれたる地形を利用し、東西南北に我が民族の発展を企画することが、天が我が民族に与えたる使命であると思います。

かって我が国の政治家中《ちゅう》には、北取南進を主張したる者がありましたが、これは誤れるの甚だしきものでありまして、南北いずれの方面に向かっても、発展するということが我が民族の約束でなからねばなりません。

苟《いやしく》もこの見地に立って、海洋立国を根本方針として我が国の将来を思う時は、何《なに》ら悲観すべき材料はない。

殊に人口の増加のごときは、天が我が民族発展の大責任を果たす要素として付与したる賜物であると思います。

　私はこのイデオロギーの上に立ち、内務大臣の要職を汚《けが》しておる関係上、内務行政の一般についてお話ししておきたいと思います。

　以上の見地から内務行政を考察しますれば、まず公安改良のごとき、一日《いちじつ》もこれを閑却することはできません。

　しかしながら如何せん財政困難のため、若干の時日を延期せねばならぬことは止むを得ない次第でありますが、財政の都合つき次第これに対する施設をなすことは、海洋立国の国策上より最も急務であると信じております。

　次に河川改修のことであります。

　我が国土は迂路《うろ》多くして傾斜急なるが故に、洪水の被害は最も多いのであります。

　されば、河川の改修の必要なることは申すまでもありません。

　私は、国民生活上河川改修のゆるがせにすべからざることは熟知しておりますから、これが改修を重要視し、現に各地方河川について完全なる調査を行い、その改修の順序を定め、これが実現を図りたいと考えております。

　また自動車の発達《はったつ》は近年特に著しきものがあります。

　その影響は当然鉄道に及び、鉄道の収入は著しく減収を示しております。

　これは世界を通じての現象でありまして、我が国もまた同様であります。

　就中《なかんずく》貨物《かぶつ》の輸送につきまして、貨車よりトラックに移りつつある状態であります。

　即《すなは》ち、生産地から中央・地方の市場《しじょう》、市場から小売商の□□《エセグチ》までも配達《はいだつ》するの便《べん》は、これをトラックに俟たねばなりません。

　各必需品の運搬輸送が簡便になれば、国民生活上の便益の至大なることは申すまでもありません。

　而じてその交通運輸の基礎をなすものは道路であります。

　ここにおいて道路の改修ということは最も急務であります。

　また他《た》の方面から見ましても、地方町村の財界の疲弊困憊《こんぱい》は甚だしく、今にして多少の薬餌を与えねば、終には心臓マヒを起こすの恐れがあると思いますから、財政困難の場合《ばやい》といえども、地方救済のためには、この計画は若干遂行［推敲］致したいと考えておるのであります。

ただ考えておるばかりでなく、今年度においても既に失業救済のために道路公債を発行し、また地方起債を認可して、各地の国道及び府県道を改修しておる次第であります。

次に社会事業のことについて、一言《いちげん》申し上げておきます。

元来我が国の社会事業はすこぶる幼稚なものでありましたが、近年幾分か進歩してきたのであります。しかしながらこれを欧米に比しますれば、甚だしき懸隔があるのであります。

私はこの点に向かっても、大いに努力する考えを有しております。

その第一着手としては、いよいよ救護法を実施することに致しました。

救護法は社会事業の基礎をなすもので、今日約十万人に達する社会の不幸なる落伍者を救済せんとするものであります。

その他《た》、不良住宅の改良、下層民に対する金融施設、即《すなは》ち公益質屋の拡張と、今後行《おこの》うべき事業は少なからずと考えております。

また衛生上の計画としては、ライの撲滅、結核の予防等《とう》に全力を傾注し、将来我が国をして保健衛生の上においても、世界の一等国たらしむるの理想のもとに、諸般の施設を行《おこの》う決心であります。

さらに農村を見渡しますれば、実に疲弊困憊の極《きょく》に達しております。

これは実に同情に堪えざるところでありまして、私は一度《ひとたび》思いを農村疲弊の実状に馳せますれば、これをいかにして救済すべきか、いかなる対策を講ずべきかについて、苦慮するのであります。

農村自体もあらゆる方法を講じ、生活の安定に努力しつつありますが、この農家自奮の傾向を善用し、農家経済改善の方策を立つることが必要であります。

現内閣におきましては、或いは米価対策・蚕糸対策を考究立案して米価・蚕糸価の維持・引き上げに努め、或いは低利資金の流通により農家経済の救済に資し、その他《た》農家負債の整理、農産物の輸出増進・輸入減退の方策を考究する等《とう》、極力農村対策を講じつつある次第であります。

要するに我が民政党内閣は、組閣当初、当時の財政並びに経済界の実状に鑑み、財政の緊縮、消費の節約、金解禁、国債貸借の改善等《とう》を経済政策の根本として実行してきたのでありますが、緊縮と言い節約と言うも、畢竟これは手段であって目的ではありません。

我々の目的・我々の理想は、先に述べました通り、明治大帝《だいてい》の皇謨に則り、海洋立国の大方針のもとに、我が民族の大発展を図りたいのであります。

つきましては諸君は、この未曾有の難局に処し、むしろこの不景気が国民的自然たることを自覚し、堅忍持久、不退転の努力をもって局面の打開に当たり、将来のはかりごとを立てられんことを切望して已まざる次第であります。

**安達 謙蔵**（あだち けんぞう）

政治家、内相、逓信相、衆院議員　号＝安達漢城（あだちかんじょう）　元治一年（一八六四年）十月二十三日生　昭和二十三年（一九四八年）八月二日没　出生地＝肥後国熊本（熊本県熊本市）　学歴＝済々黌

九州日日新聞記者として日清戦争に従事した後、朝鮮で「朝鮮時報」「漢城新報」を創刊、社長。明治二十八年李朝の閔妃事件に連座、入獄。出所後、済々黌創立者で代議士の佐々友房の熊本国権党に参加、三十五年以来、衆院議員当選十四回。帝国党、大同倶楽部、中央倶楽部を経て、大正二年立憲同志会結成とともに総務。三年第二次大隈内閣で新設の外務参政官。四年の総選挙では選挙参謀として大勝、選挙の神様といわれた。同年外務政務次官、十二年憲政会創立で総務。十四年加藤内閣の逓相、次の若槻内閣でも留任。昭和二年民政党結成に働き、四年浜口内閣の内相。五年の総選挙でも圧勝。七年民政党を脱党、国民同盟を設立、総裁となった。十年岡田内閣の内閣審議会委員、十五年国民同盟解散、大政翼賛会顧問。十七年第二次近衛内閣の参議を最後に政界を引退。横浜に八聖殿、熊本に三賢堂を建て詩吟の普及に努めた。

安部 磯雄

# 選挙粛正と政府の取締り

選挙に直接関係しておるものは、言うまでもなく、有権者と候補者と政府であります。

この三《み》つのうち、一つだけが本当に覚醒すれば、選挙の粛正は必ず実行が出来ます。

もし有権者が無記名投票の原則を了解し、人の勧誘を受けず、自分の自由意志で投票することになりますれば、それでも選挙粛正の目的は達せられます。

もしまた、候補者が選挙費用として五・六千円以上を使わないことになれば、それでも粛正の効果を上ぐることは出来るのであります。

しかし、何《なに》というても政府の責任が一番重大であります。

SPレコードデータ
昭和10年9月収録
テイチク　音盤番号５００７４
収録時間３分３秒

もし候補者が兄であり、有権者が弟であるとすれば、政府は父親であります。

言うまでもなく、今日のごとく選挙会が腐敗したのは、全く父親たる政府の監督不行き届きでありますから、もし政府の態度が改まりさえすれば、候補者も有権者も必ず真剣になるに相違ありません。

政党内閣のもとに行われる選挙において、必ず与党が勝利を占めるということは、何を物語るのでありますか。

もしスポーツにおけるアンパヤーが不公平であれば、ゲームは目茶目茶になります。

かかる場合《ばやい》にはアンパヤーを取り替える他はあり

ますまい。

これと同じことで、選挙粛正のためには、まず政府側が不公平なことの出来《でけ》ぬようにする他はありません。

出来ることなら司法権独立の精神を徹底せしめ、地方警察制度を拡大して、選挙を監督せしむることが、最も有効なる選挙粛正の方法であると信じております。

## 安部 磯雄（あべ いそお）

キリスト教社会主義者、社会運動家、政治家、教育者、衆院議員、社会大衆党委員長、早稲田大学教授・野球部初代部長　旧姓＝岡本　元治二年（一八六五年）二月四日生　昭和二十四年（一九四九年）二月十日没　出生地＝筑前国（福岡県）　学歴＝同志社〔明治十七年〕卒、ハートフォード神学校〔明治二十七年〕卒

明治十二年同志社に入り、新島襄に触れ社会問題に関心を抱く。二十四～二十七年米国のハートフォード神学校に学び、のちベルリン大学を経て、二十八年帰国。三十一年幸徳秋水らと社会主義研究会を結成、三十三年社会主義協会に発展改称し、会長に就任。三十四年幸徳・片山潜らと日本初の社会主義政党・社会民主党を結成、即日禁止。大逆事件後、社会運動から遠ざかるが、大正十三年日本フェビアン協会を設立、十五年社会民衆党結成に導き、委員長となる。この間、明治三十二年～昭和二年早大教授。三年第一回普通選挙で東京二区から衆院議員に当選。七年には社会大衆党委員長に就任。十五年斎藤隆夫懲罰問題で同党を離党。戦後は日本社会党の結成を呼びかけ、その顧問となった。また早大野球部の初代部長（明治三十五～昭和十一年）でもあり、三十四年には最初の野球殿堂入りの一人となり、〝学生野球の父〟と呼ばれた。

# 国民精神総動員の強調の記念録音レコード

有馬　良橘

SPレコードデータ
昭和12年収録
和歌山支部紀伊朝日新聞社
音盤番号ナシ
収録時間5分26秒

〔明治神宮宮司、枢密顧問官、海軍大将、国民精神総動員中央連盟会長、有馬良橘閣下をご紹介申し上げます。〕

私はただ今ご紹介を蒙りました有馬良橘であります。

先に第七《しち》十二回帝国議会の開院式にあたり、畏《かしこ》くも優渥なる勅語を下し給い、皇国の向こうところを明らかに、国民の進むべき道を御《おん》示し遊ばされましたることは、聖慮深遠、恐懼《きょうく》措く能《あた》わざるところであります。

而《しこう》して、国民精神総動員中央連盟は、ここに来賓の閣下各位ご参列のもとに、結成式を挙行致しますことを欣幸に存じます。

今次の支那事変は、皇国の安危に関する重大事件であります。

その勃発以来、忠勇義烈なる皇軍は、全貌善戦、頻《しき》りに偉大なる戦績を収めつつあることは、誠に感激・感謝に堪えざるところであります。

崇高なる東洋精神文化をもって、欧米物質文化に寄与すべき使命を有する両国民が、干戈を賭して相撃つことは何たる悲しむべきことでありましょう。

しかしながら百世の太平を開かんがためには、忍びてこれを討たざるを得ません。

今や支那は百戦百敗し、国家機能の活動も危殆《きたい》に瀕せんとする状態であります。

しかし、我が最終の目的を達せんには、内外に亘り、前途なお幾多の難局に遭遇することあるを覚悟せねばならないと存じます。

翻って国際政局を顧みまするに、列国のうちには、事変の真原因と我が国の正理とを解せず、□□《イダイ》に我が行動を非難し、敢えて不当の圧力を加えんとする策動の行わるることは、ソ連の活動とともに、世界平和のため遺憾とするところであります。

この事態に対し、我らはいかなる圧力にも屈することなく、あくまでも□□《ニッシ》［必死］の精神により、東亜の和平を確保して、共栄の実を上げんことを希求し給う大御心《おおみこころ》を完結［貫徹］せんがため、万難を排して邁往するの覚悟を固くしなければならないと信じます。

これ我らが、この中央連盟を結成して、国民精神総動員を一層強化する必要ある所以《ゆえん》であります。

我らは国体の本義と随神《かんながら》の大道とに即しつつ、挙国一致・尽忠報国・堅忍持久の三目標を、国民日常生活の実践に具現せしむることにより、国民精神総動員の目的を達成することに努力を傾倒して、内外における幾多時艱《じかん》の克服に期するとともに、或いは来《きた》ることあるべき駐在事態に対し待つあるの備えを整え、以て東亜の和平、民族共栄の皇謨を翼賛し奉らんことを欣快と存じます。

私は諸君とともに蹇々匪躬《けんけんひきゅう》の儀節を尽くして、皇恩に報い奉りたいと存じます。

一体、国民精神総動員というこの国民運動を、政府は細かい方針まで立ててこれを指導してゆくということは、今回が初めてであります。

しかし我が国では昔から、史上国難の度ごとに、自然のうちにこの国民精神総動員が行われてきたのであります。

挙国一致、外敵に当たってきたのがこれであります。

かの元寇の時でも、日清戦役・日露戦役の時も、我らの祖先がしてなした国民精神総動員は輝かしい歴史として、今なお今日に伝えられておるのであります。

しかもその国民精神総動員の運動は、我々子孫に対して、国家に生きる道を永遠に指導しているのであります。

今日我が日本はかつて例《ためし》のない非常国難の大波《おおなみ》に出遭い、国家総動員をもってこの大波と戦っているのでありますが、この戦いのうちに、後世に残る輝かしい国民精神総動員の歴史を作りつつあるのであります。

今《こん》事変勃発、戦線兵士の活動、忠勇美談、銃後国民の美挙等《とう》、枚挙に暇《いとま》はありませんが、なお一層協力一致、国民精神総動員の道を上げられんことを、切に望んで已まない次第であります。

一言《いちごん》を述べ、ご挨拶と致します。

## 有馬 良橘（ありま りょうきつ）

海軍大将、枢密顧問官　文久一年（一八六一年）十一月十五日生　昭和十九年（一九四四年）五月一日没　出生地＝紀伊国（和歌山県）　学歴＝海軍兵学校（第十二期）〔明治十九年〕卒

明治二十一年海軍少尉に任官。日露戦争の緒戦では第一艦隊参謀として旅順港口閉塞作戦を指揮した。三十七年音羽、三十八年笠置、三十九年磐手の艦長、四十年第二艦隊参謀長、四十一年砲術学校校長、四十三年軍令部参謀第一班長、大正元年第一艦隊司令官、三年海軍兵学校校長、五年教育本部長、六年第三艦隊司令長官を経て、八年海軍大将。十一年予備役に編入。昭和六年明治神宮宮司となり、同年枢密顧問官となった。

# 昭和十八年武装の春

岸本　綾夫

SPレコードデータ
昭和18年収録
東京文化レコード　音盤番号PR355
収録時間3分18秒

私は東京市長の岸本綾夫であります。

昭和十八年の年頭に当たり、帝都七《しち》百万市民諸君へ、大東亜戦争第二年の春のご挨拶を申し上げたいと思います。

東京はまさに戦争の真っ最中にあります。

東京に大本営があり、東京は総兵站《へいたん》部であり、東京で一切の戦争が統帥されているのであります。

軍人だけが戦っているのではなく、私どもは寝るも起きるも働くも、みんな戦争の陣営の中で致しているのであります。

私どもは今年《こんねん》一年を貫いて、市民生活の全てを悉く陣中［尽忠］生活に貢進し、以て必勝の体制をしっかりと取らねばなりません［ぬ］。

職場にあっては前線に恥じぬ奮闘を続けて、最高度の能率、最大量の生産を上げねばなりませぬ。

日常の生活に少しの無駄をせず、動作もことばもきびきびとして、戦って戦って戦い抜くことの出来《でけ》る、剛健簡素でなければなりませぬ。

あの大震災当時、偉大な気迫を持ちまして立ち上がった東京市民は、一路建設の努力を続けて、昔に勝る大東京を実現致しました。

況《いわん》や今は大戦争の真っ最中であります。

大いに戦い大いに勝ち、以て大建設をなすために全市戦闘準備を完成致し、勇戦奮闘・職域完遂をお互いに誓いたいものであります。

〔以下、合唱〕

## 岸本 綾夫（きしもと あやお）

陸軍大将、東京市長　明治十二年（一八七九年）六月二十七日生　出生地＝岡山県岡山区四番町（岡山市）　学歴＝陸軍士官学校（第十一期）〔明治三十二年〕卒、陸軍砲工学校高等科〔明治三十六年〕卒、東京帝国大学工科大学造兵学科〔明治四十二年〕卒

石見浜田藩士・岸本美時の二男。林園書院、名古屋幼年学校に学ぶ。明治三十三年陸軍砲兵少尉に任官。三十九年東京帝国大学造兵学科に編入。大正十三年陸軍科学研究所第二部長、十四年同第三部長、昭和三年陸軍省兵器局長、六年造兵廠長官を経て、九年技術本部長。十一年陸軍大将。この間、技術研修のため欧米へ二回派遣された。予備役編入後、東京高等工学校（現・芝浦工業大学）総長に迎えられ、私立学校協会会長、職長教育指導協会会長なども務めた。十七〜十八年東京市長。十九年満州製鉄理事長として赴任したが在任中に敗戦となり、二十年十一月八路軍に連行され、消息を絶った。防衛庁戦史室では二十二年死亡とし、遺族は連行の一年後の二十一年を命日としている。

近衛 文麿①

# 新東亜の建設と国民の覚悟

本日ここに明治節を迎え、明治天皇の聖徳を偲び奉るに際し、天皇のご遺業［偉業］たる東洋平和の確立に関し、政府の所見を開陳するは私の最も光栄とするところであります。

今や広東《かんとん》陥落に引き続いて、支那内地の心臓・漢口《はんかう》もまた我が有《ゆう》に帰し、近代支那の全機能を支配する七《しち》大都市の全線を包容する厖大なる地区、即ちいわゆる中原《ちゅうげん》は全く日本軍の掌中にあるのであります。

中原を制する者は、即ち天下を制す。

蒋政権は事実において、一地方政権に転落し終わったのであります。

日本は一方において、外部からの干渉を排撃するに足る充分の精鋭なる戦闘力を保留しつつ、余裕綽々としてこの天下を獲得したのであります。

これ偏《ひとえ》に陛下の御稜威《みいず》のもと、忠勇なる将兵の奮闘によるものでありまして、日本国民の感激は比類なきまでに高潮したのであります。

この輝かしき戦果を思うにつけましても、国民の感謝は、まず何よりも、数万の戦没者と負傷者とに向かって捧げられねばなりません。

我々はこの尊き犠牲に対して、二つの義務を感ずるのであります。

第一は、これら犠牲者の志を継いで戦いの目的をあくまでも貫き通すことであります。

第二は、これら犠牲者の遺族・家族に対して、これに報いることを忘れてはならんということでありま

SPレコードデータ
昭和13年収録
コロムビア　音盤番号A1013
収録時間13分44秒

す。

今や支那をいかように処理するとも、その鍵は全く日本の手にあるのであります。

しかしながら、我が日本の真に希望するところのものは、支那の滅亡にあらずして、支那の興隆にあるのであります。

支那の征服にあらずして、支那との協力にあるのであります。

日本は東洋人としての自覚に目覚めたる支那国民と相《あい》携えて、真に安定せる東亜の天地を築かんことを欲するものであります。

実に、支那の民族的情熱を認識し、支那の独立国家としての完成を必要とすることにおいて、日本ほど切実なるものはないのであります。

等しく東亜に相《あい》隣りする日本と満州と支那との三大国が、各自の個性を存分に生かしつつ、東亜保全の共同使命のもとに、固き結合をなすべき関係にあることは、まさに歴史の必然であります。

しかるに、日支両国の間《あいだ》におけるこの理想の実現が、国民政府の誤れる政策のために阻止せられたることは、独り日本のみならず、全東亜のために遺憾の極みであります。

そもそも、国民政府の政策の基調は、欧州大戦後の反動期における一時の風潮に便乗したる浅薄のものでありまして、これは断じて支那国民本来の良知良能に根差したるものではなかったのであります。

殊に、政権維持のためには手段を選ばず、支那の共産化、並びに植民地化の勢いを激成して顧みなかったことは、新支那建設のために身命を賭して戦いたる、幾多憂国の先輩に対する反逆であると言わなければなりません。

これ日本《にっぽん》が、東亜における二大民族が同文相《あい》討つの悲劇を演ずるを欲せざるにかかわらず、なお且つ、蒋政権打倒のために戈《ほこ》を取って殺［察］に至りました所以《ゆえん》であります。

日本は今や支那の覚醒を望んで已まざるものであります。

支那における先憂後楽の士は、速やかに支那をして本来の道統［同党］に立ち返らしめ、□□《コーテー》［攻勢］支那を率いて東亜共通の使命遂行のために決起すべきであります。

既に北京・南京には攻勢の気運脈々たるものあり、

また蒙疆《もうきょう》には蒙古復興の気が漲っておるのであります。

五千年の長き歴史を通じ、幾度《いくたび》か世界文化史上に炬火を点じたる支那民族は、その偉大性を発揮し、新東亜建設の大業を分担することにより、世界文化に新たなる光明《こうめい》をもたらし、祖先に恥じざる歴史を残すべきであります。

国民政府といえども、この支那民族本来の精神に立ち返り、従来の政策と人的構成とを改め、全く生まれ変わりたる一政権として支那再建に来《きた》り投ずるにおいては、日本はもとよりこれを拒むものではないのであります。

世界各国は、またこの東亜における新情勢の展開に対し、明確なる認識を持つべきであります。

従来支那の天地が、帝国主義的野心に基く列強角逐《かくちく》の犠牲となり、常にその平和と独立とを脅威せられつつありしことは、歴史に徴《ちょう》し明白であります。

日本は今日以後、かくのごとき事態に対し根本的修正の必要を認め、正義に基く東亜の新平和体制を確立せんことを要望するものであります。

もとより日本は列国との協力を排斥するものではありません。

また、第三国の正当なる権益を損傷せんとするものでもありません。

もし列国にして帝国の真意を理解し、この東亜の新情勢に即してその政策を公然とするにおいては、帝国は東洋平和のために、これと協力することを惜しむものではないのであります。

日本が夙《つと》に、共産主義と戦い抜かんとする熱意を有することは、世界周知の事実であります。

コミンテルンの企図するところは、東洋の赤化であり、世界平和の攪乱であります。

日本は蔣政権のいわゆる長期抵抗の背後に妄動する赤化の根源に向かって、断固これが絶滅を期するものであります。

幸いにして防共の盟邦ドイツ及びイタリアは、日本の東亜における意図に共感し、今次事変に対し両国の寄せたる精神的援助が、我が国民を鼓舞するところ大なるものありしは、我々の深く多《た》とするところであります。

我々は事変を通じ、この盟約をいよいよ緊密にする必要を痛感するのみならず、進んで共通の世界観のもとに、世界秩序の再建に協力せんとするものであります。

一《いつ》に現下の世界に必要なるは、真に公正なる均衡の上に平和を築くことであります。

過去の諸原則が、事実上不均衡なる現状の維持を、鉄則化し固定化するところにあったことは、否むべくもありません。

連盟規約のごとき国際条約がその権威を失墜したことは、実にこの不合理に、その根本原因があるのであります。

国際正義をして、一個の美文たるに留まらしめず、通商・移民・資源・文化等《とう》の人間生活の各部門に亘り、これを総合したる見地に立脚し、現実に即応しつつ歴史の発展に並行する、新平和体制が創造せられねばならんのであります。

而《しこう》して、以上の諸条件を完備することが、現下の一般的危機を克服する唯一の手段であることを確信するものであります。

戦場の勇士［雄姿］を絶対に信頼しつつ黙々として銃後生産に従事し、長期戦の姿勢［至誠］を充実しつつある全国民の姿は、まさに日本人本来の面目《めんぼく》を現代に体現したるものであります。

日本の消長発展が、常に国体に対する自覚と相並行《あいへいこう》することは、日本歴史が如実に証明するところであります。

我が皇室のご宸念《しんねん》あらせらるところが、常に東洋永遠の平和確立に存することを拝察し奉る時、我ら臣民たる者が道徳的使命の重且つ大なるに、恐懼感激せざるを得ないのであります。

今や日本国民は粛然襟を正して、自らに課せられたる責任を直視せねばなりません。

東亜諸国を連ねて、真に道義的基礎に立つ自主的連帯の新組織を建設する任務が、いかなる意義を有し、いかなる犠牲を求め、いかなる用意を必要とするかについて、徹底せる理解を持ち、断じて認識を誤ることがあってはならないのであります。

もし、漢口・広東の攻略をもって一転機とし、太平の時代が直ちに到来するがごとき思想を抱く者ありとせば、かくのごときは、今次事変の重大意義を理解せざる者にして、天下これ以上の危険はないのであります。

新しき東亜の建設を担当すべき日本は、その国民生活の全分野において、新しき創造の時代に入ったのであります。
この意味において、真《しん》の戦いは今始まったのであります。
真に偉大なる歴史的国民たらんがために、我々は上下一致、固き信念と決意とをもって、内外の整備建設に邁進しなければならんのであります。

SPレコードデータ
昭和12年12月・月報収録
コロムビア　音盤番号A1001AB
収録時間17分1秒

## 時局に処する国民の覚悟

近衛 文麿②

〔近衛内閣総理大臣演説……（拍手）、万歳、万歳、万歳、（拍手）……〕

ここに、国民精神総動員運動を開始するに当たりまして、私の所信を披瀝して、この歴史的なる国民運動に対し、諸君のご協力をお願いしたいと思うのであります。

我々の非拡大方針が、支那政府の不正によりまして顧みられず、北支事変がついに支那事変となり、支那の排日分子に対して、ここに全面的且つ積極的なる膺懲《ようちょう》を必要とするに至りましたことは、諸君既にご承知の通りであります。

申すまでもなく我々の真意は、東洋文化を共通するところの日満支三国《さんごく》の提携をもって東洋安定の枢軸と致しまして、これを通じて世界平和の確立に実質的に関与するということにあることは、今も昔も変わりはないのであります。

東洋の平和あって、初めて東洋国家の真《しん》の幸福があるのであります。

同じく東洋の二大隣国《りんこく》として、日支提携という試図《しと》の上に立つにあらざれば、支那の国家建設は不可能なのであります。

従って、排日を前提とするがごとき、支那の国家視には、断じて支那の国家を幸福ならしむるものではないと、信ずるのであります。(拍手)

しかるに、支那政府の抗日的訓練は、その拠《よ》ってきたるところ狡猾深きものがありまして、我が方の隠忍の結果、却って彼の□□《ブジツ》［不実］となり、□□《ホージツ》の激するところ、今や国を挙げて赤化勢力の奴隷たらんとする現状に立ち至ったのであります。

これがために、十五年間の抗日教育のもとに成長致しましたところの支那の若き青年は、自ら進んで墓穴を掘りつつあり、また国民党の排日教育に毒せられない素朴なる不老兄弟《けいてい》は、その日支相《あい》討つの矛盾に挟まれて、今や両国に所なき有様であるのであります。

事ここに至りましては、ただに日本の安全の見地からのみならず、広くは正義人道のために、特に東洋百年の大計のために、これに一大鉄槌を加えまして、直ちに抗日勢力の拠ってもって立つところの根源を破壊し、徹底的実物教育によってその真意を統一せしめ、しかる後《のち》において、支那の健全分子に活路を与えまして、これと手を握って、俯仰天地に恥じざる東洋平和の恒久的組織を確立するの必要に迫られてきたのであります。(拍手)

このことたる、我々が今日これを解決せざれば、我々の子孫が更に大なる困難のもとに、いずれの日にか解決を必要とするものであります。(拍手)

果してしからば、この日本国民の歴史的大事業を、我らの時代において解決をするということは、むしろ今日生を受けたる我ら同時代国民の光栄であり、我々は喜んでこの任務を遂行すべきであると思うのであります。(拍手)

かくのごとき歴史的大事業が、何らの困難なしに出来ると思うならば、それは思う方が無理であろうと存じます。

今後、或いは色々の方面から国難が起こってくることを覚悟しなければなりません。

我々に肝要なることは、いかなる国難が起こってきても必ずこれに打ち克ち、いかに長期に亘っても半途にして屈せず、有終の美をなし遂げずんば断じて已まんという不退転の決意であります。（拍手）

申すまでもなく、これは決して一政府・一軍隊の力によって出来ることではないのであります。

全国民の全精力を総合蓄積して、国家の最高目的の前にこれを動員し、これを傾倒して初めて可能であると信ずるのであります。（拍手）

一《いつ》に銃剣を取る者も、鋤・鍬・算盤を取る者も、同じく国家的戦闘の一単位、単にその持ち場が異なっておるに過ぎないのである。

もしここに自分が一人《ひとり》おらなかったなら、国家の全精力はそれだけ欠陥が生じてくる。

もしまた自分が一時間だけ余計に働いたならば、国家の持久力はそれだけ増すことになる。

かくのごとき自覚を持って、全国民が国家総動員の内に織り込まれてくるならば、我々に課せられましたる時代的使命を遂行し、発展的日本のために一心起源を作ることは、決して困難でないと信ずるのであります。（拍手）

私は少なくとも二つの方面から、かく信じて疑わぬ理由を持っておるのであります。

その一つは、我が日本の歴史は極めて古いが、国家の生活力は青年のように旺盛であるということであります。

このことは今日の日本を公平に観察する者の、内外一致せる認識であると思います。

かようのように、我々の祖先は過去において幾多の大困難に遭遇し、よくこれを克服致しまして、今日のごとき国家的遺産を我々の手に残したのであります。

日本の発展せんとするところ、そこに必ずや大なり小なりの摩擦があることは免《まぬか》れません。

今次の事変のごときも、また日本が偉大ならんとするために必然的に遭遇したるところの、国際的摩擦の一過程であります。（拍手）

果してしからば、これは当然我々の手によってこれを解決、後《のち》に来たる我々子孫のために、遺産として送るべきものであると思うのであります。（拍手）

第二には、独り日本の主観的立場からばかりでなく、世界歴史の全体から見まして、日本は今世界における進歩的国家としての主要なる役割を働いておる、という確信であります。

今日の世界は独り東洋においてのみならず、ヨーロッパにおきましても、また不安が漲っておるのであります。

かかる世界不安の根本的原因は、究極するところ、実質的なる国際正義が未《いま》だ十分に実現せられていないところにあるのであります。（拍手）

日本の行動は、或いはためにするものの思想的認識により、いかようにも曲解さるることもありましょう。

しかし、日本の行動の本質は世界歴史の本流において、真《しん》の国際正義を主張せんとするものであります。（拍手）

しかる意味において、我々の主張は日本以外の、他《た》の進歩的なる国民によりても、共鳴せらるるもの決して少なくないと信ずるものであります。

かくのごとき確信のもとに、我々全国民が己を虚しうして国家の最高目的の前に打って一丸となれば、前途何の恐るべきものもないのであります。（拍手）

国家の一大事の前に、国内のあらゆる階層が協力一致して義勇奉公の誠を尽くすということは、我が日本本来の姿であります。（拍手）

現に去る九日終了致しました第七《しち》十二議会におきまして、厖大なる予算が、両院とも全会一致をもって一瞬の間《あいだ》に協賛されましたる一事をもって見ましても、このことが歴然たる事実であります。

かくのごときは日本以外の国家におきましては容易に理解し難きところでありまして、特に日本内部の分裂を見越して、排日強攻［強硬］の一理由としてきましたところの支那政府のごときに対しては、意外なる精神的打撃を与えたことと思うのであります。（拍手）

元より私と致しましては、かかる国民諸君の協力・誠意に対しましては、感謝の念に堪えぬものがあるのであります。

而してかくのごとき協力の拠って来たるところ、ついに我が日本国体の荘厳無比なる歴史的組織に淵源することを思う時に、私は日本臣民たることの恩寵を、今更のごとく痛切に自覚せざるを得ないのであります。（拍手）

国家は雑然たる利益団体に非《あら》ずして、一つの文化的使命を有するところの共同目的体である。

国民は己の利益を追求する唯物的存在に非ずして、民族国家の組織を通じて人類に寄与せんとするところの精神的存在である。(拍手)

かくのごときは、西欧の唯物的文化に飽き足らざる人たちの間《あいだ》に、澎湃として最近湧き起こっておるところの新しい要求であります。

しかるにこの要求は、万世一系の皇室を中心とする我が日本の国家組織におきましては、先天的に具現せられておるのであります。

我々が国家に対する自覚のふさがる［つながる］ところ、ここに国家総動員は強制を待たずして、自ずからなるのであります。

ご承知のごとく、天皇陛下におかせられましては、北支事変の発生するや、直ちに葉山よりご還幸になりまして、日夜軍国のことにご精励遊ばされておるのであります。

私は拝謁を賜る度ごとに、そのご精励のご模様を拝しまして、恐懼感激に堪えざる次第であります。

本月《ほんげつ》四日、開院式の勅語におきまして、『朕は帝国臣民が今日の時局に鑑み、忠誠公に奉じ、和協心《こころ》を一《いつ》にし、賛襄以て所期の目的を達成せんことを望む。』と仰せられましたことは、既にご承知の通りであります。

この大御心《おおみこころ》に副《そ》い奉るべく、我が同朋軍隊は戦場にあって、赫々たる忠勇を致しておるのであります。

この大御心に副い奉るべく、銃後の警衛に全力を尽くすことは、我々一般国民の義務であると信じます。(拍手)

思うに、世界は今や一大転換の期［機］に際会致しておるのであります。

この時にあたって東洋の道徳を経《けい》とし西洋の文明を緯《い》とし、両者を総合調和して新しき世界に貢献することは、実に我が国に課せられたる重大なる使命であります。(拍手)

大《だい》なる将来を持つ日本国家の行進は、既に始まっておるのであります。

願わくば官民一致、国家の目的以て我々個人の目的と、この大業の遂行に協力せられんことを、切望して已まない次第であります。(拍手)

近衛 文麿③

# 日独伊三国条約締結に際して

今回政府は世界歴史の一大転換期に際し、畏《かしこ》くも天皇陛下の広大無辺なる聖旨を仰ぎ奉り、ドイツ及びイタリーと三国条約を締結し、世界恒久の平和と進歩とのため、協力邁進するに決したのであります。

この時にあたり、不肖内閣総理大臣の要職を忝《かたじけの》うし、顧みて責任の極めて重大なるを痛感し、ここに全国民諸君に向かって率直に時局の真相を語り、諸君の一大発奮に訴えたいと思うのであります。

顧みれば支那事変勃発以来、既に三星霜、英聖文武なる陛下の御稜威《みいず》のもと、忠勇義烈なる陸海将兵の奮闘により実に空前の戦果を収め得たのであります。

しかしながら、この間《かん》東亜をめぐる関係列国の動きは、益々事変の性質を複雑にし、その解決を困難ならしめておるのであります。

究極するに日支の紛争は、世界旧体制の重圧のもとに起これる東亜の変態的内乱であって、これが解決は世界旧秩序の根底に横たわる矛盾に、一大斧鉞《ふえつ》を加《くお》うることによってのみ達成せられるのであります。

即ち、日本《にっぽん》は眼前の支那事変を解決すると同時に、全世界の飛言を更新すべき絶大の偉業に参画し、その重要なる役割を分担せねばならなくなったのであります。

□□《ハッバン》を開《ひら》いて、東亜と欧州の現状を見れば、日独伊三国は実に各々その持ち場において、旧秩序打開のために共通の努力を続けつつあるのであります。

即ちドイツ及びイタリーは、欧州において新秩序を

SPレコードデータ
昭和16年1月・月報収録
キング　音盤番号４１０３２
収録時間10分25秒

建設せんとしておるのであり、日本《にっぽん》は大東亜の地域において、アジア本来の姿に基く新秩序の建設を期しつつあるのであります。

そもそも世界歴史の現段階において、直ちに世界を一単位とする組織の完成を期待することは出来ないのでありまして、世界の諸民族が数個の共存共栄圏を形成することは必然の勢いであります。

而《しこう》して日本《にっぽん》が東亜において、ドイツ・イタリーが欧州において、この共存共栄圏を指導すべき立場に立つことは、歴史上より見るも地理上より見るも経済上より見るも、これまた必然の勢いである。

私は、かかる必然の傾向を阻まんとするところに、欧州においては第二次大戦の勃発を見、東亜においては準戦時的国際関係の緊張を示すに至ったもの、と思うのであります。

果してしからば、日本《にっぽん》が独伊に協力し独伊が日本《にっぽん》に協力し、三国相《あい》寄り合い助けて、場合によっては軍事同盟の威力をも発揮せんとするに至れる、これまた必然の勢いであります。

かく観じ来《きた》れば、我々は今や有史以来の一大国難に直面したと言うべきである。

我々はこの際一大決心をもってこの国難の中に突入し、断固としてこれを突破するの覚悟がなければならないのであります。

今や日本《にっぽん》は、既に過去三年有余に亘る支那事変により、幾多忠勇なる将兵を犠牲にし、且つまた多大の国土と経済力とを消耗したのであります。

しかれども、非常時日本《にっぽん》は一面において、この戦時の一大消耗を賄いつつ、なお生産力の拡大と軍備の充実とに全力を注がねばなりません。

これがため、消費財の生産は大いに制限せられ、一般国民生活も著しく抑圧を蒙るに至っておるのであります。

しかも、全国民諸君がこの実状に直面して、よくその困難に耐え、相携えて元気を奮い起こしつつあることに対して、私は衷心より敬意を表するものであります。

政府はかくのごとき日本《にっぽん》の社会情勢を検討し、更に緊迫せる国際関係と照らし合わせてこれを考うる時《かんご》、この三国条約を締結することが経済的にも軍事的にも、この困難を克服しうる最善の方策なりとの確信に到達したのであります。

我々はかくのごとき重大時局に臨み、超克の精神に基き、万民翼賛の挙国新体制を確立せんがため、努力を致しております。

この新体制に生命を与え、この精神を躍動せしむるものは、非常時国策の実践であります。

畢竟新体制は机上の構想によりて決せず、難局打開の行動過程において発育し大成すべきものであります。

今や日本《にっぽん》の前途には、民族の運命を賭すべき重大問題が横たわっておる。

しかも我々は積極的に邁進して、光明《こうみょう》の一路を踏み開かんとするものであります。

ここにおいてか、専心［潜心］万苦は固より覚悟の前である。

一《いっ》［実］に我が国は今や一億一心、否《いな》、一億が真に一心となってもなお足らざる環境に置かれておるのであります。

凡《およ》そ一国が太平無事の際には、各方面自ずから放漫に流るるを免《まぬか》れないのであります。

しかしながら、一度《ひとたび》国難来《きた》らんとするにあたりては、何はさておきても、全国民が結束して眼前の難関を突破せねばならん。

そこに分派対立の余裕も、自由討論の余地もなく、一身の生活と享楽は同朋《どうぼう》のために、個人の栄誉と利益は君国のために、安んじて犠牲に供されねばならんのであります。

非常の場合に直面して恐れず、疑わず、奉公の誠を致すは実に日本《にっぽん》国民の真の姿であり、同時に全国民をして各々その所を得しめ、その全精神を傾け、その全能力…、能率を発揮して国事に尽くさしむるは、実に非常時内閣の責任である。

新体制は実に、城邑を固くして国民を誘導し、下《か》上《じょう》を上通して君民一体の政治を完成せんとするものであります。

即ち、その所を得しむるは政治の任、その誠を致すは臣子の分、かくのごとくにして初めて、義は君臣にして情は父子たる、我が国体の精華を発揮し得《う》べく、新体制の理想もまたこれに尽くるのであります。

政府は聖旨を奉戴し、外に万全の外交方策と、内に万民翼賛の体制とを確立し、以て積極的国難打開の道に乗り出したのである。

政府は国民に対しては真実を語り、その犠牲と奉公とを期待するとともに、政府もまた奮励努力、全国民に対し、最低の生活と最大の名誉とを保障せんとするものであります。

日本《にっぽん》国家は非常時に際し、一人《いちにん》の暖衣飽食を許さず、また一人といえども飢えに悩む者あらしめず、億兆その志を一《いっ》にし、その力を合わせて塞外［海外］万里の波頭を開拓せねばなりません。

切に諸君の発奮を望む次第であります。

## 近衛 文麿（このえ ふみまろ）

政治家、首相、貴院議長、公爵　明治二十四年（一八九一年）十月十二日生　昭和二十年（一九四五年）十二月十六日没

出生地＝東京　学歴＝京都帝国大学法科大学政治学科〔大正六年〕卒

五摂家筆頭の家柄。東京帝大に進むが、河上肇を慕って京都帝大に転学。明治三十七年公爵。大正五年貴院議員。六年京大卒業後、内務省に入る。八年パリ講和会議に全権随員として出席。昭和八年貴院議長。十二年第一次内閣を組閣。翌年「国民政府を相手にせず」と声明を出し、ついで国家総動員法を強引に成立させた。十四年一月総辞職。枢密院議長を経て、十五年第二次内閣を組閣、政党解消、大政翼賛会の創始、松岡外交などを推進。十六年第三次内閣を率い日米交渉に努めたが、主戦論の前に総辞職した。戦後、二十年東久邇宮内閣の国務相となるが、十二月A級戦犯容疑に指名され、出頭日の早暁に服毒自殺した。著書に「清談録」など。

斎藤 実

# 憲政の一新

謹みておもんみるに、かの五箇条の御誓文《ごせいもん》は畏れ多くも明治天皇が、我が国体を無窮に栄えさせ奉らんがために、神明にお誓いになったところの大御心《おおみこころ》の表われであって、万機公論に決するの御《おん》誓いは、その後《ご》帝国憲法のご欽定によって議会制度の確立となり、我々国民は国政に参与するの光栄を拝するに到ったのであります。

この深厚なる国民へのご信頼に対し奉りましても、我々臣民たる者は、この光栄を子々孫々に伝え、以て憲政有終の美をなすことに精励致さねばなりません。

しかるに、この方面に対する国民の教育訓練には、遺憾ながら十分でないところがあったために、最も大切なる憲政の基《もとい》をなすところの選挙に幾多の弊害を生じましたことは、誠に痛恨に堪えない次第であります。

今にして改むるところがなかったならば、我ら臣民たる者は明治天皇に対し奉っても、誠に申し訳がないことになるのであります。

仁政［善政］によって国民の幸福を増すとともに、皇国の御栄えを乞い願《ねご》う者は、何を措いてもまず、最も正しき選挙を行い、最良の議員を議会に送ることに努めねばなりません。

一票の汚《けが》れは誠に国の汚れとなるのであります。

我々はこの清浄なる投票により、国政に責任を持つことを誓《ちこ》うものでありまして、この選挙によってのみ、大御心に応え奉るものであるという堅き信念のも

SPレコードデータ
昭和10～11年収録
テイチク　音盤番号特０４４
収録時間２分40秒

とに、お互いに良心に恥じざる選挙を行《おこの》うべきであります。

しかしながら、過去五十年に近きこの宿弊を根絶することは、決して容易なことではありませんが、建国以来三千年、君国のためには身命を惜しまぬ日本《にっぽん》精神をもって、憲政一新の勇断を行《おこの》うならば、必ずやこれを成し遂げ得ざるはずはないのであります。

全国民の名誉にかけ、この粛正の大業を遂げられんことを、切に希望する次第であります。

## 斎藤 実（さいとう まこと）

海軍大将、首相、内大臣、海相、朝鮮総督　安政五年（一八五八年）十月二十七日生　昭和十一年（一九三六年）二月二十六日没　出生地＝陸奥国水沢（岩手県奥州市水沢区）　学歴＝海軍兵学校（第六期）〔明治十二年〕卒

明治十五年海軍少尉に任官。十七年米国大使館付武官、十九年より欧州へ出張し、二十一年帰国。三十年秋津洲、三十一年厳島の艦長を経て、三十一年海軍次官。三十三年海軍総務長官兼軍務局長、三十六年艦政本部長兼務、同年海軍次官。三十七年軍務局長、三十八年教育本部長をそれぞれ兼務。三十九年第一次西園寺内閣の海相に就任して以来、第二次桂、第二次西園寺、第三次桂、第一次山本内閣と五内閣八年間にわたって在任。大正元年海軍大将に進んだが、三年シーメンス事件の責任を取りで予備役に編入された。八年～昭和二年と四～六年朝鮮総督を務め、高揚する民族運動を背景に武断政治から文化政治へと舵を切った。二年ジュネーブ海軍軍縮会議全権委員、枢密顧問官。七年の五・一五事件後に組閣、政党と軍の中間的な挙国一致内閣を組織したが、九年帝人事件のため総辞職。十年内大臣に就任したが、十一年二・二六事件で暗殺された。

重光 葵

# 重光総裁

SPレコードデータ
昭和27～28年収録
ビニスター　音盤番号ナシ
収録時間6分39秒

政府の不信任案は、政府与党たる自由党の分裂によって議会を通過し、政府はこれに対して憲法第七条によって、その特権を利用して自ら予算不成立をも顧みず、衆議院の解散を断行致したのであります。

民意を考慮することなく、その地位に伴《ともの》う特権を乱用することは、力の政治であり、ファッショ独裁に通ずるものであります。

我々は力の政治には断固排撃しなければなりません。

今回の総選挙は、民主主義を擁護するための重要なる戦いであるのであります。

改進党の政綱の第一は、即ち民主主義の擁護であって、民主主義は新日本《にっぽん》建設の基調であるのであります。

我々は新日本《にっぽん》建設に邁進するにあたって、あくまで民主主義を擁護しなければならんのであります。

二、しかるに民主主義を破壊し、新日本《にっぽん》の建設を阻止せんとする強力な、国の内外に亘る勢力が出来てきまして、これが共産破壊勢力であるのであります。

我々は共産破壊勢力とは徹底的に戦《たたこ》うものでありまして、かくして日本《にっぽん》の将来を救わんと欲するものでございます。

三、我々の目的とするところは独立自主の新日本《にっぽん》の建設であって、かくして自立した日本《にっぽん》が国際的協力の方針のもとに、各国と緊密なる関係を維持することを主張するものであります。

これがための外交は全て、超党派的に処理せんと致すものでございます。

四《し》、自主独立の日本《にっぽん》もまた当然の結果として、国力に相当する自衛軍備を必要とすることを我々は主張するのであります。

自らを自ら守る体制を持つ国・国家であって初めて国際的に尊重せられ、活動し得《う》るのであります…、…得《う》るのでありまして、自衛のための軍備は平和を守るためにこそ必要なのでございます。

自衛軍備というのは、戦争前《ぜん》の厖大なる陸海軍備を再興するという趣旨ではありません。

私は戦争を放棄することも国を守ることもできなかった、かような軍備には反対するものであります。

私の言うのは再軍備ではなく、国力に相当する自衛軍の創設ということであるのであります。

五、敗戦後の国家を建設することは容易なことではございません。

領土は狭く、資源は乏しく、而《しこう》して人口は益々増殖しております。

困難な社会情勢の中にあって、日本《にっぽん》の将来を開拓するには、国民の協力一致の国家的体制を作り出す政治指導が必要であるのである。

無計画・無方針の政治指導は速やかに廃止して、長期の計画的経済政策を樹立して、着々建設を進めてゆかなければなりません。

またこれがためには、社会保障制度の整備をも図らなければならぬのであります。

全国民が祖国を再建するために汗水の努力をなすためには、国民に希望と指針とを与え、喜んで協力一致するようにする政治指導が最も必要であるのであります。

以上は改進党の五大政綱であります。

改進党は一つの階級、例えば労働階級とか資本階級とか、一つの階級のみの利益を代表するものではないのである。

階級闘争は破壊を目的とする共産党の考え方であって、改進党はこれに断然反対するものであります。

改進党は建設を目的とする国民政党であって、国民全体の総合的利益を進めてゆかんとする愛国党であるのであります。

私は、今日世界の情勢は共産・民主の両陣営に分かれて、冷たい戦争の様相は容易ならぬものがあることを幾度《いくたび》か警告して参りました。

日本《にっぽん》もまたその激しい冷たい戦争の渦中にあるものである。

この重大な世界政局なりにおいて、新日本《にっぽん》の建設は我々の主張する五大政綱をよく体得して、これに共鳴する人々を結集することによってのみ、成し遂げ得《う》るものと考えておるのであります。

我々は同志の結集を歓迎するものであります。

改進党は日本《にっぽん》建設の中心勢力としてその責任を自覚し、国民の期待に副うべく、あくまで奮闘するものであるのであります。

## 重光 葵（しげみつ まもる）

外交官、政治家、外相、日本民主党副総裁、衆院議員　明治二十年（一八八七年）七月二十九日生　昭和三十二年（一九五七年）一月二十六日没　出生地＝大分県速見郡杵築（杵築市）　学歴＝東京帝国大学法科大学独法科〔明治四十四年〕卒

明治四十四年外務省に入省。昭和六年駐華公使、翌年四月の天長節祝賀式場で反日運動家の爆弾で右脚を失った。日中戦争を拡大した近衛内閣には批判的であり、日独伊三国同盟にも反対であった。十八年東条内閣外相、戦後の東久邇内閣まで留任。二十年九月ミズーリ号上で降伏文書に調印。二十一年A級戦犯として逮捕され、二十三年の東京裁判で禁固七年の判決を受け服役。二十七年衆院議員に当選し、以後三回当選、二十九年鳩山内閣の副総理・外相に就任し、三十一年の日ソ国交回復と国連加盟に尽力した。また国連総会で日本人として初めて演説をした。「昭和の動乱」などの著書がある。

田澤 義鋪①

# 国家の為に我々の為に

我々国民が国家を守り、国家を良くする責任を持っていることは、今更申すまでもありません。

国家を守り国家を良くするというのは、同時に、我々自身を守り我々自身の真《しん》の意味における生活を良くすることであります。

而《しこう》して国家を守るがためには、国民みな兵、全ての人が国防に当たるのであります。

戦争・事変に際して、一死［一糸］君国に殉ずるという忠勇の精神は、誠に我が国民の誇りであります。

同様に我々は国家を良くするためにも、これに劣らぬ精神をもって、奉公の誠を尽くさねばなりません。

その国家を良くするがために行わるるものが、国並びに府県市町村の政治であります。

SPレコードデータ
昭和10年9月収録
テイチク　音盤番号50070
収録時間3分28秒

同時にそれは当然、我々自身の真《しん》の意味における生活の向上と幸福の増進を目的としているのであります。

陛下は我が一君万民の国体のもとに、万民とともに政治を行わせらるる思し召しをもって、憲法によりて、国民に選挙の権能を与えさせられているのであります。

かくのごとく選挙は、国家のために、同時に我々自身のために、極めて重大にして、しかも神聖なる意義を有しているのであります。

しかるに今日まで、世人《せじん》も知っている通り、選挙に際して色々の悪弊が行われ来《きた》ったのであります。

或いは官憲の干渉があったり、或いは情実因縁のために心にもない人に投票をしたり、或いは金銭をもらって恥としない風習が一部にあって、そのために政党や候補者は、巨額《きょがく》の政治資金の調達に憂き身をやつさねばならんということなどが、あったのであります。

かくて幾多の政治上の罪悪がその間《かん》に育まれるということは、申すまでもないことであります。

かくのごとき従来の悪弊が積もり積もって、国民の一部には、立憲政治そのものにすら絶望せんとする者が起こって参ったのであります。

我々は今こそ、官民協力、挙国一致、この選挙の悪弊を絶滅し、真《しん》に国家のため、また我々自身のため正しい選挙を行い、明治天皇が万民とともに、万民のための政治を行わせられようとして、立憲政治を実施あらせられた有難き大御心《おおみこころ》に、お応え申し上げなければならんのであります。

田澤 義鋪②

# 選挙の真精神

我が国の立憲政治は、陛下が一君万民の国体のもとに万民とともに政《まつりごと》を遊ばさるる、有難き思し召しの政治であります。

万民が陛下の御政《おんまつりごと》を翼賛し奉るところの政治であります。

而《しこう》してその大政翼賛の重要なる手続きが選挙であ

SPレコードデータ
昭和11年収録
コロムビア　音盤番号A256
収録時間6分6秒

ります。

選挙によって我々は我々の代表者を選び、我々に代わって国政を議して貰《もろ》うのであります。

国民はいかなる政策を希望するか、いかなる人物を真《しん》に国民の代表として国政を議するに足ると考《かんご》うるか、そういう陛下のご下問にお答え申し上ぐることが、選挙の真《しん》の意味であります。

府県会や市町村会の議員の選挙におきましても、国家の一部分である府県や市町村を立派なものにするために、どういう人物に相談して貰《もろ》うのが最も適当であるかというご下問にお答え申し上ぐるのが、選挙の真精神であります。

何の某《それがし》という人を代議士や市町村会議員の役目につけてあげるなどというような、個人的の関係では絶対にないのであります。

我々は我々の良心の命ずるがままに、国家のため、府県市町村のため、この人ならばという立派な人物に投票しなければならんのであります。

この国家のため、府県市町村のためというのは、同時に我々自身のためということであります。

国家や府県市町村が良くなるということは、本当の意味において国民が幸福になることであります。

国民の真《しん》の意味における生活が良くなるということであります。

我々は国家や市町村のためにも、自分たちのためにも、本当に正しい選挙をしなければならんのであります。

選挙というものがかくのごとく神聖にして重要なるものでありまするのに、今日《こんにち》まで国民の中には、人に頼まれていい加減な投票をしてみたり、甚だしきは金を貰ったりご馳走になったりして、投票をしている人が少なくないのであります。

何という情けないことでありましょう。

かくのごとき選挙会の情弊［常弊］を改むるがために、私どもは八《はっ》・九年以前より選挙粛正同盟会という会を作り、一風変わった投票をしているのであります。

その会員は選挙に関して二つの誓約をしております。

第一は、人に頼まれて投票するのでなく、自分でこの人と思う人に投票するのであります。

選挙に際して、どうぞ何某《なにそれがし》に投票して下さいと頼み込んでくる者があるならば、私も立憲国民の一人《いちにん》である、陛下のご下問に奉答する選挙だけは自分の良心に従ってやりたいと思う、どうぞこれ以上仰らないように、ときっぱりと断り得《う》る国民でなければなりません。

第二の誓いは、自己の投票する候補者に対し、その選挙費用として金三十銭以上を送るというのであります。

三十銭というのは、その選挙費用の法定制限額《かく》の選挙人一人《いちにん》当たりの算出の基礎であります。

その位は演説会やパンフレットや正しい選挙費用がかかると、法律が認定しているのであります。

その一人当たりの正しい選挙費用、それを我々選挙人が負担していこうというのであります。

何故《なにゆえ》ならば、代議士は我々に代わって我々の為に国政に参与してくれる人であります。

その選挙に金がかかるならば、我々が負担するのが当然だというのであります。

私は、今日《こんにち》の生活にも苦しんでいる人々に、選挙ごとに三十銭をお出しなさいと申す者ではありません。

しかし、苟《いやしく》も社会の中堅をもって任ずる人は、この位の投票をして貰いたいと思うのであります。

従って、金を貰って投票する等《など》というのは全く沙汰の限りと言わなければなりません。

こういう会にお入りになるならぬは別として、選挙というものはこれほどのものだということを、皆様に分かっていただきたいと思います。

要するに今回の選挙粛正運動は、取り締まりの任に当たる官憲も、候補者や運動員も、一般有権者も、皆が選挙の真精神を理解し、国家のためにも自分たちのためにも、立派な政治の行わるる基礎を作るために、正しい選挙をやろうというのであります。

かくてこそ、国も盛んになり村も栄え、我々自身も幸福になることが出来るのであります。

切に皆様のお考えを願いたいと存じます。

## 田澤 義鋪（たざわ よしはる）

社会教育家、青年団運動指導者、政治家、大日本連合青年団理事長、貴院議員（勅選） 明治十八年（一八八五年）七月二十日生 昭和十九年（一九四四年）十一月二十四日没 出生地＝佐賀県藤津郡鹿島村（鹿島市） 学歴＝東京帝国大学法科大学政治科〔明治四十二年〕卒

高文行政科に合格し、明治四十三年静岡県属として安倍郡長に就任。地方自治振興をめざし、青年団の育成など青年教育に尽力する。大正四年内務省明治神宮造営局総務課長となり、修養団運動や労務者教育を推進する。九年内務省を退職し、労使協調のための団体（財）協調会の常務理事に就任。十年日本青年館理事。十三年一月選挙浄化運動を目的とした新政社を創立。同年五月衆院選に立候補するが落選。同十月東京市助役となり、十五年大日本連合青年団常任理事に就任。昭和八年貴院議員に勅選され、九年から十一年にかけて大日本連合青年団理事長、日本青年館理事長を務める。十年壮年団中央協会を設立し、十二年第一回壮年団全国協議会を開催。十五〜十九年協調会常務理事。著書に「青年団の使命」「政治教育講話」「青年如何に生くべきか」「道の国日本の完成」などがある。

# 済生会の使命に就いて

徳川 家達

> SPレコードデータ
> 昭和10年7月臨時収録
> キング　音盤番号N25
> 収録時間3分28秒

世の中に貧しくして病《やまい》に罹り、医薬にも親しめないほど気の毒なことはありません。

しかもこれら同情すべき人々が年々増加することは、誠に遺憾に堪えません。

もしこれをそのままにしておけば、児童の教養はもちろん、一家の生活もできず、ひいては国運の進展を妨げ、国民思想上にも悪い影響をきたさないとも限りません。

かくては一人《いちにん》一家の不幸は言うまでもなく、国家社会の不幸、この上もない次第であります。

かかる人々の病を治療して、健康の体《たい》に復せしむること、これが我が恩賜財団済生会の仕事であります。

明治天皇には、社会並びに経済情勢の急激なる推移により、人心のややもすれば帰向《きこう》を誤らんとするを深くご宸念《しんねん》あらせられまして、明治四十四年紀元節の嘉辰にあたり、内閣総理大臣を御前《ごぜん》に召《し》させられ、業［行］を勧め教えを篤くして国民の健全なる発達を遂げしむるよう、わけても無告《むこく》の窮民にして病に罹りたる者には、医薬を給して天寿を全うせしめよとの有難き勅語を賜った上、巨額のご内助金を下賜あらせられました。

総理大臣はこの忝《かたじけな》い大御心《おおみごころ》を奉戴し、ご下賜金を基《もと》とし、広く朝野の基金を集めて設立せられましたのが、即ちこの恩賜財団済生会であります。

爾来済生会は皇室ご保護のもとに、全国枢要の都市に、病院・診療所・診療班を設け、また病院や開業医に委託して、いわゆる委託診療の道を開き、今日にては毎年《まいねん》三十万人以上の患者を取り扱い、創立以来の延べ人員は、実に一億万人の多きに上《のぼ》り、これに要しました経費は二千万円に達しておるのみならず、関東の大震火災を初め、各地の災害等《とう》の場合には、民地［臨地］の救護を行っております。

しかるに近時、救療を要する者は益々増加するの一方を辿る情勢で、これが救済上いよいよ緊要の時にあたり、本会の経済は極度に窮乏を告げ、いわゆる思い余りあって力足らざる憾《うら》みがあります。

故に何とぞ大方《たいほう》各位の深甚なるご援助によって事業の拡充を図り、よってもって明治天皇のご聖旨と歴代皇室の厚きご保護とに応え奉り、国家社会に貢献せんことを期待する次第であります。

**徳川 家達**（とくがわ いえさと）

徳川家第十六代当主、貴院議長、日本赤十字社社長、ＩＯＣ委員、公爵　幼名＝徳川亀之助（とくがわかめのすけ）　文久三年（一八六三年）七月十一日生　昭和十五年（一九四〇年）六月五日没　出生地＝江戸

徳川家第十六代当主。明治元年第十五代徳川慶喜の大政奉還に伴い宗家を継ぎ家達と改名。同年駿河府中城主として七十万石を賜封され、二年版籍奉還で静岡藩知事、三年廃藩置県で藩知事を退いた。十～十五年英国に留学。十七年公爵、二十三年貴族院議員、三十六～昭和八年貴族院議長。その間大正三年組閣の内命を辞退。十一年第一次大戦後のワシントン軍縮会議に全権委員で出席。昭和十一～十四年ＩＯＣ委員を務め、アジア初の東京五輪招致に尽力したが、幻の大会に終った。また十六代様として日本赤十字社長、恩賜財団済生会、東京慈恵会、日米協会各会長を務めた。妻泰子は近衛文麿の伯母。

# 総選挙粛正に就いて

永田 秀次郎

積年の宿弊である選挙会の腐敗堕落は、なかなか生易しい決心では粛正されません。

これには第一、日本の立憲政治は今や死活の危機に立つことを認識せなければなりません。

イタリーのファッショ、ドイツのナチスが何故《なにゆえ》に起こったのであるか。

日本の五・一五事件は何が故に起こったのであるか。

これに対して真剣に反省をする、胸に手を当てて考えてみれば、国民が何故に議会政治に不信用であるかということが、思い当たるに相違ありません。

今日、立憲政治を救うの道は、まず選挙を粛正せなければならん。

選挙を粛正するのには、第一に官吏の選挙干渉、第二に政党の買収その他《た》の不正行為、第三に選挙人の腐敗・無頓着、この三方面について性根《しょうこん》を入れ替えて懺悔するだけの誠意と熱意がなくてはならんのであります。

選挙粛正運動について、我々が地方を回って直感することは、これに対する二大潮流のあることです。

その一つは、従来選挙会の腐敗・堕落の中に育って、第二の天性をなしておるところーの老政治家の多数は、これを一笑に付して、「選挙の粛正?なーにそんなことが出来るものか!」と頭からバカにしておる。

その二は、純真なる青年であって、「選挙の弊害はとてもこのままでは我慢が出来ん。何としてもこれを粛正しなければならん。」と共鳴する人たちでありま

SPレコードデータ
昭和10年代収録
テイチク　音盤番号50070
収録時間3分12秒

す。

選挙の粛正をバカにしておる老政治家が勝つか、これに邁進するところーの純真なる青年が勝つか、これが日本の立憲政治の生きるか死ぬかの境であります。

明治維新は当時の青年の手によってなされました。それは天地神明に誓って、醇乎《じゅんこ》として純なる熱誠によってなされたのであります。

昭和維新は何人《なんぴと》がこれをなすのであるか。

私は昭和の青年が、果して明治維新の際における青年のごとくに、神明に誓って奮起するだけの熱誠を有するや否やということを、この選挙粛正の結果によって卜《ぼく》せんと欲するものであります。

## 永田 秀次郎（ながた ひでじろう）

内務官僚、政治家、貴院議員、拓務相、鉄道相、東京市長、拓殖大学長、俳人　俳号＝永田青嵐（ながたせいらん）　明治九年（一八七六年）七月二十三日生　昭和十八年（一九四三年）九月十七日没　出生地＝兵庫県緑町（淡路島）　学歴＝三高法学部〔明治三十二年〕卒

明治三十五年郷里の州本中学校長を振り出しに、大分県視学官、福岡県内務部長、京都府警察部長、三重県知事などを経て、大正五年内務省警保局長となり、七年の米騒動に対処、退官して貴院議員となる。その後、東京市長後藤新平に請われて助役となり、十二年市長に就任して大震災に遭遇、いったん辞任し、昭和五年市長に返り咲いた。その後、帝国教育会長、教科書調査会長、拓殖大学長などを歴任。十一年選挙粛正連盟理事長から広田内閣の拓務相となり、さらに阿部内閣の鉄道相を務めたあと、十七年陸軍の軍政顧問としてフィリピン滞在するが、マラリヤにかかり帰国。三高時代から高浜虚子と親しくして俳句をよくし、著書に「青嵐随筆」などがある。

中野 正剛①

# 総選挙と東方会

自分は丁度三年前、前線の慰問に出かけた時、政治は喪心状態のまま時局に引きずられておる、我らは現地に漲る前線精神をそのまま銃後に爆発せしめて、国民運動の推進に挺身せねばならぬと声明した。

それが議会を侮辱する言動なりとして、物々しくも除名沙汰《ざた》まで持ち上がったのであります。

そこで私は、かかる議会の雰囲気の中で行動することは、ブタに真珠を投げ与えるようなものであることを認識し、まず自ら衆議院議員を辞し、三国同盟の締結、米英打倒、即時南進を掲げてスローガンとなし、東方会同志とともに捨て身の国民運動に驀進《ばくしん》したのであります。

しかるに昨年十二月七日《なぬか》まで、日本《にっぽん》の雰囲気は甚だ憂鬱なものであった。

むしろ米英依存《いそん》は数十年間の惰性であり、東方会運動は常に無自覚なる現状維持派と対立せねばならなかった。

されど真《しん》の決意を有する者にとりて、いかなる困難の道行きも、却って確信［篤信］を磨くの砥石《といし》たるに他ならない。

東方会同志は悪戦苦闘を重ぬるとともに、壮志いよいよ固く、専ら大衆に訴えて草莽《そうもう》の赤誠を呼び起こし、これを君側《くんそく》に上通せんことを祈願したのであります。

我らの熱誠虚しからず、皇紀二千六百一年十二月八日、天佑を保有せる皇軍の精鋭が、太平洋の全面に亘

SPレコードデータ
昭和17年収録
コロムビア　音盤番号A765
収録時間11分34秒

りて伝統的電撃を展開し、これと間髪《かんはつ》を入れずして聖戦の大詔を拝するに至った時、我らは真に生き甲斐あるを覚えて、ただ感泣するの他なかったのであります。

顧みれば、一切全てが天意であった。

現状維持派の英米依存も、歴代内閣の躊躇逡巡も、悉《ことごと》くそれが止むに止まれぬ我らが捨て身の国民運動も、満天下一億の義憤が凝り固まって一丸となった時、絶好の機会・絶好の戦略によりて、大東亜聖戦の幕は切って落とされたのであります。

ここにおいて我らは十二月八日、戦線［聖戦］の大詔を拝するとともに、天下に対して無敵宣言を発表し、かくなる上は真に一億一心である、過去の対立より生ずる憤りもなければ恨みもない、我らが覚束なき先見の明を誇るなどとはをこがましい、これより以後、我らの国民運動は国内に敵を認めないものである、我らは自ら困難の先に立ち、犠牲の先に立ち、銃後の挺身隊たらんことを期するものであることを声明したのであります。

我らの見るところでは、東條内閣は特に優渥なる大命を拝し、満天下の信頼を得て、あらゆる吉祥《きっしょう》の手段を講じ得《う》べきものである。

それ故に議会のことなどは問題とせず、衆議院議員の任期も既に一年延長した以上、この戦いに勝ち抜くまで、脇目もふらず猛進するだろうと思われたのであります。

しかるに政府は、深く自ら期するところあるがごとく、大戦争を遂行中に総選挙を敢行し、盛り上がる国民の熱誠を汲み上げんことを声明するに至った。

それならば、国家危難の時にあたりて、国民を警戒せずして国民を信頼するものであって、まさに我が国の伝統に相応しき堂々たる行動である。

殊に東條内閣の国務大臣が、政治のみが時勢に立ち遅れておると公々然揚言《ようげん》しておる点は、まさに三年前、自分が議会で問題を引き起こした声明と、その調《ちょう》を同じうするものであります。

この、政治のみが時勢に立ち遅れておるということばは、それは単に議会のみでなく、当局者をも含めたる政治全般が、世界を驚嘆せしめし少年航空兵のけなげさに対して、甚だ恥ずべき存在であるという最も謙遜なる告白であってほしいのであります。

政府が一大反省のもとに、一大勇猛心を奮い起こし、銃後、政治陣営の敵前整備を断行せんとすることは、最も本格的なる壮挙であります。

殊に東條首相が、風紀も淫する能《あた》わず、威武も屈する能わざる積極有為《ゆうい》の人材《じんさい》を要望するということばは、これをそのまま東方会同志に当てはめて、最も適切なるを観［感］ずるものであります。

我らは、英米依存的雰囲気が満天下を圧倒せる際、威武に屈せず弾圧を恐れず、むしろ一身の奇論を課し［犯し］、敢然として所信に邁進したのである。

こと今日《こんにち》に及びて、ことばの上に英米依存を排撃する位ならば、それは単なる時局便乗の軽薄才子といえども、能《よ》くするところであります。

東方会は徹底的に国民運動を展開し、逐次に米英排撃・南進断行の国民大会を開催し、刀折れ矢尽くるに及び、入場料を国民に徴収して、しかもしばしば数万《すまん》の大衆を動員し得しことは、いわゆる積極有為の実績を衆目監視の中に克ち得たものであります。

我らは実績によりて、東條内閣の要望するがごとき優良候補を、全部揃え得《う》る自信を有するものである。

しかるにこの際、翼賛政治体制協議会なるものが設立せられ、三十三名士によって候補者を推薦することとなったようである。

三十三名士諸君は大東亜戦を断行せし東條内閣の性格と自己の経歴とに顧み、その責任の重大なることを反省せねばならぬ。

我らは既に無敵宣言を発表したる建前に顧み、必ずしもこれらの諸名士を敵視するものではない。

しかし我らはかつて既成政党打破を主張し、且つまた阿部内閣が揚子江を開放せんとせし外交方針には、真っ向から反対した生々しき歴史を有している。

我らは東條内閣の聖戦完遂《かんつい》には絶対的支援を惜しまないが、阿部信行《しんこう》氏を中心とするこれら諸名士の推薦を押し戴くことは、我らの潔癖がこれを許さないのである。

明治天皇は内外国難充積せる真っ最中に、五条の御誓文によりて立憲政治の前提をお定めになり、後《のち》に憲法発布の成典に際しては、これ実に皇祖皇宗の後裔に残し給える統治の広播《こうはん》を詳述するに他ならず、と仰せられている。

しからば万民翼賛は日本《にっぽん》の国体精神である。我が日本《にっぽん》国体において、我らは上［神］ご一人《いちにん》の赤《せき》子《し》である。

東條内閣はこの日本《にっぽん》国体精神に徹底し、この超非常時にあたり、憲法に則りて議員の公選を断行せんとしている。

我らは公選の精神を遵法し、眼前の利害に惑いて断じて東方会の性格を曖昧にすることを許さない。

我らは総選挙のために設けられたる特定の政治結社の推薦を頂戴するよりは、東方会精神に則り、全国民の信頼に副《そ》わんことを切望するものである。

今や日本《にっぽん》国民はあらゆる物質的窮乏に耐え忍びて、一切を君国のために捧げんとしている。

そもそも国家の革新に際しては、真《しん》の民族的本能は時代の惰性に汚されざる、最も素朴なる一般国民の間《あいだ》より躍動するものである。

現に世界を驚かしたる少年航空兵は、これらの質朴剛健なる家庭の子供たちである。

軍隊はこの素朴なる民族本能と国民精神とを基礎として、世界無敵の精鋭を作り出すことに成功した。

革新的政治力を発揮するには、これと同様、少年航空兵の家庭に漲る国民感情と国民精神とを政治の上に作用せしめなければならない。

我らは日本《にっぽん》民族中、最も健全なる人々の信頼と同情とに訴え、これを根拠として総選挙に臨み、これを推進力として革新的政治体制を確立し、以て前線の将兵に応え、以て地下の英霊を慰め、以て陛下の大御心《おおみこころ》に副い奉らんとするものである。

我ら東方会五十名の候補者は、断じて便乗主義者ではない。

相ともに血をすすって誓いたる国内革新の戦友である。

自分は東方会総裁として、我らの候補者が真に時局に徹底せる積極有為の人材たるを保証するものである。

東方会は過去の認識において誤らざりしがごとく、将来に対して乞い願わくば、全国民同胞の期待に背かざらんことを期するものである。

## 中野 正剛②

# 米英撃滅を重点とせよ

大東亜国策確立の推進力となりし我らの陣営において、将来に処すべき不動の方針は既に決定しておるのである。

我らはいかなる外間《がいかん》の宣伝にも謀略にも迷わさるることなく、最初にして最終の目標は断じて米英打倒にあるを確信するものである。

敵を倒さんと欲せば、その心臓を刺すべきである。

さればこそ日本《にっぽん》は大東亜戦争において米英に対して宣戦を布告せる以外、自余の敵性従属国に対しては、これを初めから相手としていないのである。

彼らが米英の謀略に踊りて、我に仇なす限り、その迷妄を敵とするは止むを得ない次第である。

しかし多年、米英の搾取に悩まされたる諸民族に対しては、無限の同情を禁ぜざるものである。

ビルマも立つべし、インドも立つべし、立って彼らが欲するがごとき独自の国家を建設せよ。

我らは欣然として援助の手を差し伸べるであろう。

オーストラリアといえども、米英と絶縁して我に親交を求むるにおいては、我もまた釈然として了解するにやぶさかならざるものである。

かくて我らは米英の手足を切り放ち、営養線を遮断し、直ちに匕首《あいくち》を米英の心臓に向かって擬《ぎ》せんとするものである。

この際、特に微妙なる関係にあるのは、北方ソ連に対する問題である。

米英は間断なく、ソ連をして日本《にっぽん》の北辺を脅かさし

SPレコードデータ
昭和17年収録
コロムビア　音盤番号A767
収録時間6分24秒

めんとしておる。

而《しこう》して彼らの謀略は彼らの窮するに従いて、益々甚だしきを加えておる。

彼らはソ連まさに動かんとすと宣伝し、以て日本《にっぽん》の神経を悩まし、以て日本《にっぽん》の南方作戦を妨害せんと企ておる。

されど冷静に考慮する時、老巧なるスターリンは容易に英米資本主義の手先に踊るものであるまい。

彼はむしろ米英を翻弄して、これを利用せんとするものではないか。

口先にて約束を重ねたる米英の援助なるものがいかなる実効［実行］を伴《ともの》うかは、彼の夙《つと》に見破るところであろう。

ソ連は既に強敵ドイツによりて腹心を脅かされたる際、好んで日本《にっぽん》の背後を犯すがごとき愚を演ずるものであるまい。

既に彼は、松岡前外相《がいそう》によりて締結せられたる中立条約を唯一の頼みとし、しばしば日本《にっぽん》に対して他意なき意志を表明している。

彼の真意図るべからざるものありとするも、我は自ら進んで国家の信義を破るべきものでない。


これこそ日本《にっぽん》の武士道であり、その武士道こそは乱世に処すべき最も堅実なる政策である。

固より日本《にっぽん》は敵の来《きた》らざるを頼みて、些かも油断するものではない。

我らは氷点以下のソ満国境に、警備おさおさ怠らざる皇軍の将兵を偲び、満腔《まんくう》の信頼をもって、その労苦を感謝するものであります。

ソ連はその物々しきジェスチュアに似ず、何人《なにびと》よりも的確に皇軍の実力を知るものである。

この場合、徒《いたずら》に北方の雑音に迷いて、米英打倒の中心目標を見失ってはならない。

独伊はその春季攻勢の矛先を、いずれの方面に集中するであろうか。

ドイツが南方に新作戦を展開して、イランに通じ、進んでペルシャ湾等《とう》に進出せば、日本《にっぽん》のインド洋制圧と相《あい》呼応して、枢軸の連絡は完成さるるでないか。

しからば南洋のゴムをも錫をも、枢軸列国に供給すべし。

ドイツの精密機械をも重工業設備をも日本《にっぽん》に輸入すべし。

もしそれ、独伊の共同作戦によりて、スエズ運河の難関が打開さるるに至らば、日独伊三国は完全に手をつなぎて、いよいよ長期戦に不敗の陣地を固め得《う》るであろう。

ドイツの英本土上陸作戦も、インド独立運動も、それよりいよいよ本格的となり、米英没落の嘲笑［徴証］は東西に轟き渡るであろう。

この筋書きを実行せんがためには、断断固として米英依存者《いそんしゃ》流を一掃することが、先決問題である。

東方会はこれまで、時ありてか政府当局者に対立して独自の外交的主張を高調した。

されど今日《こんにち》、米英打倒の国策既に決定し、戦線［聖戦］の大詔既《すで》に煥発《かんぱつ》せる以上、微細にして霊妙なる外交上の動きは一切これを当局者に信頼し、ただまっしぐらに既定の国策を遂行せんことを希望するのみである。

全日本《にっぽん》国民同胞よ、雑音に迷いて米英の謀略に乗ぜらるること勿れ。

我らが最初にして最終の敵は、断じて米英である。

SPレコードデータ
昭和17年収録
コロムビア　音盤番号A768
収録時間7分0秒

中野　正剛③

# 国民的政治力を結集せよ

総選挙に臨みては戦わねばならない。

時局認識に疑いある者は、これを撃破して大衆の審判を仰がねばならない。

我らはこの際、選挙だけを目標として結成されんとする政治結社とは、或いは対立の止むを得ざるに至るかもしれない。

しかしこの選挙中、我らは逸《そ》れ弾《だま》一つでも政府に当たらせぬよう、細心の注意を払《はろ》うつもりであります。

大東亜戦争進行中、政府に協力して存分の働きをなさしむることは、我ら国民の任務である。

我らは一般政治の運用を、ゆめ他所《よそ》ごととは思わないのである。

されど草莽《そうもう》にもまた尽忠報国の精神あり。

大東亜戦争完遂の根本政策を推進せんがために、一一《いちいち》お指図を受けずして自発的に奉公の誠を定むることは、日本《にっぽん》国民の積極的責任であり、それが集まっていわゆる国民的政治力となるのである。

今や東西両面に亘る世界大戦の景観に鑑みるも、敵味方ともに強靱なる戦力を発揮せるものは、国民組織と国民的政治力とを背景とする国であって、これなき者は第一次大戦以来、もろくも相次ぎて土崩瓦解し去ったことは生々しき歴史の現実である。

思うに日本《にっぽん》は大東亜を制圧しながら、相当長き期間に亘りて、煩わしき長期戦の対立を経験せねばならんであろう。

その根本的大勝利への道行きにおいて最も必要なるものは、国民的政治力である。

政府の政治力というのは、行政の運営に必要な限度の力を国民的政治力によりて供給されたるものである。

国民的政治力はその本《もと》であって、政府の政治力はその末《すえ》である。

しかるに、行政を通ずる政治力を無限に強化して国民的政治力を拘束することは、本末転倒の沙汰である。

日本《にっぽん》国内にはいわゆる政治家や官僚以外にも、自ずから客観的権威と信頼とを勝ち得たる人々がある。

とに、英米依存の雰囲気を打開して、歴史的国策を確立するに至りし最近数年間において、いかなる人物が、いかなる団体が、全民族的政治力を指導するに耐えるか、赤裸々に万民の前に示されているではないか。

これらの人々にその権威ある指導力を発揮せしむることは、まさに政府者《しゃ》のなすべき任務である。

全国民は喜び勇んで政府の国策に協力するであろう。

政府もまた民間の権威者と先駆者とを尊重するのがかいを示さねばならない。

大東亜建設に処すべき根本国策は既に確定しておる。

しかし、由来政治は生き物である。

英米に指導せられたる敵性列国の政治謀略・思想謀略は、次々に枢軸列国を攪乱せんと企てるであろう。

かかる際、形勢の変化に応じ、高邁なる政治指導力を発揮し得《う》る者は、独り政府当局者のみならず、実績ある民間の権威者［牽引者］であらねばならない。

大東亜政策の確立により、政治的一大難関は突破せられたるものなりと信ず。

いわゆる狡兎《こうと》死して良狗《りょうく》烹《に》らるるの例えのごとく、晴れがましき権威者を煙たがりて徐々にこれを封じ込み［め］、逆に我が国策を誤り来《きた》りし米英依存の旧式政治家を、次々に台頭《だいとう》せしむるがごときことあらば、それは国民的政治力を弱化し、ついには政府自らの政治力を後退せしむる所以《ゆえん》である。

古来諸葛孔明が出師《すいし》の表を読んで泣かざるは、衷心にあらずと言われておる。

千古の名将が心血を注いで綴りたる出師の表の中で、賢臣を親しみ小人《しょうじん》を遠ざけしは、これ先漢の興隆せし所以《ゆえん》にして、小人を親しみ賢臣を遠ざけしは、これ後漢《こうかん》の傾頽《けいたい》せる所以なり、との一句がある。

これは極めて平凡にして、しかも古今東西に通じて誤らざる真理である。

武将たる東條首相は、同じく武将たる諸葛孔明の言を聞いて、霊犀相《れいさいあい》通ずるを感ぜらるるであろう。

東條首相の任は、陛下のために賢臣を勧め小人を遠ざけ、将来いかなる難関に逢着するも、か［他］の枢軸国策の逆転を希望するがごとき徒輩《とはい》をして、蠢動《しゅんどう》だもなさしめざることが肝要である。

東方会はこの総選挙に臨み、国民的政治力を結集して政府に協力せんとするものである。

東方会は過去数年間、表現し来れる政治外交の見通しにおいて、また不動不屈なる闘争の実績において、憚りながら些か客観的権威と信頼とを勝ち得たることを自負するものである。

我らは国民の中にあり、国民とともに憂い、国民とともに悩み、国民とともに励み、何《なに》ら自ら報いられざるの努力を捧げて、陛下の大御政《おおみまつりごと》に翼賛し奉らんとするものである。

## 中野 正剛（なかの せいごう）

政治家、ジャーナリスト、東方会総裁、衆院議員（無所属）　幼名＝甚太郎、号＝耕堂　明治十九年（一八八六年）二月十二日生　昭和十八年（一九四三年）十月二十七日没　出生地＝福岡県福岡市　学歴＝早稲田大学政経科〔明治四十二年〕卒

東京朝日新聞に入り、政治評論を執筆。大正五年東方時論社に移り、主筆兼社長に就任。日本外交を批判した「講話会議を目撃して」がベストセラーとなる。九年以来衆院議員に当選八回。革新倶楽部、憲政会から立憲民政党に移り遊説部長。この間、大蔵参与官、逓信政務次官、民政党総務などを歴任。昭和六年安達謙蔵と共に脱党し、七年国民同盟を結成、ファシズムに走る。十一年から全体主義政党・東方会（のち東方同志会）総裁として〝アジア・モンロー主義〟的な運動を展開、南進論、日独伊三国同盟などを提唱。十五年大政翼賛会総務となるが、その権力強化に反発して十七年を脱会。十八年「戦時宰相論」を執筆して東条内閣を批判、憲兵隊の取調べを受け割腹自決した。雄弁で筆も立ち大衆的人気があった。

林 銑十郎

# 国民諸君ニ告グ

私はここにこの度行われんとする総選挙にあたり、解散の意味と我々の信念とを述べて、国民の覚悟について所信の一端を申し述べたいと存じます。

私は大命を拝して組閣早々議会に臨んだのでありますが、今日の非常時局に鑑み、朝野一致、和衷《わちゅう》協力を衷心より深く念願し、これを自己の信念として努力して参ったのであります。

而《しこう》して議会に提出せられたる諸法律案は、予算案を初め今日の時局に鑑み、最も重要《ちょうよう》と認めらるる諸法律案でありましたので、政府は出来得《う》る限り誠意と努力とを尽くして、この協賛を求めたのであります。

会期の尽くるに及んでも、なお予算案は未《いま》だ議会を通過せず、その他《た》重要《ちょうよう》法律案は停滞して捗りませんので、これら諸案の円満なる通過を図るため、政府は三月末《すえ》までという前例にもない会期の延長を奏請し、最大の誠意を披瀝して議案の進捗を乞い願ったのであります。

政府は最後まで誠意をもって、議会の協力を真に求めたことは、これによってもご了解下さることと存じます。

しかるに、衆議院における審議ぶりにおいては、とかく誠意の認め難きものが少なくなかったのみならず、殊にその貴重なるべき延長後の会期においては、ことさらに或いは開会を遅延し、或いは流会に至らしむる等《とう》、全く議案審議に対する誠意を欠き、現下内外の情勢に対処して、緊要なるべき幾多の重要《ちょうよう》法案の進行を阻害し、延長せられたる会期もまさに尽きんとし

SPレコードデータ
昭和12年7月・臨時発売・月報収録
コロムビア　音盤番号29370AB
収録時間6分12秒

て、しかも両院通過の法案は漸く提出案の半ばを越したるに過ぎず、ついには極めて身勝手なる衆議院議員選挙法中《ちゅう》改正法律案を提出し、これに対し、政府の同意を強要して、陰《いん》に停滞せる政府提出の重要《ちょうよう》なる法律案進捗の、大志《ダイシ》を正しめんとするものなるやの印象を与えて、世人をして顰蹙せしむるがごとき行動に出《いず》るに至ったのであります。

かくのごとき衆議院の態度は、断じて真にこの時局を認識し、立憲の宏猷《こうゆう》翼賛の誠を致せるものにあらざることは、明白であると思います。

私は予《かね》て、議院内における論議の状況を具《つぶさ》に目撃し、密かに我が欽定憲法に基く憲政の健全なる発達《はったつ》のため、深く憂慮しておったのでありますが、ことここに至っては到底今日の難局の打開を、共に期し難きものありと認め、ここに重大決意をなすに至ったのであります。

世間には、今回の解散をもって、予《あらかじ》め計画せるものなりとか、または外部の圧迫に出《いず》るものなりとか、各種の流言浮説が行われておるようでありますが、誓ってそういうようなことではないのであります。

私は議院内における論議の状況に鑑み、沈思熟慮の結果、止む無く遂にかくすることが我が御国《みくに》のため最も必要なりと感じた次第でありまして、全く他意はなかったのであります。

かくのごとく、今回の解散は決して単なる政権・政策の相違を理由として行われたものではなく、至誠奉公の基礎たるべき現下内外の時局に対する認識より出発したものであります。

即ち従来の例に見るごとき、政府と議会とが政権の対立を来《きた》し、その結果、是非を国民の審判に問うというがために行われたのでもなく、また、政府の抱懐する重大政策を行わんとするに際し、まずこれを国民の輿論に聞くという形において行われたのでもないのであります。

この意味において、今回の選挙は歴史的意義を有するものであって、国民諸君はこの点に深甚なる考慮を払われんことを切望して已みません。

思うに、総選挙たるや申すまでもなく、畏《かしこ》くも明治天皇の国民に対し、大政に翼賛せしめ給《たも》う深き大御《おおみ》心《こころ》により賜った有難き責務であります。

国民と致しましては、いついかなる総選挙に臨む場合におきましても、その一票を投ずるにあたっては、御《ご》奉公の至誠を込めて、この重大なる責務［任］を果たすの心掛けがなくてはならんのであります。

苟《いやしく》もこの総選挙の意義を軽んじたり、自己の投票を利害情実によって動かされたりするがごときことあっては、相ならんのであります。

殊に今回は国家重大の時期に際会し、国民を挙げて時局の打開に当たらなければならない際における総選挙でありまするが故に、この点に一段と留意し、私《わたくし》を滅し、公《おおやけ》に奉ずる体《てい》の、真に国家的見識を持った立派な人々を選出せられんことを、希望して已まないのであります。

政府は今回の総選挙を機とし、従来に比し一段の熱と力とを加えまして、選挙覚醒の実を挙げんことを期しておるのであります。

乞い願わくば、国民諸君におかれましてはよく今日の重大な時局を認識せられ、総選挙の意義に関し深く考慮を加えられ、一票の動くところは畢竟一国政治の基調であり、その一票の正しき行使が結局、国政の消長に至大の関係を持つものであることをとくと考えられまして、近く来たるべき選挙にあたっては、我々国民の胸底深く流るる畏友奉公の精神を発露するに、一段と深く思いを致されんことを切望して已みません。

## 林 銑十郎（はやし せんじゅうろう）

陸軍大将、政治家、首相、陸相　明治九年（一八七六年）二月二十三日生　昭和十八年（一九四三年）二月四日没　出生地＝石川県金沢市　学歴＝陸軍士官学校〔明治二十九年〕卒、陸軍大学校〔明治三十六年〕卒

日露戦争に従軍後、大正二年ドイツに留学、四年から一年間イギリスに駐在。その後、七年歩兵第五十七連隊長、十四年歩兵第二旅団長、昭和二年陸軍大学校校長、三年教育総監部本部長、四年近衛師団長、五年朝鮮軍司令官を歴任。六年満州事変の際、独断で朝鮮軍を旧満州に越境派遣し問題となる。七年大将。同年教育総監を経て、九年斎藤内閣の陸相に就任。続く岡田内閣にも留任したが、皇道派を排して統制派を登用したことから相沢事件が発生、辞任した。十一年二月広田内閣総辞職後、宇垣内閣が陸軍の反対で流産したため、首相となって組閣したが、僅か四か月で総辞職においこまれた。十五年内閣参議、十七年大日本興亜同盟総裁。

# 立候補御挨拶並ニ政見発表

増田 義一

SPレコードデータ
昭和11年収録
エジソン　音盤番号E821、2
収録時間12分28秒

諸君、第六十八議会において衆議院は解散されました。

来たる二十日にいよいよ総選挙は行われます。

不肖増田義一、新潟県第四区における民政党同志諸君の推薦によりまして、ここに立候補を致しました。

ついては有権者諸君《じゃ》に向かって親しく私見を訴えたいのでありますが、何分《なにぶん》大雪に妨げられ且つ時がないため、誠に失礼ではありますが、レコードを通じてお聞きを願いたいのであります。

去る一月二十一日衆議院において、岡田総理大臣、広田外務大臣、高橋大蔵大臣の演説後、突如として解散されたのであります。

これは議会に多数を有する政友会が、内閣不信任案を提出したためであります。

当日反対党に不信任案の演説をさせなかったのは、甚だ遺憾でありますが、昭和三年一月二十一日、政友会の田中内閣における解散も、また昭和七《しち》年一月二十一日の犬養内閣の時の解散も、反対党に一言《いちげん》半句を言わしめないで解散したのであります。

岡田内閣もそれに倣ってやったのだと思われます。

今や我が帝国は、内外多事多難の時であります。

海軍軍縮会議が決裂せるため、国際間の緊張また一段を加え、且つロシア及び支那に対する関係は、依然良い方面へは向かわない。

満州国建国《けんこく》の大業を完成せしむるには、今後に期待するもの多く、我が国の責任、決して軽《かろ》くはありません。

而《しこう》して内にあっては農村不振にして負担の重きに苦しみ、中小商工業者の疲弊は著しき事実であります。

これが救済は農村救済とともにすこぶる急務であります。

全く挙国一致を要するの時であると思います。

岡田内閣は挙国一致・国難打開の使命を帯びて成立せるもので、斎藤内閣の延長とも見られます。

従って斎藤内閣に閣員を出《いだ》したる政友会も、岡田内閣を援助すべきは理の当然であります。

しかるに岡田内閣成立の際、内外の事情は何《なに》ら変わっていないで、やはり挙国一致を必要とするにも関わらず、ただ政権が政友会の前を素通りしたとの故をもって、単なる党利党略よりして政友会から入閣した大臣を除名し、ついに挙国一致の実を破ったのであります。

更にこれに止《とど》まらず、国策を樹立する内閣審議会に対しても議員を出《いだ》すことを拒み、近くはまた教学刷新委員会に対してさえも、委員を出《いだ》すことを拒んだのであります。

故に政友会は、国家本位でなく党略本位と言うの他ないと思います。

顧みれば岡田内閣成立以来一年七《しち》か月、その間《かん》我が民政党は国民多数の要望のもとに、挙国一致・国難打開の任務を実行せんがため代表者を入閣せしめ、以て岡田内閣を助け、且つ指導してきたのであります。

即ち、現内閣が公債漸減主義を取って、赤字公債増発の弊を防ぎ、且つ国防・産業・財政の調和を図って、財政の基礎を確立せんとしたるがごとき、或いは地方農村の負担を軽減して、その不振を打開せんがため、臨時町村財政補給金の制度を設けんとしたるがごとき、或いはまた中小商工業者の疲弊を救済せんがため、商工組合中央金庫の制度を設けんとせるがごとき、これ皆我が民政党多年の主張であって、その実現はいずれも国民生活を安定せしむるために極めて必要なる方策であると信じます。

我が民政党は、国防と産業と財政との調和を図ることに最も苦心していますが、岡田内閣も大体この方針を容れて、昭和十一年度の予算にその一端が表われています。

即ち、予算総額二十二億七千八百万円で、前年度に比して八千五百万円の増加でありますが、相当国防費を満たしたる上、公債漸減の方針により、赤字公債の発行高を六億八千万円に食い止め、前年度に比して七千万円減で、前々年度即ち昭和九《く》年度に比べては二億円赤字公債が減じたのであります。

且つまた、窮乏せる地方財政を救い負担を軽減するの目的をもって、臨時町村財政補給金二千万円を計上したのであります。

その他《た》、東北振興に関する施設や第二期治水事業費を初めとし、幾多見るべきものがありまするが、その予算は議会解散のため不成立になったから、致し…。

諸君、我が民政党は過去においていかなることをなし、またいかなる利益を国民に与えたかを一言《いちげん》致します。

普通選挙を率先主張して、これを実施したるが民政党の力であります。

営業税を廃止して営業収益税に改めたのも、地租免税点を設置したのも我が党であります。

また綿織物消費税の廃止も、自家用醤油税の廃止も、砂糖消費税の軽減も、みな我が党であります。

それから、第三種所得税の免税点を引き上げて大衆の負担を軽減し、その他《た》健康保険法・商事調停法・小作《こさく》調停法・郵便年金法等《とう》、社会政策的の法律を作ったのも民政党であります。

その他《た》、義務教育費国庫負担金の増額をなし、以て地方町村の財政に貢献したのも我が党です。

これには政友会は反対致しました。

私は議会でその賛成演説を致しましたから、深く記憶しております。

我々は政策を立つるに国家本位・国民本位として考えています。

決して党略本位ではありません。

現在の国状から見ますると、政治経済ともに未曾有《みぞう》の変局かと思います。

これに処するには、更に更新一新の施設を要します。

従って、新時代の気運に順応《じゅんおう》するところがなくてはなりません。

よって私は我が民政党の主張に基いて、左《さ》の諸政策を実現せんことを期するものであります。

第一、米穀価格の安定を図るため、米穀統制法に改正を加えて、適当なる維持的管理を行わしむること。

第二、繭《まゆ》・蚕《かいこ》のことですが、蚕繭《さんけん》の秩序ある統制を行《おこの》うて、養蚕家の利益を確保せしむること。

第三、肥料国策を確立して、特定肥料の普及徹底を図ること。

第四、農民負担の均衡を図るため、地方税を軽減し、これが財源として国庫《こっこう》より地方財政調整交付金を支出《し》せしむること。

第五、産業組合の活動と地方商工業との調和を図り、共存共栄の実を上げしむること。

第六、農家負債整理組合法及び不動産融資保障法、信用組合に対する融資保障法による貸し出し等《とう》に改正を加えて、簡易迅速に実行せしむること。

第七《しち》、自作農壮丁《そうてい》維持の方法を改善し、地方の実状に応じてこれが助長奨励をなすこと。

第八、農業保険法を制定して、天災地変に基く農家の損失を補償し、更に山林漁業保険をも行わしむること。

第九《く》、農業山村の教育をその実業に適業せしめ、以て教育の実際化を図ること。

第十、農業経営の多角化を奨励し、有畜農業の実を上げしむること。

第十一、農業山村の電化・工業化を図るとともに、都市の資本を農村に誘導するの方策を講じて、農村金融の円滑《えんこつ》を図ること。

第十二、地方小都会における中小商工業者金融の疎通を図るため、政府の低利資金融通を簡易迅速ならしむるとともに、商工組合中央金庫を設けて金融の利便を図ること。

以上、十二政策をいちいち説明致しますれば余程時間がかかりますから、省略致します。

今申し上げた十二の諸政策は、現代に最も必要なるがゆえに、これが実現に微力を尽くしたいと思います。

幸いに諸君のご賛同を得《う》るならば、熱烈なるご援助を賜らんことを切望致します。

私の根拠地とするところは山間方面が多いので、もし天候が悪く風雪が激しかったならば、棄権者は多くなかろうかと非常に心配しております。

ついては来たる二十日の選挙には、たとえ天候が悪くとも投票所へおいでになって、不肖増田義一のために清き一票を投ぜられんことを、衷心より深く懇願する次第であります。

## 増田 義一（ますだ ぎいち）

出版人、実業之日本社創業者、衆院議員（日本進歩党）　幼名＝義一郎、号＝奎城、筆名＝奎城生　明治二年（一八六九年）十月二十一日生　昭和二十四年（一九四九年）四月二十七日没　出生地＝新潟県中頸城郡板倉村（上越市）　学歴＝東京専門学校邦語政治科〔明治二十六年〕卒

明治二十二年改進党系の高田新聞の記者となる。二十三年東京専門学校（現・早稲田大学）邦語政治科に進み、学業の傍ら改進党の政治活動にも参加した。二十八年恩師・高田早苗の推薦で読売新聞社に入社して経済部主任記者となり、渋沢栄一、大倉喜八郎、初代安田善次郎ら財界の名士らの知遇を得た。三十三年実業之日本社を設立。四十五年より衆院議員に八選。昭和十年秀英舎と日清印刷が合併し大日本印刷創立。その初代社長に就任した。著書には「青年と修養」「茶前茶後」などがある。

# 山本悌二郎

## 対英国民大会

SPレコードデータ
昭和12年収録
アサヒ　音盤番号S1516、7
収録時間25分36秒

〔軍楽隊演奏＋君が代斉唱——約三分間〕

この未曾有《みぞゆ》の事変に際会致しまして、ここに本日、対英国民大会を開きましたるところ、満堂溢るるがごときこの盛況を見ることは、主催者側と致しまして、誠に欣幸に存じます。

この大会を開きました趣旨につきまして、簡単に一《いち》言《ごん》、諸君の御意《ぎょい》を得ておきたいと思うのであります。

今日《こんち》の事変はその端を盧溝橋における支那兵の挑戦に発しまして、次いで通州における同胞《どうぼう》数百の虐殺となりまして、更に上海における我が帝国海軍武官の不法射撃となりまして、この限りなき暴状に対して、帝国は止むを得ず銃を取って起《た》ったのであります。

而《しこう》して事一度《ひとたび》ここに至りました以上は、支那における容共抗日の根本をついて、その陣営を徹底的に破壊・消滅するに非《あら》ずんば、断じて軍を収めないというのが、国民の一糸乱れざるところの総意でありまする。（拍手）

武士は妄《みだ》りに腰の刀は抜きません。

しかしながら、一度《ひとたび》抜いたが最後、敵の屈服を見るまでは、断じて再び鞘に収めないのでありまする。（拍手）

我が帝国今回の軍事行動は、実に止むを得ざる自衛権の発動でありまして、これと同時に東洋平和の確立もまた、この一挙に存するのでありますが、…支那二百万の常備軍、無数の便衣隊《べんいたい》や敵軍部隊を相手として堂々と□《セー》…でありまして、その□《シュ》…只々感激の涙《なんだ》をもって感謝するより他はありません。

而して銃後の国民もまた、その血液の最後の一滴、嚢底《のうてい》最後の一銭を尽くしてまでも、戦争最後の目的を達せずんば已まずという、壮烈なる決心に徹底しておるのでありまする。(拍手)

而して我が帝国は、今やその名誉とその存立のため国を挙げて戦っておるのでありまして、形式上宣戦布告があろうとなかろうとです、事実においては完全に、日本対支那の両国間の戦争になっておるのでありまする。

それ故に、この戦争及びその戦争の収拾は単に日本と支那との両国間…でありまして、断じて局外第三国の介入容喙《ようかい》を許さざる事件であるのでありまする。(拍手)

それ故に局外者は中立国としての分を守って、神妙に大人しく見ておれば宜しいのでありまする。

否《いな》、そうでなくてはならないのである。

しかるに、奇怪にもここに我が帝国を誹謗《ひぼう》し、我が日本を中傷し、世界に対しての我が帝国の、に対する輿論を悪化せしめようとして狂奔しておる者があり、しかもこの国は進んで武器の供給、財的の援助までして、支那を助けて日本を抑えようとしつつあるこの第三国が、奇怪にも今あるのであります。

それは言《ゆ》うまでもありません。

この奇怪なる第三国は英国であるのでありまする。(拍手)

南支那沿岸の我が監視艦隊の間《あいだ》を□□《モーシ》、武器や軍需品を香港に輸入し、□□《リューコー》鉄道・粤漢《えっかん》鉄道を経て支那本部に供給しておる者は、一体誰《たれ》でありますか、どの国でありますか。

香港において飛行機を組み立て、上海・南京の方面の戦闘様式にこの飛行機を空輸……蒋介石の抗日軍費調達の総元締めであるところの浙江財閥を通じて、極力蒋介石に財的後援を与えつつある者は誰《たれ》でありまするか、どの国でありまするか。

それでまだ飽き足らずして、進んで米国を誘い入れて国際連盟を動かし、九カ国会議を開かしめて、日本を抑え支那を助くるところの方法を取らしめんと企てた者は、これは誰《たれ》でありまするか、どの国でありまするか。

これはみな英国と称する擬装敵国《てっこく》の工作であるということは、明らかな事実であります。(拍手)

今までのところでは、九カ国条約は英国の予想に反して、英国の思う通りには行かないようである。丁度今日《こんにち》、即ち十一月二十二日が九カ国会議の第二回の会議の当日でありまする。

今日午後になりましたならば、その結果は分かろう、明らかになろうと思いまするが、恐らくはこれは英国の失望に終わるのであろうと確信致します。（拍手）

戦争において蒋介石は連戦連敗、今や断末魔の喘ぎをなしつつありまするが、これに向かって援助を与えつつあるところの英国は、九カ国条約においてもついにその目的を達することができなかったとすれば、この以上英国としてはどうなさるつもりであろうか。

誠にお気の毒千万に存ずるのであります。（拍手）

〔咳払いなど、約三十秒の空白〕

今回の事変は、盧溝橋と上海にその端を発しましたが、実はこれはご承知の通り、一朝一夕の出来事ではないのでありまする。

その拠《よ》って来《きた》るところを尋ねますれば、根底実に深いものがあるのであります。

……政府によって行われたるところの排日・抗日の強要、及び排日武術〔侮日〕の扇動、これがついにことをして今日に至らしめたのであります。

起死改善の望みがないのみならず、早晩またまた衝突の余儀なきに立ち至るべきは火を見るよりも明らかであります。（拍手）

今回のことは、当然来《きた》るべきことが、当然一度《いちど》来るべきことが来ったにすぎないのでありまする。

それでありまするから、将来また再びかようなことが起こらないようにしてです、長く東洋の平和を確立しようとするのには、どうしても今度こそ、この機会において、抜本削減的の大手術を絶対に必要とするのであります。（拍手）

しかるに、英国は支那を助けてこの戦争を長引かしめて、たとえ支那をして継承者たらしむることが出来ないまでも、少なくとも蒋政権の没落だけは救いたいというのが英国の意志であり、また英国の取っておるところの行動の原因でありまするが、今日の英国の態度は、この蒋政権をどうしても助けていこう、その没落を救おうというのである以上はです、我が国として最も必要とするところの徹底的の抗日排日の一掃ということを、英国は妨害をしておると言わなければならんのであります。

従って、東洋平和の攪乱者は英国であるということを、断言して憚らないのであります。（拍手）

更にもう一つ、極めて重大なる英国の罪悪を、ここに指摘致さなければなりません。

今や支那は全面的に共産党を包容［応用］し、共産軍を動員してまでも我が国と抗争しておるのではありませんか。

蔣介石政府は、今や全くコンミンテルンの出店《でみせ》となり終わっておるのでありまする。

しかるに、この蔣介石政府、これを英国が極力今日のごとく支援しておるに至っては、実に驚き入った次第でありまして、ことここに至っては英国の好むと好まざるに関わらず、東洋におけるところの赤化を助長する責任は、英国これを負わなければならんのでありまます。（拍手）

……たるところの共産主義、共産党の撲滅防衛に向かって、その陣頭に立っておるのでありまする以上は、東洋において共産主義を助長をする、共産主義を助長する態度をとるところのこの英国に対して、我々はいかなる態度をとるべきやということは、自ずから明白であろうと思うのでありまする。

これを要するに、英国の今回の事変以来の態度は、実に不都合千万と言うより他はないのでありまする。

日英同盟当時の我が国が英国に対して尽くせるあの功労、世界大戦の時において、我が国が東洋の番人として英国に対して尽くせるところのこの功労、これらのことを全て忘却して、今や支那を助けて、我が国に対して一種の第三国、第三敵国のごとき感を呈するに至っては、その道義上の責任は我々これを口にしたくない。

実に我々、我が国は道義をもって立っておる国だけに、かように道義を没却するところの国家は、その目に唾をしたいような心持ちがするのであります。（拍手）

しかし、この英国の体得不審の道義的責任は別と致しましても、既に今申す通り、英国が東洋赤化《せっか》の助長者、東洋平和の攪乱者たる以上は、我々は英国をもって、世界の公敵《こうてき》として、これに向かって最後の態度を取らなければならんのでありまする。（拍手）

我が国は三十年来の旧誼を重んじて、今に至るまで隠忍自重し来《きた》りましたけれども、最早これ以上の雅《が》量《りょう》を持続することは出来ません。

英国としては或いは、そんな大きなことを言っても、日本として英国を離れたならば経済上立ちゆかぬことがありはせぬか、左様なふうに自惚《うぬぼ》れておるかもしれませんが、我が国は夙《つと》にそれらの変に対しては決心もし、計画も致しておるのである。

英国のご厄介にはなりませんから、それは決して英国としてご心配には及ばないのであります。（拍手）

長年のCCA態度をここに一擲して、この擬装第三敵国たる英国に向かって、ここに一大鉄槌を加えんとして、今日《こんにち》のこの会を催した次第であります。（拍手）

これより宣言並びに決議が、座長選挙後に読み上げを致しまするから、どうぞ満場一致をもって、英国に対するこの態度の表明をなさらんことを、切に希望致す次第であります。（拍手）

〔アナウンサーによるニュース報道――約一分間〕

〔…かかりませんので、一応主催者・山本悌二郎氏より、ご挨拶をお願いしたいと思います。〕

〔拍手など、約一分間〕

本日は非常なる熱心をもって、多数ご参会に相《あい》なられたがために、悉《ことごと》くこれを屋内にお迎えすることができなかったことは、誠に遺憾に存じます。

今日《こんにち》この大会を開きました所以《ゆえん》は、今回のこの事変に際し、英国の取れる態度がいかにも不法であり、いかにも非礼であり、これをこのままに容認することは、感情の上から出来ないのみならず、徹底的に英国に対し我が国民の毅然たる態度を示し、その反省を促し、反省せずんば、別には国としては取るべき道を取るという、この意志を明らかにしたいためであります。（拍手）

これからなお、屋内におきましては三・四の諸君の演説がありまするが、これを屋外に通ずることも出来ないということは、警視庁その他《た》の方面の関係がありましょうと存じまするが、誠に遺憾に存じます。

今日《こんにち》ご来会下さったことについて、謹んで御礼を申し上げる次第であります。（拍手）

## 山本 悌二郎（やまもと ていじろう）

農相、衆院議員（政友会）、台湾製糖常務　明治三年（一八七〇年）一月十日生　昭和十二年（一九三七年）十二月十四日没　出生地＝新潟県佐渡　学歴＝独逸協会学校〔明治十九年〕卒

ドイツに留学、明治二十七年帰国し、二高講師、のち教授となる。三十年退職、日本勧業銀行鑑定課長、三十三年台湾製糖設立に参画、常務となる。三十七年以来衆院議員当選十一回、政友会に属し総務。昭和二年田中義一内閣、六年犬養毅内閣各農相。十一年五・一五事件で議員辞職、政友会顧問。他に南国産業、大正海上火災保険などの重役を務め、晩年は大東文化協会副会長となり、国体明徴運動に力を入れた。

# 政府の所信

米内 光政

私は本日、帝国議会において政府の所信を披瀝致しましたが、ここに再びラジオを通じてこれを全国民各位に訴え、ご協力を希望致したいと存じます。

畏《かしこ》くも天皇陛下におかせられましては、今期議会の開院式にあたりまして、特に優渥《ゆうあく》なる勅語を賜り、誠に感激に堪えません。

私は諸君とともに謹みて聖旨を奉戴して一意□□《セキスイ》を尽くし、以て宸襟《しんきん》を安んじ奉りたいと存ずるのであります。

神武天皇御《おん》即位以来ここに二千六百年、今や肇国《ちょうこく》の大理想を仰ぎ、国史の聖跡を顧み、国を挙げて報国の忠誠を尽くし、益々天上無窮の皇運を扶翼し奉りたいと存ずるのであります。

この時にあたり、いよいよ国体観念を明澄にし、肇国の精神を高揚して、国民的自覚を固くするの要ありと信じます。

強固なる国体観念こそ諸般の方策の根底であり、これを明澄にすべきことは申すまでもないところでありますが、殊に紀元二千六百年に際会し、重大時局に当面して一層その感［相関］を深くするものであります。

顧みますれば支那事変勃発以来、早くも二年有半を経過致しましたが、各地に奮戦し輝かしき戦果を収めたる皇軍将兵の労苦に対しましては、衷心より感謝致しまするとともに、多くの英霊に対しましては深く哀悼の意を表する次第であります。

SPレコードデータ
昭和15年収録
コロムビア　音盤番号A1021、A1022
収録時間9分3秒

またこれら前線の将兵に、後顧憂いなからしめた銃後の国民の絶えざる熱誠と努力に対しましても、真《しん》に感謝に堪えないのであります。

支那事変処理に関し、既に徹底せられたる帝国の根本方針は、確固不動のものであります。

政府はこの根本方針に則り、強固なる決意のもとに内外の諸情勢をも考慮し、手段を尽くして積極的なる努力を傾注し、断固時局の解決を期しておる次第であります。

かねて事変の進展に伴い、和平救国の気運は支那各方面に起こっておりましたところ、今や王□□《セーエー》氏を中心とする新中央政府の樹立、まさに近からんとするに至ったのであります。

帝国と致しましては、この新中央政府が順調に成立するがために、全幅の支持と協力とを惜しまざる次第であります。

翻って現下の国際情勢を見まするに、昨年九月、欧州戦争勃発以来、世界列国の関係は極めて複雑となりまして、これが帰趨は容易に予断を許さぬものがあります。

この間《かん》に処し、先に帝国は国に介入せず、専ら支那事変の解決に邁進するの方針を宣明致したのでありますが、この方針は今後もなお堅持する考えであります。

諸列国との関係においては、帝国は毅然として自主的立場に立って、国交の調整を図りたいと存じます。

また、欧州戦乱に伴い、起こることあるべき事件については、以上の方針のもとに対処する考えであります。

帝国の所信に基き、東亜新秩序建設の使命を達せんがためには、内においては国家の総力を集中して国防力の強化を期することが、現下喫緊の要務であります。

しかして国防力の強化のためには、軍備の充実、国民精神の高揚、経済力の発展、及び、戦時国民生活の確保は、欠くべからざるものと信じます。

現下の国際情勢に対処するがために、軍備の充実を必要とすることは今更申すまでもないところであります。

また我が国民精神は非常時に際し、既に力強く発揚せられ、以て国運を伸長したることは、国史の上に明らかであります。

忠勇義列の精神は銃後においても益々これを高揚し、国力の充実発揮に遺漏なきを期すねばならぬと思うのであります。

敬神崇祖の思想を涵養し、国民教育を刷新し、国民体力の向上を図るは、この要務に応ずる根拠をなすものでありまして、政府は極力これが達成を期しておる次第であります。

経済力の発展を図りまするがためには、生産力の拡充と貿易の振興とに力を尽くすとともに、日《にち》・満《まん》・支《し》を通ずる経済の総合計画実施を促進せねばなりません。

しかして低物価政策のもとに諸般の方策を講じ、以て物資の増産並びに配給の適正を期することは、現下戦時経済運営の要諦でありまして、この目的を達成するためには、挙国一致、一層の努力を必要と致しますとともに、官民協力、各般の経済統制を強化し、□《ワリ》が運用の円滑《えんこつ》を図りたいと考えるのであります。

政府はまた、戦時国民生活の確保に十分なる力を出《いだ》し、米穀その他《た》の重要生活必需品に関しましては、必要量の生産を確保し、配給を適正ならしめ、以て供給を確保せんとするものであります。

しかしながら、これら物資につきましても、曠古《こうこ》の大事業完遂のためには、平時においては忍び難き節約をも余儀なくせらるることあるべきは当然でありまするから、全国民が戦時意識に徹し、戦時経済道徳を遵守して、その生活を緊縮する等《とう》、これに対応する方途を講じ、不退転の覚悟をもってこの間《かん》に処せられんことを希望するものであります。

昭和十五年度予算につきましては、政府は前内閣において編成せられたるものを踏襲し、これを議会に提出して協賛を仰ぐことと致しました。

しかして租税の制度については、長期建設の階段にある現下の財政経済事情に即応するため、その整備確立を主眼として国税・地方税の全般に亘り、必要なる改正を行《おこの》うことと致しました次第であります。

以上申し述べました各般の方策を実現致すにつきましては、真《しん》に挙国一致、不抜の信念に基く国民の理解と協力とに俟たねばならぬと存じます。

□□《コーワ》「興亜」の大事業を完遂するがためには、国を挙げて更に戦時体制を強化し、進んで義勇公《こう》に報ずる帝国臣民の伝統的本領を遺憾なく発揮することが、最も肝要なりと信ずるのであります。

国民各位の十分なるご協力をお願いする次第であ　ります。

## 米内　光政（よない　みつまさ）

海軍大将、政治家、首相、海相　明治十三年（一八八〇年）三月二日生　昭和二十三年（一九四八年）四月二十日没　出生地＝岩手県盛岡市　学歴＝海軍兵学校〔明治三十四年〕卒、海軍大学校〔大正三年〕卒

日露戦争で日本海海戦に参加。大正三年旅順要港部参謀など、のち横須賀鎮守府長官などを経て、昭和十一年連合艦隊司令長官。この間大正四〜六年ロシアに、九〜十一年ベルリンに駐在。十二年大将。同年から林・第一次近衛・平沼各内閣の海相をつとめ、日中戦争不拡大論を唱えた。十五年首相に就任するが、日独伊三国軍事同盟締結に反対し、陸軍側と対立、半年で辞職。その後小磯・鈴木・東久邇・幣原各内閣の海相をつとめ、太平洋戦争終結と海軍の解体に当たった。国際的視野が広く、正確な現状把握で終始陸軍強硬派と対決、降伏を主張し続けるなど良識のある提督として幅広い支持を受けた。

# 日本の軍人は何故強いか

加藤 寛治

SPレコードデータ
昭和11年3月収録
ビクター　音盤番号53651AB
収録時間6分5秒

これから皆さんに、日本の軍人は何故《なぜ》強いかということを、お話し致します。

日本の軍隊は神武天皇さま以来、天皇御《おん》自らお率い遊ばしまする軍隊でありまして、外国の軍隊のように国家が傭っているものや、またその国の富んだ人が自分で養っているところの私兵、即ち私《わたくし》の兵士などとは全く違ったものであります。

畏れ多くも天皇陛下は、軍隊の大元帥であらせられまして、軍隊をご自分のお手足と同様に思うぞと仰せられております。

そうして、朕《ちん》がこの日本国を守って、ご先祖のご恩に報ゆることが出来るのも出来ないのも、お前たち軍人の働きによって決まるのである、我が日本の国威が振るわない時があったなら、朕はお前たちと一緒に心配し、我が国の威光が世界に輝く時は、その誉《ほま》れは汝らと一緒に受けるぞ、とまで仰せられております。

何と有難いことではございませんか。

申すまでもなくこの軍隊というものは、一人《いちにん》一人の軍人から作り上げられるのでありまして、この軍人は日本の臣民がなるのであります。

我が国は全国皆兵と申しまして、一旦事ある時は、臣民全体が軍人になる規則になっております。

即ち軍隊も国民も、元々一つのものでありまして、上《かみ》に大元帥陛下を戴いて、事ある時も事なき時も、ともに我が大日本帝国を守るのであります。

日本の軍人が強い謂《いわ》れは、実にここにあるのでありまして、外国の軍隊のようにただ義務の上で働いておるのではなく、大元帥陛下の御《おん》ために真に真心を捧げ身命をなげうって働き、陛下の御ためならいつでも悦んで命を捨てるからであります。

我が国民はまた昔から、清い正しい行いを尊《たっと》んで参りまして、この正しい道のためには、いつも命を捧げて参りました。

天は必ず正義に与《くみ》し、神は必ず至誠に感ず。

即ち、天は必ず正しい人の味方であり、神様は人の真心をお受けになるということは、我々日本人がご先祖から受け継いだ尊《とうと》い信念でありまして、桜井の駅で楠木正成公がその子の正行《まさつら》に諭《さと》された、あの桜井の駅の教訓もこの正しい道でありました。

昔からお国のために命を捧げた偉い人々は、みんなこの道を守って働いた人でありまして、東郷元帥が日本海でロシアの大艦隊を討ち滅ぼされた時のご決心も、この清い正しい信仰の上に立てられたものであります。

あの日蓮上人が、命は欲しくない、ただ立派な道が欲しいと言われましたのを［も］、昔から我が国の武士道で、命を捨てても名を惜しめと申しましたのも、みんな同じ考えであります。

人間はいくら長く生きましても百年を越すことは出来ません。

しかし国家の生命《いのち》は幾千万年も、天地とともに栄えてゆくのはどういう訳でありましょう。

それは次々と生まれてくる国民が、一代一代と変わるほど、向上進歩するからであります。

それ故にこのお国が盛んになるのも衰えるのも、みんなお互いの親から子へと、相《あい》受け継いで働く国民の心掛け一つによるということを、しっかりと心に留《と》めておかねばなりません。

皆さんは今こそお小さいが、十年の後《のち》にはこの大日本国を守る第一線に立って働かねばなりません。

十一歳で父親に別れた正行が、二十三歳で四条畷で大いに敵を破って立派な戦死を遂げ、後世に名を残しております。

皆さん、我々の先輩が天皇陛下のおために真心を捧げ、事ある時は命をなげうって働き、我が大日本国の今日《こんにち》の繁栄の元を築いた訳をよく考えて、また今日の大事な時節において、正しい者、良い行いをなす者は必ず勝つということを信じて、よく努めよく励み、将来お国のためになる立派な人になるように心掛けて下さい。

加藤 寛治（かとう ひろはる）

海軍大将　明治三年（一八七〇年）十月二日生　昭和十四年（一九三九年）二月九日没　出生地＝福井県　学歴＝海軍兵学校（第十八期）〔明治二十四年〕卒、海軍大学校卒

イギリス大使館付武官、海軍大学校校長、軍事参議官、軍令部次長などを歴任。その間二度の軍縮会議に随員して、対米七割を主張し条約の妥結、調印に反対する。昭和五年軍事参議官となり、軍備の増強、日本の軍縮条約離脱のため画策した。

# 東郷元帥

古田中 博

〔歌〕〔約五十秒〕

世界に有名なあの東郷元帥が、我が国のためどんなにお尽くしになったかは、誰でもようく知っておりますが、ここに忘れることのできない一つのお話があります。

〔効果音〕

思い出してもゾーッとする大正十二年九月一日《いちじつ》の昼ごろ、あの関東大震災がいきなり起こって、東京では瓦が飛び、壁が落ち、家が倒れて、その下敷きになったり怪我人が出来たりして、人々は生きた心地もなかった。

その時元帥は、いつも自分で用意しておかれた軍服に身を固めて、倒れかかった自分の家《うち》を後《あと》に、七十七《しちじゅうしち》歳の身をもって、赤坂離宮へと急がれました。

その頃大正天皇は日光においでになっていたので、元帥は赤坂離宮に、摂政殿下をお見舞い申し上げられたのでした。

そうして忠義の心に満ちた元帥は、とうとう午後三時頃までも離宮におられて、殿下がご無事にあらせられるように、とそればかりをご心配申し上げておられました。

君のため国のためには、身をも家をも忘れて尽くす真心の老元帥こそ、全く日本《にっぽん》軍人の鑑《かがみ》ではありませんか。

〔歌〕

〔効果音〕

SPレコードデータ
昭和11年3月・月報収録
コロムビア　音盤番号33346AB
収録時間6分38秒

元師がようやく家《うち》に帰られた頃には、元師邸も三方《さんぼう》からもうもうと火に囲まれて危険でしたが、元師は、一家の主人は家《いえ》を守る責任がある、またもし焼けたら近所に迷惑をかけるから、こう言われて人々と火を防がれたところ、近所はすっかり焼けたのに、不思議にも、元師邸だけはただ一つ焼け残りました。

もう一つ不思議なことには、庭の片隅から急に清水が湧き出して、水に困っている近所の人々が本当に助かりました。

また、近所にあった有名な不動さんも火に囲まれたので、お守りをしていた年寄りの尼さんに背負《しょ》われて元師邸に担ぎ込まれ、やっと助かったのでした。

そこで、有難《ありがた》なみだにくれた尼さんが、その後《のち》元師に、記念のため月桂樹を植えて下さいとお願いしたところが、元師は、いや楓の方がいいでしょう、秋になると赤い葉を子供たちが拾って喜ぶだろうから、と言われて、楓をお植えになりました。

なんと優しいお心の元師でしょう。

さて、この大震災に元師邸だけ焼け残ったことや、清水が急に湧き出したことや、不動さんの助かったことなど、こんな不思議なことがあったのも、元師の作られたお歌に、「おろかなる心に尽くす誠をばみそなわしてよ天地《あめつち》の神」というのがありました。

このお歌の通りの真心が天に通じたためだと思われます。

〔歌〕（約六十秒）

### 古田中 博（こたなか ひろし）

海軍大佐　日本海海戦二十五周年記念映画として日活制作の映画「撃滅」（昭和五年、監督・小笠原明峯）の監修を務める。

東京市情報課①

# 或る少年航空兵

東京市情報課編集「或る少年航空兵」

♪　恩賜の煙草戴いて　明日《あす》は死ぬぞと決めた夜は
　広野の風も生臭く　ぐっと睨んだ敵空に
　星が瞬く二つ三《み》つ

ある少年航空兵が休みの日に教官の家《いえ》を訪ねました。

ちょうど昼食の時間になったので、お膳の上には心尽くしのご馳走が並びました。

ところが少年航空兵はそれをいただこうともしません。

「遠慮せんでいいじゃないか。」

教官がしきりに勧めると、

SPレコードデータ
昭和10年代収録
タイヘイ　音盤番号4681A
収録時間3分28秒

「今日は昼飯抜きのつもりであります。」

と言って、少年航空兵は自分が郷里にいた時に、凶作でごはんを食べられないことがあったのに、軍隊に入るとキチンキチンといただくので、とかくその有難みを忘れがちです、今日は休暇で休んでいるのに、こんなご馳走は勿体ない、と辞退の訳を話しました。

教官はすっかり感激したが、それでも、せっかくこしらえたのだ、と再三勧めました。

「では、いただきます。」

少年航空兵は初めて箸を取りましたが、漬け物だけでごはんを済ませ、他《ほか》のご馳走はそっくりそのままにしてしまいました。

その少年航空兵が帰っていった後《あと》のことです。

「申し訳ございません。」

教官の前に手を突いて泣きだした者があります。

女中さんでした。

「どうしたのだ？」

教官の不思議そうなことばに対して、女中さんは、

「私《わたし》は今まで随分、気を付けていたつもりでしたが、あの兵隊さんのお心遣いを知ると、まだまだ私《わたし》は物を粗末にしていたことが分かりました。これからは、一層心を入れ替えます。」と詫びるのでした。

誠に美しい話ですねえ。

決戦下、我々の生活は極度の緊張を要する時です。

我々はこの少年航空兵の心を心として、一切の生活を打ち立てましょう。

この一戦、何が何でもやり抜くぞ。

東京市情報課②

# 塵芥と戦争

東京市情報課編集「塵芥《ごみ》と戦争」

「ゴミが溜って困りますねえ。」

電気の節約、ガスの節約、食料の節約、日用品の節約、何から何まで節約の世の中で、どうしてこうまでゴミばかり溜るのでしょう。

SPレコードデータ
戦中収録
ビクター市民文化レコード　音盤番号
PR301
収録時間3分3秒

ゴミ箱が一杯になって処分が遅れるのは全く困りものです。

これは今まで塵芥《じんかい》処理のために働いていた人手や運搬のトラックなどが、戦争に直接関係のある職場の方へ振り向けられたからです。

戦争とゴミの因縁は日本ばかりではなく、昔から、ベルリン・ロンドンを初め、交戦国の都市はいずこも同じゴミ・ゴミ・ゴミの苦労です。

だが、外国はどうあろうとも、私《わたし》たちの東京市だけは、いつも街をきれいに始末して、戦争中ゴミなどの問題でくよくよしたくないものです。

それには、まずご家庭で是非ともゴミの分量を半分に減らしていただきたい。

台所からは決して無駄を出さぬよう、その他《ほか》のゴミは紙・金物・ボロ・皮・ゴム・セルロイドの類《るい》であれば、再生資源として、売るか検納するか、適当に処分すること。

木・竹・炭俵・縄・経木《きょうぎ》・落葉・枯枝など、燃えるゴミは、火の元用心して焼き捨てること。

ただし、舗装道路で燃やすことは控えること。

風呂屋さんと特約するのも結構な方法です。

灰だの石炭ガラだのは、当分の間《あいだ》、ご家庭・隣組・町会で始末すること。

こうすればご家庭のゴミは、楽に今までの半分になります。

一体、従来東京市から出るゴミは、どの位でしょうか。

一か月でおよそ二千百万貫《がん》と言いますから、これを家庭用の大《おお》バケツ一斗一升入りのものに詰めて並べれば、何と青森－下関の間《あいだ》を二列縦隊でつながります。

もう想像しただけで臭い壮観さです。

が、こうしたゴミも皆さまの努力次第でたやすく半分に減らすことが出来ます。

家庭も戦場、ゴミの掃討殲滅《せんめつ》は、戦時下市民のやらねばならない努めの一つです。

東京市報道課①

# みんな朗らかで親切に

東京市報道課編集「みんな朗らかで親切に」

♪ 辛抱辛抱とただ辛抱じゃないよ
今は辛抱しどころ買いどころ
外米、うどん、何のその
やがて時来りゃ米の山　さあさ米の山
物がなくて困る。
乗り物が混んで困る。
困る困ると言っても他《ほか》の交戦国と比べればまだまだ楽な生活なのに、わずかな不自由に煩わされて親切という日本《にっぽん》人の美徳の影が薄れたように思われるのは誠に残念です。
大東亜戦争という大仕事の最中ですから、多少のことはあっても、不平を言わず、笑って朗らかに陽気に暮らしたいものですねえ。
どうせ暮らしてゆくなら、苦虫を噛み潰したような顔でなく、みんなで親切を分け合って、感謝したり感謝されたり、戦争の済む日が二十年先であろうと、百年先であろうと、乗り出した戦いの船の中です。
みんな在国民らしく、大都市の市民らしく、全ての苦難を押しのけて、立派に生活戦線を確保致しましょう。

♪ 辛抱辛抱とただ辛抱じゃないよ
今は辛抱しどころ買いどころ
砂糖、制限、何のその

SPレコードデータ
戦中収録
ビクター市民文化レコード
音盤番号PR301
収録時間3分6秒

やがて時来りゃ砂糖の山　さあさ砂糖の山

♪　辛抱辛抱とただ辛抱じゃないよ

今は辛抱しどころ買いどころ
木炭、配給、何のその
やがて時来りゃ木炭の山　さあさ木炭の山

## 東京市報道課②

# れいれいれいのれいれいれいれい

東京市報道課編集「れいれいれいのれいれいれいれい」

作文

「れいれいれいのれいれいれいれい」と節《ふし》をつけて歌うような声がして、大勢が笑った。

僕は何だろうと思って橋の欄干から下を覗いてみると、船頭さんたちが船に集まってお茶を飲んでいた。

SPレコードデータ
戦中収録
市民文化　音盤番号PR352
収録時間2分49秒

「そうだよ、一億円と言やぁ、れいれいれいが八つさ。百億円じゃ十《とお》だ。べらぼうな金が要るんだなあ。」と口々に言った。

「だから税金をうんと納めて、戦争の足しにしなけりゃあ駄目だ。うちの旦那なんか、一日に税金百円を納めるんだとよう。」

と年寄りの船頭さんが言うと、

「えっ、一日百円、一年三百六十五日じゃ何円になるんだ。俺なんか、まだ税金を払ったことなんかねえや。」

と若い男が言《ゆ》ったので、みんな声を揃えて笑った。

笑い声がガーンと橋に響いた。


税金の税の字は力《ちから》と読み、税金の多い少ないは国の力を示し、また時節柄、戦争遂行のお台所の状態を表わすものでもありましょう。

税金から見た私たちの東京市は、市民税一円を納める人から、五百五十万円の所得税を納める人もあって、金額こそ千差万別でありますが、これを納めて役に立てようとする愛国・愛市の心には、寸分の違いもありません。

納税は銃後のご奉公、手近な臣道実践です。

大東亜戦争を勝ち抜くために、納税報国に邁進致しましょう。

# 平出 英夫①

## 護国の神『特別攻撃隊』

SPレコードデータ
昭和17年5月収録
テイチク　音盤番号T３３０１
収録時間25分34秒

〔音楽〕（約二十秒）

世界平和を使命とする日本《にっぽん》の大精神を踏みにじり、皇国日本《にっぽん》の生命さえも狙わんとした暴戻《ぼうれい》なるアメリカに、破邪顕正の剣《つるぎ》を下すに当たりまして、捨て身をもって敵の腹中に跳び込み、猛然これに第一誅を加え、身もまた護国の華と散った特別攻撃隊の偉業に関し、謹んで発表致します。

大本営発表、特別攻撃隊の壮烈無比なる真珠港強襲に関しては、既に公表せられたるところ、この全世界の心胆を寒からしめたる攻撃の企図は、攻撃を実行せる岩佐大尉《だいい》以下数名の将校の着想に基くものにして、数か月前《ぜん》、一旦緩急あらばこれをもって尽忠報国の本分を尽くしたしと、案を撫《ぶ》し密かに各上官を経て、連合艦隊司令長官に出願せるものなり。

連合艦隊司令長官は慎重検討の結果、成功の確算あり、襲用〔収容〕の方策、また講じ得《う》るを認め、志願者の熱意を容《い》るることとせり。

本壮挙に参加せる下士官、また帝国海軍優秀者中の最優秀なる人物たり。

いずれも参加将校の平素より堅く信頼せる部下にして、各上官と生死を共にすることを念願しありしをもって、今回の企図に際しても特に志願者を募ることなく、淡々たる心境のうちに、各上官よりそれぞれ隊員として参加せしめたき旨願い出《いで》、連合艦隊司令長官より希望通り参加を命ぜられし者なり。

爾来、海軍部内に対しても、厳に機密を保持しつつ、半時日《はんじじつ》のうちに用兵者・技術家渾然一体となり、砲員に至るまで不眠不休、昼夜兼行にて製造実験に、或いは準備訓練に、心血を注ぎたる結果、今次開〔海〕戦に先立つ緊急の際に反省を見たものにして、攻撃に参加せる将士の尽忠無双の精神、及び技術工作関係者の熱誠とともに、帝国海軍の卓越せる技術を広く世界に誇るに足らん。

しかして実行に当たりては襲用〔収容〕に関し万全《まんぜん》の方策を講ぜられたること勿論なるも、敵主力を攻撃したる後は、警戒一層厳重を極むべく、海底に横たわる沈没敵艦の残骸を縫い、狭長なる水道を通過し、猛烈なる反撃を脱化帰還することの困難は予想に難からず、万一《まんいつ》に備え自爆の準備を整えたることは、帝国海軍軍人として当然とするところなり。

かくて大御稜威《おおみいず》のもと、天佑神助を確信する特別攻撃隊は某月某日、枚《ばい》を含んで壮途につき、真珠湾目指して突進し、沈着機敏なる操縦により、厳重なる敵警戒網並びに複雑なる水路を突破、全艇予定の部署により港内に侵入、或いは白昼強襲或いは夜襲を決行、史上空前の壮挙を敢行し、任務を完遂せる後《のち》、艇と運命を共にせり。

就中《なかんずく》、夜襲によるアリゾナ型戦艦の轟沈は、遠く郊外に在りし友軍部隊よりも明瞭に認められ、十二月八日午後四時三十一分、ハワイ時間七日午後九時一分、即ちハワイにおける月出《げっしゅつ》二分後、真珠港内に大爆発起こり、火炎天に沖し、灼熱せる鉄片空中高く飛散、須臾《しゅゆ》にして火炎消滅、それと同時に敵は航空部隊の攻撃と誤認せるものか、熾烈なる対空射撃を開始せるを確認せり。

また同日午後六時十一分、ハワイ時間午後十時四十一分、特別攻撃隊の一艇より、襲撃成功を無線放送せるが、午後七《なな》時十四分以後、放送途絶、同時刻頃、自爆もしくは撃沈せられたるものと認めらるるものもありたり。

昼間《ちゅうかん》強襲に関しては、敵艦隊においてわずかにこれを認めたる者あるがごときも、ほとんどその何物たるかを判別し得ざりしがごとく、港内混乱の際なるため戦果の絶大なりしことは確信しあるも、今のところ航空部隊による戦果と判別困難なり。

出発に際しては、攻撃終了せば帰還すべき命《めい》を受けありしも、遂に帰還する者なかりしは、或いは味方航空部隊の爆弾・魚雷、雨下しつつある敵艦に史上類例なき至近距離まで肉迫強襲し、或いは長時間海中に潜伏、月出を待ちて、□□《ロチョー》、昼間攻撃による損傷するなき敵主力艦を確認・攻撃したると、全隊員生死を超越して攻撃効果発揚に専念し、帰還のごときは敢えてその念頭になかりしによるものと断ずるの他なし。

かくのごとき、古今に絶する純忠無比の攻撃精神は、実に帝国海軍の伝統を遺憾なく発揮せるものにして、今次大戦史劈頭の一大偉勲と言うべし。

終わり。

更に、付け加えて申し上げたいと存じますが、今ここに護国の忠霊の偉勲を偲びますことは、一億国民が忘れんとして忘れることの出来ない第三回目の命日を控え、一入《ひとしお》感激の新たなるものがあります。

この勇士たちは日頃から上官の信任厚く、同僚・後輩からは尊敬の的であった優秀な人物ばかりでありますが、いずれも眼中出世なく、栄達なく、快楽なく、我が身さえなく、全く自己という観念を捨てて、ひたすら大君《おおぎみ》と祖国に全身全霊を捧げ尽くし、弱冠二十余歳にして雄々しくも護国の華と散ったのであります。

この攻撃は、発表にもあります通り、岩佐大尉以下数名の将校の着想に基くものでありまして、自ら工夫を凝らし、一朝有事の際はこれをもって尽忠報国の本分を尽くしたいものと、人力をもっては至難と思われるこの大壮挙を案出致したのであります。

爾来数か月間というもの、自分たちの襲撃に万に一つも失敗あってはならぬと、人目を忍んで訓練に訓練を重ね、言語に絶する苦心を続けたのであります。

かくして開戦となりますや鶏晨《けいしん》真珠湾の奥深く侵入し、身を敵の艦艇に叩きつけんばかりの猛襲を敢行し、しかる後《のち》従容として死に就いたのであります。

今、アメリカ側の報道などを加味して、私の想像により、その攻撃の模様を申し上げようと存じます。

特別攻撃隊が枚《ばい》を含んで真珠湾港を侵入せんとしますや、防戦網が張られており、機雷が無数に敷設してあり、さすが敵の警戒は厳重であります。

しかし特別攻撃隊は百錬の勇士ぞろい、沈着機敏な操縦によって難なくこれを突破致します。

この時、我が事既に成れり、と勇士たちは微笑み合ったことと思われます。

指揮官以下、真に一身同体、人も艇もまた渾然一体をなしております。

湾内の複雑な水路ももののかは、踊る心を静かに抑え、我遅れじと全艇奥へ奥へと侵入致します。

やがて潜望鏡に映るのは、行儀良く二列に並んだ敵主力艦の集団ではありませんか。

勇士たちの満足が思いやられます。

かくていよいよ、攻撃を開始致します。

ある艇は艦列の中央に位《くらい》する巨艦目がけて接近、猛然第一撃を加え、またある艇は、その隣りの胴腹《どうはら》を抉《えぐ》ります。

この時潜望鏡にチラッと見えるのは、空からする友軍機の活躍であります。

友軍機は今や果敢な爆撃の真っ最中らしい。

勇士たちの勇気はいよいよ百倍、一艦といえども撃ち洩らしてはならじと、歯を食いしばって頑張ります。

更に次の攻撃に移らんとする時でありました。

敵の駆逐艦一隻、潜望鏡を発見したものか、横合いから衝突にやって参ります。

そこで手応えを確認する暇《いとま》もなく、水中深く潜没して難を避けた艇もあります。

この頃敵の砲弾は雨と降《くだ》り、空からする航空部隊の攻撃はいよいよ猛烈を極め、魚雷走り、爆弾飛び、湾内は忽ち大混乱に陥りました。

従いまして、水中よりする各艇の強襲による戦果も絶大であったと思われるのでありますが、航空部隊の戦果と判別することは困難な状況だったのであります。

昼間《ちゅうかん》の猛烈な戦闘を海底に潜んで聞きながら、逸《はや》る心を抑えて日没を待った特別攻撃隊の一艇は、艇内に持参していきました組［積］み木細工のオモチャなどを相手に、時間を消していたことと思います。

これは誠に、容易に出来ないことであります。

遂に夜に入《い》り、月の出を待って強襲に移ります。

その一艇は、昼間攻撃による損傷の少ない敵主力艦はないかと探し求めて、肉迫接近してゆきます。

見れば敵艦の巨体は、月光を浴びてくっきりと影絵となり、攻撃の好目標です。

「発射始め」、指揮官の号令に最後の襲撃が決行されます。

乾擲《ケンテキ》、必殺の精神込めた襲撃に狂いはありません。

轟然たる爆音が湾内を震わせ、数百メートルの火の柱が、一時《ひととき》天を焦がします。

と見るや、白波をけって悠然、司令塔が水の上に浮かび出ました。

沈着大胆な指揮官は、今し巨体真っ二《ぷた》つに裂けて崩れ沈まんとする敵艦の、断末魔を確認したのであります。

宿望今ぞ成る、月光仰ぐ年若き兵《つわもの》たちの胸中、いかばかりであったでありましょう。

思うはこの日のための幾月に亘る苦心、そして今勇士は死の栄光の前に立つのであります。

この敵艦轟沈は遠く湾外にありました友軍部隊からもはっきり認められ、大爆発とともに天に沖する火炎が灼熱した鉄片を空中高く吹き上げるのさえ望見されたのであります。

時は十二月八日、ハワイ時間に致しまして七日午後九時一分、月の出二分後のことでありました。

戦いは終わりました。

しかし、特別攻撃隊の勇士たちは遂に還らなかったのであります。

ハワイ時間午後十時四十一分、特別攻撃隊の一艇からの「襲撃に成功せり」の無線放送が、最後のものとなりました。

隊員は真に生死を超越し、最後まで敵艦撃滅のみに専念し、生還のごときは念頭になく、或る者は撃沈せられ、或る者は自爆致したことと認められるのであります。

激して死に赴くはその例《ためし》少なしとしません。

しかし冷静事《こと》に処し、身をもって信念を貫いた至高至純の没我の境地。

帰陣もなく、この絶対犠牲の大精神こそ我が武士道の華であり、我が民族精神の精華であります。

かかる例が、世界の歴史にただの一つでもありましょうか。

私どもその遺訓を偲ぶだに、粛然として総身《そうみ》の血の震えるのを覚えるのであります。

純忠無比なる特別攻撃隊の壮挙は、畏《かしこ》くも天聴に達しまして、大君《おおぎみ》を守り奉り、祖国安泰の礎《いしずえ》たるために生まれてきたような勇士たちは、これを聞きまして、今ぞ地下でいかばかり感激の嬉し涙にむせんでいることでありましょう。

死あって生なき門出に当たっても、勇士たちは冷静沈着にして、日常訓練の出動の際と些かも変わったところがなかったのであります。

出発直前のことでありますが、勇士たちは揃って戦友たちと談笑し、或る若い勇士は、襲撃が終わったら上陸してこいつに物を言わせてやりたいな、と無邪気にピストルを取り出して撫で回し、また或る勇士は、新しい肌着と［等］着替えた上、軍装を着てゆくべきだが、暑いから作業服でご免蒙ろうなどと悠々身支度を行い、また或る勇士は、爆雷攻撃を受けぬようにしろよと戦友が言うのを聞いて、なーにそれまでには敵のどてっ腹《ぱら》に大穴が開いているさ、と何の屈託もなく大笑《たいしょう》して一同を煙《けむ》に巻き、明くる日のルーズベルトの泣き言を俺も聴いたぞ閻魔の前で、と即興の一句を詠むという余裕綽々たるものがあったのであります。

また或る酒好きの勇士に対して戦友が、大戦果を上げて帰ってくれ、その時は大いにやろうぜと励ませば、にこにこしながらいつものことばの、ウン飲もうとは一回も口に出さなかったそうであります。

この勇士たちは、帰るとか、万一《まんいつ》にも生きてというごときことばは、口にすべきでないと考えていたのでありましょう。

更に或る勇士は残る戦友の肩を叩いて、お互いに最後の最後までしっかりやろうぜ、今度会うのは九段のお社《やしろ》だ、と激励していたということであります。

やがて、いざ出発の時刻であります。

普通の出陣には、行って参りますと上官に申告するのでありますが、その日勇士たちは何々中尉或いは何々少尉ただ今より行《ゆ》きます、と力強く述べ、行って参りますとは言わなかったのであります。

しっかり頼むぞ、大丈夫だ、壮途を送る挨拶が交わされます。

行くも残るも、送るも送らるるも、感激一層の一瞬でありました。

この時に及んでもなお出で立つ勇士たちは自若たるもので、年若い一士官は、お弁当を持ったりサイダーを持ったりチョコレートまでもらって、まるでハイキングに行くような気がする、と勇んで艇に乗り込んだと言います。

この若い勇士の胸の内に、その時チラッと幼かったころの楽しい遠足の思い出が浮かんだのでありましょう。

遠足の懐かしい思い出に胸膨らませて勇士たちは、雀躍死地に飛び込んで行きました。

後で分かったのでありますが、勇士たちは身の周りは整然と整理し、上官や同僚に対する謝恩のことばや公務上の記録・意見などを書き残したものはありましたが、遺言らしいものはあまり多くございませんでした。

その中に、或る勇士の辞世があります。

「君のため何か惜しまん若桜散って甲斐ある命なりせば」

「いざ行かん網も機雷も乗り越えて撃ちて真珠の玉と砕けん」

「靖国におお嬉しさや今朝の空」

これは勇士たち全員の感慨であったと思います。

この悟り、この信念、口に言うは決して難くはありません。

しかし勇士たちは黙々として、身をもってこれを実行したのであります。

勇士たちはその言行から察して、ただ単に戦《いくさ》に勝つというだけでなく、心の米英撃滅、即ち長年に亘って文化を通じ、思想を通じて日本《にっぽん》国民の精神に食い込んでいる、自分さえよければよい米英的観念、これを駆逐・撃滅しなければならぬという信念を持ち、且つ実行していたように考えられます。

大東亜戦争は、実に形に現れた米英の豊麗な勢力を東亜から駆逐するとともに、目に見えない利己的・唯物的米英観念を心から一掃することによって、初めてその成果を期し得らるるものではありますまいか。

勇士たちの行動はかかる点から致しましても、好個の偉観を示したものと言うことができましょう。

ここに銘記しなければなりませんことは、かかる己を滅して国家に殉ずる犠牲的大精神は、偉大なる母の感化に拠《よ》るところが大であることであります。

勇士たちはいずれも、申し合わせたように親孝行で有名でありました。

ある勇士は、休暇になれば短い期間の時でも必ず実家へ帰り、母親にお供して一日を送るのが何よりの楽しみだったということでありますが、これによってもその一端を伺《うかご》うことができましょう。

それだけに母親が勇士たちを慈しみ育てた影の力は実に絶大で、殊に家のため夫のため子供のため、己を顧みずして働き続け、そこに無上の幸福を見出す母親の献身的な精神感覚、偉大な力となって勇士たちの中に成長していたのであります。

かかる偉大なる日本《にっぽん》の母親なくして、どうしてこのような純忠な益荒男《ますらお》が生まれましょう。

己を虚しくして子供の中に生きる母親は、即ち国家の中に生きる母親であります。

敵米英の軍人が、優勢な相手と見ればいち早く逃れ、死の危険多しと見れば、これに近寄らないことを念とする実状と、この勇士たちの心意気とを比較致します時、それは何たる大いなる相違でありましょう。

その蔭に、米英の母たちの利己的・享楽的気分、その子供たちとの因果関係を見落としてはならんと思います。

米国にありましては、海軍軍人とは、ただで世界を見物し、法外の給与を受け、以て世に快適・幸福なる生活を送る職業なり、と定義しているほどであります。

命あっての物種という、自己本位の思想が根強く彼らを支配していることは、只今までのいくつもの海戦の生存《せいぞん》者たちの言動からしても明瞭なのであります。

我が一死奉公の純忠に燃える勇士たちの大精神、自己のより幸福な生活を追求するを人生観とする米英軍人気質《かたぎ》は、実に霄壌《しょうじょう》もただならざるものがあるではありませんか。

大東亜戦争開始以来の、我が連戦連勝につきましては、全世界ただ驚嘆するのみでありますが、その裏に、かかる大志一番、身を捨てて祖国を守り抜かんとする伝統の大精神、脈々として流れているのを知りましたならば、ただ大和民族の血の尊さに頭を下げるの他はありません。

しかしてこのように世界に比類なき無限の力の湧き出る源が、畏《かしこ》くも我が秋津神大君《おおぎみ》にあるを思いますると、大御稜威《おおみいず》の尊さにただただ感激あるのみであります。

顧みまするに神武天皇が御戦《みいくさ》を率いて、九州□《みみ》津の港を船出し給《たも》うてより二千六百年、今に続くこの逞しくも雄々しき大和魂、その内に燃え立ち燃え続けるものは、「海行かば水漬《つ》く屍《かばね》、大君《おおぎみ》の辺《へ》にこそ死なめ」の烈々たる心意気であります。

それは皇国日本《にっぽん》の躍進とともに益々輝きを増し、時あらばこの勇士たちのように爛漫と咲き誇るでありましょう。

大東亜戦争、いかに長期に亘りましょうとも、強敵更に現れましょうとも、祖国が必要とする瞬間、かかる七生《しちせい》報国の勇士たちは幾度《たび》にても生まれ変わって、護国の固めに任ずるは必定でありまして、その数の足らぬという憂いのごときは毛頭ないのであります。

特別攻撃隊の勇士たちは戦の神であると同時に、平和建設の神でもあるのであります。

大東亜戦争の後《あと》に来たるものは、世界永遠の平和でなければなりません。

その時こそ、戦の神は平和の神となるのでありましょう。

只今の破壊は、破壊のための破壊でなく、建設のための破壊だからであります。

この護国の勇士は我々日本《にっぽん》国民の子であり、兄であり、弟であります。

我ら国民の血管の中枢には、かかる純忠無比なる血潮が流れていることを明らかに示してくれましたことは、何かに迷った時の個人の立場からも、また国難に遭った国家大事の際にも、何たる心強いことでありましょうか。

私は繰り返して申します。

一時に激するは易く、従容死に就くは難し。

今は長期戦の、なお緒戦《ちょせん》期であります。

謹んで九勇士の英霊のご冥福を祈り、発表を終わります。

SPレコードデータ
昭和19年収録
ニッチク　音盤番号１００７４２
収録時間33分40秒

## 提督の最期

平出 英夫②

近代戦は科学戦と言われます。

従いまして各種艦船・兵器・機関・装備などが、戦闘の勝敗を決する重大な要素であることは、申すまでもありません。

しかし古来の戦争を見ましても、軍隊なかんづくこれが上に立つ指揮官の素質と至誠奉公の精神如何《いかん》等《とう》の要素が、かかる物質的威力を凌駕するものであることは、万古不変の鉄則であります。

今やわが将兵は大御稜威《おおみいず》を戴き、卓越せる指揮官の下《もと》、全軍一体となって、物的優勢を頼みとする敵戦力を徹底的に撃砕致しております。

物的要素は固より些かも軽く見てはなりませんが、精神的無形の要素が、無限の戦力を形成するものであることを、特に銘記すべきであります。

私はこの度、特旨優賞の恩命に浴しました、山口多聞中将《ちゅうじょう》・加来止男《かくとめお》少将の東太平洋における壮烈なる奮戦と、陛下の御艦《みふね》と運命を共にした、鬼神も泣くその最期を申し述べ、我が前線指揮官が敵撃滅の中心となって、いかに戦っているかを偲びたいと存じます。

本日は畏《かしこ》くも天皇陛下靖国神社へご神拝遊ばされたのでありますが、その夜《よ》、両提督の最期をお話し申し上げることは、一入《ひとしお》感慨深いものがあります。

山口中将は、支那事変にありましては、或いは艦船部隊、或いは航空部隊の指揮官として各地に転戦し、その功抜群だったのでありますが、特に航空部隊指揮官としては、重慶空軍の撃滅並びに敵軍事施設の攻撃に偉功を奏し、軍令部総長の宮殿下より、その功績を嘉奨せられ、おことばを伝達せらるるの光栄に浴した他《ほか》、支那方面艦隊長官より感状を授与せられております。

大東亜戦争におきましては、中将は開戦劈頭のハワイ海戦に参加され、かの赫々たる大戦果の一半は実に中将の卓越せる兵術、烈々たる実行力の功に帰すると言うも過言ではありません。

その後《ご》中将は各作戦に参加され、数々の偉勲を立てられたのでありますが、東太平洋方面の作戦におきましては、敢然として敵方《てきほう》に進出、反復猛烈なる攻撃を加え、部下航空部隊の最後の一機に至るまで奮戦し、敵航空母艦・大型巡洋艦各々一隻を屠《ほふ》り、他《た》の航空母艦一隻に大損害を与え、敵基地に甚大な打撃を与えるという大戦果を上げられたのであります。

また加来少将は、多年航空関係の要職を歴任され、支那事変におきましても、航空隊司令として各地に転戦、赫々たる武勲を立てられ、大東亜戦争勃発致しまするや、山口中将の麾下としてハワイ海戦に参加以来、各作戦に参加され、東太平洋方面の作戦には、敵の反撃を一手に引き受け、奮戦力闘、遂に矢折れ弾尽きるや、救援のため来着致しました駆逐艦に部下総員を無事移乗せしめました後《のち》、山口中将とともに艦上に踏《ふ》み止《とど》まり、従容として船と運命を共に致されたのであります。

次に当時の状況を、側近く共に戦い、その実状を目《ま》の当たりにした将士の記録によって、申し述べたいと思います。

昭和十七《しち》年六月のことであります。

東太平洋方面に作戦が実施されまするや、山口中将指揮の我が航空部隊は、整々と予定の行動に移り、洋上の基地奥深く潜む敵根幹艦隊のおびき出しを図りながら、次々と艦載機を飛ばしました。

この日層雲は二千メートルの上空を籠《こ》め、東南東の風強く、同方面特有のうねりは大きく、艦載機の飛び立つのにも困難を感ずるほどでありました。

着席機が出発してから約二時間、「航空母艦◯《まる》隻を根幹とする敵艦隊の北上を発見す」との快報がもたらされました。時に日本《にっぽん》時間の早朝。

洋上の時差がありますので、太陽は既に中天に近い頃であります。

我が軍艦◯◯《まるまる》は、山口司令官これを直率し、加来艦長指揮の下に既に戦闘配備にあり、将士の意気また既に敵を呑む の概《がい》があります。

戦機まさに熟す。

我が戦隊は敢然挺進、有力なる基地航空兵力の援護下にある敵航空母艦群、及び飛行機集団と火蓋を切りました。

かくて激戦力闘数時間に及び、我が方は遂に敵航空母艦・高級巡洋艦各一隻を撃沈、他《た》の航空母艦一隻を大破せしめました。

そればかりではなく、この日明け方から粉砕撃墜し続けてきた敵飛行機は、既に百数十を数えましたが、戦意旺盛な海の勇士たちは、なおも残る敵航空母艦に対して猛襲を続けたのであります。

しかし我が方は夜来敵基地の奥深くに迫って奮戦十数時間に及び、既に砲身は焼け、飛行機も傷つき、全ての力を出し尽くしたかの感がありました。

あくまで敵を激滅せずんば止まぬ勇士たちは、一面整備一面力戦、更に猛攻撃に当たらんとする丁度その時であります。

刻々数を増してきた敵急降下爆撃機群は、我が艦上を覆い、盲滅法に投下する魚雷・爆弾のしぶきに、艦影は覆い隠されるほどでありました。

実にこの日敵の猛襲は熾烈を極め、払暁以来、我が軍艦〇〇目がけて突撃を試みた敵機百十五機、回避した魚雷だけでも二十六本、爆弾約七《しち》十発でありました。

敵の来襲は早朝より午後にかけて四回に及び、最後の来襲により、敵の数発の爆弾は遂に我が艦橋前方の飛行甲板に命中致しました。

山口司令官・加来艦長以下幕僚は、その時艦橋にありましたが、ものすごい爆風が四方のガラス窓を打っただけで、概ね無事でありました。

だが前部飛行甲板には大小、岡のような鉄板の波、大きな爆弾の穴が開けられ、格納庫はすさまじい火炎を吹き出し、別の至近弾による火災も忽ち艦橋をめぐる防弾幕に燃え移って、見る見るその火勢を広げてきました。

応急処置の命令は次々に下されました。

艦内各要所への注水は固よりのこと、勇士たちは持ち場持ち場を守って、消火に全力を上げたのであります。

船破るるも軍紀乱れず。

沈着に機敏に処置が講ぜられます。

だが、一波《いっぱ》静まれば一円また漲る有様で、巨体は勇士たち必死の努力にも拘らず、漸次全面的に灼熱化し、炎々と燃え広がる火勢は夕闇の空を焦がし、海水もために滾《たぎ》るかと思われました。

勇士たちはなおも絶望を絶望とせず、紅炎烈火の中になお、氷のごとき沈着さをもって鎮火に努めましたが、火勢はいよいよ激しく、忽ち機械室窯《かま》室の上部全面は火の海と化し、かじ取り機械の操作も遂に不能に陥りました。

この時なお艦底深い部署にあって、阿修羅のごとき操作を続けておりました機械窯部員は、上層鉄板の熱気と四方をめぐらす鉄壁の焦熱のうちに大行［効］万歳を唱え、或いは死すとも敵を撃たでは止まじと絶叫し、相次いで倒るとの知らせが頻々として伝声管をもって艦橋に伝えられるのであります。

それよりも早く救出決死隊の手は猛火と猛炎を冒

して、機械室と窯室との連絡を図っていたのであります。

万策効なく、また救い出しの手も多くに及ばず、船は次第次第に、轟々たる鳴動のうちに、左に傾斜して約十九《く》度に瀕していたのであります。

誘爆はなおも続き、あまつさえ全艦の火は潮風を併せて、波涛を舐めんばかりであります。

この中にあって船の左舷側《そく》には大胆にも駆逐艦○○が、その舷側をピッタリと横付けにしていました。

共に消火に当たり、死傷の戦友を抱え移すなど、必死となって協力致したのであります。

それは丁度、猛火の中に親子相《あい》擁し、相呼ぶがごとき有様であります。

船の将士をして熱涙を震わしたのであります。

この間《かん》にあってなお騒がず乱れず、数名の将士の歩み謹厳にして、一挙一動、礼儀正しきは何事かと見えました。

それは防御甲板下部の奉安室に鉄壁決心をもって奉安し参らせてあるご真影を、奉遷し奉る姿だったのであります。

一員が恭《うやうや》しく奉遷箱に移し奉り、身をもってしかと背に負い、ひとまず前《ぜん》甲板に奉安申し上げ、更に命によって駆逐艦に移し参らせたのであります。

陛下の御船《みふね》たり、御船今ここにご真影のご移譲を了し奉る。

臣ら全員の努力もなお忠誠に足らざるなきかと、忠勇の士みな畏れ思うて悲憤の涙は抑えんとして抑え……。

加来艦長は、今や総員退去の已むなしと判断致しまして、その決意を山口司令官に報告致します。

司令官もこれに同意され、この旨を艦隊司令部に報告せよと命ぜられました。

この報告は、一旦付近にあった駆逐艦に、懐中電灯の微かな光によって伝えられ、更に艦隊司令部に伝えられました。

時に東太平洋の夜《よ》は既に深かったのであります。

その時なおも機械室窯室にある戦友に対する決死の救出作業は、依然として続けられておりました。

熱い煙に阻まれまして、今は万策、全く尽き果ててしまいました。

戦友たちが交々《こもごも》声を限りに熱涙を籠めて呼びますが、轟々と渦巻き上《のぼ》る噴煙がその面《おもて》を打ってくるのみであります。

「総員、飛行甲板に集まれ。飛行甲板に集合。」

遂に最後の命令は発せられました。

裂けるような号笛《ごうてき》の伝令と喉も破れて出ぬ声を振り絞りながら、その命令は忽ち全部署に伝えられました。

総員の集まりました飛行甲板は、恰《あだか》も坂のように傾き、亀裂・凹凸・弾痕で惨憺目も当てられぬ有様であります。

また、集合した総員の顔という顔は、終日の奮戦を物語る、油と汗で黒くまみれておりましたが、どの目も爛々と不屈の戦意に燃え輝いて、一人《いちにん》として失望落胆の気配すら伺われません。

全員の瞳は期せずして艦橋に注がれました。

艦橋の一方に屹立するは山口司令官及びその幕僚、左の方に加来艦長・副長その他《た》の影濃く、燃え盛る炎と月の光に、その一つ一つの横顔が染め分けられていました。

「ああ、我が司令官我が艦長もまた、健在なりしか。」と全員の瞳に一瞬歓喜の色輝くのを見ますのは、なおこの期においても、自己なく生死なく、身命ただ一艦と共にありの姿でなくて何でありましょう。

各分隊長は直ちに人員点呼を行いまして上官に伝え、上官は艦長に報告致します。

この報告が終わりますと、加来艦長は山口司令官に敬礼し、共に艦橋から飛行甲板に降り立ちました。

降り立ったその足下《あしもと》に数個のビスケット箱があります。

これは消火に協力した駆逐艦から応急糧食として運び上げてくれたものでありますが、全員誰《たれ》一人としてそのビスケットの一片だにも口にした者はありません。

のみならず、その日の暁からこの時まで、司令官以下総員、戦闘配食の握り飯一個を片手に掴んだことがあるだけで、一杯の水すら飲む者はなかったのであります。

加来艦長はそのビスケット箱の上に立ちました。

そして粛然、次のごとく訓示されました。

「諸氏、諸氏は乗艦以来ハワイ空襲その他《た》においても、もちろん今日《こんにち》の攻撃に当たっても、最後まで実によくその職を尽くしてくれた。

皇国海軍軍人たるの本分を、遺憾なからしめてくれた。

艦長として最大の満足を感ずるとともに、実に感謝に堪えない。

改めて礼を言う。

ただ、共に今日の戦いに臨みながら、共に只今ここで相見ることのできない幾多戦友の英霊には、多感言い表せないものを覚える。

同時に、その尊い赤子を多く失ったことを、陛下を初め奉り、一般国民に対し深くお詫び申し上げる。

今次出撃の際にも各位に申し述べた通り、戦いはまさにこれからだ。

諸氏の同僚はここの海底に神《かみ》鎮まるも、ここの海上は敵アメリカへの撃滅路として無数の英魂は万世《よろずよ》かけて我が太平洋を守るであろう。

諸氏もどうか一層奮励して、更に更に我が海軍に光輝を加えてくれ。

敵を撃滅し尽くさずんば止まじの魂を、いよいよ鍛え合ってくれ。

切に諸氏の奮闘を祈る。

では只今より総員の退去を命ずる。」

力強い語尾でありました。

艦長に代わってすぐに山口司令官が台上に立たれました。

「只今の艦長の訓示に全て尽くされたと思う。

私からはもう何も述べることはない。

お互いに皇国に生まれてこの快心の一戦に遭い、いささか本分を尽くし得た喜びがあるのみだ。

皆と共に宮城を遙拝して、天皇陛下万歳を唱え奉りたい。」

司令官の声にも態度にも、平生と少しも異なるところは見られませんでした。

ただ無言不動のうちにも、全将兵の列を貫く強い感激のうねりは、目にも見えるほどでありました。

誘爆のものすごい音響の中に、縦横に閃《ひらめ》く猛炎の中に、その轟音も熱風も裂けよとばかり万歳を奉唱し終わりまするや、加来艦長は更に大声で令しました。

「今から軍艦旗を下ろす。」

全員不動の姿勢に、燃える艦上も森厳、秋霜たる軍旗の前に烈火も熱風もありません。

やがて君が代のラッパ吹奏裡《り》に、我が軍艦旗もまた、なお船上の空に留まらんと願《ねご》うか、霊あるもののごとく、赤き月の夜空を嚠々《りょう》の音《ね》に引かれて、下りて参りました。

小旗《しょうき》も共に下ろされ、仰ぎ見る全員の面《おもて》は涙《なんだ》に濡れざるはありませんでした。

この時既に総員は、山口司令官・加来艦長の決意が那辺《なへん》にあるかを推察していましたので、副長は各科長を集めて共に船に留まりたいと申し出たのであります。

艦長は現下に、「いけない、それはいかん。

自分は船の責任者として船と運命を共にするの名誉を担《にの》う者であるが、他《ほか》の者は許さん。

重ねて言う、戦争はまさにこれからだ、諸氏の終生に俟つ百難の戦場は果てしなくあろう。

諸氏は今日の戦訓をよく将来に生かし、一層強い海軍を作ってくれ。

敵米英を完膚なきまでに叩き潰せ。

いよいよ奮戦努力してもらいたい。」

とこの申し出を厳然と退け、更に司令官を顧みて申されました。

「司令官、ご退艦下さい。

これに留まるは、一人不肖艦長の任にあります。」

これに対しまして山口司令官は、否《いや》とも言わず然りとも答えず、ただにっこり頷いたのみでありましたが、眉の色、態度、既に固く自ら信ずるところを持して、他より動かすに由《よし》なきを、無言に示しておられたのであります。

この日終日艦橋にあって、悠々常に迫るなく、一笑すれば春風《しゅんぷう》を生じ、一礼すれば秋霜の厳たるを思わすの概は、実に山口司令官の英姿そのものでありました。

外は温和快活でありながら、内は剛毅不屈、「武人の死はなお、不幸《ふこ》の声を上げて世に生まるる日に等し」とは常に語っておられたところでありました。

司令官の日常をよく知っておりました加来艦長は、司令官の微笑《びしょう》を仰ぎましては、敢えて一度《ひとたび》は退艦を勧めましたが、二度《にど》と勧める気にはなれなかったのであります。

ただ黙然《もくねん》とその傍らに侍して立つのみでありました。

なおまた、先任参謀以下幕僚も、みな共にその周囲にありまして一歩も動かないでいるのを見ますると、山口司令官は一同に、「厳かに退去を命ずる」と命令されました。

この時船の傾斜はいよいよ加わりまして、もう手を何かに支《ささ》えなければ、立っていることさえ難しくなっておりました。

依然誘爆は止まず、危機は既に秒間にあるを思わせたのであります。

「早く行け、退去しないか。」

司令官の音容は凛として一喝しました。

しかし自身は悠々自若、ただ全員の上に深い瞳を注いでおられます。

今は已むなく、総員一斉に挙手の敬礼を致しました。

万感の別辞に代え、駆逐艦二隻に移乗を開始致しました。

第一に負傷せる戦友、第二に同乗せる他《た》の船の乗員、以下順次に秩序整然として、光輝ある海の砦に決別を告げて行きます。

総員が退艦し終わるわずかの間《あいだ》を、なお残った幕僚や船の幹部は、艦艇用の小さな水樽を囲み、その栓を抜いていました。

この水樽も、先にビスケット箱とともに僚艦から消火作業中に送られたものでありましたが、その水栓は今初めて抜かれるのであります。

ありあわせの石油空き缶の蓋を盃に代え、まず司令官・艦長の前に捧げました。

それから次々に飲み交わしては、相別《あい》る人の影を心のうちに伏し拝んだのであります。

しかし山口司令官と加来艦長とは、一掬《いっきく》の水に終日の渇《かつ》を潤しますと、もう辺りの鳴咽も涙声も素知らぬように、淡々と語り合っておられました。

「いい月だな、艦長」

「月齢は二十一ですかな」

「二人で月を愛でながら語るか」

「そのつもりで、先ほど主計長が金庫の処置を聞きに来ましたから、そのままにしておけと命じました」

「そうそう、あの世でも渡し銭が要るからなあ」

他所《よそ》ながらこの対話を聞く者は、熱鉄を呑む思いが致したのでありますが、司令官はつと身を向け直しますと、先任参謀と副長を特に招き寄せて申されました。

「こういう作戦の中だから、君たちの身も明日《あす》は計り知れない。

故に特に二人へ依頼しておくわけだが、艦隊長官へ伝言を頼む。

それは…」と急にその姿勢を正し、ことばも厳かに、

『陛下の御船《みふね》を損じましたことは、誠に申し訳ありません。

しかし、やるだけのことはやりました。

ただ、敵の残る一艦に、最後の止《とど》めを刺す前にかく成ったことは、残念に存じます。

どうかこの仇《かたき》を打ち晴らして下さい。

長官のご武運長久をお祈り致します。』以上だ、頼むよ。」

と言い終わるや、山口司令官は静かに、艦橋にその歩みを移されました。

加来艦長もまた、やや足早に艦橋に上って行きます。

「司令官、何ぞお形見を下さい。」

先任参謀は追いすがるように両手を上げて、艦橋を振り仰ぎました。

その手の上へ山口司令官の戦闘帽が、ふわりと軽く投げられました。

副長は軍艦旗を肌身につけ、先任参謀は小旗と形見の戦闘帽を抱きまして、最後に二人とも遂に船を去ったのであります。

軍艦の舷側を離れました後《のち》も、二隻の駆逐艦は近くを去らず、逡巡幾度《いくたび》か巡り、幾度か艦艇を下ろし、或いは艦上の諸声《もろごえ》を合わせて呼び合い、手を上げ胴を打ち振るなど、ほとんど子が親を呼ぶにも勝る哀惜の絶叫と表《ひょう》情を表し続けたのであります。

だが司令官と艦長の牢固たる決意の姿には些かの揺るぎも見えず、ただ彼方の艦橋に立てる二つの影も、我に応えて手を振っておるのが見えるだけでありました。

刻々その二つの影は、神かのごとき崇高さを顕現しておりました。

一瞬、艦橋もろとも黒煙に覆われ去ったかと思えば、また次の一瞬、炎々たる炎は神の像のごとくその影を映え照らしました。

なお振り続いている…、振り続けている手の線まで、赤々と見えます。

やがて驚くべき海面の変化が予想されました。

広く大きい海の洞穴が突如として生ずるかのごとき、大渦のもたらし来《きた》った潮鳴りであります。

それが先か後か、轟然、一大音響とともに彼方の軍

艦は裂けておりました。

忽ち見るその左舷は急傾斜して洋中に没し、刹那に深く沈みゆく艦橋には、人なく炎なく煙もなく、まさに中天一□《コン》の月落ちて、洋心へ神鎮まったかのようにしか思われませんでした。

その渦潮を急に避けながらも、二隻の駆逐艦上からその有様を目撃しておりました全将兵の目には、既に常時の人間、山口司令官・加来艦長の影はなく、二人にして全く一つなる我が海軍魂、その一閃の神の光を明らかに目で見た心地だったのであります。

沈着剛毅・純忠報国、敵撃滅の一念に徹してよくその任務を果たし、人事を尽くした後《のち》、陛下の御船と運命を共にした山口・加来両提督の最期こそ、海軍軍人としての面目《めんもく》を全うせるもの、真に日本《にっぽん》武士道の華と言うべく、その忠誠・偉勲は千古不滅の香りを盛史に留めるものであります。

山本連合艦隊司令長官もまた、両提督の壮烈な最期に対し、

「海の子の雄々しく踏みて来《き》にし道に
君立ち尽くしつ神《かん》あがりましぬ」
「燃え狂う炎を浴みて艦橋に
立ちもつきしか我が提督は」

と、その最期を讃えておられます。

単身敵中に踊り込むは、なお難しと致しません。

しかし、千数百の部下を乗せた貴重な御船を右左《みぎひだり》に指揮しながら、この挙に出《いづ》る勇断は、剛毅果断の勇将でなければなし得ないところであります。

しかも優勢なる敵の大群に緊迫し、深く期して惑わず、徹底的に敵の撃砕を遂行し抜いたその決断と旺盛なる敢闘精神は、我が海軍伝統の攻撃精神の権化と言えましょう。

山口中将は常に至誠無私、身をもって部下を率い、烈々火を吐く攻撃精神と鉄石不動の意志をもって戦闘を指揮し、嘗《かっ》て誤りたることがなかったのでありますが、一度《ひとたび》中将の薫陶を受けた部下将兵は、みな忠心悦服、子の親に帰するがごとく、いかなる難局の下《もと》においても、闖然《ちんぜん》死地に突入し、勇戦奮闘したのでありまして、この日も部下攻撃隊の出動に際して中将は、「全機激突の決意をもって、必ず敵をやっつけて来い。司令官も後《あと》から行くぞ」と激励され、部下またよくその意を体し、勇躍出発、我が身を敵艦に叩きつけて敵撃滅に当たるなど、その最後の戦闘のごとき真に統帥

の極致を顕現したものであり、その光景を想起するだけに、襟を正さしむるものがあります。

また中将は、「俺の名は大楠公の幼名《ようめい》・多聞丸にあやかったものだ」と語られ、「武人の死はなお古宰の声を上げて世に生まれ出た日に等しい」、また「生と死と何《いず》れか選ばねばならぬ時は、潔く死を選ぶものだ」と口癖のように申しておられたそうであります。

常に大楠公の七生報国を念とせられ、且つその大信念を実行せられたものと、拝察致すのであります。

一方加来少将は、正義のためには百万人といえども我往かんとの剛毅な精神に燃え、断固所信に向かって邁進する大悟徹底した武人でありましたが、一面友情すこぶる厚く、一度《ひとたび》少将を知った者は刎頸《ふんけい》の交わりを願わざるはなく、部下はその時になって少将と生死を共にせんという気風が、少将のあるところ必ず醸し出されたのであります。

少将はまた孝心深く、戦地からも常に母堂への孝養を忘れず、「大君《おおきみ》に尽くす誠の一筋は孝なるらん」と寄せておられます。

両提督は力戦奮闘の末、遂に大東亜建設戦の一礎石として、乗艦とともに東太平洋の底深く沈み去りましたが、武人の本務は完全にこれを成し遂げられたのであります。

死してなお、悠久の大義に生きんとすることこそ、山口中将・加来少将の素懐であり、これこそまた七生《しちせい》報国の大精神に帰一する、両提督の念願であったろうと信ずるのであります。

ここに私共は陛下の軍人の真の姿を見るのであります。

両提督の忠魂神鎮まる東太平洋こそ、加来少将の言われた、「アメリカ撃滅の突撃路」であります。

今や敵撃滅の大道は切り開かれております。

両提督の魂魄は太平洋を駆けめぐり、常に勇士の奮戦を手引き致しておられることでありましょう。

私共は断じてこの突撃路を突進するのみであります。

謹んで両提督及び、同じ御船に沈み逝かれし諸英霊のご冥福を祈り、提督の最期に関する放送を終わります。

終わり。

〔音楽〕（約五十秒）

## 平出　英夫（ひらいで ひでお）

海軍少将　明治二十九年（一八九六年）二月九日生　昭和二十三年（一九四八年）十二月十五日没　出生地＝青森県　学歴＝海軍兵学校（第四十五期）〔大正六年〕卒、海軍大学校〔大正十三年〕卒

大正十五年フランスに駐在。昭和四年練習艦隊副官。十一年イタリア大使官付武官。十三年大佐。十五年軍事普及部第二課長を経て、同年暮より軍務局第四課長兼大本営報道部第一課長となり、対英米開戦論を煽動。太平洋戦争開戦後は海軍側の大本営発表の立役者として脚光を浴びた。十八年軍令部第三部第八課長、同年十二月フィリピン大使館付武官、十九年少将に昇進し南西方面艦隊参謀副。十九年十一月軍令部出仕。二十年予備役。

林　桂

# 徴用者代表宣誓・社長林桂挨拶・万歳三唱

SPレコードデータ
昭和15～16年代収録
コロムビア　音盤番号A782
収録時間5分55秒

宣誓　大詔を奉じ、一億人民決然として大東亜戦争完遂に邁進せるの時、我ら一同新たに国民徴用の令達を受け、ヂーゼル自動車工業株式会社に配属せられ、第一線産業戦士たるの重責を担《にの》う。

誠に感激に堪えず、本日ここに正式なる入所式を挙行せられ、特に陸軍大臣閣下ご臨場のもとに、陸軍大臣・厚生大臣、並びに、神奈川県知事閣下よりご懇篤なるご訓示を受く。

我らの光栄、これに過ぐるものなし。

誠に肝銘、措かざるところなり。

勝って□□《ジョーシ》の命に従い、和親協力、粉骨砕身、一《いっ》に本務に邁進し、以て奉公の誠を致さんことを期す。

右、宣誓す。　昭和十七年一月十五日　新規徴用者代表

ご挨拶を申します。

国民徴用令による新規徴用者入所式を、本日当社において施行《しこう》するにあたり、東條陸軍大臣閣下には奮戦の大志［大旨］を渙発せられまして士気なお高く、国務最もご盛んのうちに、特にご臨場を……。

閣下並びに厚生大臣閣下、及び、神奈川県知事閣下よりご懇篤なるご訓示を賜りましたことは、この度の新規徴用者はもちろん、なお本社従業員一同の、等しくその光栄に感激するところであります。

ここに謹んで衷心拝謝の意を表します。

次、新規徴用者諸君、諸君は今回選ばれて産業上の

報奨者となって、直接軍需品を生産する当会社に配属せられ、本日の入所式にあたりましては、特に文武の各閣下各位のご臨席のもとに、年まだ若い諸君が、既に銃後の人民の中で多大の名誉を担い得たことは、その感激、察するに余りがあります。

それとともに、国家が国民に対していかに期待しているかということ、意、多数の意を致しまして、責務の重大なるを十分に自覚をして、只今の宣誓において申し述べられました通り、固い信念を持って、その任務遂行に邁進せらるることを切望しておきます。

終わりに、全従業員諸君、諸君の大多数は既に徴用を受けられておるのであります。

本日のこの荘厳なる儀式に列しられて、新たなる深甚な感激のうちに、今回新たに迎え得たところの二百五十三名の若い後輩に対し、率先して範を垂れて、これらの人々を懇切に善導せられ、優秀なる産業戦士として育て上げられ、相共《あい》に携えて大東亜戦争完遂のため、一段のご奮励あらんことを切望致します。

以上をもちまして、ご挨拶と致します。

天皇陛下、万歳、万歳、万歳！

## 林 桂（はやし かつら）

陸軍中将　明治十三年（一八八〇年）十一月十五日生　昭和三十六年（一九六一年）三月一日没　出生地＝和歌山県　学歴＝陸軍士官学校（第十三期）〔明治三十四年〕卒、陸軍大学校〔明治四十二年〕卒

ドイツ駐在、近衛歩兵第一連隊長から大正十四年陸軍省軍事課長。歩兵第一旅団長、参謀本部第四部長を経て、昭和五年陸軍省整備局長、七年中将、十年第五師団長。十二年予備役となり、東亜研究所理事、ヂーゼル自動車工業社長、自動車統制会会長を歴任。著書に「国防点描八十年」。

星一

# ホシチエーン会議に於ける星先生の講話

SPレコードデータ
昭和10年代収録
ホシ　音盤番号H－1－AB
収録時間12分50秒

〔ホシチェーン大会における星先生の講話。〕

私が長い間念願してきたホシチェーン大会の復活が、ようやく実現することになりまして、本日ここに多数の皆さんと相《あい》会することのできましたことは、私の誠に嬉しく、多数お集まりの皆さんに謹んで感謝の意を表します。

会社は皆さんとの協力により、長い間頑張り通してきました。

営利会社としてホシくらい、いじめられて潰れなかった会社は、未《いま》だかつて日本にはないとまで、世の称賛を受くることができました。

日本は協力の国である。

協力は日本国体そのものである。

会社は、その国体の示す協力を基礎にして建設されたものであるから、日本が潰れない限りは会社も潰れないと自分も信じ、また皆さんにも信じてもらってきたのでありました。

日本国《くに》はおっ母《か》さんが作った国だ。

日本以外はお父《とう》さんが作った国だ。

おっ母さんは明日《あす》のことを考える。

お父さんは今日《きょう》のことを考える。

おっ母さんは百年先、千年先の子孫の生活の安定・繁栄を考えるが、男は目前の利益・名誉・権力を考える。

おっ母さんが作った日本国《こく》の男は、おっ母さんの気持ちを他国の男に比して多量に持っておることが、日本国《くに》が神代の時代から万世一系の皇室を戴き、他国に見ることのできない天壌無窮の国家生活を継続し、今日ある所以《ゆえん》であります。

私は日本国体の教えにより、神は進歩である、協力は神の命令であることを悟りました。

そうして日本国体のうちに生きていく学問、伸びていく学問のあることを知り、その学問を実行してみたいがために、後藤伯からは南満鉄道の社員になれ、伊藤公からは朝鮮の役人になれと勧められましたが、それを断って、四百円の小資本をもって製薬業に従事したのであります。

学校まで造り、皆さんに自国発見・自己発見を教え、日本国体の示す協力的活動を発揮し、世界一の永遠性の製薬会社を皆さんとともに建設しよう、と働いたものであります。

畏れ多いことでありますが、本社の工場に最初にご台臨《たいりん》の栄誉を賜ったのは伏見宮殿下であります。

殿下は学校の寄宿舎また建築中の大講堂までご台臨を賜りまして、他の宮様方《かた》に、外国に行く前にホシの工場を見て行かねば外国の工場との比較が出来ない、と仰せになられたということであります。

その後《ご》、朝香宮殿下・秩父宮殿下のご台臨の栄を賜りました。

北白川宮・竹田宮両殿下のご台臨の際は、私は学校で一時間以上ご講話を申し上げる光栄に浴しました。

秩父宮殿下からはご下賜金を賜り、朝香宮殿下、ご帰朝後の再度のご台臨の際には、社員・従業員一同が発明によって会社の困窮を挽回せんとするその努力に対して、お下賜金の栄に浴しました。

会社は毎月《まいげつ》、宮殿下のご台臨日に赤のご飯を食べてその光栄を感謝しておりますことは、皆さんご承知の通りであります。

私は二十年前《ぜん》に台湾の蕃人《ばんじん》の住んでおる高山にキナを植えました。

間もなく摂政宮殿下であらせられた今上陛下が台湾にご巡幸になられましたその際、会社のキナが鉢植えにされてご天覧とお手を触れられた光栄に浴しました。

各会社が協力的進歩を続けておる際に、突如迫害を受け、困窮に陥りましたが、宮殿下のご台臨の栄を受けた工場を潰しては殿下に申し訳がない、陛下のお手を触れられましたそのキナを、台湾で繁茂せしめることが出来なくては陛下に申し訳がないと、諸君とともに奮闘しました。

キナは我々と同じくツタに絡まられ、雑草にいじめられながら、陛下のお手を触れられた光栄を感謝しつつ、□□《ライシャ》に□□《チッポン》に数十町歩に亘りて成長してくれました。

私はそれを見て泣きました。

キナにお礼を申しました。

我が両隣りにキナがなくては、日本は大陸に伸びることも、南洋に伸びることもできない、重要な薬品であります。

一昨年から台湾拓殖株式会社が協力してくれておりますが、陸海軍も台湾のキナ造林に大関心を持ってくれておりますので、私は近く台湾に行ってそのキナ造林の拡張に努力致します。

議会における私の質疑に対して、森岡台湾総務長官は、長期建設はキナより（と）言明されました。

我々はおっ母さんのように先を見て仕事をしてきたことを、皆さんとともに喜びたいと思うのであります。

皆さん、日本の国は不思議な国であります。

どんなものでも日本に来《き》れば、みんな良くなります。

草も木も日本に来れば世界一と書き、台湾のキナ造林を絵ハガキにして皆さんに差し上げたことがあります。

我が国の文学・美術・産業、何一つ皇室のお蔭を蒙らないものはありません。

小さい本社にとっても、以上のごとく皇恩を蒙っております。

私は昨年の五月に、ニューヨルクを経て南米に参りました。

ニューヨルクの用事はここに申し上げる事由を避け［割き］、後日に移ります。

ニューヨルクからペルーに参り、彼の地に四《し》か月もおりましたのは、二十一年前《ぜん》に買うた三十万町歩の土地の開拓に関してであります。

皆さんご承知のごとく会社は先に五百町歩のコカ畑を買い、次の年にその三十万町歩の土地を買ったのであります。

ペルー政府はリマよりアマソン上流に達する国有自動車道路を造ることになり、百四キロという長い道路が本社の土地を横断することになりましたので、土地代が三十倍にも五十倍にもなったので、開拓せずにおかれては困るというペルー政府の不平もありますので、それらの解決のために行ったのでありましたが、ペルー政府との了解も得られ、また在ペルー同胞がツルマヤ開拓後援会を作り、協力してくれることになりました。

百二十馬力の動力を持った製材所が、既に運転し始めたと言うて参りました。

私は本年再びペルーに行く考えであります。

これまで皆さんに社報その他《た》をもって申し上げたように、日支事変は東亜に新秩序を建設、永遠に子孫の繁栄を確保せんがための戦いであります。

歴史以来の大建設であります。

日本人として生をこの世に享け、この事業に参加し得《う》る者ほど幸せな者はありません。

政府は国民に、総親和総努力の国家貢献を要求しております。

その国家貢献のために統制は各方面に厳粛に行われつつあります。

統制とは私の主張する協力の強要とも言うことができます。

会社は物を作り、諸君がそれを売る。

作る・売るは二つであって一つである。

チェーンの諸君は会社の工場を自分の工場と思い、また会社はチェーン諸君の店舗を自分の店舗と思え、とそれを教えてきました。

国家統制の今になって初めて、諸君が私の教えを心から分かってもらえたと思います。

お父さんの作った国の教育は個人的独立生活を教えるが、おっ母さんの作った我が日本《にっぽん》は、家族的独立生活の永続を教えるのであります。

日本の歴史から教《おす》わっ…、本社とチェーンを一家族とした本社の組織につきては、これまで度々申し述べたのであります。

本社がモルヒネを作り、コカインを作り、キンニを作り、キナ山まで作って製薬界に尽くしたる努力、及び、日本の売薬をして今日にまで向上せしめたるその努力を追想し、今なお本社の工場は世界第一の製薬性能を持っておることを理解し、目下復興しつつあるその実績も知り、神の命令と信じたる協力をこの際復活し、以前に勝る希望をもって協力して下さい。

念願せよ。

心に登録せよ。

どうぞ皆さん、子孫のために本社とチェーン間の協力の強化、及びその確立を念願して下さい。

心に登録して下さい。

チェーン諸君のうちには、以前のような大きな新聞広告を本社に期待しておる者がありますが、その期待は間違いであります。

創業時代は既に去って、今は組織強化の時代でありますから、我々の活動は国民総動員の統制に鑑み、悟っていただきたい。

皆さんは本社と一体となって本社の精神の宣伝に努め、その広告料を貰《もろ》うということにならねばならぬから、家庭新聞を五十部なり百部なりずつ買《こ》うて、それを配ることにせよと言うてきたのであります。

ホシの第二十一回の同窓生で、東京に東治《とうじ》という人があります。

東治君は私の教えをまっしぐらにそのまま受け入れて実行する努力家で、そうして熱心な神仏信仰者であります。

兄を助けてその店を大きくし、十年前《ぜん》に独立開業しました。

東治君は毎月《げつ》五千部の家庭新聞を配っております。

現在は一日五百円以上の小売りをしております。

十年後には一日三千円、年百万円の小売り者《しゃ》になれると私は信じております。

家庭新聞利用の成功者は他《た》にもたくさんあります。

本社が貧乏になった時、皆さんにバネを作れバネを作れと話しました。

本社は困窮の間《あいだ》にバネを作ることを怠りませんでしたから、皆さんがビックリするように、大いに伸びてゆくことが出来ます。

それには皆さんの協力を必要と致します。

本社は担保債権者に対して大きな整理をしてきました。

発展の力は充実されました。

計画も出来ました。

先刻奉読されました今上陛下のご践祚《せんそ》朝見式の御《おん》勅語に、「我が国の国是は日に進むにあり、日に新たにするにあり、進むやその序に従い、新たにするやその中《ちゅう》を執る、浮華を斥け質実を尚《たっと》び、模擬を戒め創造に努め」とあります。

生きていく学問、伸びていく学問が、その内にあります。

私どもは昭和元年十二月二十八日からお勅語を遵

守してきましたことが、本社の今日ある所以《ゆえん》と信じます。

日本は神人一体の国である。

我々の死んでいく先は、祖先の住む、子孫の生命生活の内にある、と皆さんに教えました。

どうぞそのことを信じて下さい。

子孫に金を残さんとする人がありますが、金だけでは子孫の生活は永続できません。

一人前の人間にすることが…、と仕事とが必要であります。

本社の組織と本社の努力について、生きていく学問、伸びていく学問の上から、深甚なるご考慮を仰ぎます。

先刻暗誦されました本社本領を実行して下さい。

国民の健康第一は国家の最大要求であります。

協力一致、健康報国の任務断行に邁進致しましょう。

そうして子孫から感謝されるような働きを致しましょう。

## 星 一 （ほし はじめ）

実業家、政治家、星製薬創業者、参院議員（国民民主党）、衆院議員（政友会）　明治六年（一八七三年）十二月二十五日生　昭和二十六年（一九五一年）一月十九日没　出身地＝福島県いわき市　学歴＝東京高商卒、コロンビア大学（米国）政治経済科〔明治三十四年〕卒

明治二十七年に渡米、七年間の留学中に英字新聞「ジャパン・アンド・アメリカ」を発刊。三十四年に四百円を携えて帰国、製薬事業に乗り出し、四十三年星製薬を設立、のち星薬学専門学校（星薬科大学）を建学した。星製薬を〝クスリハホシ〟のキャッチフレーズで代表的な製薬会社に仕立て上げ、後に〝日本の製薬王〟といわれた。一方、四十一年衆院議員（政友会）に初当選。後藤新平の政治資金の提供者になるなど関係を深め、その世話で台湾産阿片の払い下げを独占した。そのため、大正十三年に後藤が失脚したあと、召喚・逮捕（のち無罪）などが続き、昭和六年には破産宣告をする。十二年以後衆院議員に連続三回当選。戦後、二十二年四月第一回参院選で全国区から出馬、四十八万余票を得票してトップ当選。当時、「名前が覚えやすいから」と陰口をたたかれ、四年後米国で客死する。作家の星新一は長男。

# 人生のゴール

矢野 恒太

SPレコードデータ
昭和10年代収録
コロムビア　音盤番号A199
収録時間5分53秒

人生わずかに五十年、七十《しち》は稀なり、古来稀なりと言います。

その短い人生がどんなに過ぎますか。

西洋の諺《ことわざ》に、二十で綺麗でなく、三十で強壮でなく、四《し》十《以下、全て「シジュー」》で分別がなく、五十で金《かね》がなければ、お前は一生、綺麗でも強壮でもなく、分別も金もできない人間だ、というのがあります。

これに対して東洋では孔子が、吾十有五にして学に志し、三十にして立ち、四十にして惑わず、五十にして天命を知り、六十にして耳順《したが》い、七十《しち》にして心の欲するところに従《したご》うて矩《のり》をこえず、と言っています。

東西の観察が大体一致しております。

三十が肉体の成熟する時、一応の学業も終えて初めて世に立つ時で、それから四十まで経験を積みつつ浮世の波に揉まれると、大抵世間も分かるだけの常識が出来て、二十代・三十代のように非実際的な理想や誘惑などに陥らなくなる。

四十になっても各人の天分により、掴み得《う》べき知識・経験・思慮・分別には、大小深浅の差は非常にあるが、その経験を土台にして五十まで勉強すれば、大体の運命が定まる。

即ちその人は、貧富貴賤いかなる天命を持っておるかが決まるべきゴール、即ち決勝点に着く。

そのゴールに到着するのが、まず五十歳前後だと言うのである。

さて五十も来たが、まだゴールへ着いた気もしないで、ただ疲れたとなると、先頭に立った者も、遅れて走る者も、またスタートを切った時のような覇気はない。

いつか生存《せいそん》競争的意志は衰えて、却って意志が消極的に働き、他人の言うことにも耳順うという六十を迎える。

七《しち》十ともなれば、思うままに振舞《ふるも》うても脱線などしないというのが、孔子の見方である。

孔子は我が身のこととして話しておられるが、大体東西ともに人生の平均から言ったら、そんなものでしょう。

故に人生のゴールは五十歳である。

しかも四十までは本当の競争にかかっていないのだ。

四十までは練習と工夫の舞台だ。

二十や三十では、どんな地位にいてもよい。

いよいよドーンとスタートの合図が鳴るのは四十の時だ。

しからば四十までは遊んでおればよいかと言うと、四十までの猛練習がゴールへ来て物を言うのだ。

試験の始まるまで遊んでいては卒業は出来ない。

平生から倦《う》まず弛《たゆ》まず、コツコツと勉強して開拓せねば、折角持って生れておる天命も、宝の持ち腐れで花を開かずに枯れる。

故に、徳川家康も、人の一生は重荷を負うて遠き道を行くが如し、急ぐべからずと言っておる。

されば四十も過ぎ、五十も過ぎた夕陽に近い人は、もう落伍者として人生に精進すべき資格はないかというとそうではない。

現に私のごときは既に、心の欲するところに従って矩をこえずというういい年をしていながらまだ毎日脱線ばかりしておるので、傍《そば》から見たら、この辺でもう大概に天命を精算し、やくざな一生を落伍者のうちに投げ込むべきだと思われましょうが、そこが凡夫の浅ましさで、遅れ馳せに駆け付けても、若い人の中へ混じりながら、またゴールを目がけて息を切らせております。

というのは、私《わたし》は無学のために、普通の人が四十でスタートするところを六十前後でスタートしたのですから、自己の天命を自覚すべき私《わたし》のゴールはまだまだ遠いのです。

けれども、満六十八歳の日本人の男子《なんし》の平均余命《よめい》は、まだ七年《しち》と九分四厘《くぶよ》あります。

およそ八年ある。

今からでも心掛け一つで、死ぬまでには少しは人間並みになれるだろうと思うからだ。

古人は、朝《あした》に道を聞いて夕べに死すとも可なり、と言っておる。

ただの半日でも人間になって死にたい。

百年生きても、動物的に生まれて動物的に死にたくない、という欲だ。

私《わたし》にもこの欲が断ち切れないので、毎日老骨に鞭打っておるのだ。

だから私《わたし》以上に年取った方でも、今から志を立って［立てて］、人生のゴールを目がけて駆け出されて、少しも差し支えはない。

けれども若い人で言えば、四十まで準備して、四十から十年或いは二十年奮闘すれば、自分の行き着くべきゴールに到着するのが普通だということを話したのだ。

最後に誤解を避けるために一言《いちごん》したいことがある。

それはその到着すべきゴールとは、金が出来るとか地位が出来るとかいうようなことばかりではない。

反対に、富や名誉から脱却して大悟徹底の境地に入《い》［居］ることも、またゴールの到着である。

要するに、本人の天命を発見し、これを完成することである。

しかるに、二十代・三十代の思慮経験が浅い時代には、未《いま》だゴールまで半分も行かぬうちに、浅薄な錯覚からゴールへ着いたと思って、とんだところで立ち止まってしまうことが多い。

それは本人にとっても、国家・社会にとっても、この上もなく残念なことである。

## 矢野 恒太（やの つねた）

実業家、第一生命保険創業者　号＝蒼梧　慶応一年（一八六五年）十二月二日生　昭和二十六年（一九五一年）九月二十三日没　出生地＝備前国上道郡角山村（岡山県岡山市）　学歴＝第三高等中学医学部（明治二十二年）卒　叙勲・受賞

＝勲四等瑞宝章〔昭和三年〕、勲三等瑞宝章〔昭和二十六年〕、厚生大臣表彰〔昭和二十七年〕

明治二十二年第三高等中学校医学部（岡山県医学校から改名）を卒業後、大阪に出て日本生命保険会社の診査医となるが、やがて保険事業に関心を持つようになり、二十四年同社東京支社詰となってからは帝国図書館に通って保険制度や保険医学について勉強、我が国最古の保険医学についての論文「保険医学管見録」などを執筆した。二十六年相互主義による保険会社経営の文献を発見し、これについての論文を「東京経済雑誌」などに発表。三十五年相互主義生命保険会社である第一生命保険相互会社を創業、社長に友人の伯爵・柳沢保恵を据え、自らは専務取締役に就いた。当初は代理店を設置せず、顧客は東京及びその近郊の主に中流階級以上の層に絞るといった合理的かつ堅実な経営で、四十四年には東京地区の保有契約高第二位となるなど漸進的に業績を伸ばし、大正元年には地方部を設置して全国展開を開始。四年社長に就任。十年には日本全国における契約保有高で上位となり五大保険会社の一角を占めるに至った。人材育成にも力を尽くし、第一生命社長就任と同時に秘書役として岡野敬次郎の推薦で入社した石坂泰三らを育て上げた。一方で、七年渋沢栄一の要請で田園都市株式会社の経営に協力し、昭和二年より同社長及び目蒲電鉄社長を務めるなど、多摩川河畔の田園都市開発にも貢献した。十年結核予防を目的とした財団法人保生会を設立して会長。保険界のみならず、統計、公衆衛生、社会教育など各方面に功績があった。著書に「ポケット論語」「芸者論」「途上偶感」「簡易利息算法」などがある。

# 普通選挙国民覚醒

佐藤　範雄

今や普通選挙の実施も近くにあらんとするは、国民の慶賀するとともに憂慮に堪えざるものあり。

そは何であるか。

……………、思想混乱する。

民心不安を極むるの時、我が国民は永続………により、普通選挙の大精神のあるところを理解せずして実施せられんか、国家は危険千万であるからである。

遠方といい□《セン》といえば、西洋諸国のそれと同一のように思っておったら大間違いを生ずるのである。

西欧諸国の旋風は、国王が人民を苦しめたから、国民の勢力を宣伝するために、国王と人民とが約束によりて作りたから、□□《エンヤク》憲法と言うのであるが、我が国は然《しか》らず。

SPレコードデータ
昭和10年代収録
オーゴン　音盤番号ナシ
収録時間４分44秒

帝国憲法は国民を愛撫し給うために…………、慶応四年三月十四日、圧巻四千を率いて、天地神明に五箇条の御誓文《ごせいもん》を立てさせられ、圧巻□□《メーシン》は陛下に□《シ》□《キ》を伝えしところに発動して、皇祖皇宗………の大精神に則り、世界の日の憲法を欽定し、明治二十二年二月十一日、国民に付与せられたのである。

この憲法の付録大法たる普通選挙法も、また世界無比の大精神あり。

憲法といい、普選といえども、西欧のそれと根本において天地の差別あることには、国民はよく理解せねばならぬことである。

その故に我々同志は□□《タイセー》会を組織し、普選実施に際し、万《ばん》遺憾なきことを……とし、五大精神を標榜し、国民教化運動を起こしたのであることを了解せられんことを、今五大精神を朗読す。

普通選挙は億兆心を一《いつ》にして、天壌無窮の皇運を扶翼し奉り、益々国体の精華を発揚せんことを期するものである。

普通選挙は臣民［人民］翼賛の意志を広めて維新の公武を成就し、立憲の精神を□□《ショージュク》するものである。

普通選挙は政治上の総動員にして、国民を□《タバ》いて国家の重しを負担し、□□《ケンアク》の光栄を信頼に転用するの基《もとい》を定むるものである。

普通選挙は国民の愛国□□《ヨーコー》の普選に信頼し、自治の精神に基ける同胞《どうぼう》和習の選択を実現せんとするものである。

普通選挙は、□□《セーケン》、普選、天意を□□《チョージャク》し、公正なる選挙により、国民一致の政治を行い、□□《ソーシ》［壮士］一心の実を挙げんとするものである。

## 佐藤　範雄（さとう　のりお）

宗教家、神道金光教会学問所初代校長　安政三年（一八五六年）八月六日生　昭和十七年（一九四二年）六月二十日没

出生地＝備後国安那郡上御領村（広島県福山市）

明治十八年神道金光教会を創設、三十三年には神道から金光教を独立させるなど、同教で中心的役割を担い、その発展に尽くした。二十七年には神道金光教会学問所（現・金光学園）を設立、初代校長に就任。また様々な社会奉仕活動に努めた。

JOBKアナウンサー

# 御大礼行幸実写

時辰《じしん》はまさに二時十六分を指しております。

忽ち起こってゆきました赫々たる馬蹄の響き、鞍上の兵《つわもの》がかざす槍旗《やりはた》の光とともに、なかなかの壮観であります。

拝観の番衆は一時《いちじ》に水を打ったごとくに静まりかえりました。

鹵簿《ろぼ》はいよいよ動き始めました。

鹵簿の先頭は豊明門を通りかかりました。

初めに京都府、大津山・田中両警部、儀仗して先駆を承り、次に坂警視・土井警視、警部二名を従え、次には池田京都府警察部長が続き、次いで日下部・五十嵐両警部をおいて、儀仗の近衛騎兵十二騎は、黒地に赤の□□《ロッコツ》を迫り出したる正装に美しく身を固め、各々槍の付きたる旗を右手にかざして行進し始めます。

時しも京都駅前大奉祝門の西側に□□《セキリツ》したる陸軍軍楽隊が奏する君が代の曲が□□《リツジョー》としてその響きを伝えます。

これが過ぎますと、また儀仗近衛騎兵十五騎が先行気鋭勇ましく、□□《ガクホー》としてその後《あと》に続きます。

近衛騎兵の後ろには衣冠単衣《ひとえ》姿にて、赤紫の房を付けたる大和馬に打ち乗りました、芦原田・森山の両少典補、橘・八束の両少典の雅やかな姿、正装せる近衛将校、依田中尉・河野《こうの》大尉・里見少佐・岩田少佐の軍服と非常なる対照を示し居ながら続きます。

SPレコードデータ
昭和3年11月7日　JOBK放送（謹写）
収録
コロムビア　音盤番号27544A
収録時間12分27秒

一《いっ》はあくまで都雅を極め、一は武威を示し、神国軍夫の彩りは目も覚むるばかりであります。

間もなく中山中佐・中平大尉・篠田少将・上野大尉、儀仗にて大猷［大勇］より御羽車《おはぐるま》を守護し奉りてこれに続きます。

賢所《かしこどころ》を納め奉れる御羽車は金色《こんじき》の□□《スッタ》、素襖《すおう》の□《イツ》□《キ》に五色の蟹牡丹の模様を織りなしたる御帷《おんとばり》、目もまばゆく張り巡らして皇祖の□□《ニンメイ》、ここに在《ま》しますかと尊く拝されました。

御羽車は前騎の近衛将校に護衛せられつつ駕輿《がよ》丁《ちょう》十六人□□《ほうよ》し、後ろには朝回りの童子・歩哨具し、その御後《おんあと》に従い、粛々として静かに進められます。

畏《おそ》る畏る拝し奉れば、天皇陛下には大元帥のご正装にて近田《きんだ》侍従長御陪乗申し上げておられます。

鳳輦は山田大佐を初め、荻須・武雄両少佐、井上少佐、栗岩・木村・渡辺下士官に角田《つのだ》中尉、騎馬護衛申し上げております。

これに続いて近衛騎兵の颯爽たる雄姿が、陽光をほのめかして続きます。

皇后陛下は四頭立て御馬車、竹谷女官《たけやじょかん》長ご陪乗申し上げて粛々として進み参らせます。

御馬車は氷浦《こおりうら》大佐を初め、伊藤中佐、山形少佐、市川・緑川両大尉、境中尉騎馬にてご側衛申し上げます。

続いて奈良侍従武官長、瀬川・矢野両侍従武官、西園寺主馬守《しゅめのかみ》、威儀を正しつつ進みます。

松井第十六師団長の馬上姿、颯爽たるを見送れば、次に近衛騎兵儀仗にて十八騎、蹄鉄を轟かせて進みます。

閑院大礼司《し》総裁の宮、親王ご総代としての秩父宮殿下、大《おお》ご総代伏見宮殿下・同妃殿下の皇族方は、それぞれ儀装馬車にてご正装、大勲位章を御胸《おんむね》におりさせ給いて進められ、今村侍従武官・牧野侍従・土屋侍従・津軽女官・山岡女官、各馬車に供奉申し上げております。

次の儀装馬車には、牧野内大臣、続く儀装馬車には田中内閣総理大臣、覆いきれぬ喜悦の色を□□《リウ》に漂わせて□□《テッパク》の□□《ダオー》の気［毛］を風に波打たせて、これに続きます。

続いてまた数台の美しい儀装馬車が打ち続きます。

第一の車には倉富枢密院議長、続いて近衛大礼司長官等《とう》続いて、関谷宮内次官、渡辺式部次官、鳩山書記官長が各々牛車《ぎっしゃ》に乗られております。

次は本田掌典議長騎馬、掌典騎馬二列、掌典補騎馬二列、近衛騎兵十七《しち》騎。

天皇旗、近衛騎兵板川総長公示。

近衛騎兵十九《く》騎。

菰田《こもだ》車馬官、騎馬。

天皇陛下御馬車、近田侍従長陪乗。

鳳輦の両側《りょうそく》には近衛将校騎馬、各四騎聘用。

ただ今通御《つうぎょ》あらせらる。

続いて近衛騎兵十八騎。

皇后陛下御馬車、竹谷女官長陪乗。

御車《みくるま》の両側には近衛将校騎馬、各三騎聘用。

奈良侍従武官長騎馬。

侍従武官騎馬、二列。

西園寺主馬守騎馬。

松井第十六師団長騎馬。

近衛騎兵十八騎。

大礼司総裁閑院宮載仁《ことひと》親王殿下、御馬車。

秩父宮雍仁《やすひと》親王殿下、御馬車。

竹脇 昌作①

# 居庸関の激戦

峻峰アルプスにも似た峨々たる山険の連なり、万里の長城の支線が八達嶺から南下した突端にあるここ居庸関は、南口鎮・八達嶺とともに朔方の三関と言われ、昔《むかし》奉直戦争にわずか二千の□□《ヒョウギョク》将軍が、十万の張作霖軍を引き受けてついに守りを全うした、名だたる天険であります。

見渡す限り千メートルから二千五・六百メートルの山々が、遠く近く果てしなく聳え立っております。

これらの山々を縫って、高さ一丈横幅一間半もある石の城壁が二線、細い道を抱《いだ》くようにこれまた果てしなく続いております。

この一線を奪取するために我が千田《せんだ》部隊は数日来悪戦苦闘を続けているのであります。

SPレコードデータ
昭和12年12月・臨時発売・月報収録
キング　音盤番号６７０３４
収録時間２分58秒

お聞きの通り、味方の砲兵陣地から猛烈な援護射撃が行われております。

我が歩兵部隊が木の根・岩角《いわかど》を足がかりとして、敵前約三百メートルまでじりじり這い上《のぼ》りました。

身軽な兵士、丸い鉄兜、銃剣朝日を帯びてピカピカ光って見えます。

真っ先に行くのは、一団を率《ひき》う［い］る将校でありましょう。

右手に握った軍刀が、日の光を受けて、これもピカピカ光って見えます。

敵は我が決死隊を発見したようであります。

今まで沈黙していた機関銃が猛烈に鳴りだしました。

あっ、城壁の中腹に我が砲弾が炸裂しました。
大きな口が開《あ》きました。
突撃路を作ったのでありましょう。
第一望楼のちょうど真下であります。
何という頼もしさでありましょう。
鉄兜は平然と進んでいきます。
一人《ひとり》、二人、三人、四人、あっ危ない、落ちました。
百尺もある断崖です。
五人目の兵が真っ逆さまに落ちました。
足を滑らしたのか、敵弾に当たったのか、はっきり分かりません。
下の方の大きな岩かげに姿が見えなくなりました。
勇敢です。
鉄兜の一列は平然と進んでいきます。
無情ではありません。
今の場合、救うこともどうすることも出来ないのです。
決死隊です。
時至れば肉弾戦です。
弔い合戦です。
おお、頑強に辿り着きました。

既に軍刀をしっかり握った先頭の隊長が、勇躍第一望楼の真下に辿り着きました。
砲弾穴《あな》から入っていきます。
続いて、一人、二人、三人、四人、五人、続々入っていきます。
慌てず恐れず、続々と入っていきます。
敵が、敵が手榴《しゅ》弾を投げました。
盲滅法です。
当たりません。
天佑です。
みんな的外れです。
始まります。
斬り込みます。
肉弾戦です。
もう、すぐです、すぐです。
もう本当に、もう、間もありません。
息が詰まりそうです。
あっ、望楼上に鉄兜、斬り込みました。
肉弾戦です、肉弾戦です、とうとう肉弾戦です。
はっきり分かりません。
敵も頑強に抵抗しているようです。

第一望楼、第二望楼を完全に陥《おとしい》れました。
天下の険・居庸関は、我が光輝ある千田部隊によって占拠されました。
皆さん永遠に記憶しましょう。
昭和十二年八月二十三日、早暁六時であります。

いや猛烈な抵抗です。
斬りまくっています。
突いて突いて、突きまくっています。
おお、勇ましい皇軍、鬼神《きじん》のような働きです。
あっ、三人飛び降りました。
支那兵です、支那兵です。
石ころのように谷底へ落ちました。
うろたえた支那兵です。
逃げ道を失ったためです。
おお日章旗が、日章旗を振っています。
全員万歳を唱えています。
銃を上げて手を振って、万歳を叫んでいます。
皆さん、あの声を聞いて下さい。
武人《ぶじん》の本懐です。
武人の誉れです。
あの万歳を聞き、その気持ちを想像すると、涙が出ます。
泣けてきます。
戦いは勝ちました。
正義は勝ちました。
数日来の悪戦苦闘は立派に実を結びました。

竹脇 昌作②

# 空軍の華梅林中尉

昭和十二年八月十五日、我が海の荒鷲海軍空襲部隊は、○○《まるまる》基地より堂々機翼を連ね、支那海の怒涛を眼下に眺め、台風圏を突破して長駆南京飛行場爆撃を敢行し、完膚なきまでに首都を守る支那空軍を粉砕したことは、我が戦史上、否《いな》、世界戦史上輝ける記録であります。

今日《きょう》も昨日に劣らぬ暴風雨、密雲低く紫金山に垂れこめ、視界は狭小、爆弾の洗礼を受けた南京は、風雨にさらされた墓場といったような感じ。

見下ろす町々は人通りも途絶えて、暴風雨の底に死んだように横たわっております。

サイレンが鳴り出しました。

全市数十か所のサイレンが一斉に鳴り出しました。

SPレコードデータ
昭和12年12月・臨時発売・月報収録
コロムビア　音盤番号29585B
収録時間2分34秒

お聞きの通り、暴風雨に混じって南京の断末魔のうめき声のようなサイレンが気味悪く鳴り響いております。

何を知らせるサイレンか。

我が無敵空軍の再度の空襲かもしれません。

しかし私の耳には荒れ狂う風と雨の音よりほか、それらしい飛行機の爆音など全然聞こえません。

或いは昨日《きのう》の爆撃に、恐怖のどん底にたたきこまれた防空部隊が、その昔水鳥の羽ばたきに敗走した平家のように、うろたえているのかもしれません。

あっ、やっぱり空襲です。

我が無敵空軍の爆撃です。

機影は見えません。

機影は見えませんが、轟々たる爆音が聞こえてきました。

昨日に引き続き今日もまた、この悪天候を冒《おか》して我が空軍の爆撃です。

あっ、見えました。

□□《マルケー》編隊です。

もう□□□《マルマヅキ》の大編隊です。

紫金山をかすめて急降下してきました。

鮮やかなダイビング、黒いものが機体を離れ、急速度に落ちていきます。

言わずと知れた爆弾、轟然たる高足音、あっ、また一機、ダイビングです。

続いてあとの一機も猛烈な爆撃です。

我が軍の空襲に、慌てて飛び出そうとしていた敵飛行機が五機ばかり、人間もろとも空中に吹っ飛びました。

壮烈、痛快、敵の高射砲と機関銃は盲滅法に撃ち出されました。

パッパッと重砲火が火を吐くさまはもの凄いばかりですが、一向に当たりません。

乱舞する我が飛行機の右に左に、前に後ろに、徒《いたずら》に炸裂するばかりであります。

あっ、我が一機に当たりました。

機首がグッと下がって、飛行機は逆立ちになりました。

残念、機関部に当たったようであります。

火を吹きました。

真っ逆さま、きりもみに落ちていきます。

落ちていきます。

火焔に包まれた機体から、何やら白いものが。

おお、ハンケチです。

ハンケチを振っているのが見えます。

機体は加速度を増して、矢よりも速く落ちていきます。

チラチラと白くハンケチが、ハンケチが。

もう駄目です。

見えません。

涙で見えません。

ああ、ついに落ちてしまいました。

従容としてもはやこれまでと、戦友に別れを告げたハンケチを振って死んでいく。

その胸中やいかばかりであったでしょうか。

多分、天皇陛下万歳を唱えて、潔くしかも満足して死に就いたことでありましょう。

これ誰あろう、その名も高き梅林中尉であります。

なんと健気にも壮烈無比な武人《ぶじん》の最期でありましょうか。

ああ、海行かば水漬く屍《かばね》、空行かば空に埋めんその屍《しかばね》、と誓いも固き我が空軍の益荒男《ますらお》が花と散ったるその最期。

これを見て、誰か泣かざる者がありましょうか。

たとえ中尉の身は南京の露と消ゆるとも、その英霊は永久《とこしえ》にこの世に留《とど》まり、我が祖国を護ってくれることでありましょう。

SPレコードデータ
昭和17年12月・月報収録
コロムビア　音盤番号29585A
収録時間6分21秒

竹脇 昌作③

# 一億起てり

〔軍楽――約三十秒〕

銘記すべし、皇紀二千六百一年十二月八日、この日、

〝大本営陸海軍部発表帝国陸海軍は今《こん》八日未明、西太平洋において米英軍と戦闘状態に入《い》れり〟

隠忍度あり、□□《イチョー》限りあり、帝国ここに敢然立って、輝かしき世紀を称え、新しき歴史を広げたのだ。

畏《かしこ》し、対米英戦線の大詔は渙発されたのである。

大東亜の共栄圏を確立し、万邦をして各々その所を得しむる帝国不動の国是のもとに、聖戦は日を閲《けみ》する

こと四年有半、しかもなお東亜の波瀾助長を止《や》めずして、帝国の意志を蹂躙したる米英は、そも何を企図したのであろうか。
まさしく彼らは大東亜を自らの手のみに掌握し、もって帝国の存立を危殆《きたい》ならしめ、東洋制覇の野望を逞《たくま》しうせんとしたのである。

太平洋上電撃一閃、包囲陣は一瞬にして過去の夢、厳たる帝国の艨艟《もうどう》は梢頭《しょうとう》高く戦闘旗を掲げ、東方《とうぼう》洋上数千海里の大周辺をひしひしと取り巻く敵攻撃拠点に鵬翼《ほうよく》揃えて生還期せず、粉砕の体当たりを敢行し、建国三千年、汚れなき歴史に大君《おおきみ》の御楯《みたて》として身命を擲《なげう》つ破邪の意気は火と燃ゆる。

♪ 行くぞ行こうぞがとやるぞ
　大和魂だてじゃない
　見たか知ったか底力　怺《こら》え怺えた一億の
　堪忍袋の緒が切れた

同じ血と肉を分け合った、我が同胞《はらから》が、我が友が、我が子が、父が夫らが、神と斎祀《いつきまつ》る靖国の社頭に、或いは幼子を背に負うて、或いはいたいけな孫の片手に導かれ、或いはままならぬ老いの我が身を杖に委ねて、静かに額衝《ぬかづ》き祈る心は、大君に捧げ奉りし、友よ子よ夫よ、君のお前のあなたの、待った日が来ましたと、一文字の口としばらくの黙祷に、敵国打倒を誓うのである。

♪ 靖国神社の御前に　柏手打って額衝けば
　親子兄弟夫らが　今だ頼むの声がする
　おいらの胸にゃグッときた

世界を驚愕せしめたるかの戦果、太平洋の潮風に燦《さん》と輝く海軍旗、南方の熱風を行く陸軍旗、皇軍一度《ひとたび》立って、何がこれに抗し得よう。
太平洋の彼方は、今新しき世界創造の光を迎えて晴れ渡ったのだ。

しかし我々は、この輝く戦果に酔いしれてはならないのだ。
必ず勝つの信念は、今後の我々に与えられた一億の信念でなくてはならないのである。

我が民族の隆替《りゅうたい》を賭して、一年二年三年、いや百年を戦う戦いなのだ。

断じて勝たねばならぬ大東亜戦争。

立ち上がりの戦果を五分《ごぶ》の乾杯に止《とど》めよう。

そして長期戦の覚悟を固めなくてはならないのだ。

我々は一人一人が皇国の御楯《みたて》、鬼神《きじん》を泣かしむる一発必殺の爆撃行《こう》に泣く我々の至情を、我々の決戦完勝の誓いに替えて、一億火の玉、何が何でも、行こう進もう貫こう。

♪ そうだ一億火の玉だ　一人一人が決死隊
がっちり組んだこの腕で　守る銃後は鉄壁だ
　何が何でもやり抜くぞ

竹脇　昌作④

## 労働組合の目的

SPレコードデータ
昭和20年代収録
キング　音盤番号６７０１６
収録時間３分47秒

労働組合の目的
組合をやっていると強いが、やっていないと弱い。
だから労働者は組合に入るのである。
必要に迫られて組合は作られたのである。

雇い人《にん》がたった一人で雇い主に向かって話をつけようとしても、誰《だあれ》も助けてはくれないが、組合なら雇い主に対し、上下なしの立場で十分に話し合いがつけられるからだ。

男でも女でも同じことだが、工場か事業場《じょう》で仕事があったとしても、それで毎日の暮らしや世間付き合いに十分なだけのものを手に入れるなどということは出来ない。

不満足ながら、雇い主の言うことをそのまま承知するより他はない。

雇われて働くとなれば、働く仲間と一緒になるが、同じ仲間には待遇や仕事の上で共通な利害がある。

これを自分だけで経営者に向かって、どうにかよくしてもらうように交渉しても駄目だが、みんなが一緒になり、その上に工場とか仕事場で働いている男女が団結していけば、一人《ひとり》でやりたくもやれないことが出来るのである。

これが民主的な労働組合の土台である。

労働組合というのは、賃金で働いている男や女たちで作った組合であって、この中には経営者側の利益を代表する者は入っていない。

こうした働く者たちが、賃金や仕事の取り決めをしていくために作ったものが労働組合であって、その取り決めたことがらを労働協約に書いて、雇い主の権利と立場と、雇われて働く者の権利と立場をはっきり区別し、特に賃金・働く時間・働く条件について、お互いに関係のある点を細かく決めておくのである。

つまり、組合に入ったので、雇い主に対しても上下の差別なしに同じ立場で、仕事や賃金の上の色んな取り決めをすることが出来たのである。

労働組合に守られているので、雇い主から差別されたり、理不尽な取り扱いを受けないで出来たのである。

どうして労働組合に守られているかと言うと、一人では出来ないことを組合が代わりになって、経営者と話し合ってくれたり、労働法に守られた権利を獲得してくれたりするからである。

労働組合の第一の目的は、働く者たちが団結して、自分たちのためになる労働協約を作り、それを守らせることだが、一番最後の目的は、めいめいの職場で働く者たちの暮らしと仕事を良くしていくことである。

労働組合法は、労働者たちが組合を作り、無理をしないでやっていくことを色々と示して守っている。

同時にこの法律は、労働者が組合をやったからと言って、これを差別して取り扱ったり、クビにすることを禁止しているのである。

立派な労働組合なら、組合の規約には、組合の目的として次のことが必ず出ている。

一、この組合は働く者たちがお互いに助け合い、守り合うために団結して仕事をするものである。

二、我々は経営者側と話し合いをつけて、賃金や働く時間や仕事場を前よりもずっと良くし、組合員を守り、経営者との間を平和にまとめていく。

三、以上の目的を実現するために、組合員の利益となるような他《た》の組合との団結や他《た》の会社や工場の労働者と団結をする。

竹脇　昌作⑤

## 組合の方針や動かし方を本当に決める一般組合員の力

SPレコードデータ
昭和20年代収録
コロムビア　音盤番号PR479A
収録時間3分50秒

組合の方針や動かし方を本当に決める一般組合員の力

労働組合法と労働関係調整法とは、働く人たちが労働組合を自分たちだけで作ることを守り、働くことについての取り決めをするのに、雇い主と雇われる者がお互いに同じ立場で話し合いができるようにし、この話し合いをすっかり労働協約にまとめてやっていくことを勧めている。

民主的な単位組合では、組合の方針を決める力は組合員の全部がすっかり握っているのであって、役員たちや委員たちが持っている力というものも、一般組合員が特別に投票で許してやった枠の中か、それでなければ組合規約で組合員の代理として許した範囲を、出られるものではない。

こうした組合では、月に一回、全組合員の総会を開き、役員たちや委員たちが組合員の代わりになって特別にやれることや決められることを、分かり易く組合規約に書いておく。

この、毎月一回の総会では、組合員なら誰でも自分の考えを言う権利があり、質問することができるし、組合のどんな事柄《ことがら》にも投票ができる。

役員たちや委員たちは色んな計画とか方針とかを提案するが、それには事実の裏付けがしてあって、みんなはそれについて質問したり自分自身の考えを話し合ってから、組合として決めるのには多数決でやる。

そこで一般組合員としては、頭の良い指導者が必要だし、役員たちにとっては、事情をよく飲み込んだ活発な仲間によって、強力に十分に後ろから支《ささ》えてもらうことが必要である。

であるのに、組合の人たちは何にも知らない。

自分で組合の仕事を受け持ったり、毎月の集まりに出るなど、自分の組合の仕事を手伝うのを嫌がっている。

こんな心掛けだと、自分の組合ばかりでなく、民主的な労働組合運動をみんな弱めてしまう。

これに付け込んで、目先のことしか考えない役員たちは大勢の仲間の利益などはほっといて、自分だけの利益を狙って、訳もなく組合を支配してしまう。

組合指導者たちの多くは、組合の仕事に組合の誰でもが活発に手伝ったりするように仕向けずに、自分たちだけでやっていこうとしているが、これは自分たちがやっている過ちに気がついていないのである。

一般組合員の誰でもが組合のことを活発に手伝わず、指導者たちでやっているところでは、他《た》の者は誰も組合について何にも知らず、興味も持たず、しっかり団結することもない。

いざと言う時になって、指導者たちを後ろから十分に支えることも、やろうと思ってもできない。

なぜなら、組合の目的や方針や事情について、何にも知らないからである。

だがこれにひきかえ、一般組合員の誰でもが、組合の仕事に活発な興味を持っていれば、みんながガっちりと組んで、活発強力に、指導者たちの後押しができるのである。

組合の役員は、組合を動かす本当の力は、組合員の誰でもの手にあることを、一般組合員の人たちによく悟らせてやらねばならない。

どんなことがあっても、立派な組合の規約には、組合員の権利の土台石《いし》として、次のことがはっきり書いてある。

この組合に入った仲間は、どんな仕事を受け持つ役員をも、一般組合員の秘密投票によって選んで決めることと、それで選ばれた役員は組合規約により、一般組合員によって特別に許された枠の中で腕をふるうことができることを、間違いなく保障する。

## 竹脇 昌作（たけわき しょうさく）

ニュースショー解説者、ニュース映画ナレーター、アナウンサー　明治四十三年（一九一〇年）九月五日生　昭和三十四年（一九五九年）十一月九日没　出生地＝東京都　学歴＝青山学院英文科卒

昭和八年アナウンサー養成第一期生としてＮＨＫに入社。地方勤務をきらってＮＨＫを退社、ニュース映画解説者となり、日英米のニュース映画を担当、特にパラマウント・ニュースは六年六月の第一号から第四百十一号までほとんどを手がけた。戦後、ラジオ界に戻り三十二年四月からラジオ東京の「東京ダイヤル」のディスクジョッキーとなり、ニュースショー草創期の解説者として活躍。三十四年神経を病み、自宅で縊死した。平成四年息子の竹脇無我がナレーション集のＣＤ「竹脇昌作が語る『日本かく戦えり』」を編集、発売した。

# ペルリ来航の意図

徳富猪一郎

第一、ペルリーが来た所以《ゆえん》。

先にも申しました通り、米国が太平洋沿岸進出のために、これまで通りの喜望峰を迂回して、インド洋を通って東洋に達するよりも、極めて近き太平洋横断の航路を開くためである。

第二には、支那と英国とのアヘン戦争の後《のち》に、米国は支那と貿易を開き、そのために貿易汽船の通行を便《べん》ならしむるためである。

第三は□□《フサツ》、米国の捕鯨船団、太平洋に出没したからして、その捕鯨船のために便宜を唱《との》うるためであります。

もしペルリーを恩人と言うならば、鯨がむしろペルリーよりも恩人であろうということを私も申しましたが、私の友人にもそういう説を世の中に公にした者もあります。

SPレコードデータ
昭和18年6月3日収録
バタフライ　音盤番号28AB
収録時間10分39秒

ペルリーのために記念碑を建つるほどならば、鯨のために記念碑を建てた方が、むしろ賢明ではなかろうかと思う位《ぐらい》であります。

最初ペルリーは、十二隻の船を率いて来るはずでありましたが、その当時は間に合わず、サスケハン・ミシシピーの二汽船と、プリモース・サラトガの二帆船、即ち二艘の蒸気船と二艘の帆前船《ほまえせん》とを率いて来たのであります。

それが、前にも申しました通り、西洋暦で言えば千八百五十三年七月八日《はちにち》午後五時、我が国の暦《れき》では嘉永六年六月三日、浦賀に潜入したのであります。

その時の日本《にっぽん》の騒ぎというものは、実に言語道断である。

蒸気船四杯《しはい》ばかりで寝られない

アメリカが来ても日本《にっぽん》つつがない

日本《にっぽん》つつがないということは、即ち、恙無《つつがな》くということと鉄砲がないということとを合わせて言ったものであります。

脅されて後《あと》で具足師縅《おど》してい

ペルリーから脅されて、後《あと》でようやく具足の製造人が具足を製造しておるということである。

おそなえ［お供え］は硬いようでも軟らかし

などというものがあります。

色々のものがありまするが、とにかくその狼狽周章は、とてもとてものことであって、それは私が嘗て『近世日本《にっぽん》国民史』に詳しく書いておりましたからして、ここでは申し上げません。

それから、ペルリーの来るについての大統領の書簡、もしくは、国務長官エドワード・エベレットの書簡、もしくは、ペルリー自身の書簡等《とう》について見ましても、別に大したことがありませんが、相変わらず当時から米国流であって、大統領フィルモアの書簡には、

アメリカは大金持ちの国である。カリフォルニアでは年々六千万ドルずつの黄金《おうごん》が出来《でけ》る。また蒸気船があって太平洋は十八日に乗り込んで…、エー、乗り切っておる。それでアメリカは誠に偉い国である。

ということを言い、またペルリーは、今度は四隻《しせき》を率いて来たけれども、来年はまたたくさんの大艦隊を率いて来るから、少し覚悟をしておれなどというような、脅し文句めいたこともあります。

要するに、何ということもなくついに［次に］頭を下げてきたのであります。

いかにアメリカが傍若無双《ぶそう》の国であるということは、一見安楽人《あんらくにん》にも上《のぼ》っておる黒人の待遇をもって知ることも出来《でけ》ます。

平等とか自由とかということはほんの口上のみであって、一千三百万の黒人は、今こそ奴隷ではありませんけれども、待遇はほとんど奴隷に近き、差別の待遇をされております。

甚だしきはリンチということがありまして、苟《いやし》くも黒人が白人に向かって罪を犯した場合《ばあい》においては、警察

とか裁判とかという沙汰よりも民衆が直ちにその者を制裁することであります。

甚だしきは黒人を逆手に木の上に吊り下げて、下から火をもってこれを炙り殺すなどということが、今日にも行われております。

これが即ちリンチで、今日のルーズベルトの大統領中にも、相変わらず行われており、統計の上においても、多い時には二十四件、少ない時も十五件位はありまして、今年でも明年でも、明後年でも、恐らくは続いておるものと信じます。

かかる次第であるから、我が皇国の病院船に向かって、病院船と知りつつ殊更に爆弾を落としたり、水雷を行かせたり、また我が学校を学校と見、小学児童を小学児童と認《したた》めつつ、それに向かって爆弾を投下するなどということは、彼らにとっては何《なに》ら不思議なことはありません。

彼らはそういうことを、当り前のこととしてやっておるのであります。

私はこの機会において、更に一言《いちげん》したいことがあります。

我々の祖先が米国を買い被《かぶ》ったごとくに、我々もほとんど、昭和十六年、大詔の渙発までは我が国において彼らを買い被った者が少なくなかったのであります。

どうか今日においては、いわゆる米国崇拝の□□《ヨーシュー》［洋臭］を一掃し、この米国というものは、名は実に立派な名をもって世界に響いておるけれどもが、その実は、誠に浅ましき人道の敵であるということを自覚して、更に彼らに向かって一大打撃を加えたいと思います。

しかして、最近アッツ島における我が山崎部隊長及び、二千有余の将兵の、心を心とし、彼らに向かって我が一億同胞《どうほう》が一致団結の力をもって、一大鉄槌を下して、彼らをして、その罪を悔い、その過ちを改め、初めて彼らも人間同様のものとならしむるように、我らはことばを以てせず、空論を以てせず、実力を以て彼らに一大教訓を与えんことを、希望して已まない次第であります。

終わり。

## 徳富 猪一郎（とくとみ いいちろう）

評論家、新聞人、歴史家、民友社創立者、国民新聞主宰、貴院議員（勅選） 号＝徳富蘇峰（とくとみそほう） 文久三年（一八六三年）一月二十五日生 昭和三十二年（一九五七年）十一月二日没 出生地＝肥後国上益城郡津森村杉堂（熊本県上益城郡益城町） 出身地＝肥後国葦北郡水俣（熊本県水俣市） 学歴＝熊本洋学校卒、同志社英学校〔明治十三年〕中退 叙勲・受賞＝勲三等〔大正四年〕、文化勲章〔昭和十八年〕、帝国学士院賞恩賜賞（第十三回）〔大正十二年〕「近世日本国民史」、熊本市名誉市民、水俣市名誉市民

熊本洋学校に学び、十四歳の最年少で熊本バンドに参加。同志社を中退して明治十四年郷里熊本に自由民権を旗印に大江義塾を開く。十九年に上京して「将来之日本」を刊行。二十年民友社を創立し、「国民之友」を創刊、二十三年には「国民新聞」を発刊して平民主義を唱え、一躍ジャーナリズムのリーダーとなる。しかし、次第に国家主義的な論調に変貌しはじめ、日清戦争には国民新聞社をあげてジャーナリズム方面から協力した。日清戦争後は内務省参事官になるなどして変節を非難されたが、桂内閣の論客として「国民新聞」に健筆をふるい、皇室中心の思想を唱えた。四十四年勅選貴族院議員、大正二年には政界を離れ、以後評論活動に力を注いだ。昭和四年経営不振から国民新聞社を退社。徳富の唱えた皇室中心の国家主義思想は十五年戦争下の言論・思想界の一中心となり、十七年からは大日本言論報国会会長、日本文学報国会会長を務める。戦後はA級戦犯容疑者、公職追放の指名を受け、熱海に引き籠った。主著に「吉田松陰」「杜甫と弥耳敦」、「近世日本国民史」（全百巻）など。明治・大正・昭和三代にわたって言論界のオピニオン・リーダーとして重きをなした。

鈴木　珪寿

# 豊島高等女学校校長　鈴木珪寿先生講話

SPレコードデータ
昭和1ケタ代収録
オーゴン　音盤番号1671、2
収録時間6分10秒

私はただ今から皆さんに真《しん》の人として、また女性として、世に処するに必要なる諸点について、お話し致したいと存じます。

さて我々は日進月歩の御世《みよ》に生まれ、これを小にしては一身一家のため、これを大にしては国家・社会のために貢献せんとするには、まず第一に、大いに身を修め、徳を磨き、身体《しんたい》を丈夫にすることを考えなければならん。

そのそも修身の道は、古今東西に亘って、多くの聖賢・学者の説くところで、いずれも立派なものでありますが、いかに高尚なる理論も、これを実践躬行《きゅうこう》しなければ、誠の道とは言えないのであります。

ここにおいて、知るは行《おこの》うの初めと言われ、知行《ちこう》合一の論が叫ばれるのでありまして、知識で得たことは必ずこれを我がものとして実行に移さなければ、真の人格の修養にはならないのであります。

私が考えますに、世には天才と称せらるる非凡な人もありますが、そは極めて稀《まれ》であって、非凡と称せらるる人も、平凡なる人が刻苦精励して、末に凡人の域を脱したのであると思います。

頼山陽が自己に対する世評《せひょう》を称して、「我を天才と言うは当たらず。よく刻苦すと言うは誠の評なり。」と言ったのは、深く味おうべきことばと信じます。

次に、女子の務めを考えてみますと、男子は外に働き、女子は内を守るということは、その天分から見ても古今東西の真理であります。

近時、女子の職業への進出が、日に目覚ましくなって参りましたが、多くは、まずその職業への従事によって社会の表裏《ひょうり》を知り、動作〔雑作〕の苦難によって生活の尊《たっと》さを知って後《のち》、家庭に入《い》るを常としております。

しかしながら、人生はいついかなる不幸に遭遇しないとも限りませんから、在学中より自己の特長を知ってこれを助成し、何かの職業を身につけ、事ある日に備えるだけの用意が必要と思います。

而《しか》して皆さんの理想とする処は畢竟良妻賢母にあって、良き妻・良き嫁・良き母となって舅姑《きゅうこ》に仕え、夫の良き生活の相手となり、子女の優しき母となることであります。

斯《か》くすることによって、女子の天職を全うすると同時に、世界国家の一員として世に貢献し、文化に寄与することが出来ると信じます。

女子の修むべき道は数限りもなくありますが、私はまず、知識を進め徳操を養い、特に貞操観念を確固にするにあると思います。

即ち、我が高校歌にあるごとく、その操《みさお》は飛鳥岡辺に咲き匂う桜の花よりも美しく、その心は滝の川辺《がわべ》に映ゆる夕紅葉《もみじ》の色よりも麗しくありたい、と思うのであります。

なおこの他に、我が校の定めたる五つの校訓の体得によって、いよいよ人格の向上練磨を図らなければならんと思います。

女子は一家の経済を司り、夫をして内顧の憂いなからしむるものでありますから、第一に質素にして浮華放縦を斥け、質実なる家庭の基礎を作らねばなりませんから、皆さんは学校時代からよくこの精神を会得して、苟《いやしく》も虚栄に走り虚飾に心を奪わるるがごときことないように、注意せねばなりません。

また、人は世のため人のために働くことを念願とせねばなりません。

私どもの生活を顧みますと、衣・食・住あらゆる方面に、社会の恩恵なくては一日も生活していくことは出来ないのであります。

この限りなき恩恵に報いるために、私どもは出来得《う》るだけ勤勉で、各々与えられたる職分を全うせねばなりません。

また、規律を重んじ、将来秩序ある家庭生活・社会生活を営み得《う》る修養を心掛けることが大切であります。

次に女子は家政の政治［整理］人《にん》で、食物調理の責任を負うべき者でありますから、特に家庭内外の清潔はもちろん心身の清浄を心掛け、清き正しき生活を楽しむべきであります。

最後に自治でありますが、自学自習、常に己を省みて、その良きは伸ばし悪しきは捨てて、自分の行いを矯正、大《だい》にしては自治団体のいかなるものかを知って、公《おおやけ》の人としての修養を怠ってはならん。

この他《ほか》、趣味性を養って家庭に潤いあらしむることも大切であります。

殊に文芸のごときは、実用と趣味とを兼ねるものとして最も有益なるものと存じます。

以上述べました五つの教えを、学校時代より己のものとして身に修め、卒業して後《のち》も、常にこの心掛けを忘れず、一生を通じて実行する時は、家庭に社会に、必ずや有用の人となることを信じます。

これを要するに、皆さんは良き家庭の人、良き社会の人として、常に時代に順応せる穏健なる思想の持ち主となり、聡明にして心清く、操正しき婦人となっていただきたいと思うのであります。

終わり。

## 鈴木 珪寿（すずき けいじゅ）

豊島高等女学校校長　明治三十八年八月から四十二年七月にわたり、東京高等師範学校より浙江高等学堂教習・両級師範学堂に赴任し植物学を教える。鈴木の講義を学生達に通訳していたのが同校教師の魯迅であった。

# 真宗の安心

服部 三智麿

SPレコードデータ
昭和10年代収録
ひとのみち　音盤番号A281AB
収録時間5分34秒

天人《てんにん》菩薩は浄土論に、世尊が一心［身］帰命《きみょう》とある。

この一心は大経願文《がんもん》の三心を合《がっ》したる一心で、一口に申せば、名号《みょうごう》の謂れを聞き開き、二心《ふたごころ》なく弥陀を頼むというより他はない。

さて次に、帰命尽立法無碍向如来とある。

この帰命のことばを和語に直せば頼むと言う。

頼むとは力にすること、任すこと、すがることを、みな頼むと言うのである。

唯撰抄《ゆいせんしょう》に、心人《しんにん》の手を伸べて誓願《せいがん》の綱を取るべし、とある。

一人《いちにん》の老人が舟を乗り出し、海面を渡らんとする。

折悪しく、風は次第に強《つよ》る、波は段々高くなる。

舟はキリキリ舞いだし、ところが舟人は顔色を変え、艪櫂《ろかい》に力を入れ、どうぞ無事で向こうの岸に着きたいもの、と心は焦る身は震う、波に揺られ風に吹かれ、舟はたちまち岩の上に乗り上げ、艪の早緒は切れる、身体《からだ》は逆巻く波の中へザンブと飛び込むなり。

両手で水をかき、両足で水を叩けども、身体《からだ》は自由は利かず、波と波とに漂わされ、浮きつ沈みつ苦しむところへ、一枚舟板が流れ来た。

「やれ嬉しや、この板、力」と取りつけども、間もなくその板にも離されてしもう。

とてもかくても助かる手立てなく、もう水に溺れて死ぬるより他はないというところへ、航海する汽船が通りかかり、船長がこれを見、「あーれ、波間に漂う人あり。早く助けてやれ」と指揮船《しきせん》を傍《そば》へ漕ぎ寄せる。

船の上より丈夫な綱を、波間に苦しむ人を目がけ、「汝、この綱にすがれ、助くるぞ」と投げ込むなり。

波間に苦しむ人は、「やれ嬉しや」と思わず知らず助かる嬉しさに、その綱に取りすがるより他はない。

ここが心人の手を伸べて誓願の綱を取るべし、というところである。

今がちょうどその通り、我ら凡夫《ぼんぶ》は不穏往来今日まで、小事《しょうじ》の大海《だいかい》に吹き流され、煩悩の波は荒びは、炎の風は強る。

いずれが涅槃の都じゃやら、いずれが迷いの果てしやら、一寸先は真の闇、流転小事と迷い来た、小事の苦海《くかい》ほとりなし。

久しく沈める我らをば、弥陀救済《ぐぜい》の船のみぞ、乗せて必ず渡しける。

因縁大師の阿弥陀仏、大願《だいがん》の御舟《みふね》を漕ぎ寄せ給い、有情を呼ぼうって乗せ給う。

さあ、思量よ煩悩の波は荒くとも、悪業《あくごう》の風は強れども、心配するな苦に病むな、安事に離れて我を頼め、必ず救うぞ、と南無阿弥陀仏の手綱をば、□□《スツギ》に縁ない我らを目がけ、□□《シシン》へ来う［請う］と投げ込み給う。

「さても嬉しや、有難や。かかる者を御《おん》助けとは、いかなる眼力のご不思議ぞ」と、むずとすがる一念が□□《ジョサン》自力の世話離れ、私心選良己を忘れ、成るも成らぬもうち捨てて、無二無慮情師段力情、とく往生、確かな本願を確かと信じ、如来の眼線にうち任せ、大安心に落ち着くこそ、他力信心の得たる人とは申すべきである。

まる。

## 服部 三智麿（はっとり みちまろ）

説教師、真宗大谷派僧侶　明治三年（一八七〇年）生　昭和十九年（一九四四年）八月二十三日没

丸山 定夫①

# あの旗を射たせてください

〔音楽――約二十秒〕

「お願いです、隊長殿、あの旗を射たして下さい。」

次々と倒れてゆく散兵戦で、たまりかねた兵隊が絶叫する。

「畜生、あの旗が射てたら…。」

あの旗、上海戦でも南京攻略でも、どこでも冷然と敵陣地の上に掲げられていた米英の国旗。

この旗が、支那事変始まって以来、第三国の名に隠れて、ことごとに我が作戦を妨害したのだ。

その旗が皇軍将兵に無念の血を流させたのだ。

今、抑留同胞に非道な虐待を加えつつあるのは誰だ。

SPレコードデータ
戦中収録
日本放送協会録音　音盤番号1065、6
収録時間3分18秒

病院船を撃沈したのは誰だ。

可憐な国民学校の児童に機銃掃射を浴びせたのは誰だ。

漂流する我が遭難乗組員を追及砲撃したのは誰だ。

しかも、正義と人道を世界中にわめき散らしているのは誰だ。

ルーズベルトやチャーチルよ、犯行を豪語したければするがいい。

長い間我々が悲憤をたぎらせたその旗を、今こそこの手で引き裂き、この足で踏み躙《にじ》ってやるのだ。

見ろ、我々の喜びに輝いたこの力強い顔を。

もはや、不平もない、泣き言もない。

全ての生活、全ての希望をこの一戦に賭けて、国内も戦場と、我らは戦いに戦い抜くのだ。

## 丸山 定夫②

# きこえる

〔音楽――約五十秒〕
きこえる。
静かに座っていると、戦場の音が、砲火の音が、亡霊の声が…。
私《わたし》の座っている窓は戦場に続いている。
私《わたし》の窓の下の道はやがて海辺に続く。
海辺には港がある。

この地球上から、米国旗と英国旗の影が一本もなくなるまで、打って打って打ちのめすのだ。
〔音楽――約二十秒〕

SPレコードデータ
戦中収録
富士音盤　音盤番号とｰ311
収録時間3分17秒

港を出た船は大陸のどこかに着く。

そこからは戦線へ戦線へと兵が行く。

我々の兵が、祖国の兵が、肉親の兵が。

そして彼らの思いは、口から口へ、耳から耳へ、心から心へと、静かに座っている窓辺の私《わたし》に戻ってくる。

〔音楽――約三十秒〕

きこえる。

静かに座っていると戦場の雄叫びが。
私《わたし》の体内を、私《わたし》の血液に沿って。
百万の兵が、肉親の兵が。
菊花のご紋章のある銃を握って、今壮烈に駈け廻《めぐ》っている。
今壮烈に駈け廻っている。
〔音楽——約四十秒〕

## 丸山 定夫（まるやま さだお）

俳優、桜隊隊長　芸名＝福田良介　明治三十四年（一九〇一年）五月三十一日生　昭和二十年（一九四五年）八月十六日没　出生地＝愛媛県松山市　学歴＝松山高小卒

小学校を出て各地を転々としながら、銀行給仕やオペラのコーラス・ボーイなどをしたあと、大正十三年発足早々の築地小劇場に第一回研究生として参加、小山内薫の指導を受け、千田是也らとともに性格俳優として活躍。小山内没後の昭和四年には土方与志、山本安英、薄田研二らとともに新築地劇団を結成。「生ける人形」以後は同劇団の中心俳優に。七年妻細川ちか子の療養費を得るためエノケン一座に福田良介を名乗って出演、のち東宝映画の前身ＰＣＬの映画にも出演した。十五年に新築地劇団が当局の弾圧で解散させられると、十七年薄田研二、徳川夢声らと苦楽座を結成し、「無法松の一生」などを上演した。二十年日本移動演劇連盟〝桜隊〟を引率して各地を巡回していたが、八月広島で公演中に被爆死した。平成元年演劇評論家・菅井幸雄編集により、遺稿集「俳優・丸山定夫の世界」が刊行された。

和田 信賢

# 母の勝利

SPレコードデータ
昭和10年代収録
ビクター　音盤番号53466B
収録時間6分56秒

世界歴史の激動に火を点じた、あの赫々の戦果は、畏《かしこ》し大御稜威《おおみいつ》のもと、我こそは醜《しこ》の御楯《みたて》と身を投げる皇軍将兵の、盛りに盛る忠烈の致したもの。

しかしその忠誠勇武な将兵は、誰が生み誰が乳を与え、誰が育て上げたのであろうか。

乳房をくわえ目を細くして、お乳の甘さに酔う我が子を胸に、母は優しい子守唄を静かにその耳に送り、手を取り足を撫でつつ、立てよ歩めと育て上げ、春が過ぎ夏が去り、鎮守の杜《もり》のあの御社《みやしろ》で秋祭りの太鼓の音が響く頃、母は子供の晴れ着を与え、夜寒《よざむ》には己の夜着を着せ与え、食前に苦きは自らすすり、甘きは子に、骨を舐めても肉は子に、伸びよ太れと愛撫する。

およそ世に、子を思う母の慈愛に勝る愛があろうか。

限りなく優しい日本《にっぽん》の母は、また限りなく強い母である。

我が子に待った、名誉のお召し。

心で泣いて雄々しくも、寄る年波の白髪《しらが》をかき上げ、益荒男《ますらお》を戒める母。

その声は大和男子《おのこ》を奮い立たす叱咤の声と響く。

♪　お前も元気でご奉公　戦地の便り今日《きょう》もまた
　夕餉の膳に五燭の灯り　御国《みくに》のためにお勤めと
　　母の心は祈ります

大御戦《おおみいくさ》に勇む我が子を思う母。
抱いて寝かせてお乳を与え、血肉《ちにく》を分けた我が子を思う母。

ただ我が子のご奉公を、神かけて祈るばかりである。

♪　輝く戦果聞くたびに　きっとお前も爆弾抱え
　念願叶った決死の飛行　御国のためにお手柄と
　母の心は祈ります

厳しい父のことばでなく、友のことばでなく、御《み》戦《いくさ》の野に山に空に海に、激しい戦いのあの時この時、刹那に浮かぶただ一つは、今日《きょう》のこの姿に自分を育ててくれた優しい母の姿、母の諭し。

極寒肌身を刺す寒空に、或いは道なき深雪《ふかゆき》の朝《あした》に、木枯しすさぶ風の夜《よ》に、両手を合わす母さんの尊い気高いあの姿、お年をとった母さんが、腰をかがめて大好きなお菜《かず》を作って下さった、あの日の優しいあの顔、あのことば。

病に臥したあの寒夜《さむよ》の限りなく慈しみ深いあの情《なさけ》。有難い母のご恩。母さん、そう呼んでみるのである。

♪　敵艦目がけ急降下　抱えた爆弾放った刹那
　村の鎮守のあの御社《みやしろ》で　両手を合わす母さんの
　尊い姿が見えました

♪　敵の銃火雨と降り　突撃命令じいっと待てば
　老いの身厭《いと》わず朝餉の支度　ご恩を受けた
　母さんの
　尊い姿が見えました

心は我が子の太刀取って、共に戦わん母の心。母の子を思う慈愛の誠心《まことごころ》を仰ぎつつ、今こそ勇士たちは猛き身を御国のために抛《ほう》る。

しかも母はこう詠んだ。

・吾子《あこ》なりと思いしなれは神の子か
　許せよ母の不徳なりしを

母は子に、子は母の心の中に生きる。母、日本《にっぽん》の母、誠《まこと》母強くして国強し。太平洋に大陸に、東の海に南方に、敵の施す術もないあの威力の陰に日本《にっぽん》の母の力があることを、その母がともどもに大東亜戦争を戦っていることを、忘れてはならない。

日本《にっぽん》の母の愛、これこそ久遠《くおん》に我が民族を貫いて、忠勇義烈の大和魂とともに不滅の光を放つであろう。

## 和田 信賢（わだ のぶかた）

アナウンサー　明治四十五年（一九一二年）六月十九日生　昭和二十七年（一九五二年）八月十四日没　出生地＝東京市神田区（東京都千代田区）　学歴＝早稲田大学史学科〔昭和十年〕卒

早大在学中の昭和九年NHKに入り、のち実況・スポーツ中継、司会などにラジオ放送の新境地を開拓、不世出の名アナウンサーとされた。特に相撲中継で鳴らし、十四年に大相撲の双葉山が安芸ノ海に敗れて七十連勝を逸した大勝負中継中の「七十連勝なるか、七十は古稀、古来稀なり…」の美文調名調子で知られる。アナウンス課長を経て、二十年八月十五日のポツダム宣言受諾の放送（玉音放送）を最後に退職。その後は嘱託として二十二年から「話の泉」を司会（のち高橋圭三アナと交代）し、初のラジオ小説「三四郎」のナレーションなどをつとめた。二十七年のヘルシンキ五輪に派遣されての帰途、病を得てパリで客死した。著書に「放送ばなし」など。

編者紹介

**金澤 裕之**（かなざわ・ひろゆき）

横浜国立大学教育人間科学部教授。
近編著に「日本語教育のためのタスク別書き言葉コーパス」「近世語研究のパースペクティブ」など。

**相澤 正夫**（あいざわ・まさお）

国立国語研究所時空間変異研究系教授。
近編著に「現代日本語の動態研究」「外来語研究の新展開」「例解新国語辞典　第八版」など。

**大正・昭和戦前期 政治・実業・文化 演説・講演集**
**―SP盤レコード文字化資料**

2015年4月25日　第1刷発行

編　者／金澤裕之・相澤正夫
発行者／大高利夫
発行所／日外アソシエーツ株式会社
〒143-8550 東京都大田区大森北 1-23-8 第3下川ビル
電話 (03)3763-5241(代表) FAX(03)3764-0845
URL http://www.nichigai.co.jp/

発売元／株式会社紀伊國屋書店
〒163-8636 東京都新宿区新宿 3-17-7
電話 (03)3354-0131(代表)
ホールセール部(営業) 電話 (03)6910-0519

組版処理／有限会社デジタル工房
印刷・製本／株式会社平河工業社



《中性紙三菱クリームエレガ使用》

*ISBN978-4-8169-2531-3*　　*Printed in Japan,2015*